云南省普通高等学校“十二五”规划教材
云南省精品课程教材

企业战略管理——理论与方法
（第二版）

主　编　杨增雄　卢启程
副主编　王建中　陈昆玉　史惠华　唐　泳

科学出版社
北　京

内 容 简 介

本书以企业战略管理过程——确定企业使命、战略环境分析、战略选择和战略实施与控制为主线系统阐述了战略管理的基本概念、基本理论和基本方法。本书在体系上凸显了企业战略环境分析的重要性，在内容上注重战略管理方法的应用，强调理论与实践的有机结合，力求资料翔实，案例具有针对性。

本书既可作为高等院校管理类专业学生的教材，也可作为企业管理人员的培训教材，还可供社会各界人士学习战略管理知识。

图书在版编目（CIP）数据

企业战略管理：理论与方法 / 杨增雄，卢启程主编. —2 版. —北京：科学出版社，2023.6

ISBN 978-7-03-071591-3

Ⅰ. ①企… Ⅱ. ①杨… ②卢… Ⅲ. ①企业管理－战略管理－高等学校－教材 Ⅳ. ①F272.1

中国版本图书馆 CIP 数据核字（2022）第 030679 号

责任编辑：郝 静 / 责任校对：贾娜娜

责任印制：赵 博 / 封面设计：蓝正设计

科 学 出 版 社 出版

北京东黄城根北街 16 号

邮政编码：100717

http://www.sciencep.com

保定市中画美凯印刷有限公司印刷

科学出版社发行 各地新华书店经销

*

2012 年 12 月第 一 版 开本：787 × 1092 1/16

2023 年 6 月第 二 版 印张：23

2025 年 1 月第十五次印刷 字数：540 000

定价：69.00 元

（如有印装质量问题，我社负责调换）

前　言

战略管理是企业为更好地应对外部环境变化而产生和发展起来的管理活动，它可以解决企业遇到的全局性、方向性和长期性等重大问题。近年来，企业所处的外部环境变化较快，从国内看，2022 年党的二十大明确了“全面建成社会主义现代化强国，总的战略安排是分两步走：从二〇二〇年到二〇三五年基本实现社会主义现代化；从二〇三五年到本世纪中叶把我国建成富强民主文明和谐美丽的社会主义现代化强国”。从国际看，经济逆全球化的出现叠加新型冠状病毒（以下简称新冠）疫情对经济发展的影响，企业竞争日趋激烈，企业面对的外部环境更加具有不确定性，既充满了机会，又面临着挑战。为更好地应对环境的急剧变化，企业管理者亟须选择和制定正确的发展战略和适时进行战略变革，以指导企业能继续生存和更好地发展，这就凸显了企业战略管理教材的重要性。

本次修订延续了第一版的框架体系，即按照企业战略管理的过程——确定企业使命、战略分析、战略选择和战略实施来组织内容。由于上述环境变化，企业创业、创新活动和公司治理的重要性与日俱增，本书相应地增加了三章内容，即第九章企业创业战略、第十章企业创新战略和第十五章战略性公司治理，同时，对书中大部分案例和阅读材料进行了更新和补充，案例对象以华为技术有限公司（以下简称华为）、小米科技有限责任公司（以下简称小米）、深圳市腾讯计算机系统有限公司（以下简称腾讯）等国内企业为主，以便读者更好地了解中国企业的发展现状及其竞争实力。

本书由云南财经大学杨增雄教授、卢启程教授担任主编，云南财经大学王建中副教授、陈昆玉教授、史惠华副教授、唐泳副教授担任副主编，杨增雄教授负责统稿和审稿工作。具体编写人员及分工如下：杨增雄（第一、二、七、十三、十四章）、卢启程（第八、十六章）、王建中（第九、十章）、陈昆玉（第五、十二、十五章）、史惠华（第三、十一章）、唐泳（第四、六章）。编写完成后，云南财经大学商学院的杨玥博士、硕士研究生贺连、巴文芳进行了认真细致的校对和格式调整工作，在此表示感谢！本书参考和引用了国内外学者的文献资料，借鉴了他们的相关研究成果。此外，本书的再版还得到科学出版社的大力支持，在此一并表示感谢！

受编者水平所限，本书难免会存在不足之处，敬请各位同行、读者批评指正，以便在后续的修订中进一步完善。

目　　录

第一篇　企业战略管理基本问题

第二篇　企业战略环境分析

第三篇 企业战略选择

第四篇 企业战略实施与控制

第一篇

企业战略管理基本问题

本篇主要介绍了企业战略管理中的一些基本概念、战略管理理论及其发展、战略管理者和战略性思维、企业愿景和企业使命的本质及相互关系、企业战略目标及其制定等内容。

第一章　企业战略管理概论

本章学习目标

1. 了解企业战略的内涵及其特征
2. 掌握企业战略管理的内涵及其过程
3. 了解企业战略管理理论的发展历程及其新趋势
4. 理解战略管理者的划分
5. 理解战略性思维

案例引导

华为的成功离不开三次战略转型

第一节　企业战略的内涵与特征

没有战略的企业就像一艘没有舵的船一样只会在原地转圈，又像个流浪汉一样无家可归。

——乔尔·罗斯和迈克尔·卡米

一、企业战略的内涵

（一）战略思想溯源

“战略”一词由来已久。我国历史上，早在春秋末年的《左传》中已经出现“战略”

一词。后来吴国将军孙武总结战争经验写成的《孙子兵法》，更因其蕴含丰富的战略思想而影响深远。其中《谋攻篇》的“上兵伐谋，其次伐交，其次伐兵，其下攻城”更是广为人知的名言。

在西方，战略一词“strategy”最早源于公元前 5 世纪前后的希腊语“strategos”，其原意是“将兵术”或“将道”，即“将军指挥军队的艺术”，或“迷惑敌人并最终战胜对方的方法”。

第七版《辞海》对“战略”一词的解释为：“军事战略”的简称。筹划和指导战争及武装力量建设与运用全局的方略。是国家（政治集团）战略的组成部分，国家军事政策的集中体现，一切军事活动的主要依据。

可见，无论是在东方还是在西方，“战略”都源于军事，其本意是指对战争全局的筹划和指导。

应当指出的是，将来自军事领域的战略思想应用于企业的长远发展一定要十分慎重。首先，军事战争往往是以对抗性地摧毁甚至消灭竞争对手来赢得胜利，敌我双方总是处于绝对对立、不可调和的敌对状态；而企业间的竞争是以创造价值赢得顾客的方式来战胜竞争对手，不一定也无须置对手于死地，企业与竞争对手之间的合作竞争和共同发展的理念逐渐深入人心。其次，在军事战略中讲究“兵不厌诈”，使用欺诈、间谍等手段都是合理的，但企业竞争行为要遵循基本的社会伦理规范，进行有序、合法的竞争，不正当竞争会受到国家法律法规的严格控制和消费者的唾弃。

章内阅读 1-1

孙子兵法摘录

❖ 兵者，国之大事，死生之地，存亡之道，不可不察也。

❖ 兵者，诡道也。故能而示之不能，用而示之不用，近而示之远，远而示之近，利而诱之，乱而取之，实而备之，强而避之，怒而挠之，卑而骄之，佚而劳之，亲而离之。攻其无备，出其不意。此兵家之胜，不可先传也。

❖ 其用战也胜，久则钝兵挫锐，攻城则力屈，久暴师则国用不足。夫钝兵挫锐，屈力殚货，则诸侯乘其弊而起，虽有智者，不能善其后矣。

❖ 故策之而知得失之计，作之而知动静之理，形之而知死生之地，角之而知有余不足之处。故形兵之极，至于无形。无形，则深间不能窥，智者不能谋。因形而措胜于众，众不能知。

❖ 夫兵形象水，水之行，避高而趋下；兵之形，避实而击虚。水因地而制流，兵因敌而制胜。故兵无常势，水无常形。能因敌变化而取胜者，谓之神。

资料来源：黄朴民. 2017. 孙子兵法. 北京：国家图书馆出版社.

（二）企业战略的定义

战略一词与企业经营联系在一起并得到广泛应用的时间并不长。最早把战略思想引入企业经营管理领域的是美国管理学家切斯特 · I. 巴纳德（Chester I. Bernad），他在代表作《经理人员的职能》(1938 年)一书中指出，企业是一个由物质、生物、个人和社会等多方面因素构成的综合系统，他运用了“战略因素”这一概念对企业诸因素及其相互影响进行分析，用以说明企业组织的决策机制，但该词的应用并不广泛。直到 1965 年美国著名管理学家和战略学家 H. 伊戈尔・安索夫(H. Igor Ansoff)所著《企业战略》一书问世之后，“企业战略”一词才开始被广泛应用。

然而，由于企业战略的概念来源于企业生产经营活动的实践，不同管理学家和实际工作者自身的管理经历和对管理的认识不同，因此在如何界定企业战略的问题上，国内外学术界还未达成统一的认识，不同学者从不同的角度赋予企业战略不同的含义。

例如，哈佛大学商学院教授安德鲁斯(Kenneth R. Andrews)认为企业战略是目标、意图或目的，以及为达到这些目的而制定的主要方针和计划的一种决策模式。达特茅斯学院教授奎因(Quinn)认为，战略就是一种模式或计划，它将一个组织的主要目的、目标与活动按照一定的顺序结合成一个紧密整体。库尔特(Coulter)则认为战略就是将组织的能力和资源与它所在的环境的机会和威胁相匹配的目标导向的决策及行动。战略不仅包括想做什么，还包括如何去做，以及要考虑企业的重要内部优势(能力和资源)及外部的机会和威胁。钱德勒(Chandler)把战略视为决定企业基本的长期目标(goal)和目的(objective)，并明确实现目标所必需的一系列行动及资源配置。伊丹敬之(Hiroyuki Itami)认为战略决定着企业经营活动的框架，为企业协调行动提供了指导方针，使企业可以应对并影响不断变化的环境。

安索夫将企业战略分为总体战略和经营战略两大类。他认为，企业战略是一种对目前和将来所从事的经营活动的经营性质进行的重大决策。其中，总体战略决定企业该进入哪种类型的业务，而经营战略则在企业进入某种类型的经营业务以后，决定企业在这一领域里进行竞争与运行的方式和方法。

而在对企业战略的定义中最有影响力的是由加拿大麦吉尔大学教授亨利・明茨伯格(Henry Mintzberg)提出的 5P 战略。20 世纪 80 年代末，管理学大师亨利・明茨伯格独到地指出，人们在生产经营活动中不同的场合以不同的方式赋予企业战略不同的内涵，说明人们可以根据需要接受多样化的企业战略定义。由此他从计划(plan)、计策(ploy)、模式(pattern)、定位(position)和观念(perspective)五个方面构筑了企业战略的 5P 模型，从不同角度对企业战略这一概念进行了阐述。

1. 战略是一种计划

战略是一种计划，就是说它是一种有预谋、有意识的行动程序，是一种处理未来可能出现的某种局面的方针。根据这个定义，企业战略应具有两个特点：一是它必须产生于企业经营活动之前，具有前瞻性；二是它是为实现企业经营目标服务的，有明确的目的性。企业战略是一种统一的、综合的、一体化的计划，目的在于实现企业的基本目标。

2. 战略是一种计策

战略是一种计策，是指在特定的环境下，企业将战略作为威胁和战胜竞争对手的一种具体手段。这种威胁通常是由企业发出的一些“市场信号”组成的。一些市场信号可能见诸行动，而更多的只是对竞争对手的一种恫吓。譬如，一个企业在得知竞争对手想要扩大生产能力、占领更多市场时，便提出自己的战略是增加研究与开发（research and development，R&D）费用以推出更新、更尖端的产品占领市场。竞争对手在得知这种信号后，深知该企业资金雄厚，产品质量差异化好，为避免竞争升级，便放弃扩大生产能力的设想。结果是竞争对手采取了放弃的态度，该企业也并没有将开发新产品的战略付诸实施。因此，战略是一种计策，使企业对竞争对手构成威胁。

3. 战略是一种模式

战略是一种模式，就是说战略是为了实现战略目标进行竞争而采取的途径和行动，以及为实现目标对企业主要资源进行分配的一种模式。它强调了战略的行为方面，认为战略是一系列行为，是一种从计划向现实变迁的过程，是一种用行动达到目标的特定路径。

4. 战略是一种定位

战略是一种定位，是指战略是一个组织在其所处环境中的位置，对企业而言就是确定自身在市场中的位置。这里，战略实际上成为企业与环境中的一种中坚力量，使企业的内部条件与外部环境更加融洽。战略是一种定位的概念，引进了多方竞争与超越竞争的含义。如果定位正确，那么企业在与单个对手面对面的竞争中，甚至在与多个对手的竞争中都能立于不败之地，并能在竞争中壮大自己，甚至还可以使自己处于一种特殊地位，使对手无法与自己竞争。例如，企业可以凭借专利或产品的特殊质量获得其他企业无法得到的细分市场以保持其特殊的地位。

5. 战略是一种观念

战略是一种观念，是企业对客观世界固有的认知方式，体现了企业对环境的价值取向和组织中人们对客观世界固有的看法，进而反映了企业战略决策者的价值观念。例如，面对相同的企业环境，有的企业采取的是技术创新、开拓进取、扩大市场的方式，而有的企业却维持原有的资源配置和经营状况，这些观念都是战略。战略是一种观念的重要实质在于，它同企业的价值观、理念和企业文化一样，都为企业成员所共有，是集体的观念，并通过集体的共同愿望和行为表现出来。因此，研究一个企业的战略，需要了解和掌握该企业的期望如何在成员间分享，以及成员如何在共同一致的基础上采取行动。

综合上述观点，企业战略的内涵既包括企业未来生存发展的长期目标，又包括实现该目标的途径和手段，是企业为了长期生存、不断发展，根据内部资源条件与外部环境的变化，对企业的发展目标及其达成途径和手段的全局性、长远性、纲领性的谋划与决策。

二、企业战略的特征

企业战略作为企业经营管理活动的主线、最高纲领和最终目标，具有如下特征。

1. 全局性

企业战略是以企业全局的发展规律为研究对象，根据企业总体发展的需要而制定的、指导企业一切活动的谋划和指南。它必须从全局出发，研究企业所要达到的总目标和实现的总效果，而其他的分目标都必须服从于该总目标，并以总效果最大化为其落脚点。企业战略规定的是企业的总体行为，追求的是企业的总体效果，它是对企业各项经营活动和企业各部门的整体规划，而不是对企业各项经营活动的简单汇总，也不是对企业单一部门的规划。虽然企业战略也包括一些局部活动，但这些局部活动在战略中是作为总体活动的有机组成部分出现的，它们必须服从全局，而那些从局部出发、只顾局部利益的打算是不能列入企业战略的。

2. 长远性

企业战略是企业谋求长远发展的行动指南，它的着眼点在于企业未来的生存和发展，它是企业对未来较长时期内（3～5 年甚至更长远）如何生存和发展的通盘筹划。企业战略考虑的不是企业经营管理中一时一事的得失，而是企业在未来相当长一段时间内的总体发展问题。因此，企业战略不仅要研究企业的当前利益，更要着重研究企业的长远利益，使当前利益服从长远利益；企业战略既要从企业外部环境和内部条件的当前情况出发，研究外部环境和内部条件未来变化的趋向及其相互影响，又要以经理人员预测或期望将要发生的情况为基础，创造条件使企业战略决策向有利于接近战略目标的方向转化。虽然这种决策对企业当前的生产经营活动可能产生指导限制作用，但这一切是为了更长远的发展，是长期发展的起步。

3. 适应性

现今的企业都处于开放的世界中，无论是企业所处的外部环境还是企业的内部条件，时刻都在发生变化，很难预测准确。虽然企业在一定程度上可以影响其外部环境，但更常见的是受到外部环境中这些不可控因素的影响。因此，企业战略决策就面临着很大的市场风险。

但是，风险也并不可怕，就战略决策的本质而言，企业战略本身就是对风险的挑战。而企业战略正是企业无预先计划地对环境变化的反应的行为方式，因此它能够保持对环境变化的动态性适应，具有较强的灵活性。它以不确定、不连续的经营环境为前提，注重监控企业外部环境的变化并进行相应的局部调整，或者通过进行创新与变革，利用有限的经营资源制订有效的战略方案，从而随机应变地指导企业的总体行为以更好地与环境相适应，保证企业在动荡的环境中生存和发展。所以，企业战略的一个重要特征就是要使企业适应这些环境因素的变化，不断适时地提出相应的新战略。

需要强调的是，适应性并不是说企业战略调整可以随意进行。为了实现企业的可持续发展，企业战略应在保证适应外部环境多变性的同时具有相对的稳定性，这样的战略才会对企业生产经营实践活动具有指导意义，有利于业务的展开，从而促进各级单位和部门努力地贯彻执行。

4. 竞争性

企业最直接的目的就是生存和发展，而生存与发展是在一个竞争性的环境和背景中实现的。企业战略就是关于企业在激烈的竞争中如何与竞争对手抗衡的行动方案，同时也是针对来自各方面的冲击、压力、威胁和困难，迎接这些挑战的行动方案。可见，企业战略是为对付市场竞争的压力、赢得生存与发展的机会而服务的。

与那些不考虑竞争和挑战，单纯为了改善企业现状、增加经济效益、提高管理水平等的行动方案不同（这些工作只有与强化企业竞争力量和迎接挑战直接相关并具有战略意义时，才能构成企业战略的内容），企业战略是适应市场竞争的需要而产生的，是企业在激烈的市场竞争中求得生存与发展的行动纲领，是为增强企业的竞争能力、适应能力和赢得竞争优势而制定的。正如伊恩·C. 麦克米伦所说，“企业所采用的战略应能够打破正常的产业发展进程并创造不利于竞争者的新的产业条件”，因此，不考虑竞争和挑战的方案不能称为战略。

5. 合作性

企业战略制定的目的在于获取竞争优势，克敌制胜。然而，企业为了赢得自身的发展和实现资源的优化配置，单纯地依靠竞争已经不能保证其长久生存，这就对企业之间的合作提出了要求。此时，企业战略的制定就可能是基于合作企业双方的共同利益考虑，甚至是企业生死存亡的关键，这样的战略更具互动性、现实性和可行性，从而帮助企业最终打败共同的竞争对手，实现共同的战略目标。例如，随着市场分工的深化，企业的功能也将越来越多地外包给其他企业，成为一个只保留自身核心能力的单位，从而使企业之间的合作成为事关企业生死存亡的关键因素，使企业战略的制定更加具有合作性。

三、企业战略的层次

企业战略一般包括三个层次：公司战略、经营战略和职能战略。

第一个层次是公司战略，又称总体战略，制定者主要是董事会或首席执行官，他们对企业的财务绩效和非财务目标的完成情况负责，如提升企业形象和履行社会责任。公司战略在很大程度上反映了股东和社会关注的焦点问题。在多元化企业中，公司战略的制定者决定企业的经营领域，设定经营目标，制定跨经营领域和跨职能部门的战略。公司战略的管理者尝试通过组合投资方法管理其业务和制订长期计划（一般为 5 年）来拓展企业独特的竞争力。

第二个层次是经营战略，又称事业部战略、业务战略、业务单位战略或竞争战略，制定者主要是各事业部经理。这些经理要把公司战略的方向和意图转变为各个业务部门或者战略业务单位的具体目标和战略。从本质上讲，经营战略决定企业如何在选定的产品市场领域中进行竞争，明确并确保企业在该领域的细分市场中的良好前景。细分市场，就是整个市场空间中企业可以凭借自己的竞争优势进行攻守的那一部分空间。

第三个层次是职能战略，制定者主要是产品经理、地区经理和职能部门经理。这些经理制定诸如生产、作业、研发、财会、营销和人力资源等方面的年度目标和短期战略，但主要责任还在于实施或执行企业的战略计划。与公司战略和经营战略把重点放在“做正确的事”上所不同的是，职能战略的重点在于“把事情做好”。因此，职能战略更强调生产与营销系统、客户服务质量、特定产品等在提高企业的市场份额方面的有效性和效率。

公司战略、经营战略及职能战略构成了一个企业完整的战略层次，它们之间相互作用、紧密联系。企业要想实现未来的战略目标，就需要将三者有机地结合起来。企业中高层次的战略构成了下一层次战略制定时的指导思想，下一层次的战略又为上一层次战略目标的实现提供了保障和支持。

第二节 企业战略管理的内涵与过程

一、企业战略管理的内涵

企业战略管理本质上要回答如下三个问题：想做什么？由谁去做？怎么做？

关于第一个问题，想做什么或要到哪里去是企业发展方向的问题，是企业在切实对自己与环境、自己与对手、机会与威胁、优势与劣势等的现状及发展趋势进行清晰判断的基础上，准确地认识到自己该做什么、能做什么，以及现在开始做什么、以后能做成什么样的方向选择。这是关乎企业生死存亡的大问题，是战略中最重要的问题。选择做什么比怎么做更重要，因为有时候选择比努力更重要。判断第一个问题的一般标准是，自己做的是否是该做的和能做的，是否是自己的优势所在。

第二个问题是要解决由谁去做的问题。要做的事情选准了，但如果没有人愿意去做，一切都是空的。只靠自己一个人是不可能完成要做的事情的。所以决策者还必须说服别人，让别人愿意去做决策者所选择的事情。要说服的人可以是自己的下属员工，也可以是合作伙伴或承包人。

第三个问题是怎么做，也就是策略与方法的问题。如果说第一个问题是做正确的事情，那么第三个问题就是正确地做事。

因此，企业战略管理是对分析、选择和实施企业战略的全部活动的总称，是企业找到并实现未来生存与发展的目标、途径和方式的动态管理行为。企业战略管理的重点是制定和实施战略，而制定和实施战略的关键在于寻求企业外部环境、内部条件与企业目标三者之间的一种动态平衡，从而保证企业战略目标的实现。

要正确理解上述战略管理的内涵，需进一步掌握以下三个要点。

（1）企业应该把未来的生存和发展问题作为制定战略的出发点和归宿，也就是说，一个好的战略应有助于企业实现长期生存和发展的目标。而要做到这一点，企业不仅要了解本身所处行业的过去和现在，而且要关注行业内外环境因素以及将来发展变化的趋势，从而把握自身的未来。

（2）企业战略管理应该是在经营活动之前有目的、有意识制定的，应体现一种主动精神。战略的制定必须建立在对影响企业的内外部环境因素的全面了解和分析的基础上，体现企业战略管理为了获得持久竞争优势而对外部机会和威胁以及内部优势和劣势的一种主动反应性。

（3）企业战略管理的实质是帮助企业建立和维持持久的竞争优势，即帮助企业保持一种强大而灵活的态势。企业战略应为企业提供若干个可以实现企业目标的途径，以应对外部环境可能出现的意外情况。正像军事战略谋求“进可以攻，退可以守”一样，企业战略应使企业在市场竞争中保持一定的灵活性和机动能力。

二、企业战略管理过程

人们在企业战略管理中，往往会问什么时候是企业战略管理的起点，即企业什么时候开始启动战略。经大量研究后，亨利·明茨伯格发现，企业战略的形成不是一个定期、连续的过程：“它常常是一个不定期的、不连续的过程，在适配与冲动之中进行。在战略发展过程中，既有稳定时期，也有变化、摸索、局部变迁、全球变迁时期。”这告诉我们，企业战略管理要追随外部和内部环境的变化，将一些对企业有重大影响的触发事件看作企业战略管理的起点。触发事件就是企业面临关系生存和发展的机会或威胁时，或在一个新的时间阶段产生新的目标时引发企业战略形成或变革的特定事件，如电子商务技术出现带来了新的发展机会，新任总经理上任后要进行变革，等等。当然，触发事件的发生为战略管理的调整和战略目标的重塑提供了一个契机，而对于新创企业，它的诞生便是极具重要意义的触发事件，在创始人心中一开始便有了企业愿景、使命及战略目标，企业战略管理的过程已悄然开始。

企业战略管理过程可分为四个阶段，即确定企业使命、战略分析、战略选择、战略实施（图 1-1）。

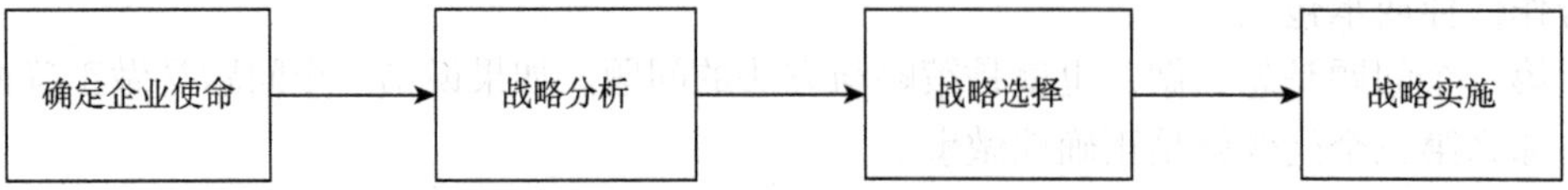

图 1-1　企业战略管理过程

1. 确定企业使命

企业在制定战略之前必须先确定企业使命。企业使命与企业愿景和战略目标之间有密切的联系，企业愿景和企业使命都是企业对其未来发展的构想和憧憬，具有前瞻性特征。企业愿景是企业使命的基础，就如庞大的伞面须得匹配粗壮的中棒。如果没有愿景，使命就失去了依托，企业就无法评价其终极目标的实现程度；如果没有使命，愿景就失去了支撑，企业的终极目标也就无法实现。企业战略目标是企业在实现其使命过程中取得的具体结果，它是对企业使命的进一步细化和分解，是企业对生产经营管理活动全局的筹划和指导所要达到的目的。

一般来说，企业的基本使命在企业成立之初就已经确定，在企业以后的发展过程当中基本保持不变，但由于企业内外部环境情况的不断变化，企业也会根据具体情况进行调整和改变。

2. 战略分析

战略分析就是对企业所处的现在和未来的内外部环境进行分析和预测，以期找到企业内部环境和外部环境变化相匹配的衔接点，最终高效率地实现企业的战略目标。战略分析包括外部环境分析和内部环境分析。

首先，外部环境给企业带来一定的机遇和威胁，它是形成企业现状及其未来发展的外部条件。对外部环境进行分析的目的：一是要了解有哪些因素将对企业的未来活动产生影响；二是要搞清楚这些影响中有哪些是积极影响，即机会的影响因素，哪些是消极影响，即威胁的影响因素；三是针对外部环境的机会和威胁，采取相应的对策。

企业的外部环境分析，大致包括三个方面。

（1）宏观环境分析。这里所指的外部宏观环境因素只能间接影响企业的生产经营活动和决策，包括政治法律、经济、社会文化、科技等客观环境因素。

（2）产业环境分析。产业环境是企业所处的中观环境，要重点分析产业结构的形成和变化规律，寻找企业在产业中所处的特定位置。同时，还要分析产业内战略集团的地位以及战略集团内企业间的相互关系，分析创造价值的企业内在系统和价值链间的联系，这些对制定战略都有深刻影响。

（3）竞争者分析。竞争者分析包括行业内竞争者的确定、竞争者的战略目标、竞争者的现行战略、竞争者的竞争态势等方面的分析以及产业内战略集团的构成与竞争状况的分析等。

其次，内部环境是企业战略形成的基础，为企业战略实施提供了物质条件。企业内部环境分析的目的：一是了解在企业内部有哪些因素会影响企业未来的生产经营活动；二是辨析在这些影响因素中哪些是积极的，即优势的因素，哪些是消极的，即劣势的因素；三是针对企业的优势和劣势，采取相应的对策。

企业内部的各种微观环境因素，一般可以分为五类：一是企业产品生产条件和产品结构状况；二是企业所拥有的资源状况（人、财、物、信息技术等）；三是企业在市场营销、财务、生产、研究与开发、人事管理等方面的现实表现；四是企业文化建设方面的现实表现；五是企业组织结构，以及组织结构变革的方向。通过对这些方面进行系统的分析与评价，可以了解企业的现状及其存在的优势与不足。

3. 战略选择

战略选择就是战略决策过程，是指企业根据确定的使命和战略目标，结合企业的内外部环境，找到最适合的企业发展战略类型。通常对于一个企业来说，它的战略选择应当解决两个基本问题：一是企业的经营范围或战略经营领域，即规定企业从事生产经营活动的行业，明确企业的性质和所从事的行业，确定企业以什么样的产品或服务来满足哪一类顾客的需求。二是企业在某一特定经营领域的竞争优势，即要确定企业提供的产品或服务，要在什么基础上取得超过竞争对手的优势。战略选择主要包括四项工作：①提出备选战略方案；②评价备选战略方案；③选择满意的企业战略；④制定企业战略的实施政策。

4. 战略实施

战略实施就是借助计划、行动方案、预算和一定的程序，实现企业战略和政策的行动过程。它在企业最高管理层的监督和指导下，由企业的中层和基层管理人员组织实施。在企业战略实施的过程中，企业战略管理者有四项重要的任务：①确认所要实施的企业战略对资源的需求程度，探明企业战略的实施过程中将产生的问题；②协调企业战略与企业的内部组织行为，使之相互适应；③推进战略实施过程；④监督战略实施过程。

在战略实施过程中，战略控制是一项必不可少的重要工作。战略控制是在企业战略的实施过程中，通过信息系统对实施的实际情况进行测量，得到实施的实际成果，将其同预计的战略目标进行比较，找出二者之间的偏差，采取有效措施进行纠正，以实现战略目标的一系列活动。有效的战略控制，必须具备以下三个要素：①确定评价标准；②评价工作成绩；③反馈。

第三节 企业战略管理理论的发展

一、企业战略管理理论的发展历程

企业战略管理理论经过几十年的发展，出现了许多不同的观点和主张，形成了许多理论学派，这些学派在形成过程中反映了企业战略观念变化和逐步深化的趋势，它们互相补充，共同构成了完整的企业战略管理理论体系。

（一）早期理论研究

企业战略管理理论萌芽于20世纪20年代，企业战略的思想是随着西方企业管理理论的发展而逐渐形成的。早在20世纪初，法约尔对企业内部的管理活动进行了整合，将工业企业中的各种活动划分成六大类：技术活动、商业活动、财务活动、安全活动、会计活动和管理活动，并提出了管理的五项职能，即计划、组织、指挥、协调和控制，其中计划职能是企业管理的首要职能。这可以说是最早出现的企业战略思想。

1938 年，巴纳德在《经理人员的职能》一书中首次将战略的概念引入管理理论，认为企业在做任何决策的情况下都必须考虑战略因素，并提出了企业组织与环境相适应的主张，由此为现代战略分析奠定了基础。到了 1957 年，塞尔兹尼克（Selzmck）在《行政管理中的领导行为》一书中首先用独特竞争能力来表示企业同其竞争者相比在某方面做得更好的情况，揭开了现代企业战略理论研究时代的序幕。

20 世纪 60～90 年代，企业战略管理理论形成并鼎盛发展。这一时期涌现了大批杰出学者，他们从不同角度对企业战略管理理论的发展做出了重大贡献，战略也被明确开始用于企业的经营管理当中。1962 年，美国著名管理学家钱德勒在《战略与结构》一书中首次引入了企业战略问题的研究，并提出了"结构追随战略"的论点。他认为，组织结构必须适应企业战略的变化，而企业战略又应当与外部环境（满足市场需求）相适应，从而确立了"环境—战略—结构"这一开创性的战略理论分析方法。

1965 年，"安东尼—安索夫—安德鲁斯"的"三安"范式的形成，使得企业战略管理研究的理论框架得以初步构建。其中，安东尼在法约尔管理职能划分的基础上，将计划和控制职能进一步细化为战略规划、管理控制和操作控制，分别对应于组织的高、中、低三个层次，将战略管理从公司一般管理中独立出来。安索夫在研究多元化经营企业的基础上，也提出了"战略四要素"说，认为战略的构成要素应当包括产品与市场范围、增长向量、协同效应和竞争优势。安德鲁斯对战略进行了四个方面的界定，将战略划分为四个构成要素，即市场机会、公司实力、个人价值观和渴望、社会责任。由此，企业战略理论的研究逐渐由单纯的组织内部研究转向组织与环境的关系研究。

到了 20 世纪 80 年代，企业战略管理问题的研究百家争鸣，很多学者基于不同的理论基础、研究方法和研究角度对其进行探究，从而进入战略理论丛林阶段。具有代表性的是迈克尔·波特（Michael E. Porter）1980 年的《竞争战略》和 1985 年的《竞争优势》，从产业的角度对企业战略和战略管理进行研究。1991 年，亨利·明茨伯格在《战略历程：纵览战略管理学派》一书中将其以前的各个战略管理理论梳理成十大学派，并详细阐述了十个学派关于战略形成过程的观点。

章内阅读 1-2

战略管理十个理论学派

- 设计学派——战略形成是一个孕育过程。
- 计划学派——战略形成是一个程序化过程。
- 定位学派——战略形成是一个分析过程。
- 企业家学派——战略形成是一个构筑愿景的过程。
- 认知学派——战略形成是一个心智过程。
- 学习学派——战略形成是一个涌现过程。
- 权力学派——战略形成是一个协商过程。
- 文化学派——战略形成是一个集体思维过程。

◆ 环境学派——战略形成是一个适应性过程。

◆ 结构学派——战略形成是一个变革过程。

我们把这十个学派分成三类。前三者属于从战略本质的整体视角进行说明的学派，他们相对更关注如何明确地表述战略，而不关注战略形成过程中的一些具体工作。其中第一个学派是设计学派，出现于20世纪60年代，为计划学派和定位学派的基本理论框架奠定了基础。设计学派重点讨论了作为非正式设计过程的战略形成，其中“设计”是这一学派的基本概念之一。第二个学派是计划学派，在60年代与设计学派一起得到发展，有关计划学派的出版物和实践活动在70年代曾达到一个短暂的高峰。计划学派把战略制定看作更加独立和系统的正式计划过程。进入80年代，计划学派在某种程度上被第三种说明性的学派——定位学派取代，定位学派更注重战略的实际内容而不是战略形成过程。它之所以被称为定位学派，是因为它关注企业在市场中战略地位的选择。

随后的六个学派即第二类学派，对战略形成过程中的具体方面进行了思考。他们侧重于描述战略的制定和执行过程，而较少关注对理想的战略行为的描述。

一些杰出的学者长期以来一直把战略与企业家紧密地联系起来，并根据优秀的企业领导者创造的远见来描述战略形成过程。但如果说战略就是个性化的远见的话，那么战略形成就可以被理解为概念在企业家头脑中积聚的过程，这样就产生了一个很小但很重要的学派——认知学派。它运用认知心理学的理论来理解战略家的思想。

认知学派之后有四个学派试图透过企业家个人因素，将战略形成过程的影响因素扩大到其他影响力量和人员中去。在学习学派看来，世界如此复杂，以至于战略不可能通过清楚的计划和远见的形式确定下来，战略必须在组织的不断适应和学习过程中，一步步地逐渐形成。与学习学派相似但又有所不同的另一个学派是权力学派，该学派把战略形成过程看作一个协商的过程，包括组织内部冲突各方之间的协商，以及组织自身与其所处的外部环境之间的协商。与此相反的另一个思想学派是文化学派，该学派认为战略形成是根植于组织文化当中的，因此战略形成过程的基调是集体主义与合作。而组织理论家认为战略形成过程是一个组织主动对外部情境（而不是对组织内部环境）不断反应的过程，因此，产生了另外一个分支——环境学派，他们试图去揭示强加于组织的外部压力。

最后一类只包括一个学派，它其实是其他学派的综合，我们称之为结构学派。这一学派的学者崇尚整合，他们将战略制定过程、战略的内容、组织结构和组织所处的情境等战略的各个部分加以聚类，归结成清晰的阶段或时期，如企业的增长期、稳定成熟期等。有时他们也按照时间序列来描述组织的生命周期。但是除非组织已经进入稳定状态，否则战略的制定就必须描述出从一个状态向另一状态的跃迁过程。因此，结构学派在另一方面也描述了战略变革的过程，涉及长期以来关于战略变化的大量文献和管理实践。

在阐述的过程中，我们渐渐发现：有些学派明显地倾向于管理艺术、管理技能或者管理科学（强调分析）。例如，企业家学派在艺术导向方面最明显，学习学派和权力学派倾向于技能导向，而计划学派和定位学派则倾向于科学导向。

这些学派出现在战略管理发展的不同阶段。有些学派已经历了高峰，逐渐衰落，也有一些尚处在发展阶段，还有一些学派虽然很薄弱，但相关的出版物和管理实践很多。

资料来源：明茨伯格 H，阿尔斯特兰德 B，兰佩尔 J. 2020. 战略历程. 2 版. 魏江，译. 北京：机械工业出版社.

（二）竞争战略理论阶段

20 世纪 90 年代以来，随着全球经济一体化，网络经济、知识经济等新经济形态对企业管理的影响越来越大，企业外部环境越来越具有动态性、不可预测性和不连续性。在这场社会经济变革和企业变革的大潮中，来自学术界、企业界和咨询界的各种管理思想纷纷出现，战略管理理论出现了许多新的变化和发展。其中比较突出的观点主要有能力学派和资源学派。

1. 能力学派

1990 年，普拉哈拉德（C. K. Prahalad）和加里·哈默尔（Gary Hamel）在《哈佛商业评论》上发表了《企业核心能力》一文，战略管理思想由波特的结构学派转向了能力学派。核心能力观强调组织内部的技能和集中学习及对技能和集中学习的管理技能，认为竞争优势的根源在于组织内部，新战略的采取受到企业现有资源的约束。核心能力学派主张以企业生产经营过程中的特有能力为出发点来制定和实施企业竞争战略。

一般说来，核心能力具有如下特征：①核心能力可以使企业进入各种相关市场参与竞争；②核心能力能够使企业具有一定程度的竞争优势；③核心能力应当不会轻易地被竞争对手模仿。核心能力学派认为，企业战略的核心不在产品或市场结构，而取决于其行为反应能力。企业之间的竞争已不仅仅是产品的竞争，更多的是核心能力的竞争。因此，企业战略的目标就在于识别和开发竞争对手难以模仿的核心能力。能力学派的战略管理思想可以归结为通过企业内部条件分析，了解企业自身的能力结构，制定竞争战略，通过实施战略建立并保持企业的核心能力，以此赢得竞争优势，获得业绩。

2. 资源学派

资源学派认为，企业战略的主要内容是如何培育企业独特的战略资源，以及如何最大限度地优化配置这种战略资源的能力，它强调要素市场的不完全性，认为企业不可模仿、难以复制、非完全转移的独特资源是企业获得持续竞争优势的源泉。

在企业竞争实践中，每个企业的资源和能力是各不相同的，同一行业中的企业也不一定拥有相同的资源和能力。这样，企业拥有的战略资源和运用战略资源的能力，就成为企业竞争优势的源泉。企业资源包括三类，即有形资产、无形资产、组织能力，而每个组织都是这三类资源和能力的结合体，这一结合体形成了企业竞争战略的基础。总之，该战略管理思想是分析产业环境、内部环境，比较企业与竞争对手的资源优势，通过竞争战略的制定和实施来建立与产业环境相匹配的核心能力，以及发掘企业应有的资源和能力的潜力，从而获得竞争优势。

柯林斯（D. J. Collis）和蒙哥马利（C. A. Montgomery）认为，资源价值的评估不能局限于企业自身，而要将企业的资源置于其所面对的产业环境中，并通过与其竞争对手拥有的资源进行比较，从而判断其优势和劣势。他们提出了资源价值评估的五项标准。在柯林斯和蒙哥马利的研究基础上，英国学者福克纳（D. Faulkner）和鲍曼（C. Bowman）两人进一步拓展了资源观导向的竞争战略理论体系和分析模式，创造性地提出了“顾客矩阵”与“生产者矩阵”的分析工具。

二、企业战略管理理论的前沿

20 世纪 90 年代以前的企业战略管理理论，大多建立在对抗竞争的基础上，都比较侧重于讨论竞争和竞争优势。随着信息技术和网络技术的进一步广泛使用，企业面临的竞争环境更加易于变化和难以预测。在新的环境下，企业逐渐认识到，企业战略的目的不是保持优势，而是不断地创造新优势，企业必须超越这种以竞争对手为中心的战略逻辑。在此背景下，通过创新和创造来超越竞争开始成为企业战略管理研究的一个新焦点。围绕这个新焦点，出现了一些新理论。

（一）集群竞争战略

20 世纪 90 年代以来，有关集群的研究成为经济学、地理学、管理学和社会学等学科关注的焦点。波特于 1990 年在《国家竞争优势》中提出集群的概念后，在 1998 年又发表了《产业集群与竞争》，在该文中波特肯定了企业集群对维持企业竞争优势的重要性。他认为在一定的地理位置上集中的相互关联的企业及相关机构可以使企业享受集群带来的规模经济和范围经济的好处，并保持自身行动的敏捷性。此外还有萨克森宁（A. L. Saxenian）写的《地区优势：硅谷和 128 公路地区的文化与竞争》、克鲁格曼（Krugman）1999 年所著的《空间经济学：城市、区域与国际贸易》等。基于诚信的企业集群可以减少交易费用，可以使经验、知识、技能在企业之间很快地传播，有利于企业创新机制的培育。集群将是产业组织的发展模式，在未来变幻莫测的环境中，企业之间的竞争将体现为集群之间的竞争。

（二）竞合战略

1996 年，美国学者詹姆斯·穆尔（James Moore）在其《竞争的衰亡：商业生态系统时代的领导与战略》一书中，提出了一种新的竞争战略形态——商业生态系统观。他以生物学中的生态系统这一独特视角来描述当今市场中的企业活动，但又不同于将生物学的原理运用于商业研究的狭隘观念。穆尔认为，在市场经济中，达尔文的自然选择似乎仅仅表现为最合适的企业或产品才能生存，经济运行的过程就是驱逐弱者。穆尔提出的“商业生态系统”这一全新的概念，将生态学的原理用于商业研究，提倡企业应该和谐共生于一个丰富而利益相关的动态系统中，这一新的理念打破了传统的以行业划分为前提的战略理论的限制。

同年，拜瑞·内勒巴夫（Barry Nalebuff）和亚当·布兰登勃格（Adam Brandenburger）在合著出版的《合作竞争》中提出了企业合作竞争的新思想。他们认为企业的经营活动不仅有竞争，也应该有合作，是一种可以实现双赢的非零和博弈，他们提出了合作竞争（co-petition）的新理念。这种思想强调合作的重要性，有效克服了传统企业战略过分强调竞争的弊端，是对企业在网络经济时代创造价值和获取价值的新思维。

（三）边缘竞争战略

边缘竞争战略是在企业如何不断获得竞争优势的全新认识的基础上形成的一种新的战略理论。1998 年肖纳·布朗（Shona Brown）与凯瑟琳·艾森哈特（Kathleen Eisenhardt）合著的《边缘竞争》，提出了边缘竞争战略的五个基本要素，分别是即兴发挥、互适应、再造、实践及时间节奏。其理论基本思想是企业应该不断变革管理来构建和调整企业的竞争优势，根据一系列不相关的竞争力来彻底地改造企业优势，保持企业在无序和有序之间的微妙平衡。边缘竞争战略把如何制定战略目标和如何实现战略目标两个方面的内容紧密联系起来，不断地寻找新的战略目标以及实现战略目标的方法，这种战略充分显示出企业的关键动力就是应变能力。边缘竞争理论认同组织结构与战略相适应的传统理论观点，提出边缘竞争战略的成功实施需要相应的组织结构的支持，这种组织结构的特点是固定式结构和半固定式结构之间的最佳结合形式。

（四）蓝海战略

W. 钱·金（W. Chan Kim）和勒妮·莫博涅（Renée Mauborgne）合著的《蓝海战略》一书由哈佛商学院出版社出版以来，在世界范围内引起了极大的反响。蓝海战略要求企业把视线从市场的供给一方移向需求一方，从关注并超越竞争对手转向为买方提供价值的飞跃。通过跨越现有竞争边界看市场以及将不同市场的买方价值元素筛选与重新排序，企业就有可能重建市场和产业边界，开启巨大的潜在需求，从而摆脱“红海”（血腥的已知市场空间），开创“蓝海”（新的未知市场空间）。在研究 1880～2000 年 30 多个产业 150 次战略行动的基础上，作者指出价值创新是蓝海战略的基石。价值创新挑战了基于竞争的传统教条即价值和成本的权衡取舍关系，让企业将创新与效用、价格与成本整合于一体。不是比照现有产业最佳实践去赶超对手，而是改变产业远景框架重新设定游戏规则；不是瞄准现有市场高端或低端顾客，而是面向潜在需求的买方大众；不是一味细分市场满足顾客偏好，而是合并细分市场整合需求。蓝海战略的颠覆性思想反映了在当今商业现实和竞争态势下，全球企业界对寻求新的手段以实现获利性增长的强烈渴望，为企业指出了一条未来发展的新道路。

（五）长尾战略

长尾战略由美国 *Wired*（《连线》）杂志总编辑克里斯·安德森（Chris Anderson）于 2004 年 10 月在《长尾理论》一书中首先提出，它是继蓝海战略之后又一新的理论。长尾战略是随着计算机网络技术的高度发展而产生的，并在各个领域得到了广泛的应用。网络技术的发展使关注的成本大大降低，人们有可能以更低的成本关注到以前看不到的商品，从而满足自己多样化的需求。如果说蓝海战略讲的是回避同质化、低利润的“红海”，长尾战略则讲的是通过创意和网络，进入个性化生产的“蓝海”。

克里斯·安德森把长尾战略概括为人类的社会文化和经济重心正在加速转移，从需求曲线头部的少数大热门（主流产品和市场）转向需求曲线尾部的大量利基产品，企业通过服务于细分的利基产品市场来实现其商业价值。在一个没有货架空间的限制和其他供应商瓶颈的时代，面向特定小群体的产品和服务可以和主流热点具有同样的经济吸引力。

他认为，长尾战略有六个主题特色。

（1）在任何市场中，利基产品的数量都远远多于热门产品。而且利基产品随着生产技术的发展变得越来越廉价，越来越普及，其比重仍在以指数级的速度增长。

（2）获得这些利基产品的成本正在显著下降。数字传播、强大的搜索技术和宽带的渗透力组合成了一种力量，凭借它，在线市场正在改写零售经济学。现在，许多市场已经有能力供应空前丰富的产品。

（3）仅仅供应更多的品种并不能改变需求，消费者必须有办法找到适合他们的特殊需求和兴趣的利基产品。从自动推荐到产品排名，一系列的工具和技术都能有效地做到这一点。这些“过滤器”可以把需求推向长尾的后端。

（4）一旦有了空前丰富的产品和用来做出选择的“过滤器”，需求曲线就会扁平化。热门产品和利基产品仍然存在，但热门产品的流行度相对下降，利基产品的流行度则会相对上升。

（5）尽管没有一个利基产品能实现大的销量，但由于利基产品数不胜数，它们聚合起来，将共同形成一个可与大热门产品相抗衡的大市场。

（6）当以上几点全部实现，需求曲线的天然形状将会显现出来，不受供给瓶颈、信息匮乏和有限货架空间的扭曲。

（六）平台战略

随着互联网技术和共享经济的发展，平台战略已成为理论研究的热点，实践中越来越多的企业采用平台战略并有效促进了创新绩效。平台概念最初由惠尔赖特（Wheelwright）和克拉克（Clark）提出，他们认为平台能够根据消费者需求来增加、替代或消除一些功能，实现生产产品流程的逐步完善。以云计算和大数据为代表的信息技术极大程度地推动了平台的发展，在此基础上，双边市场里联结不同用户群的产品和服务即平台，如电脑操作系统、门户网站等，这些平台都是把两个不同的用户群体联系起来形成一个完整的网络，并建立有助于促进双方交易的基础架构和规则。平台可分为产品平台、供应链平台、产业平台和多边市场平台等。在双边网络效应的作用下，平台对于任何一个用户群体的价值，在很大程度上取决于网络另一边用户的数量，平台对网络两边的用户需求匹配得越好，平台的价值就越大。

平台战略是企业的成长战略，指连接两个以上的特定用户群体，为他们提供互动交流机制，满足用户群体的需求，并从中盈利的商业模式。如亚马逊 Kindle 连接书商和读者，交易平台（淘宝、京东、拼多多等）连接买卖双方，安卓连接手机商、软件开发商、用户和广告主。平台战略具有以下特征。

（1）平台战略必须立足于人类的某种特定需求。没有哪一个平台能够满足人类所有需求，这种需求一定与时代的某种人性特征相吻合，否则不可能建成一个平台，基于这种特定需求才能把客户吸引或者集中到平台上，这种需求通常作为平台“入口”。“入口”也是“出口”，客户可从“入口”进来，同样也可以从“出口”出去，完全取决于需求能否被满足，因而所有平台必然是一种开放形态。“入口”也是“接口”，不同的平台通过“接口”可以对接，当客户的需求不断变化时，平台之间需要相互对接才能满足，因此平台企业之间可以互惠互利、共同发展，总之一切都是为了需求。

（2）平台战略使企业的角色转变为平台的建设者，服务于平台。作为建设者主要工作是搭建平台、维护平台、发展平台，制定平台各项管理规则，使平台上各种需求能够得到最大程度的满足，因此平台企业提供的必然是一整套服务流程。平台企业的价值嫁接在平台的客户价值之上，平台战略必须围绕这个核心理念设计，任何偏离的行为都会导致平台战略的失败。平台战略并非“借鸡下蛋”，而是“筑巢引凤”，通过满足需求而成就自己。由于需求更加分散、多变，平台必须与时俱进，跟上变化节奏，一旦无法满足平台上的需求，平台必将走向没落与衰败，因此创新必然是平台战略的主旋律，只有不断地创新，才能让客户有活力，平台有人气。

（3）平台战略强调“做大做稳”。平台上的客户数量越多，客户结构越复杂，价值交换越频繁，平台企业的竞争力越强，平台战略越成功。平台的本质是服务于平台上的价值交换活动，因此价值交换活动越活跃，平台越平稳、人气越旺，越能吸引更多的创新与需求聚集在平台上，从而形成良性的互动，这样的平台才能在“大航海时代”乘风破浪。当平台发展到一定程度时，就成了创新与需求的“避风港”，只有停泊在“避风港”中才能躲避海啸，这时俨然成为一种“垄断”平台，而平台规则就成了一只“有形之手”，不但可以左右平台上的价值活动，甚至还可以“翻手为云、覆手为雨”，这就是平台战略的威力。

平台战略可细分为平台进入战略、平台构建战略、平台包围战略及平台创新战略。平台进入战略是指企业进入平台市场的路径和方式选择；平台构建战略是指构建双边网络，同时发挥同边和跨边两种网络效应；平台包围战略是指平台提供者进入新的平台市场，通过多平台绑定的方式利用和分享平台用户资源；平台创新战略包括产品平台创新和生态系统创新两个方面，通过创新创造更多的用户和价值。

第四节 战略管理者和战略性思维

企业战略管理者，即企业战略管理主体，他们是企业内外部环境的分析者、企业战略的制定者、战略实施的领导者和组织者、战略实施过程的控制者和结果的评价者，在整个企业战略管理过程中起着关键作用。企业战略管理者的构成和相互之间的关系、企业战略管理者的素质和能力及管理方式都直接影响着整个企业战略管理的水平和效果。

一、战略管理者

企业战略管理者，不是一个人，而是一个集体；战略管理行为不仅仅是个体行为，而是一种群体行为。企业战略管理者包括企业的董事会、高层经理、专职计划人员、中层管理者、非正式组织的领导、智囊团等。其中，董事会和高层经理起关键作用。由于公司制企业的法人治理结构比较科学、规范，已形成一套较为完善的战略管理机制，这里以公司制企业为例讨论战略管理者的构成。

1. 董事会

董事会是公司的常设权力机构，它对股东大会负责，是股份公司内部组织管理的领导机构。以前，绝大多数董事会成员不是由于其知识能力而是因为其经济和社会地位被选为董事的，董事会只是简单地批准企业管理者的建议，更重要的工作则是由企业管理者组成的专业人才集团来进行的。至于那些家族制企业，董事会只是一种虚设而已。但是，这种状况现在正在发生改变。一方面，越来越多消费者、投资者、企业职工对企业董事会不负责任的行为表示不满，他们要求董事会在企业经营决策方面担负更大的责任。在这种情况下，企业董事会的成员变得更加年轻化和专业化。相当多的董事会是由企业市场经理、其他企业的高级经理、银行家、律师、著名学者甚至工会主席构成的，外部独立董事在董事会中所占的比例越来越高。另一方面，企业董事会有了更加明确的法律责任。任何国家的股份制法律法规都要求董事会要对企业表现出“应有的关心”（due care），否则企业董事必须承担由此给企业和股东造成的利益损失。当然，从法律角度上说，这种参与只限于指导企业管理，而不能是直接管理企业的日常经营活动。

从企业战略管理的角度来说，企业董事会的主要功能包括四个方面。①提出企业使命，为企业高层管理者制定战略确立具体选择范围。②决定企业的经营计划和投资方案，制订企业年度财务预算方案、决策方案。③审批企业高层管理者的建议、决策、行动，为他们提供意见。④通过专门委员会监调企业内外部环境变化，并提醒企业高层管理者注意这些变化，帮助分析它们将会给企业带来的影响。

虽然企业董事会包括的成员在参与企业战略管理的程度上存在很大差异，但是作为一个整体，董事会要完成上述四项任务。凡是参与企业战略管理程度高的董事会都能够认真地完成上述四项任务，如每半年或一年召开一次董事会会议，研究企业长期的发展战略。相反，那些参与企业战略管理程度很低的企业董事会，很少甚至从不提出或决定企业战略，很少去真正关心企业命运，除非企业面临经营困境。

2. 高层经理

随着所有权和经营权走向分离，大多数企业的高层经理都是具有一定领导能力和专业知识的职业经理。他们在企业战略管理中不仅靠职权，还靠自己的影响力和专业能力来发挥作用。企业高层经理一般包括企业正、副总经理，事业部正、副经理。

企业高层经理在企业战略管理中的主要功能如下。

第一，领导战略规划。企业战略规划全过程都是由高层经理发起和全面控制的。为了确定企业的使命，建立企业的目标体系，制定企业的战略和政策，企业高层经理必须富有远见。

第二，领导战略实施。在实施企业战略的过程中企业职工需要领导，需要标准和榜样。提供行为的标准和榜样是所有管理者所起的关键作用。一般来说，企业内英明的和受员工爱戴的领导应当能够运用自己的威信和影响力去管理企业战略的制定和实施。

3. 专职计划人员

当高层经理无法应付过于繁重的战略制定工作时，通常将其中一部分交给由高层管理人员组成的管理委员会或专门的计划部门。这种专门的计划部门主要负责收集和分析各种信息数据，并对各种可能的战略选择提出批评和建议。他们应该是战略制定过程中的具体管理者和设计人。他们既可以提供战略制定的方法和程序，也可为各生产经营部门制定分战略提供指导和帮助，同时还可为高层经理进行评价提供各种可能的战略选择。正因为专职计划人员在战略制定过程中的作用如此重要，所以在某些企业中他们实际上决定着企业的未来。

4. 中层管理者

越来越多的高层经理意识到中层管理者在企业战略管理过程中的重要性，因为真正了解企业内部问题的是他们，具体实施战略的还是他们。一些大型企业[如美国通用电气公司（General Electric Company，GE）]甚至开始减少专职计划人员乃至取消专门的计划部门。但中层管理者参与战略管理时也表现出一些不足，如很少能从整个企业利益角度考虑问题和进行决策，繁杂事务太多，可以用于战略思考的时间有限等。因此如何使中层管理者在战略管理过程中克服不足，需要高层经理领导艺术的发挥。

5. 非正式组织的领导

企业中既有正式组织，还存在非正式组织。非正式组织对企业战略的制定和实施具有一定的影响。这种影响的大小取决于企业正式组织领导人的领导方式和非正式组织领导人的影响力，同时还取决于他们之间的沟通方式和效果。

6. 智囊团

智囊团是企业组建的主要由外部高级咨询人员构成的参谋团体，其成员通常包括大学、科研单位、研究机构、政府高级官员、社会名流以及社会咨询公司中的专家等。他们在一定程度上参与企业战略管理决策，主要在战略分析和战略选择阶段发挥重要的咨询作用。

章内阅读 1-3

领导者在战略中的角色

让我们谈谈领导者在战略方面的工作。我发现首席执行官（chief executive officer，CEO）必须是主要的战略指挥者，因为公司里的每个人都有自己职位上的问题要考虑，除了 CEO。

公司里每个人都有自己的关注点，他们的职能，他们的市场营销部门，他们的产品部门，他们的研发中心……只有负责所有业务的人才能从战略的角度看待问题。

所以你需要通过团队来收集信息，一起出谋划策，参与战略规划的过程，但你必须是做决策的人。战略不能是一个人人都可以投票的公开竞赛。

战略就是选择，我们必须有一系列明确的选择，而不是想到什么就要做什么，“我们要做这个”，“我们要做那个”，哦，“我们要做市场营销，再多做一些”，这样是做不好战略的。

你是 CEO，就必须确保战略进程是在正确的轨道上。

首先，你要确保所有业务单元组织结构的合理性，确保所有的部门对应所属业务的战略制定，你要确保回答的是对应的问题，你应该关注产业未来 10 年的增长将会在什么地方。这是战略需要解决的问题。

我们所在的产业环境？我们现在的位置？通过价值链对标其他企业，我们的主要竞争对手是谁？他们做得怎么样？他们处于什么阶段？他们的价值链是什么？战略中有很多关键问题，务必要确保你在解决正确的问题。

这是你的工作，因为你是那个能把所有人融合在一起的人，你是最后做抉择的人，这是你作为一个领导者的天职，战略是需要集合多部门、多职能一起来做的，而不是生产部门做生产部分的战略，市场部门做营销部分的战略，服务部门做服务的战略……

我们必须一起做，因为所有的部分必须配合在一起。没有最好的营销方法，只有适合特定战略的营销方法，所以我们不能让营销人员自己在一旁做营销。我们要把他们包含在内一起往我们要做的战略方向去做营销，这才是好的战略。

你是确保这一切发生的人，因为你对所有的业务都有一个整体认识和全局观。对于董事会来说，不要某一天突然丢给他们你的战略，在他们投票之前让他们知道你的战略是存在的，董事会人员也希望成为战略制定过程的一部分。

他们的工作不是完善战略，但他们是聪明人，应该听取他们的意见。然后，告诉他们你需要他们在什么问题上达成一致，让他们在战略制定过程中有参与感，会让他们感到更加舒服，而不是某一天直接通知他们对战略进行表决。

你需要董事会的支持，因为所有的公司都有兴衰起伏，所以你需要让你的董事会知道你处于什么位置，你要做什么。只有当他们知道你的战略，他们心中有数，股票的波动才不会让他们感到震惊。

战略需要董事会的理解，董事会支持和董事会的投入，如何带他们了解战略并参与其中是你作为CEO所需要考虑的问题。

你直接参与战略规划的程度取决于你公司的情况和要解决的问题的重要性。这要看情况而定。但作为CEO，你是要参与战略规划的，而不是到最后觉得战略不行，否定就完事了。CEO要确保战略总是在正确的轨道上。你需要设计流程，跟踪检查，领导整个过程。

我大概培训过350多名世界顶级的CEO，他们来到哈佛大学参加一个新CEO的培训营。我们每年邀请他们来两三次。

我们会讨论"如何成为一名优秀的CEO"，在那个活动上，我们每次都会讨论"为什么CEO最好不要否认团队的工作"。最不能否定的事就是战略。因为员工们很辛苦地做了很多工作，他们都对所做的影响公司未来的战略感到斗志满满，付出了很多。

你永远不应该说"不"。首先，作为CEO，你一定有错，因为你在过程中没有持续地监督检查工作进度，以确保他们以正确的方式思考，往正确的方向前进。

与其帮他们做，不如时不时地检查一下。在六个月的艰苦工作之后，你应该激励你的员工，给他们信心，而不是漠不关心和否定。

如果是这样，你必须自己做。员工们对于你是有依赖性的，他们在某一点上持续深入地去做之前会希望得到你的肯定和认可。作为一名领导者，你必须确保参与战略制定过程，随时介入。

这样，如果员工们偏离了轨道，不用等到他们大错特错，产出是错的时候告诉他们。作为CEO，你需要设计流程，跟进检查，领导整个过程，最后大家都开心地完成工作，这才是领导力。

这些是企业拥有一个成功战略的基本原则。

资料来源：波特 M. 2020. 一流领导者必备——成功战略的关键. https://www.sohu.com/a/425816648_226408[2020-10-18].

二、战略性思维

战略性思维从广义上讲就是一种创新性思维，是指人们在提出问题和解决问题的过程中，对创新成果起作用的一切思维活动。具体地讲，就是战略管理者在整个战略管理过程中，所体现出来的战略眼光、战略洞察力、战略执行力等，如我们经常听到的"不谋万世者，不足谋一时；不谋全局者，不足谋一域""人无远虑，必有近忧"等，这些都是战略性思维。具有战略性思维的战略管理者能从纷繁复杂的现象中，发现事物发展的规律，能准确预测组织未来发展的方向，带领组织实现最终的目标。战略管理者的战略性思维可通过不断提升自身的战略素养来培养和激发。

战略性思维可体现在组织管理的许多领域，就战略管理领域和活动而言，美国著名的企业战略管理咨询专家米歇尔·罗伯特（Michel Robert）在《超越竞争者：战略思考的力量》一书中，提出了如何看待战略的许多战略性思维，其中的中心论点就是企业应该摒弃“模仿战略”，模仿意味着自杀，当企业建立起自己有特色的、成功的战略时，就可以完全不用顾虑竞争者的存在。下面是罗伯特在书中提到的四条战略性思维。

（1）人们不可能执行一个未成文的战略。一些高层管理者心中的战略构想也许是清楚明白的，但很难将自己的思想清晰地告诉周围的人，也不能把心中的想法付诸文字，大多数下属就只好猜测，他们可能猜对，也可能猜错。下属通过上司是批准还是拒绝，来推断公司战略允许人们做什么或不允许做什么，这称为“摸索战略”，它使人们花很多时间来发现什么是公司战略允许或不允许的，导致战略执行困难，时间滞后。

（2）没有参与就没有战略的良好执行。有时候，高层管理者认为企业战略已经制定得非常周密，但最后实施效果并不佳，一个重要的原因在于没有中层、基层管理者和员工的共同参与，导致人们在执行前，要花很多时间去理解战略的含义。

（3）人们不执行没有认同的战略。对任何一个战略的“死亡之吻”（甚至是一个好战略），就是将它放在一个员工根本不认同的企业里。经验表明，如果员工不认可，几乎没有战略能够行得通。他们可能只想破坏它，而不是执行它。

（4）运营能力并不等同于运筹能力。大多数管理者把时间花在具体运营上面，埋头于具体事务的工作，不去用战略的眼光看待事物，工作缺乏创新。我们只有跳出日常管理工作的圈子，从较高的高度俯视我们的企业时，才能冷静思考战略问题。也只有在那个高度我们才开始自问：“为什么我们这样做？”然后大家才会一起思考公司的未来。

思考题

1. 什么是企业战略？它有哪些特征？
2. 什么是企业战略管理？
3. 简述企业战略管理的过程。
4. 战略管理者应该担当怎样的责任？
5. 如何理解战略性思维？举例加以说明。

案例分析

小米的八大战略布局

第二章　企业愿景、使命与战略目标

本章学习目标

1. 了解企业愿景、使命与战略目标的概念
2. 理解企业愿景、使命与战略目标在企业发展中的作用
3. 掌握战略目标的制定过程

案例引导

腾讯使命愿景及价值观再更新：用户为本，科技向善

第一节　企业愿景和使命

战略制定者的任务不在于看清企业目前是什么样子，而在于看清企业将来会成为什么样子。

——约翰·W. 蒂兹

每个企业都有其特有的价值观，形成了影响企业经营管理行为的独特文化理念，反映着企业的信仰和追求，指导着企业的经营管理方向。基于文化理念所构建的企业愿景和使命，正如一把为企业量身定做的伞，伞面就是起庇护作用的企业愿景，中棒就是起支撑作用的企业使命，企业愿景和企业使命共同为企业的持久发展提供源源不断的动力。

一、企业愿景陈述

（一）企业愿景的概念

企业愿景是对企业的使命和未来理想状态蓝图的一种精简描述，它为企业战略的制定提供了背景框架，是企业自身的一种定位，体现了企业永恒的追求。企业愿景的陈述具有前瞻性、开创性特征，是就企业未来发展前景的共识，反映了企业的价值观和期望，是对“我们希望成为怎样的企业”的一种持续性的回答。

企业愿景描述了某种期望的实现状态，通常是用激励性的语言来清楚地说明企业想要实现的目标。例如，麦当劳的企业愿景是“控制全球食品服务业”，实现这一愿景意味着麦当劳公司必须全力以赴，这正是企业愿景的功能。

章内阅读 2-1

愿景：公司的 DNA

一个具备战略一致性的良好愿景能够为公司增添高达 17%的财务业绩；只有 10%的经理人本着愿景行动，30%的经理人拖延耽搁，20%的经理人摆出超然姿态，还有 40%经理人的举动则显得烦乱；在敬业的员工中有 88%认为自己能够对公司产品质量产生积极影响，而在不那么投入的员工中仅有 38%的人这么想；只有 4%的英国工作者在工作中充分展现出自己的投入程度；不敬业的员工就没有创新；公司的声誉 40%来自愿景，60%来自业绩……这些数据说明，无论是对于公司还是对于个人，愿景都应该受到重视。

愿景会带给公司截然不同的氛围。走进一家目标鲜明的公司，你立刻就能感受到空气中充满着活力、激情和投入，每个人脸上似乎都贴着鲜活的标签，一目了然。而一家目标缺失的公司则会给人留下散漫和倦怠的印象。

愿景是公司的 DNA，是公司存在的理由。如果在公司战略中根植愿景，并在公司内外部进行妥善的沟通，获得大家的理解，那么其必然成为公司的显著竞争优势。交流公司愿景同时也是经理人获得股东信任、赢得声誉的核心战略工具。

愿景绝不仅仅是一种设想，它必须拥有内涵——战略和相应的行动，以及鼓动激情和斗志的力量。而领导者就是那个帮助全公司上下明确共同愿景的人，并要保证公司上下积极为愿景奋斗。

一般而言，成功的公司会以下述四种方式之一定义愿景。探索，这一类型的愿景包含着对新事物和创新的热爱，赋予了很多科技型企业生命力，当然，探索新事物并不意味着要经常改变公司的发展路线。卓越，追求卓越的公司宁可拒绝客户，也绝不就质量标准妥协。英勇，想想亨利·福特那改变了世界的汽车公司，还有比尔·盖茨的微软。利他，这种愿景通常体现为超过一般预期的个性化服务，以合理的价格提供产品，或者采用能改善生活的技术和理念。

（二）企业愿景的构成要素

企业愿景的本质是一种先进的文化理念，是企业的长期追求和渴望，同时也是对个人愿景的一种整合。企业愿景具有相对的稳定性和持续性，从而保证了企业价值体系的可遵循性。基于企业共有的基本原则，企业成员朝着企业愿景所展现的美好前景奋进。

1. 明确的核心理念

核心理念是企业的灵魂，主要包括企业的核心价值观和核心任务。核心价值观是企业上下基于企业未来发展蓝图所达成的深刻共识，是激励和规范所有成员朝着一致方向努力工作的价值体系，它是企业愿景内化的核心表现。核心任务说明了企业存在的理由和经营的核心主题。例如，华为的核心任务就是聚焦客户关注的挑战和压力，提供有竞争力的通信解决方案和服务，持续为客户创造最大价值而不是以高利润为目标，从而赢得社会的肯定。

2. 宏伟的愿景呈现

愿景是对企业期望达到的状态所展现的图像，它宏观地描绘了企业的未来发展面貌，指引着组织成员的前进方向。例如，迪士尼公司的愿景是成为全球的超级娱乐公司。现实中，企业正是基于所有成员对企业愿景的接受和认同，从而实施相应的企业战略。但需要强调的是，虽然企业愿景对战略规划具有指导作用，但是绝不能代替战略。

此外，企业愿景陈述是用模糊性的语言对企业追求的抱负所做的一种描述。20 世纪 50 年代早期，索尼将“成为一家最能改变日本产品在全球范围内的劣质形象的公司”作为企业愿景。1915 年，花旗银行（现花旗集团）宣布他们的宏伟愿景是“要成为世界上最有实力、服务最好、影响最广的世界级金融机构”。愿景通常表达了一种长期的行动水平，且被设计得极具抱负，因为抱负促使企业通过挑战外在的竞争者以及质疑内部情况而得以发展。愿景与使命时常表达得较为模糊，所以不会阻碍企业达到既定的目标。当愿景看起来无法实现时，模糊性赋予改变战略与实施战术的灵活性。

3. 激励性的语言

企业愿景的陈述除了具有模糊性特征以外，还应有激励性特征。企业愿景反映了企业的价值观和渴望，并且希望借助愿景抓住每一位雇员的心，因此，企业愿景应该是用激动人心的语言来进行表述。简单精确、积极并充满感情的语言能让人们意识到他们将要做什么，同时也会给他们带来压力和挑战，更容易让人记忆。

（三）企业愿景的作用

“愿景”这个词经常被用来描述战略家缩小当前现实和可能的未来之间差距的计划。例如，沃伦・本尼斯和伯特・纳努斯这样描述愿景的作用：为了选择方向，领导者首先必须形成一个可能的和理想的组织未来状况的蓝图，我们称之为愿景。愿景为组织描述了一个现实的、可信的和有吸引力的未来，通过愿景，领导者搭建了一座非常重要的联系组织的现在和未来的桥梁。

企业愿景是一个多功能的整合器，它把企业分散的资源和个人愿景凝聚为一体；企业愿景也是一种伟大的力量，它感召着企业朝着未来理想蓝图不断迈进。企业作为社会的基本组成细胞，在为自身创造经济利益的同时，也将产生一定的社会效应。因此，企业愿景的陈述也是基于企业对社会的影响以及与关联群体之间的经济关系所做的表达。企业愿景的作用可以表述为以下几个方面。

1. 指引方向

一方面，企业愿景为组织成员勾勒了一幅企业未来发展的梦想画卷，指明了企业长远的奋斗方向，从而驱使组织成员向着一致的企业目标努力工作；另一方面，企业愿景为组织成员提供了创造性学习的基点，使他们不再采取分散式的适应性学习，而是以企业愿景为总方针，围绕着这个共同目标确定自己的学习方向。由此，企业可以依据企业愿景建立起更具活力、创造力的学习型组织。

2. 激励作用

企业愿景是企业员工的长期共同追求，它在不同的人之间形成了一股巨大的凝聚力，从而淡化了组织成员的个人利益冲突。企业愿景能够对人们的心灵产生鼓舞和感召，激励着员工为实现愿景不断努力工作，并不断地激发他们的创新思维。而对于现代社会企业，随着知识管理以及忠诚度管理等管理工具的运用，企业员工的需求已不能仅仅通过经济利益手段来满足，他们往往追求更高层次的需要，即自我价值实现的需要。而企业愿景正是基于对个人愿景的整合，激励着员工在实现企业目标的同时，也实现自我价值。

3. 提高组织绩效

愿景为组织中松散的资源和理念创造了一体感，从而使组织所有成员的工作行为目的具有高度的一致性。被认真贯彻执行的企业愿景将会得到很好的实现，相应地，组织绩效就会得到提高，企业的价值也实现了创造性提升。正如彼得·圣吉所说，“如果没有一个拉力把人们拉向真正要实现的目标，维持现状的力量将牢不可破”。因此，没有企业愿景的拉动作用，企业将继续维持它牢不可破的现状，企业的绩效也不会得到提升。

4. 增进社会效益

企业愿景的陈述与企业的内外部环境有着紧密的联系，就如加里·哈默（Gary Hamel）和普拉哈拉德（C. K. Prahalad）在《竞争大未来》一书中说：“一种值得公司追求的愿景能在根本上改变某个产业的惯例或竞争规则，重新划分产业之间的界线，或者开创新的竞争空间。”企业愿景能够增强企业的核心竞争力，从而使得整个产业得到最优的整合，优胜劣汰，实现社会效益的最大化。

虽然企业愿景是面向未来的，描绘的是企业今后的宏伟蓝图，然而企业愿景的陈述是基于对企业内外环境的实际分析而做出的。企业愿景只有当被认为是可实现的时候，才能真正激发企业成员的积极性和创造性。此外，作为一家企业最重要和最卓越的战略领导者，CEO 应与其他人员一道形成企业的愿景。经验表明，只有 CEO 让大多数人（如其他高层经理、组织中不同部门的员工、供应商和客户）都参与进来，企业愿景才会发生作用。而且，在企业愿景形成的决定与行动过程中，CEO 和高层管理者必须与愿景保持一致。

章内阅读 2-2

企业愿景如何表达

愿景如何表达？

愿景没有说出来，等于没有愿景。愿景的目的是提供方向、团结员工、鼓舞士气。

1. 愿景表达的原则

原则一：在愿景与目标之间建立看得见的联系。

“不付诸工作的愿景只是一种空想，没有愿景的工作只是一种苦役，愿景和工作结合在一起才是成功之道。”将愿景转换成目标是一项难度很大的挑战。

领导者如果无法在愿景与具体的目标之间找到联系，那么，愿景只能被当作一种幻想。

原则二：让组织成员看到的是同一幅未来景象。

领导者的工作是统一组织的思想认识，帮助员工都看到同样的未来图景。领导者如果不能做到这一点，就会在组织中产生极大的歧义。

原则三：概念的锤炼先于文字的锤炼。

概念的锤炼是在美化语言之前先美化思想。在精雕细琢表达愿景的语句之前，先培育关键的愿景因素。要确保每个词都能为下属指明方向，增进团结，给人以鼓舞。表达愿景和使命的绝大多数语句，往往都是一些并无多少惊人之处的“老话”“套话”，这些话经常出现在演讲稿中，但这并不妨碍愿景的作用。更精彩一些的愿景表达在语句上有时可能达到独一无二的、意境高远的境界，如 Lens Crafters 公司的“帮助世界擦亮眼睛”。这种表达愿景的语句就使得使命声明和价值观陈述表达出了额外的含义。

2. 愿景表达的方式

1）口号

形象的口号，能够使理念核心得到精确的定位，事实上，大多数组织的理念、使命以及愿景的表达，无不采用了口号这一形式。原因如下。

第一，简练得体、便于记忆。口号一般都在 20 个字之内。

第二，开门见山、画龙点睛。口号能够将一个未来的情景直接告知公众。

第三，口号在简练的语言中，往往要有丰富的内涵和寓意，它能够尽可能回答公众所关心的问题，并能向人们暗示大量的背景信息。

第四，通俗易懂，能让各个文化层次的公众都可理解它的意思。

2）故事

一个发生于未来的情景故事，是愿景的最好的表达方式之一。当福特说出“要让美国每一个人都有一辆汽车”的时候，实际上，他已经向美国人讲述了一个想象空间极大的“一句话故事”。详尽的资料是很容易让人昏头昏脑打瞌睡的，而一个故事却能够使愿景光芒四射。

3）对比

用对比来说事实，尤其要让数字带上灵性。要让愿景变得令人难忘，首先要变得让人容易理解、容易对比。例如，1 英亩①就相当于 1 个足球场的面积、1GB（约 10.7 亿字节）的信息量相当于 1000 册中篇小说的总和。斯坦福大学教授、心理学家奇普·希思（Chip Heath）说：“对于诸如统计数字之类的事实，人们的记忆力很差，但是对于那些通过绘声绘色讲述或者对比所表达出来的事实，人们却很容易记住并乐于反复给别人宣讲。这一事实也许很难被 MBA 所接受，因为我想，一般而言，企业人士总是认为事实会自己说话。”

4）象征

企业领导应该善于使用象征性的语言来传达他们的愿景、价值观以及战略等方面最重要的信息。人类学家伊恩·塔特萨尔（Ian Tattersall）写道：“在本质上，语言的确是一种象征性的精神活动，而且实际上我们也不可能在缺乏象征性的情况下获得某种思想。”

人类的大脑问题依靠事实、情感和象征来形成完整的思想。

资料来源：严正. 2012. 企业愿景如何表达？. http://blog.ceconlinebbs.com/BLOG_ARTICLE_190442.HTM[2012-07-12].

二、企业使命

一个企业不是由它的名字、章程和公司条例来定义的，而是由它的任务来定义的。企业只有具备了明确的任务和目的，才可能制定明确和现实的企业目标。

——彼得·德鲁克

（一）企业使命的概念

企业使命是对企业在社会中的经济身份或角色的表述，它是对企业存在的价值和意义的概括说明。企业使命反映了企业的存在目的、基本特征和性质，是企业肩负的最大责任，回答的是“我为什么活着”“企业的业务是什么”等问题。

① 1 英亩≈4046.86 平方米。

企业使命把企业自身与同类型的其他企业区分开来，从产品和市场的角度确定自己的运营范围。它不仅包括了企业当前面临的任务，还包括了基于对企业历史的认识和反思，以及对企业周围环境的深刻把握和企业资源情况的深入了解。因此，企业使命具有独特性特征，它促使企业在其经营领域内不断进取，使得企业生产更加专业化和标准化，从而形成一种引领其他企业的独特优势。

法国伟大哲学家圣西门曾说过，“人类应当深刻地掌握一条真理，即人类要使有天才的人成为火炬，而不要让他们放弃真正的使命”。同样，一个企业要想获得真正的成功，就必须有一个明确的使命，清楚地了解其在社会经济中的作用、其业务范围及社会价值和社会对其的期望。

（二）企业使命的内容

管理大师彼得·德鲁克认为，使企业遭受挫折的唯一最主要的原因恐怕就是人们很少充分地思考企业的任务是什么。因此，只有明确地把握企业任务，企业才能有序地进行经营活动，才能让平凡的人做出不平凡的事。企业使命涉及的是宽泛的目标，而不是明确的、具体的指令；企业使命的确定是制定企业战略和决策的基础，企业使命的实现不是一蹴而就的，而是经由多个战略目标的达成最终得以实现。企业使命的内容主要包括以下两个方面。

1. 基本使命

1）企业经营情况

企业经营情况主要包括企业基本产品或服务、主要市场和重要技术，这是对企业经营情况的完整陈述。企业使命应该指出企业的业务范围，给公众一个对企业概况的基本认识。例如，荷兰银行将其企业使命定义为通过长期的往来关系，为选定的客户提供投资理财方面的金融服务，进而使荷兰银行成为股东最乐意投资的标的及员工最佳的职业生涯发展场所。这里，荷兰银行表明了企业的业务范围，即给相关客户提供投资理财方面的金融服务，从而使相关利益者对公司有一个基本的认识。

2）经济目标

企业最原始的目标是实现生存的意图，只有生存下来以后才能追求企业的发展。而企业要求的生存和发展，又必须以企业的盈利来实现。企业使命是着眼于企业的长期生存、发展和盈利的目标，而不是企业眼前的经济利益诉求。以长期利润为目标的重要性，在惠普公司（Hewlett-Packard）的使命陈述中得到了体现。获取充足的利润实现公司发展，为实现公司其他目标提供所需的资源；在我们的经济系统中，从经营过程中获取的利润是企业繁荣和发展的最终资金来源，这是衡量公司长期绩效的绝对标准。只有不断实现利润目标，我们才能实现公司的其他目标。

一般来说，企业的基本使命在企业成立之初就需确定，并在企业以后的发展过程当中，根据企业的内外环境情况不断地进行调整和改变。企业的基本使命犹如一个刚出生的婴儿，是对企业原貌的最真实描述和呈现。

2. 核心使命

1）企业哲学

企业哲学是企业在其生产经营活动过程中为谋求自身的生存和长远发展所形成的价值观、经营理念和行为准则，它是对企业自身概念和所塑造的公众形象的本质性认识，是基于对激烈的竞争环境的深入剖析所形成的本企业特色观念体系。企业哲学赋予企业以优秀的品格，而优秀的品格促使企业不断追求卓越、超越自我，同时又对企业所处的社会环境给予应有的关怀。因此，从某种程度上说，企业哲学就是企业的道德规范。例如，索尼的价值观为：体验以科技进步、应用与科技创新造福大众带来的真正快乐；提升日本文化与国家地位；做先驱，不追随别人，但是要做不可能的事情；尊重、鼓励每个人的能力和创造力。

企业哲学从企业长期的生产经营实践中高度概括而来，又回到企业生产经营实践活动中去，并得到实践的检验和修正。企业所秉持的经营哲学这个看不见的因素与看得见的资源一样，对于企业的繁荣和维系都是不可或缺的重要因素。在企业管理实践中，企业正是通过企业哲学对企业资源和企业外部因素的整合最终将资源转变为满足特定顾客层的产品或服务，从而达成持续盈利目标的组织设计的整体解决方案，并形成企业独特的盈利模式。

需要指出的是，传统的企业盈利模式通常是基于对企业利润源、利润点、企业的业务结构等方面的深入分析而形成的。随着国际市场经济的不断深入和政治经济全球化的加深，传统的盈利模式已经不能满足企业长远发展和生存的需要，此时要求企业的盈利模式应根据环境的改变而做出相应的变化。

相应的是，盈利模式的创新要求企业应以企业哲学为基础，通过对企业价值链的深入分析，制定出相应的调整战略，以使企业在价值链内做出帕累托改进。简单地说，就是通过对企业现有的均衡价值体系的打破来创造新价值。在这一过程当中，企业哲学经由企业调整战略的桥梁作用影响着盈利模式的选择；相对地，企业盈利模式的变化又通过相应的调整战略检验和修正着企业哲学。

一方面，企业哲学作为企业使命的重要组成部分，指导和影响着企业战略的制定；另一方面，企业盈利模式的改变也要求企业进行相应的战略调整。因此，调整战略的内在同一性保证了企业哲学与盈利模式的最终一致性。

诚如稻盛和夫所言，他在创立京瓷的时候就认为必须确立正确的经营哲学，并让全体员工都拥有这样的哲学。京瓷今天的成功，正是得益于其所谓的“哲学共有”，即“以心为本的经营”“伙伴式经营”“玻璃般透明的经营”等内容，并缔造了京瓷特有的阿米巴经营的盈利模式。

2）本质目标

本质目标所反映的是组织基于企业哲学的指导所应担当的根本责任和要实现的根本追求，它不是对经济目标的简单延伸，而是一种升华的企业理念的外化；它也不是对单个目标的加总，而是由企业的经济效益、社会效益和生态效益的实现而产生的协同效应所达到的结果。例如，联想集团的本质目标是为客户利益而努力创新；国际商业机器公司（International Business Machines Corporation，IBM）的本质目标为无论是一小步，还是一大步，都要带动人类的进步。

比较而言，企业的核心使命是相对稳定和长久的，它不随企业环境的变化而改变，指导着企业在错综复杂的动态环境中有序经营、良性运转。它犹如一位久经沙场的将军，无论战争环境如何，他都能够给予他的士兵明确的方向，带领他们勇往直前。

章内阅读 2-3

联想集团的使命陈述

为客户：联想集团将提供信息技术、工具和服务，使人们的生活和工作更加简便、高效、丰富多彩。

为员工：创造发展空间，提升员工价值，提高其工作、生活质量。

为股东：回报股东长远利益。

为社会：服务社会文明进步。

（三）企业使命的作用

彼得·德鲁克曾说，“一切工作都源于使命，并与使命密切相关”。可见，使命是企业进行经营管理和开展业务活动的基础，是企业不断前进的指南，因此，企业使命的确定具有十分重要的意义。

1. 确定企业的发展方向和经营主题

一个好的企业使命指明了企业未来的发展道路，确定了企业的核心业务范围。例如，索尼将企业使命定义为“改变生活状况，引入新的娱乐方式，提供新时代的技术和数字概念，与国内产业携手合作，通过承诺优质服务拉近与客户间的关系”。而企业的发展道路和核心业务问题，直接决定了企业的发展战略制定和选择。因此，如果说企业愿景为战略规划提供了一个宏伟的背景框架，则企业使命就是战略规划的直接前提，是企业进行资源分配的基础。

2. 有助于企业文化建设

企业文化有着非常丰富的内容，它是为企业全体成员所认同和遵守的价值体系和行为规范。企业使命作为最高层次的企业文化理念之一，回答了企业生存和发展的根本问题，它是对企业业绩有着直接贡献的一种文化概念。一个具有建设性作用的企业使命，能够充实企业文化的内涵；同时，企业文化建设又是围绕着企业使命的精髓展开的，由此为企业战略管理的有效实施提供了保障。

3. 增强团队凝聚力

苏格拉底曾这样问自己：“我是谁？我从哪里来？我到哪里去？”这也是对企业使命

的最好诠释。明确的使命像一只“无形的手”，指引着企业内部所有员工和各业务单位向着共同的目标努力工作。正如《孙子兵法》所云，上下同欲者胜。因此，企业使命通过满足企业各阶层的成就需求，形成、保持并增强团队的凝聚力、企业的向心力，提高全体成员的工作积极性，最终促进企业的可持续发展。

4. 树立独特的企业形象

企业形象是企业使命的一种外在表现形式，它是社会公众和企业员工对公司整体状况的看法和评价。企业使命描述了企业的业务领域、目标客户以及所承担的社会责任等内容，它促进了企业上下形成共同的价值观念，并逐步外延到企业外部，为社会大众所接受和认同，从而形成具有企业特色的企业形象。例如，人们一想到星巴克，往往就会感受到一种浓厚的人文气息、一种宁静的生活品质。

5. 映射企业的社会政策

社会政策是企业的外部政策环境，它不仅是社会环境因素客观存在的一种事实，同时又囊括了管理者对社会问题的主观看法，如企业管理者对社会责任的承担问题的认识。因为特定时期的社会政策包含了组织最高水平的管理哲学和思想，所以社会政策影响了企业使命的发展。相应地，企业使命也映射出了企业所面临的社会政策。

三、企业愿景与使命的关系

企业愿景和企业使命就如一把伞的伞面与中棒，伞面图案的精彩纷呈、中棒的有力支撑，共同撑起了企业美好的明天。

1. 企业愿景和使命的联系

企业愿景和使命都是企业对其未来发展的构想和憧憬，具有前瞻性特征。企业愿景是企业使命的基础，就如庞大的伞面须得匹配粗壮的中棒。如果没有愿景，使命就失去了依托，企业就无法评价其终极目标的实现程度；如果没有使命，愿景就失去了支撑，企业的终极目标也就无法实现。

愿景和使命都是基于企业共同利益的诉求，也都是对企业利益相关者的责任承诺。如果说愿景为企业注入了激情，那么使命就是把这种激情贯穿于企业始终的力量；如果说使命为企业提供了引路灯塔，那么愿景就是把这座灯塔建立在真正有价值的位置。

作为企业文化理念最高层次的愿景和使命，不仅满足了企业员工更高层次的需要，更为重要的是，它们还对企业的战略规划起着指引性作用，为选择和执行战略提供了坚实的基础。如果说企业愿景为企业战略制定提供了宏伟的背景框架，那么企业使命为企业战略的制定提供了直接的依据。

章内阅读 2-4

华为的愿景与使命

愿景目标：丰富人们的沟通和生活。

企业使命：聚焦客户关注的挑战和压力，提供有竞争力的通信与信息解决方案和服务，持续为客户创造最大价值。

核心价值观：成就客户、艰苦奋斗、自我批判、开放进取、至诚守信、团队合作。

2. 企业愿景和使命的区别

首先，虽然愿景和使命都是对企业未来发展的概括性和模糊性的表达，但通常企业愿景更为简短概括，而企业使命较为详细具体。另外，拟定愿景陈述常常是战略规划的第一步，并发生在制定使命陈述之前；而使命陈述促使战略家思考企业当前经营活动的性质和范围、评价未来市场与经济活动的潜在吸引力。

其次，愿景是企业终极目标实现的状态呈现，比较持久，是组织需要花几十年才可能实现的样子；而使命会根据不断发生的外部条件而发生变化，实现时间介于企业愿景的达成时间和战略目标的实现时间之间。

最后，愿景的陈述更多的是有关企业的长远发展方向及其发展能力的描述，漂浮于企业现实之上；而使命是对企业具体的活动范围和层次的定义，表明企业在社会经济活动中的身份或角色，它更接近于现在。

大文学家巴尔扎克曾说过，“一种未完成的使命会使整个人生默然失色”。同样，对于企业来说，一种未完成的企业使命最终将会导致企业愿景所描绘的美丽图景黯然失色。管理大师加里·胡佛认为，“伟大的企业之所以伟大，是因为它们能够看到别人看不到的东西，将洞察力与策略相结合，描绘出独一无二的企业愿景”。所以，只有当愿景和使命在企业的经营活动过程中相互作用，共同指引企业前进，企业才能真正到达理想的彼岸。

第二节 企业战略目标

有些人活着没有任何目标，他们在世间行走，就像河中的一棵小草，他们不是行走，而是随波逐流。

——小塞涅卡

随着经济全球化和信息全球化的深入，企业的生存环境发生了翻天覆地的变化，企业要想在风云变幻的环境中求得长远发展和生存，必须根据环境的变化制定相应的企业战略。企业战略确定的出发点和实施的最终归宿都是基于对企业战略目标的相应表述，诚如彼得·德鲁克所说，“目标并非命运，而是方向；目标并非命令，而是承诺；目标并不决定未来，而是动员企业的资源与能源以便塑造未来的手段”。因此，企业必然要通过实现战略目标这个手段来达到其期望的未来状况。

一、企业战略目标的概念

企业战略目标是指企业在实现其使命过程中所取得的具体结果，它是对企业使命的进一步细化和分解，是对企业生产经营管理活动全局的筹划和指导所要达到的目的。战略目标是对企业战略的一种定位，是企业战略的核心，表明了企业战略的指向，也就是企业要走向何方。此外，战略目标指出了企业资源配置的优先级，并为绩效评价提供了一定的依据，促进了企业内部的有效沟通和协作。

一般来说，企业战略目标是一种长期目标，其实现需要 3～5 年的时间或者更长。战略目标是企业基于对其面临的内外环境因素的深刻分析而希望达到的水平，既可以是定性的，也可以是定量的，如竞争地位、社会贡献程度、业绩水平、发展速度等，但是定性的战略目标往往最终也是通过相关的具体数量标准来评判其实现程度。

企业使命的实现不是一蹴而就的，而是需要整合多个战略目标的完成效果来达到的。出于这样的考虑，我们可以把企业使命看成一个经过长期努力才能实现的战略目标。反过来，与企业使命相比，战略目标的陈述更为量化，其实现时间也更短。

总之，没有战略目标，企业就没有战略实施的必要，也就没有在变化莫测的环境中赢得竞争优势的能力，企业就更谈不上运筹帷幄，决胜千里了。

二、企业战略目标的特点

企业战略目标是对企业使命的进一步明确，是企业在确定的战略期内要达到的目的和水平，是企业的行动纲领。战略目标反映了企业对有限的资源进行重点整合和投放的方向，以使企业资源能够同时实现做正确的事和正确地做事的双重效果，从而达到企业内外条件和期望目标之间的一个动态平衡。

一个好的战略目标对企业的长远发展具有举足轻重的作用，它使得企业的经营行为更有目的性和竞争性。企业战略目标的哪些特点可以增大其实现的可能性？战略目标是关系企业发展的各阶段和各方面的重大目标，因此，除了具备全局性、长期性等基本特征以外，企业战略目标还具有以下几个特性。

1. 可接受性

战略目标的设计首先要满足企业和员工的利益诉求，被企业上下所接受，这是对战略目标最基本的要求。此外，战略目标还必须符合社会公众的利益，为他们所认同，如社会公众要求企业杜绝或降低环境污染。企业作为一个经济组织兼社会组织，必须权衡和协调战略目标产生的经济和社会效应，使之成为一个为利益双方共同接受的标准。

2. 可度量性

战略目标必须明确企业所要达到的具体数量标准和水平以及实现这些所需要的时间界限。战略目标是对企业使命的确切化，企业使命的实现必须通过相关战略目标的完成来达到，这就要求战略目标必须能够量化，以期评价战略目标的实现程度。例如，将“持续提高企业的利润增长率”这一战略目标调整为“将我们的手机产品系列的利润增长率每年最少提高 0.5 个百分点，并在以后的 5 年内累计提高 4 个百分点”。

3. 一致性

企业使命是企业朝着理想蓝图前进的灯塔，而战略目标则是企业前行的真正行动纲领。战略目标必须与企业使命陈述中所表达的经济目标和本质目标相一致，战略目标实现程度的衡量标准也正是企业使命陈述执行是否完好。背离企业使命的战略目标最终会阻碍企业的发展，甚至会导致企业面临生存危机。

4. 明确性

明确性要求企业战略目标必须清楚明了地表明企业要实现的内容是什么，不得给人以歧义。这就使得企业相关部门和层次的员工朝着本部门和层次的一致目标努力工作，不至于产生混乱。因此，人们理解企业战略目标是确保他们实现目标的必要条件。此外，明确性特点还传达了企业高层对企业资源的配置情况，以使企业高层根据战略重心协调各部门的关系，做出相应的战略指示。

5. 灵活性

战略目标是通过对企业内外环境的深刻分析以及对相关利益者的利益权衡而设计的，具有相当的适应性和灵活性。它会根据环境的变化不断做出相应的调整，但是这种调整只是对战略目标某些细枝末节的改变，它并不改变目标的自然本质属性。

6. 可挑战性

挑战性的工作能激发员工的潜力，使其产生自豪感和成就感，从而大大提高他们的工作积极性。战略目标是企业所有成员的公共利益追求，应该具有一定的挑战性。但是，挑战性战略目标的设定应根据本组织资源和员工的实际情况着手进行，它不能制定得过高，让人产生一种挫败感，也不能制定得过低，难以满足个人需求的成就感。

7. 可行性

一个真正好的企业战略目标是能够实现的。如果一个目标只是一个口号、一个标语，而没有真正让这个口号成为现实的能力和途径，那么这个目标就不具有任何价值和意义。正如本杰明·狄斯拉理所说，“行动不一定会带来快乐；但是没有行动就决没有快乐”。因此，对一个企业战略目标来说，没有实际的行动去实施和保证，目标是难以实现的。

8. 竞争性

战略目标阐明了企业在较长时间内发展的方向和预期结果，除了具有激励、导向等特性以外，它还拥有竞争性。企业通过战略目标向其竞争对手昭示了它的战略野心和抱负，表明了他所希望达到的竞争地位立场，从而促使现实竞争者和潜在竞争者转移他们的战略方向。例如，韩国三星电子有限公司在 2021 年发布了“展望 2030”计划，这一计划的目标是在 2030 年之前实现半导体市场除存储外的全球第一的成就，这无疑对该领域的竞争对手产生了极大的影响。

三、企业战略目标的内容

一个明确的战略目标能够为企业的发展重点指明方向，减少企业前行的不确定性和组织内部冲突，同时也为员工岗位任务设计提供了依据，并最终实现一种协同效应。

一般说来，企业战略制定者从以下八个方面建立战略目标。

1. 竞争地位

战略是企业期望最大限度地实现并维持其竞争优势的一种手段，因此，由企业对自身竞争优势和劣势进行综合评价后所确立的竞争地位是衡量企业成功与否的一个标准。竞争地位的衡量标准一般体现在企业的市场占有率和行业综合排名等方面。战略目标之所以要着眼于企业的竞争地位是因为竞争地位代表了组织的一种长期优势，是企业赢得长期发展和生存的必然要求和结果。例如，2021 年比亚迪新能源汽车市场占有率为 17.1%，这个 17.1%的市场份额就是对比亚迪汽车 2021 年竞争地位的衡量标准。

2. 营利能力

对于任何一个企业来说，要想获得长久的运作，就必须具有供其经营、管理和发展的稳定的足够现金流作为支撑。营利能力是企业获取利润的能力，即企业的资本增值能力。营利能力的强弱反映了企业的经营情况，是衡量企业经营业绩的重要指标。因此，企业从战略角度进行管理通常都会确定一个获利目标。营利能力的指标通常为资本收益率、每股收益、销售利润率以及总资产报酬率等。例如，奔驰公司计划在 2025 年实现约 14%的销售利润率目标。

3. 生产率

企业生产率是指投入与产出的比值，其本质是对资源利用程度的一种度量，反映了企业的生产能力。生产率高的企业，会提高企业的销售额，从而增加企业利润。生产率目标可以用成本和劳动生产率等指标来衡量。例如，降低次品率、提高人均生产率等都可能使得企业的利润率提高。

需要强调的是，对于多元化经营的企业，也可以把实现范围经济作为一个战略目标。

范围经济通过扩大经营范围、增加产品种类来引起单位成本的降低，从而导致企业生产率的提高。

4. 人才经营

当今企业之间的竞争就是人才的竞争，诚如韦尔奇所说，“人才和策略不同，是无法被对手公司轻易效仿的”。因此，把人才经营作为一个战略目标具有重要的现实意义。人才经营目标主要考虑人才培养和员工关系两个方面。人才培养是指企业对组织内部员工的教育和培训的过程，它能够增强员工的职位胜任能力，提升他们的人文科学素养，从而更能发挥员工的创造性和探索精神，提高企业生产率。此外，企业生产率和员工的忠诚度有着紧密关系，因此，处理好员工关系不仅能提高团队的凝聚力，实现企业的一致目标，还能够满足个人的尊重和成就需要，最终实现一种协同效应。

5. 文化建设

企业文化建设对企业整体素质的提升和核心竞争力的增强有着十分重要的作用，文化战略目标已成为企业战略目标的一个重要组成部分。一方面，企业文化通过对自身企业形象的完美塑造打造企业的品牌价值，提高企业的竞争力；另一方面，还通过对企业精神的宣传和弘扬调动员工的主动性、积极性和创造性，增强企业的凝聚力和向心力，从而提高生产率，增加企业利润。只有拥有鲜明企业文化的企业，才能创造出满意的成果。例如，微软个性文化背后的创造力和智慧力给企业带来了巨大的成功。

6. 技术领先

对于处于知识经济和信息时代的企业，要想在激烈的竞争中掌握主动权，把握市场先机，就必须根据市场的变化不断地进行技术创新，占领市场的技术领先地位，从而提高企业的竞争力，赢得和扩大企业的市场份额，获得超额利润。例如，英特尔作为全球最大的处理器制造商，其成功最主要得益于持续的技术创新能力，通过不断地推出新产品来赢得市场。

此外，互联网已经成为组织战略目标设置必须考虑的一个因素，它为企业提供了一种新的商业运作模式，如何把握好信息技术提供的机遇，平衡好实体市场和电子商务的关系，将最终影响企业的利润获得。

7. 相关的资质认证

拥有一套好的资质证书，不仅能够提高组织声誉、增强组织的竞争力，从而扩大销售、获取更多利润，还能够有利于组织的内部管理，增强员工的自律性，激发他们的积极性。因此，具有强烈成功抱负的企业，会把与本企业相关的资质证书的获得放在一个战略性位置。例如，企业将取得 ISO 9000 质量管理体系认证、ISO 14001 环境管理体系认证作为组织的战略目标。

8. 社会责任

企业作为社会的一个基本组成单元，在追求自身经济目标的同时，还必须考虑所应承担的社会责任问题。社会责任反映在企业对顾客、商业伙伴以及社会的态度问题上。企业为顾客提供价格公平、质量良好的产品或服务，会给企业树立一个良好的社会形象；企业与商业伙伴建立良好的合作关系，可以产生一种外部的协同效益，减小组织的相关成本；企业提倡绿色经营、从事慈善事业，其产品会更容易被公众所认可和接受，也会使得企业享有相应的税收优惠政策资格，使得企业在获得更多利润的同时，创造出更多的社会效益。

当然，战略目标涉及的领域不仅仅是以上八个方面。比如，对于一个濒临破产的企业来说，求得生存是其目前最重要的战略目标，它会通过请求破产保护、并购重组等手段来实现。企业所有权和经营权的分离，企业的所有者不能对经营者的行为进行全面的监督，这就可能导致一种道德风险：企业的经营管理者为了满足个人需求而做出有损于股东利益的战略决策。因此，企业必须把公司治理作为组织的一个战略目标。

章内阅读 2-5

国家电网公司最新战略目标解读

“具有中国特色国际领先的能源互联网企业”的战略目标解读如下。

“中国特色”是根本，体现为坚持“两个一以贯之”、党的领导有机融入公司治理，体现为坚定不移服务党和国家工作大局，体现为走符合国情的电网转型发展和电力体制改革道路，体现为全面履行政治责任、经济责任、社会责任。

“国际领先”是追求，致力于企业综合竞争力处于全球同行业最先进水平，经营实力领先，核心技术领先，服务品质领先，企业治理领先，绿色能源领先，品牌价值领先，公司硬实力和软实力充分彰显。

“能源互联网企业”是方向，代表电网发展的更高阶段，能源是主体，互联网是手段，公司建设能源互联网企业的过程，就是推动电网向能源互联互通、共享互济的过程，也是用互联网技术改造提升传统电网的过程。三者有机一体，构成了指引公司发展的航标。

2020 年至 2025 年，基本建成具有中国特色国际领先的能源互联网企业，公司部分领域、关键环节和主要指标达到国际领先，中国特色优势鲜明，电网智能化数字化水平显著提升，能源互联网功能形态作用彰显。2026 年至 2035 年，全面建成具有中国特色国际领先的能源互联网企业。

资料来源：麦克奥迪智慧能源. 2020. 国家电网公司最新战略目标解读. https://zhuanlan.zhihu.com/p/114065465[2020-04-26].

第三节　企业战略目标的制定

公司的目标可以集中企业资源，统一企业意志，振奋企业精神，从而指导、激励企业取得出色的业绩，战略制定者的任务就在于认定和表明企业的目标。

——约翰·基恩

战略目标是企业进行战略制定的原动力，它表明了企业所期望的实现状态，是衡量企业战略绩效的直接依据和标准。战略目标是企业使命的具体化和明确化，它表明为了实现企业使命，企业在一定期间应该达到怎样的状态。因此，战略目标的制定对于支持和完成企业使命具有举足轻重的作用。

一、影响企业战略目标制定的因素

企业战略目标是战略制定者对企业外部环境和内部条件进行深入剖析以后所选择的权衡点，它满足了企业自身的生存和发展诉求以及企业利益相关者的需要。因此，在战略目标的制定过程中，需要考虑以下几个因素。

（一）企业内部因素

1. 企业使命

战略目标是对企业使命在一定期间的具体化，战略目标的制定必须服从和服务于企业使命的实现。因此，企业在设定战略目标时，必须以企业使命为主线，所有战略目标的确立都围绕着这条主线进行。

2. 企业规模和权力结构

企业规模和权力结构影响着企业战略目标的制定。例如，对于一个组织规模不大的企业，其权力结构更多表现为集中特性，战略制定者可能多以个人经验和判断进行战略决策，忽略了与组织成员的双向沟通过程。而对于股权分散的企业，由于董事会不能对经理层起到很好的监督作用，经理层可能制定满足个人需求的战略目标。

3. 高层管理者素质

企业高层管理者在战略目标的制定过程中居于主导地位，而员工的真正参与程度不高。如果高层管理者具有系统性的战略思维、高超的领导力、相关的专业知识和丰富的工作经历与经验，那么他在进行战略目标的确定时更能够反映企业目前的真正需求。

4. 自身资源和能力

企业战略目标的制定必须基于对组织内部资源的理性和清楚的认识，而企业战略的实施需要有足够的资金作为支撑，以及对企业相关物质资源进行整合等。因此，战略制定者在制定企业战略目标时，必须具体情况具体分析，根据企业的实际情况设立相应的可行性目标。

除了上述四点以外，企业过去的发展情况也会影响战略目标的制定。正如管理大师亨利・明茨伯格所说，“尽管战略一词通常与未来相联系，它与过去的关系也并非不重要。过日子要向前看，但理解生活则要向后看。管理者将在未来实施战略，但他们是通过回顾过去而理解这一战略的”。

（二）企业外部因素

1. 外部利益相关者

任何一个企业都处在一个开放的环境当中，企业的经营行为必然会与外界发生联系。外部利益相关者是指存在于组织以外的，对企业的绩效和企业战略设计与运行产生影响的群体，主要包括客户、竞争对手、供应商和政府等。企业在制定战略目标时，必须结合外部利益相关者对企业战略的态度，如竞争者对企业战略采取合作性态度，战略目标的制定就是基于合作双方共赢的追求。

2. 环境因素的变化

企业的外部环境主要有政治环境、经济环境、法律环境、技术环境和社会环境等。如果企业的某一外部环境因素发生变化，将直接影响企业的经营行为和方向，从而影响企业的战略选择。例如，对于一个跨国公司，如果东道国的政治环境急剧恶化，公司可能就会停止在该国的生产经营活动。

二、企业战略目标的制定流程

企业要想获得生存和长久的发展，必须有效地利用企业资源，将有限的资源投放和整合到影响企业的关键领域。一般来说，确定战略目标需要经历评估分析、拟定目标方案、评价目标方案和选择目标方案四个具体步骤。

1. 评估分析

评估分析是企业制定战略目标的首要任务，包括对企业战略状况的评估和企业外部因素的分析。企业战略状况评估主要涉及企业目前的经营情况、未来的发展趋势以及企业内部资源和生产能力等；企业外部因素分析主要考虑的是企业外部环境，如企业的产业环境、宏观环境等。

评估分析阶段通常采用的是优劣势（strength-weakness-opportunity-threat，SWOT）分析法以正确地判断企业的战略形势，即通过对企业的优势与劣势、机会与威胁等方面的研究，为有针对性、有重点的战略目标制定做准备。需要强调的是，对已经做过评估分析的战略形势还应进行复核，进一步整理研究，增强评估分析成果的适应性。

2. 拟定目标方案

通过对企业的战略形势进行深刻的评判以后，企业应尽可能利用所有的相关信息拟定多个备选方案，备选方案应该清楚地表明战略目标方向及其期望的实现水平。其具体流程包括：战略制定者在既定的战略经营领域内，依据对外部环境、需要和资源的综合考虑，确定目标方向；然后通过对现有能力与手段等条件的全面衡量，对沿着战略方向展开的活动所要达到的水平也做出初步的规定，这就形成了可供决策的备选方案。

在拟定备选方案的过程中，高层管理者应充分发挥思想库和智囊团的作用，但不可忽视的是，让不同背景的组织成员也参与进来，将会提升企业战略目标的价值。

3. 评价目标方案

战略目标拟定出来之后，就要评价目标的可行性和有效性。可行性评价主要通过对企业的资源和能力的分析来论证；有效性评价主要通过对企业使命的重新审视，研究战略目标是否保持与企业使命的相关性，是否符合企业整体利益和发展需要。此外，通过对目标方案的风险、实现时间以及收益性等方面的评价，确定目标方案的优先级顺序。

实际上，对目标方案的评价过程，也是目标方案的完善过程。通过评价论证，找出目标方案的不足，并想方设法使之完善起来。如果发现拟定的目标完全不正确或根本无法实现，那就要回过头去重新拟定目标，再重新评价论证。

4. 选择目标方案

基于对目标方案的评价，战略制定者应该通过综合判断比较后选择最优的目标方案。该方案能够使企业战略的实施更符合企业的长远发展利益，使企业内外产生良好的协同效应。

在目标方案的选择过程当中，需要注意从以下两个方面进行权衡：①目标方案与企业使命的相关程度及其方向的正确程度；②目标方案期望值的大小及其实现的概率情况。

总之，战略制定者在选择目标方案时，应尽可能考虑以上两个方面的协调最优值。还需注意的是，目标的选择必须掌握好时机，战略时机把握得越准确，企业赢得竞争优势的可能性就越大。诚如法国伟大军事家拿破仑所说，“战略是利用时间和空间的艺术。我对后者不如对前者那样珍惜。空间是可以重新得到的，而时间则永远失去了”。

企业战略目标制定的四个步骤是紧密结合在一起的，后一步的工作依赖于前一步的工作结果，前一步的工作推动着后一步的进行，从而构成一个相互联系、相互依存的连续过程。

思考题

1. 简述什么是企业愿景和使命。
2. 企业战略目标的内容包括哪些方面？

3. 简述影响企业战略目标制定的因素。

案例分析

方太：幸福常青的企业

第二篇

企业战略环境分析

本篇涉及企业战略环境分析阶段的外部和内部环境分析两大内容。外部环境分析又细分为宏观环境分析、产业环境分析和竞争对手分析三个部分；企业内部环境分析包括企业的资源、能力与核心能力、企业内部环境分析的方法等内容。

第三章　宏观环境分析

本章学习目标

1. 认识宏观环境分析的目的
2. 理解宏观环境分析的内容
3. 掌握宏观环境的调查方法
4. 把握宏观环境的评估方法

案例引导

疫情环境对中巴经济走廊 EPC 项目的影响

宏观环境是指在一定的时空内影响到几乎所有组织的各种因素和力量。企业宏观环境分析是战略制定与实施中最为基础的一个环节，也可以说是企业进行战略管理和规划的第一步。通过宏观环境的分析，企业可以对外部环境和条件、制约、机遇与威胁以及企业的利益相关者有深入的了解。在此基础上及时制定应对风险、抓住机会的战略措施，提供企业竞争环境的具体描述和说明，使企业战略制定者明确自己企业的定位，把握好企业战略方向。

第一节　宏观环境分析的目的

企业宏观环境分析首先要明确分析目的。之所以对企业进行宏观环境分析，是因为社会中的每一个企业都不是孤立存在的，总是要与其周围环境发生物质的、能量的和信息的交流与转换。离开了与外部环境的交流、转换，企业将无法生存和发展。换句话说，企业生存和发展要受到其所处的外部环境的影响与制约。在企业与外部环境的相互关系中，一般来说，环境力量总是不以企业的意志为转移，总是处在不断发展变化之中，特别是在当今的信息社会。正因为如此，企业应该认识环境的状况、特点及变化趋势，并在此基础上去适应它，而不是对抗它。

对一个企业的宏观环境驱动因素做全面分析是制定良好战略的前提条件。如果不能敏锐地洞察在以后的3～5年内存在什么样的宏观环境因素，以及它们会给公司的业务带来多大的潜在变革，那么管理者根本无法为制定与新环境环环相扣的战略做好准备。同样地，如果管理者不清楚各个宏观环境驱动因素的意义和作用，那么，他们所制定的战略就难以对驱动因素及其对行业所产生的影响做出积极有效的反应。所以对宏观环境因素的分析是很重要的，它对战略的制定有着十分重要的价值。

应该指出的是，尽管宏观环境所包含的因素很多，但对某一行业或某一企业来说，试图分析所有因素及其影响，不但困难，而且没必要。重要的是从具体需要出发，认清哪些是关键影响因素，然后只对关键因素做分析即可。

宏观环境分析的目的主要有两点：一是通过分析，预测与某一行业和企业有重大关系的宏观环境因素将发生怎样的变化；二是评价这些变化将会给行业及企业带来什么样的影响，以便为企业制定战略奠定基础和提供依据。

第二节 宏观环境分析的内容

企业的宏观环境分析主要包括六个方面的内容，即企业的政治环境、法律环境、经济环境、社会文化环境、科技环境和自然环境。通常所说的环境分析的主要因素PEST是指政治（political）环境、经济（economic）环境、社会（social）环境和科技（technological）环境。

一、政治环境分析

政治是一种重要的社会现象，要考察企业面临的宏观环境，政治因素及其运行情况是企业宏观环境中的重要组成部分，这是因为政治因素给企业带来的影响异常巨大和明显。同时影响企业生存和发展的其他社会因素也都会因为政治条件及状况的不同而对企业产生不同的影响。因此，政治环境是决定、制约和影响企业生存和发展的极其重要的因素。

企业的政治环境是指制约和影响企业的各种政治要素及其运行所形成的环境系统。政治环境对企业影响的共同特点如下。

（1）直接性，即国家政治环境直接影响着企业的经营状况。

（2）难以预测性，对于企业来讲，有时难以预测国家政治环境的变化趋势。

（3）不可逆转性，即政治环境因素一旦涉及企业，就会使企业发生十分迅速和明显的变化，而这一变化是企业驾驭不了的。

企业政治环境的具体内容包括以下五个方面。

（1）政治制度，如我国的根本政治制度是人民代表大会制度。

（2）政党和政党制度，政党和政党制度是影响国家政治环境的主要因素，也是影响企业政治环境的重要因素。例如，我国实行中国共产党领导的多党合作和政治协商制度。

（3）政治性团体，如中华全国总工会（以下简称工会）、中华全国妇女联合会、中华全国青年联合会等，这些政治团体对国家政治决策具有很大的影响，有时也会使企业的政治环境发生重大变化。

（4）国家的方针政策，这是在一定阶段内指导一个国家政治、经济、文化等方向性、原则性的战略策略规范，因此企业必须遵循所在国的这些方针政策，它对企业活动往往具有控制和调节的作用。

（5）政治气氛，一是指各阶级及其政党的各种政治主张的矛盾和力量对比在政权上的反映所形成的国家政治局势；二是指基层组织和群众的政治情绪，如政治倾向、政治热情及政治思想等。

我国的政治制度和方针政策构成了我国企业政治环境的基本要素，政治体制改革和不同时期的具体方针政策则为企业政治环境提供了良好的条件和发展前景，这些都将对我国企业的领导制度、生产经营和管理产生深远的影响和制约作用。正确充分地利用、适应企业所面临的政治环境，无疑是企业生存和健康发展、实现其战略的重要前提。

二、法律环境分析

企业的法律环境是指与企业相关的社会法制系统及其运行状态。例如，我国社会主义法律是广大人民按照自己的意志，通过国家政权制定或认可建立起来的法律制度和执法原则，这是我国法制的根本性质。我国企业面对的社会主义法制环境规范、制约、引导着企业，要求企业从成立之日起，其一切生产、经营、管理、分配、交换以及改组、合并、扩充或破产行为都必须符合人民群众和全社会的根本利益，有利于发展社会主义市场经济，有利于发展国际经济合作和国际竞争。法律环境包括多种环境因素，最主要的有以下三种。

（一）国家法律规范

国家法律规范是由国家制定或认可、体现统治阶级意志、由国家强制力保证实施的行为规则。法律规范是一个完整的体系，同企业从事活动相关的法律规范体系是由不同效力等级的一系列法律组成的，主要有宪法、基本法律、行政法规、地方性法规等，其中与企业相关的法律规范构成企业法律环境中最基本的内容。

（二）国家司法、执法机关

国家司法、执法机关是指国家设立的法律监督、法律审判和法律执行部门，主要有法院、检察院、公安机关等各种行政执法部门。与企业关系较密切的行政执法部门有市场监督管理部门、税务部门、物价部门、计量管理部门、质量技术监督部门、专利部门、生态环境部门、政府审计部门等。此外，还有一些临时性行政执法部门，如市区的街道办综合执法大队。

（三）企业的法律意识

法律意识是法律观、法律感和法律思想的总称，是指企业对法律制度的认识和评价。因为任何企业都要同与其生产经营活动相关的企事业单位发生经济、技术、贸易关系，这些关系都具有社会经济法律关系的性质。企业的法律意识，最终都会物化为一定性质的法律行为，并造成一定的行为后果，从而构成每个企业不得不面对的现实法律环境。

综上所述，法律规范是企业法律环境赖以存在的基础，国家司法、执法机关及其活动是企业法律环境健康生长的保证，企业的法律意识是企业参与和感受法律环境的重要媒介。法律环境对企业的影响方式受法律的强制性特征所制约，对企业的影响方式具有刚性约束的特征。针对经济法律规范调整的不同的经济法律关系，其刚性又有程度上的差异，不同的法律形式对它的调整对象采取不同的调整手段和作用方式。

章内阅读 3-1

企业人力资源管理法律风险防范控制对策

1. 积极学习法律知识，健全招聘管理制度

企业需要健全招聘管理制度，完善管理体系，详细介绍职工聘用的要求、条件，不能歧视性别、学历及婚育情况等。保持公平、公正的聘用态度。在入职审查方面，需要对每一位求职者的个人信息进行严格检查，保证其健康情况、专业学历、工作经验等真实。要查验相关证书的有效性，尤其是特殊的岗位，对职工的专业素质、业务能力等具有较高要求。若发现造假的情况，则招聘人员需要承担相关的法律责任。企业还需要在应聘完成后 30 天内和劳动者签订劳动合同，预防后期法律纠纷的发生。若发生纠纷，也可以根据合同的内容进行处理。

2. 加强培训细则管理，清晰阐述限制条件

企业需要制订详细的培训计划，公平地安排岗位，不能过度关注某一个新入职的职工。根据企业的战略计划及岗位要求等，制订专业且详细的培训计划。介绍岗位工作的要求、操作中的注意事项等，重点讲解职业素养的必要性、企业文化的内容等。企业还可以聘请专业的法律顾问解决各类纠纷问题，介绍相关的法律知识与法律风险

等。一些中小企业在没有能力聘请专职法律顾问的情况下，可以与律师事务所加强联系，聘请兼职顾问，便于及时咨询人事纠纷问题。

3. 依法实施薪酬管理，做好离职管控工作

首先在薪酬支付方面，企业需要提升法律风险防控的重视程度，不能以任何理由拖欠职工工资。若需要延迟发放工资，则需要和职工协商，在职工认可的情况下延迟发放，且需要给予职工一定的经济补偿。其次在社会保险方面，企业需要按照相关法律规定缴纳社会保险，不能发生少缴、漏缴等问题。针对职工的离职问题，需要根据合同签订的内容、国家对离职年龄的要求等实施科学的离职管理。

资料来源：鲁辉. 2021. 企业人力资源管理法律风险及防范控制初探. 消费导刊，（10）：169-170.

三、经济环境分析

经济环境是指构成企业生存和发展的社会经济状况及国家经济政策。社会经济状况包括经济发展的性质、水平、结构、变动趋势等多方面的内容，涉及国家、社会、市场及企业等多个领域。国家经济政策是国家履行经济管理职能、调控宏观经济水平和结构、实施国家经济发展战略的指导方针，对企业经济环境有着重要影响。

企业经济环境是一个多元动态系统，主要由社会经济结构、经济发展水平、经济体制和宏观经济政策等四个要素构成。

（一）社会经济结构

社会经济结构又称国民经济结构，这是指国民经济中不同经济成分、不同产业部门以及社会再生产各个方面在组成国民经济整体时彼此之间质的适应性、量的比例性以及排列关联的状况。一般而言，社会经济结构主要包括五个方面的内容，即产业结构、分配结构、交换结构、消费结构和技术结构，其中最重要的是产业结构问题。

实践证明，如果社会经济结构出现问题，会立即导致相当范围与数量的企业不能正常生产经营，甚至造成国民经济的危机。企业应关注社会经济结构的变化动向，及时妥善调整企业的经营活动，主动适应宏观经济环境变化，就能保证企业的安全和健康发展，同时还能把握时机、开拓创新，推动企业的发展。

（二）经济发展水平

经济发展水平是指一个国家经济发展的规模、速度和所达到的水准。反映一个国家经济发展水平常用的主要指标有国民总收入（gross national income，GN）、国内生产总值（gross domestic product，GDP）、国民收入（national income，NI）、人均国民收入（average national income，ANI）、经济增长速度等。对企业而言，从这些指标中可以认识国家经济全局发展状况，利用全国、各省区市和企业自身的数据对比，加之时间序列（各年度数据）的比较，可以从中认识国家宏观经济形势和企业工作环境的发展变化，这对企业是有帮助的。

（三）经济体制

经济体制是指国家组织经济的形式。经济体制规定了国家与企业、企业与企业、企业与各经济部门之间的关系，并通过一定的管理手段和方法，调控或影响社会经济流动的范围、内容和方式等。正因为如此，经济体制对企业的生存与发展的形式、内容、途径都提出了系统的基本规则和条件。在经济体制改革过程中，企业应加强和重视对新经济体制实质、形式及运行规律等方面的了解，把握和建立起新的体制意识，改变企业行为的方式和方法，这对企业发展是至关重要的。

（四）宏观经济政策

经济政策是国家在一定时期内为达到国家经济发展目标而制定的战略与策略，它包括综合性的国家经济发展战略和产业政策、国民收入分配政策、价格政策、物资流通政策、货币政策、劳动工资政策、对外贸易政策等。宏观经济政策是国家根据一定时期经济领域中普遍存在的问题提出的针对性政策，它规定企业活动的范围、原则，引导和规范企业经营的方向，协调企业之间、经济部门之间、局部与全局之间的关系，保证社会经济正常运转，实现国民经济发展的目标和任务。

四、社会文化环境分析

（一）社会环境分析

企业的社会环境包括国家社会阶层的形成和变动、执政党的状况、人口的地区性流动、人口年龄结构的变化、社会中权力结构、人们生活方式及工作方式的改变、就业状况、城乡差别、社会福利、社会保障、廉政建设、社会道德风气、公众对国家的信心等，这些因素必然都要反映到企业中来，影响着社会对企业产品及劳务的需求，也改变着企业的战略决策。

（二）文化环境分析

文化是企业赖以生存和发展的基础，构成了企业的文化环境。然而文化环境对企业行为的影响，在很大程度上并没有被社会所认识。在企业的成长过程中，文化对企业产生的许多影响都被埋入企业行为动机的原始部位，即处于行为动机的意识层面之下，这正是文化作用往往被人们忽视的原因。事实上，企业的文化环境始终以一种不可抗拒的方式影响着企业，因此，研究企业战略绝不能忽视文化环境对企业的影响。作为企业管理者，只有深刻认识所在国家文化的内容和实质，全面了解企业所处的文化环境，才能真正把握企业战略与文化环境的内在联系，在更深层次上掌握企业行为的规律性。

文化的基本要素包括哲学、宗教、语言文字、文学艺术等，它们共同构筑成文化系统，是企业文化环境的重要组成部分。

（1）哲学是文化的核心部分，在整个文化上起着主导作用。传统哲学基本上由宇宙论、本体论、知识论、历史哲学及个人论（道德哲学）五个方面构成，它常以各种微妙的方式渗透到文化的各个方面，对企业发挥着强大的影响。

（2）宗教作为文化的一个侧面，在长期发展过程中与传统思想文化有着千丝万缕的联系。在我国文化中，宗教所占的地位并不像西方那样显著，宗教情绪也不像西方那样强烈，但是影响却是不可忽视的，它对人们心理、风俗习惯、哲学思想、文学艺术、科学技术乃至医药卫生、政治经济生活等都会产生深刻的影响。

（3）语言文字是一种传送信息、观念和规范的基本文化手段。语言文字是一个民族赖以发展和延续的直接载体，我国语言以汉语为主，文字仍保持方块字形的非拼音文字，西方国家却是拼音文字，这些都反映了文化的基本特征。

（4）文学艺术是整体文化形象具体的表现，是社会现实生活的反映。它对企业员工的心理、人生观、价值观、性格、道德及审美观点的影响及导向是不容忽视的。

要充分认识文化在社会经济发展中的作用，存在决定意识，意识反映存在又反作用于存在。文化对于人们认识经济发展现状、调整人们的经济活动、加速或延缓经济发展有着重大影响。一般来讲，文化发达、水平高有利于经济发展，文化落后、水平低不利于经济发展。文化与工业发展之间有着不可分割的关系：工业落后，文化也必然落后，反之亦然。工业与文化相互影响，螺旋式发展，因此根本不存在纯粹的经济行业。例如，钢铁本身似乎和文化没有什么联系，但用它可以生产小汽车、轮船和楼房，这些都已经是完全的文化产物。企业为了占领市场、赢得良好的经济效益，必须注重研究文化环境。文化的影响遍及企业整个生产经营活动，包括产品、定价、促销、分销渠道、包装、款式、服务等，企业一切生产经营活动都受到环境文化价值观的检验，有的产品受到欢迎，有的产品则遭到抵制或排斥。企业生产经营活动能否适应当地文化，决定着企业经营活动的成败。因此，成功的企业不仅要了解环境中有关文化的具体知识，而且必须对文化有非常敏感的感受力，能够体会文化环境中人们的价值观念、人生意义等比较抽象的文化理念，这样才能客观地观察、评价和理解企业所处的文化环境，并以此作为制定战略的重要依据。

章内阅读 3-2

文化新阶层的群体特征

1. 人口结构上，人员年轻化，分布范围广，规模增长快从年龄层次来说，文化新阶层以70后、80后和90后为主。通过分析人口普查数据（第6次）得到，我国文化产业从业人员年龄在24岁之下、25～34岁、35～44岁人员的比重累计达到78%。可见，新社会阶层是一个正处于“成长期”的社会阶层，其心理特征、思维模式和行为方式具有青年的鲜明特点。

2. 思想观念上，坚持“价值多元”与“文化多样”

文化领域新的社会阶层，在政治立场上持“价值多元”态度，在创作态度上坚持“文化多样”，认为中国的思想文化市场理应是百花齐放、兼容并蓄，而不仅仅被某一种或几种文化和价值观垄断。

3. 影响范围上，向社会发声的“强”能量场与政治表达的“弱”话语权并存

中国社会的文化消费观念已经形成，尤其是90后与00后在成长中接触到了大量国际上的“文化舶来品”，“优质”与“新鲜”的内容使他们成为亚文化传播的先行者。然而，相比其社会发声的“强”能量场，文化新阶层人士向政府表达的声音却如米粒之珠。一方面，长期以来文化新阶层人士大多被“隔离”在体制外，渴望更健全的法制来保障自己的权益；另一方面，越来越多的文化新阶层人士对大环境保持乐观心态与理性思维，理解拥护政府的制度与政策，并且渴望向政府传递自己的声音。

资料来源：廉思，周媛. 2019. 文化新阶层的群体特征、社会功能与发展趋势研究——基于北京、上海、成都三地的实证调研. 中国青年研究，(1)：17，93-99.

五、科技环境分析

企业的科技环境是指企业所处的社会环境中的科技要素及与该要素直接相关的各种社会现象的集合。粗略划分企业的科技环境，大体包括以下四个基本要素。

（1）社会科技水平。社会科技水平是构成科技环境的首要因素，它包括科技成果的数量、门类分布、先进程度和科技成果的推广应用四个方面。

（2）社会科技力量。社会科技力量是指一个国家或地区的科技研究与开发的实力，以及开发人员的数目、科技人员的水平等。

（3）国家科技体制。国家科技体制是一个国家社会科技系统的结构、运行方式及其与国民经济其他部门的关系状态的总称，主要包括科技事业与科技人员的社会地位、科技机构的设置原则和运行方式、科技管理制度、科技成果推广渠道等。

（4）国家科技政策和科技立法。国家的科技政策和科技立法是国家凭借行政权力和立法权力，对科技事业履行管理和监督职能的策略和行为规范。

以上四个基本要素都会对企业的生产、经营、管理活动等多方面产生影响。

近20年来，我国的科学技术获得了飞速发展，在信息技术、生物技术、新材料技术、新能源技术、空间技术及海洋开发技术等方面，许多部门均取得了重大成就和突破。科学技术的发展，促使我国劳动生产率提高和生产力迅猛发展，推动我国电子工业等一批

新兴工业的进步，也促使我国产业结构向多极化方向发展。新产品及新技术的不断涌现，给企业的发展提供了机会，也给某些企业带来了威胁，一项新技术的出现有时会形成一个新工业部门，有时也会摧毁另一个技术落后的工业部门。

当前由于需求及技术寿命周期的缩短，当企业某项业务还处于持续成长阶段时，企业领导者就必须研究怎样为企业增添新的业务活动领域，还要考虑如何从不能继续满足企业增长目标的业务领域中撤退，这是企业的战略问题。需求及技术寿命周期从一个阶段发展到另一阶段时，企业就必须谋划适应新技术阶段的战略，即当技术发展处于萌芽阶段和加速成长阶段时，企业可以把精力集中于国内市场，企业将获得较大的成功。但当国内技术成长速度较慢而国外某些国家或地区需求仍处于萌芽期或加速成长期时，企业就可以转而采用国际经营战略。当技术发生转化更新时，企业也必须及时在产品上进行调整。因此，企业必须预测技术的发展及转化更新的趋势，预测技术环境的发展变化，并根据这些变化不断进行产品结构和市场结构的调整、重视新技术及新产品的开发工作，才能使企业立于不败之地。

章内阅读 3-3

加强原创性引领性科技攻关

在事关国家安全和发展全局的基础核心领域，制定实施战略性科学计划和科学工程。瞄准人工智能、量子信息、集成电路、生命健康、脑科学、生物育种、空天科技、深地深海等前沿领域，实施一批具有前瞻性、战略性的国家重大科技项目。从国家急迫需要和长远需求出发，集中优势资源攻关新发突发传染病和生物安全风险防控、医药和医疗设备、关键元器件零部件和基础材料、油气勘探开发等领域关键核心技术。表 3-1 介绍了科技前沿领域攻关的内容。

表 3-1　科技前沿领域攻关

领域	突破
新一代人工智能	前沿基础理论突破，专用芯片研发，深度学习框架等开源算法平台构建，学习推理与决策、图像图形、语音视频、自然语言识别处理等领域创新
量子信息	城域、城际、自由空间量子通信技术研发，通用量子计算原型机和实用化量子模拟机研制，量子精密测量技术突破
集成电路	集成电路设计工具、重点装备和高纯靶材等关键材料研发，集成电路先进工艺和绝缘栅双极型晶体管（insulated gate bipolar transistor，IGBT）、微机电系统（microelectromechanical system，MEMS）等特色工艺突破，先进存储技术升级，碳化硅、氮化镓等宽禁带半导体发展
脑科学与类脑研究	脑认知原理解析，脑介观神经联接图谱绘制，脑重大疾病机理与干预研究，儿童青少年脑智发育，类脑计算与脑机融合技术研发
基因与生物技术	基因组学研究应用，遗传细胞和遗传育种、合成生物、生物药等技术创新，创新疫苗、体外诊断、抗体药物等研发，农作物、畜禽水产、农业微生物等重大新品种创制，生物安全关键技术研究
临床医学与健康	癌症和心脑血管、呼吸、代谢性疾病等发病机制基础研究，主动健康干预技术研发，再生医学、微生物组、新型治疗等前沿技术研发，重大传染病、重大慢性非传染性疾病防治关键技术研究

续表

领域	突破
深空深地深海和极地探测	宇宙起源与演化、透视地球等基础科学研究，火星环绕、小行星巡视等星际探测，新一代重型运载火箭和重复使用航天运输系统、地球深部探测装备、深海运维保障和装备试验船、极地立体观监测平台和重型破冰船等研制，探月工程四期、蛟龙探海二期、雪龙探极二期建设

资料来源：（两会受权发布）中华人民共和国国民经济和社会发展第十四个五年规划和 2035 年远景目标纲要. http://www.xinhuanet.com/fortunepro/2021-03/13/c_1127205564.htm[2021-03-13].

六、自然环境分析

企业的自然环境包括企业所在国家的地理位置、国土面积、气候条件及资源状况。

地理位置是制约组织活动，特别是企业经营的一个重要因素，如当国家在经济发展的某个时期对某些地区采取倾斜政策时，地理位置因素显得更加重要。国土面积的大小影响着企业体量的大小和企业活动的范围。国土面积越大，企业体量可能越大，活动范围也越广。气候条件及其变化对企业的影响也十分明显，如气候趋暖或者趋寒会影响空调厂家的生产或者服装行业的销售。资源状况特别是稀缺资源的蕴藏量不仅影响国家或地区的发展潜力，而且为所在地区企业的发展提供了机会。

章内阅读 3-4

俄罗斯为什么难发展轻工业

俄罗斯在苏联时期就形成了以军重工业为核心的经济布局，轻工业不被重视，并且多集中在东欧的几个加盟共和国。所以当苏联一解体，俄罗斯人的日常生活用品马上出现了短缺。从一方面看，这种注重军重工业，忽视轻工业的经济布局当然跟苏联当时面对的险恶国际地缘环境相关。但是从另一方面看，由于其地理环境，即便它搞轻工业，也做不过其他地区。苏联解体后，俄罗斯的经济走向就被深深地锁死在资源出口的路径上。2018 年，它的对外出口总额为 3859 亿美元，矿产品出口了 2419 亿美元，占总量的 62%。而化工加上机电，总共占总出口额的 8.8%。

俄罗斯难发展轻工业，本质上是它的自然地理环境所决定的。轻工业是老百姓的日常生活用品，但并不是每个地区都适合发展轻工业，轻工业需要在各个环节上压低产品的成本，这样才能使所有普通人都用得起。

这种成本首先体现在俄罗斯对外贸易的海洋航运成本上。俄罗斯最重要的三大港口，波罗的海的圣彼得堡港和普里莫尔斯克港，黑海的诺沃罗西斯克港，全部是内海港口，相比西欧的伦敦港和阿姆斯特丹港没有优势。俄罗斯的港口非但对外物流成本高，甚至对内的物流成本也很高。圣彼得堡港是俄罗斯集装箱吞吐量最大的港，但人口只有 513 万，莫斯科人口有 1415 万。所以从上海出发运一船服装或者设备到俄罗斯圣彼得堡，要抵达它最大的消费市场，还得走一段陆路运输。无论是对消费者还是对制造企业都增加了成本。

除了国与国之间的距离遥远之外，俄罗斯社会内部的距离也是经济运行成本居高不下的原因。俄罗斯总人口 1.44 亿，国土面积 1709 万平方公里。乌拉尔山以东的西伯利亚地区和远东地区几乎可以被称作无人区。抛开俄罗斯亚洲部分不谈，就算是气候较为温和的欧洲部分，人口密度也极为稀疏。在这种稀疏的人口分布下，做轻工业就产生了问题。

首先是人口分散导致城市中人们的生活成本高昂。一个城市的运行是有成本的，交通、医疗、治安、政府机构，这些都是城市的基本要素，人口越多，就越能够平摊这些成本。如果像俄罗斯这样每个城市都是几百万人，那人在城市里的生活成本就比较高。而轻工业需要大量的劳动力，若是这些劳动力在城市的生活成本如此高昂，那产品价格就会失去优势。

其次是俄罗斯的物流成本高。除了莫斯科之外，俄罗斯大大小小的城市稀疏地分散在整个东欧平原以及南俄草原上，而总人口只有 1.44 亿。这种人口分布使得俄罗斯不管是人还是货物设备，互相之间的流通成本都非常高。轻工业产量大、利润薄，产品易碎、易腐、易坏，对物流成本的要求非常高，物流必须便宜、快速、便捷，而俄罗斯国内的物流显然不符合这些条件。

资料来源：俄罗斯为什么发展不了轻工业？不只是历史原因，地缘结构是硬伤. https://baijiahao.baidu.com/s?id=1696011492251262650&wfr=spider&for=pc[2021-04-03].

第三节 宏观环境因素分析和评估方法

一、宏观环境的分析方法

企业宏观环境分析是否正确对于企业战略能否正确地制定至关重要。宏观环境的分析不能凭空猜测和臆断，必须采取正确有效的分析方法来判断。宏观环境因素的调研分析预测包括两项内容：一是调查宏观环境的现状及特征；二是在此基础上去预测宏观环境的走势。

（一）宏观环境的调查方法

通过这些调查方法可以了解宏观环境的基本情况。通常可用的方法有以下三种。

1. 间接调查法

间接调查法主要包括：①收集各种新闻媒介传播的信息，如阅读报刊、收看电视、收听广播、网络阅读等；②查阅文献资料，如政府工作报告、统计报表、各种年鉴、档案材料等；③参加或召开会议，如参加报告会、学术会、交易会、博览会、经验交流会、邀请专家学者进行研讨等。

之所以称其为间接调查法，是因为其主要听取他人的意见并由此积累信息，属于二手资料的收集方法。间接调查法是比较经济、方便的，是宏观环境调研最主要的方法。

2. 直接观察法

直接观察法是指企业派出人员赴所需调查的事物现场，直接接触、观察，以获得第一手资料的方法。例如，为了解人们消费倾向的变化，派人去各地、各大商场亲自观察了解；跨国经营的企业派员去某些国家做必要的调查，包括其政治、经济、社会文化等方面的情况等。

直接观察法同间接调查法相比，所获信息较为准确可靠，并可减少加工工作量，但比较费时费力，且需具备一定的条件。因此，常作为间接调查法的补充，只在必要时进行。

3. 试验法

试验法是一种置事物于人工选择的环境中，观察事物在这种情况下表现出的结果，以获得所需信息的方法。它主要用于使用正常手段难以得到的信息，或在正常条件下不易观察出事物本质的情况。例如，我国经济体制改革就常采用“试点”法，即先选“点”进行试验，待取得足够的经验后再据以制订比较完善的方案加以推广。

试验法具有和直接观察法同样的优点，而且弥补了它的不足，但其应用受到人力、财力、物力以及时间、空间等条件的更大限制。

工业发达国家的企业对宏观环境的调研，是独立进行、相互保密的，但它们也依靠政府机关、科研机构、高等院校、咨询公司、行业组织、银行保险业等的大力支持。美国政府的商务部、劳工部等定期发布的统计资料，科研机构和咨询公司发表的形势分析报告，行业组织编写的刊物，许多商业性杂志提供的信息等，都对企业有很大的帮助，再加上电子计算机信息网络的建设和发展，使得企业采用间接调查法收集共通性信息十分方便。当然，对信息的分析和利用，仍然是各自分散、独立地进行。

我国企业在进行宏观环境调查时，常感到信息难以收集，大型企业如此，中小型企业就更难。这主要是由于我国政府信息公开较少，社会信息服务机构发展滞后。今后，政府有关部门可以多公布或向企业提供非保密性的信息，这是一个很好的服务内容。各行业协会更可多做调查统计工作，为会员企业提供信息服务。要鼓励科研机构、高等院校、咨询公司等也去做这项工作，鼓励财政、税务、银行、保险、工会等部门为企业提供信息，鼓励商业性杂志和网站多介绍有用信息。这样，不仅对企业推行战略管理有帮助，而且有利于社会主义市场经济体制的完善。

（二）宏观环境的预测方法

为了掌握宏观环境的变动趋势，还需在宏观环境调查分析的基础上进行预测。

预测很难做到准确，但企业为了成功，仍然必须在调查的基础上对其所处环境的未来发展进行预测。预测的方法很多，大体可分为定性预测法和定量预测法两类。由于战略调研属于长期预测，最常采用定性预测法，而以定量预测法作为补充。

定性预测法主要是邀请企业内外有关人员和专家聚在一起，凭他们掌握的情况和经验，相互启发，共同研讨，推断环境因素未来发展的多种可能性，意见可能一致，但也不强求一致。这种方法的好处是面对面地交换意见，集思广益，而且简便易行；但也可能存在一些缺点，如果邀请人员中有绝对权威人员，其他人就难以发表不同的意见，为克服此缺点，可改用德尔菲法（Delphi technique）。

德尔菲法是邀请专家背靠背地提出各自意见的方法，其步骤可概述如下。

（1）将预测内容写成含义十分明确的问题。

（2）在企业内外聘请熟悉情况、经验丰富的10～20名专家，将问题寄给他们，请他们分别就这些问题提出意见。

（3）收集各位专家的意见，整理归纳，再将归纳后的意见寄给各专家，请专家将反馈意见同自己原来的意见做比较，或修改原来意见，或仍坚持己见，并把此意见寄回。

（4）待收到第二次意见后，再整理归纳，将归纳意见再寄给各位专家，征求他们的意见。如此反复进行三四次，直到专家都不愿改变自己的观点为止。专家的最后意见就是预测的结论，可能一致，也可能不一致。

这种方法的好处是可消除专家相互间心理上的影响，但比较费时费事，采用受到限制。

与定性预测法不同，定量预测法主要用于经济因素的预测。在宏观经济学中已建立许多计量经济模型，它们是用一系列数学方程式来表述宏观经济因素之间的关系以及经济活动的结果。模型说明的经济关系的数量取决于多种因素，并决定着该模型所代表的经济活动的详略程度。当然，即使是最大、最复杂的模型，也不得不去掉一些因素，从而把实际经济活动简单化。许多模型的求解必须借助电子计算机。

如果预测的经济关系不复杂，可采用回归分析、相关分析、先行指标法等，它们也属于定量预测法。

定量预测法通过数学运算得出的结果似乎很精确，但很难与经济发展的实际情况相吻合。因此，必须将定量预测法与定性预测法结合起来，并以定性预测法为主。

二、宏观环境的评估方法

（一）多因素评价法

多因素评价法的基本方法如下。

（1）确定影响企业的宏观环境因素。一般确定十个因素：①政治环境；②经济环境；③财务环境；④市场环境；⑤基本建设；⑥技术条件；⑦辅助工业；⑧法律制度；⑨行政机关效率；⑩文化环境。

为了对这些环境因素做出正确评价，要收集以下四类资料，即定量资料、定性资料、一手资料和二手资料，见表 3-2。

表 3-2 宏观环境资料

项目	定量资料	定性资料
二手资料	税率、利率、汇率	资金与利润外调的法令
	经济增长率	租税法令
	人口增长与分布	劳工法令
	外汇储备	金融市场的发展情况
	物价增长率	大众传播媒介的发展情况
	消费支出	通信设备的发展情况
	工业购买支出	社会冲突的情况
	分销商数目	种族相争的情况
	各基本建设指标	政府执政情况
	原料及元件的价格	价格控制
一手资料	有关行业的未来增长率估计	专家对当地法律制度的看法
	有关行业的资金利润率估计	专家对当地行政机关效率的看法
	有关行业的工资增长率估计	专家对当地社会风俗的看法
	有关行业的平均成本估计	专家对当地政府未来政策的看法
	有关行业的分销商增减估计	专家对有关行业的看法
	有关行业的劳动生产率估计	专家对当地竞争情况的看法

（2）根据每个影响因素的重要性给出每个因素的权数。

（3）根据每个因素的实际情况按 5 分（优）、4 分（良）、3 分（中）、2 分（差）、1 分（劣）打分，并确定该因素下每种情况的权重。

（4）计算每个因素的加权分。

其计算公式为

$$\text{第 } i \text{ 个因素的加权分} = w_i(5a+4b+3c+2d+1e)$$

其中，i 表示单个宏观环境因素；w_i 表示第 i 个因素的权重；a、b、c、d、e 表示优、良、中、差、劣五种情况评价意见的百分比。

（5）计算所有因素的加权总分。

（6）根据加权总分对宏观环境进行评价。如果环境总分越接近 5 分，说明环境越好；反之，越接近 1 分，说明环境越劣。

某宏观环境评价结果如表 3-3 所示。

表 3-3 宏观环境评价表

环境因素	权数	环境情况					
		5（优）	4（良）	3（中）	2（差）	1（劣）	加权分
政治环境	0.15	0.15	0.30	0.35	0.15	0.05	0.50

续表

环境因素	权数	环境情况					
		5（优）	4（良）	3（中）	2（差）	1（劣）	加权分
经济环境	0.10	0.30	0.30	0.25	0.10	0.05	0.37
财务环境	0.15	0.05	0.20	0.30	0.40	0.05	0.42
市场环境	0.15	0.10	0.20	0.30	0.30	0.10	0.44
文化环境	0.05	0.05	0.20	0.20	0.30	0.25	0.13
基本建设	0.05	0.10	0.30	0.30	0.20	0.10	0.16
技术条件	0.10	0.10	0.25	0.35	0.20	0.10	0.31
辅助工业	0.10	0.05	0.15	0.30	0.40	0.10	0.27
法律制度	0.10	0.10	0.15	0.30	0.35	0.10	0.28
行政机关效率	0.05	0.20	0.30	0.30	0.10	0.10	0.17
合计	1.00						3.05

从表 3-3 中看出，表中所列国家的宏观环境属于中等（总分为 3.05），可以考虑作为投资经营地。

（二）机会–威胁分析法

环境发展趋势分为两大类：一类表示环境机会；另一类表示环境威胁。环境机会就是对企业行为富有吸引力的领域，在这一领域中，该企业将拥有竞争优势。环境威胁指的是环境中不利的发展趋势所形成的对企业的挑战，如果不采取果断的战略行为，这种不利趋势将导致企业的竞争地位被削弱。通过宏观环境因素分析，列出宏观环境中将给企业带来的若干机会以及出现的若干威胁，然后对可能出现的机会和威胁进行综合分析。机会越多，威胁越少，说明环境越好；反之，机会越少，威胁越多，说明环境越差。

通常外部环境给企业带来的机会主要有：①优惠的政府政策；②经济增长，特别是市场增长迅速；③纵向一体化的可能；④可以增加互补产品；⑤能争取到新的用户群；⑥进入新市场或市场面的可能；⑦有能力进入更好的企业集团；⑧在同行业中竞争业绩优良；⑨扩展产品线，满足用户需要。

通常外部环境给企业带来的威胁主要有：①政局动荡，社会不安定，对企业的国有化政策和没收政策，对企业实行歧视性政策等政治威胁；②经济停滞或增长缓慢，国际收支赤字增加，外汇短缺，劳动力成本高，通货膨胀和货币贬值，基础设施不良等经济威胁；③缺乏完善的资金市场，资金融通受到限制；④技术人才和技术工人短缺；⑤政府对企业生产经营活动干预太多；⑥法律与行政体制不完善。

思考题

1. 在企业战略制定中，为什么要进行宏观环境分析？
2. 企业战略宏观环境分析包括哪些内容？

3. 如何对企业的政治环境进行分析？
4. 如何进行企业的经济环境分析？
5. 如何进行企业的社会环境分析？
6. 宏观环境的调查方法有哪些？如何应用？
7. 宏观环境的预测方法有哪些？如何应用？
8. 如何对宏观环境进行评估？

案例分析

危机重重的 Airbnb 如何“过坎”

第四章　产业环境分析

本章学习目标

1. 了解产业及产业环境的概念
2. 掌握五种竞争力分析模型
3. 了解产业内战略集团分析的意义和方法
4. 了解产业演变的驱动力量和产业生命周期分析

案例引导

"网红小吃"螺蛳粉产业数字化转型

第一节　产 业 环 境

企业是一个动态开放的系统，需要与环境不断地发生物质、能量和信息的交换。处于某一特定产业内的企业，其运行和发展状态受到产业环境的直接影响和制约。

一、产业环境的相关概念

（一）产业的概念及分类方法

产业，也称为行业，是居于企业与宏观国民经济之间的一个中观经济概念，指从事相同性质的经济活动的所有单位的集合。如果站在企业的角度，产业指的是以基本相同的关键活动和关键资源，提供相同或相似的产品或服务的企业群体。随着社会分工和生产力的不断发展，产业的内涵和外延都在不断充实和扩展。

常用的产业分类有以下四种。

1. 三次产业分类法

20 世纪 20 年代，国际劳工组织最早对产业做出比较系统的划分，即把一个国家的所有产业分为初级生产部门、次级生产部门和服务部门。后来，许多国家在划分产业时都参照了国际劳工组织的分类方法。我国也参照该方法，以产业发展的层次顺序及其与自然界的关系作为标准，将产业分为三类。

（1）第一产业（基本产品直接取自自然界的物质生产部门）：农业，包括农业、林业、牧业、渔业。

（2）第二产业（加工取自自然物质的物质生产部门）：工业，包括采掘、制造、自来水、电力、蒸汽、热水、煤气和建筑等产业。

（3）第三产业（第一、二产业之外的，派生于有形物质财富生产活动之上的无形财富的生产部门）：流通与服务业，包括交通运输业、通信业、餐饮服务业、文教卫生业等。

该分类方法的特点是与经济发展、社会分工、人类生活相联系，反映了社会经济结构的变化与演进趋势。

2. 生产要素集约分类法

该方法按生产对要素（劳动力、资本、技术、自然资源等）的依赖程度进行划分，如下文所示。

（1）资本密集型产业，如钢铁制造业、化工工业、汽车工业等。

（2）资源密集型产业，如农业、采矿业、制糖业等。

（3）劳动密集型产业，如纺织工业、食品工业、制鞋工业等。

（4）技术密集型产业，如 IT 产业、飞机制造业等。

3. 产业地位分类法

依据各产业在经济发展中的作用和相互间的联系将产业分为以下三类。

（1）主导产业：在区域经济中起组织和带动作用或处于支配地位的产业。其特点是区域关联性强，区域产出率在全国同类产品中占比较大。

（2）关联产业：直接与主导产业在产品的投入产出、技术等方面有联系，为主导产业发展进行配套、协作的产业。通常分为前向性关联产业、后向性关联产业、侧向性关联产业。

（3）基础产业：为区域经济增长、社会发展、人民生活提供服务的产业。通常分为生产性基础产业、生活性基础产业、社会性基础产业。

4. 标准产业分类法

标准产业分类法（standard industrial classification，SIC）是为统一国民经济统计口径

而由权威部门制定和颁布的一种产业分类方法。标准产业分类法在划分产业时主要考虑以下三个因素：社会产品和服务的种类，生产工艺与技术的相似性，统计上的需要和方便。

联合国为了进一步统一世界各国的产业分类，在 1971 年颁布了《全部经济活动的国际标准产业分类索引》，后来又经过多次修改。我国的《国民经济行业分类》国家标准于 1984 年首次发布，并分别于 1994 年、2002 年、2011 年、2017 年和 2019 年进行了修订和修改。现行《国民经济行业分类》（GB/T 4754—2017，2019 年修改版）参照联合国《全部经济活动的国际标准产业分类索引》（2006 年，修订第四版），按照经济活动的同质性原则划分国民经济行业。将国民经济行业划分为门类、大类、中类、小类四个层次，共 20 个门类、97 个大类、473 个中类、1382 个小类。代码由一位拉丁字母和四位阿拉伯数字组成。

标准产业分类法的优点在于对全部经济活动进行分类，并且使其规范化，具有很强的可比性，有利于分析各国各地的产业结构，而且与三次产业分类法联系密切。

通常，在进行战略环境分析时涉及的“产业”指的是按国民经济的标准产业分类法划分的类别，如汽车制造业、房地产业、家用电力器具制造业等。

（二）产业环境的概念

产业环境也被称为任务环境，是指对处于同一产业内的企业都会产生影响的环境因素，如产业的性质、竞争者、供应商、消费者、分销商或其他利益相关方。与宏观环境不同，产业环境只对处于某一特定产业内的企业以及与该产业存在业务关系的企业产生影响。对于每一个企业而言，其产业环境是特定的，并且会随着构成因素的变化而动态变化。由于产业环境是对某一具体企业目标的实现具有直接影响的各种外部环境因素，故其对企业生产和经营活动的影响往往是直接和具体的。当然企业可以通过自身努力，反过来对产业环境施加影响和进行引导。

二、产业环境分析的目的

企业生产经营所需的各种资源要从外部环境中获取，经营成果的价值转化要通过外部环境来实现，外部环境是企业生存的土壤。对于在特定产业中从事生产经营活动的企业来说，产业环境的特点直接影响着企业的竞争能力，以及经营活动的方向和具体内容。环境是动态变化的，环境的变化既可以为企业提供发展机会，也可能给企业造成某种威胁。分析产业环境的目的就是识别和发现产业环境中各种有利于企业发展的机会和各种不利于企业生存和发展的威胁，评价影响企业目前和今后发展的关键因素，为企业制定战略提供客观依据。

产业环境分析的重点是要考察所处产业或拟进入产业的产业布局、生产规模、竞争状况、生产状况、市场供求情况、产业政策、产业壁垒和进入壁垒、产业发展前景等。

产业环境分析不仅可以帮助企业了解产业目前的竞争特点，还有利于企业评价不同产业吸引力的大小以及产业获利潜力，帮助企业做出应选择哪类经营业务或进入哪些领域和产业经营的战略决策，使企业能够在兴旺的产业中进行竞争，规避衰落和处于困境的产业。

第二节 产业竞争结构分析

产业结构是决定产业竞争的激烈程度的根本因素，它不仅影响着企业的竞争行为，而且决定着产业的获利性，因此产业结构分析对于竞争战略的选择至关重要。通过产业竞争结构分析有助于企业认识和了解产业内的竞争形势，明确应该怎样通过适当的战略来改变产业结构和竞争行为，如何竞争以满足顾客的需求，进而提升企业的获利能力。

一、波特的五力分析模型

与宏观环境相比，产业环境对企业的战略竞争力和超额利润的影响更为直接。有许多产业结构因素影响产业的竞争强度和获利性。产业竞争结构分析最有影响力的工具是波特的五力分析模型，如图 4-1 所示。美国哈佛大学商学院波特教授在《竞争战略》（1980 年）一书中指出，产业环境在很大程度上决定了企业的竞争态势，而产业结构对企业确定市场竞争规则和选择何种竞争战略具有重大影响，产业结构分析是制定企业竞争战略的基石。

按照波特的观点，企业最关心的是其所在产业的竞争强度，但产业中的竞争远不只是在现有竞争对手之间进行，而是存在着五种基本的竞争力量，产业内的竞争状况取决于这五种力量的相互作用。

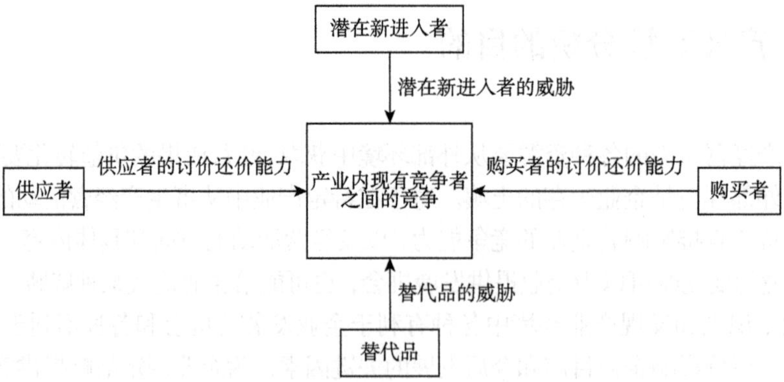

图 4-1 波特的五力分析模型

资料来源：Porter（1985）

波特的五力分析模型是 20 世纪 80 年代以来产业竞争分析的主要工具之一，被各国学者广泛关注和引用。五种竞争力量模型拓展了产业竞争分析的领域，帮助企业搜索更广的范围，鉴别潜在的客户，以及为其提供服务的企业，以此识别当前和潜在的竞争对手。在此情况下，企业还必须意识到供应商有可能会变成竞争对手，如其通过前向整合；购买者也可能会变成竞争对手，如其通过后向整合。

利用波特的五力分析模型分析，可以掌握产业竞争的性质和该产业所具有的潜在利润，从而对一个产业的竞争环境进行结构性的把握。

这五种竞争力量的状况及其综合强度决定着产业的竞争激烈程度和产业的获利潜力。这些力量越强，产业的竞争程度越激烈，就越少有企业能通过提高价格来获取更多利润。不同产业的竞争力量的综合强度是不同的，因此各产业最终的获利潜力也不同。在竞争激烈的产业中，如家电业、食品加工业和机械制造业，多数企业获利较低，一般不会出现某个企业获利很大的状况。在竞争相对缓和的产业中，如烟草、电信和电力等垄断产业，多数企业能获得较高的收益。对于盈利水平高的产业，较高的收益率将会刺激资本流入该产业。流入方式可能是新进入者带入或是现有竞争者追加投资。但是，随着产业中竞争的不断发展，可能会使投资收益率下降，直至接近于竞争的最低收益水平。如果投资者的收益率长期低于这个收益水平，他们会将资本转投其他产业；如果企业的盈利总低于这个盈利率，他们最终会退出这个产业。因而可以看出，产业中竞争力量的综合强度决定着资本流入的程度，从而驱使收益趋向最低收益水平，并最终决定企业的获利能力。

一个产业的获利能力和水平主要是取决于其产业结构特征。但是，不同的产业或在某一产业发展的不同阶段，各种力量的作用是不同的，常常是某种力量或某几种力量的合力共同处于支配地位，起决定作用。例如，零售业的竞争力量主要来源于供应者和购买者的讨价还价能力；而钢铁制造业的主要竞争力量可来源于替代品的威胁和产业内现有竞争者之间的竞争。很显然，如果某一企业在某一行业具有很高的市场地位，那么，多一些潜在新进入者可能对它不构成威胁；但如果它遇到资本雄厚，提供了质量高、价格低的替代品的企业的竞争，那么它只能获得低的收益。而如果某一产业产品尽管技术含量很高，但却面临着供应者强大的讨价还价能力，或面临被其他产品替代的威胁，那么这一产业的多数企业难以维持经营。

企业在制定竞争战略时的基本目标应是在其所在的产业进行恰当定位，在这个位置上，该企业能最有效地抗击五种竞争力量，或者说，该企业能够影响这些竞争力量，使之向有利于该企业的方向变化。正因为如此，产业结构分析的核心就是确定某个产业中决定和影响这五种竞争力量的基本因素。但同时应该指出的是，尽管产业结构对产业的竞争强度和获利性具有决定性的影响，但是企业可以通过制定适当的战略来谋求相对优势的地位，从而获得更高的盈利。不仅如此，产业内的企业，尤其是处于领先地位的企业还可以通过战略调整改变产业的竞争结构。

（一）五种竞争力量

1. 产业内现有竞争者之间的竞争

一个产业内的企业所提供的产品或服务具有相同或类似性，产业内通常会发生同行间的竞争反应。产业内现有竞争者之间的竞争是五种竞争力量中表现最直接也是最重要的威胁因素。为了赢得市场地位和购买者的青睐，现有竞争者之间的竞争通常十分激烈。产业内现有竞争对手之间的竞争一般采取两种方式：价格竞争和非价格竞争。价格竞争通过降低价格而削减利润，最终可能会导致大多数企业盈利水平下降甚至亏损，这是最激烈的竞争形式。非价格竞争，如加快新产品开发、提高产品质量和性能、增加服务内容等，由于提高成本而减少了利润。在有些产业中，竞争的核心是价格；在另一些产业中，价格竞争很弱，竞争的核心围绕着性能特色、产品革新、品质、安全性、售后服务、品牌形象等差别化因素。不同的产业内现有竞争者之间的竞争激烈程度不同，有的比较缓和，有的十分激烈。并且在大部分产业中，竞争者之间是相互作用的，一家企业的竞争性举动会对其他竞争者产生明显的影响，形成产业内竞争者之间的动态竞争关系。根据波特的研究，影响产业内现有竞争者之间的竞争强度的因素主要有如下六点。

1）产业内现有竞争者的数量和规模

当一个产业中竞争者数量众多，规模相当且拥有相似的资源和能力时，竞争越趋于激烈。从一定意义上来讲，竞争者的数量越多，每个企业越想为占有更大的市场份额，获取更高的利润而采取打击、排斥其他企业的竞争行为，市场上就越有可能出现新的创造性战略行动。而且，竞争者在规模和能力上越均衡，它们就越有可能在一个比较一致的起点上进行竞争，势均力敌的激烈竞争使得一两家企业统治市场的局面难以形成。相反，当行业内竞争者的数量较少，并且它们在规模和能力方面相差悬殊时，竞争会趋于缓和。因为较大规模的企业能够很快制止较小竞争者进行的任何挑战性行动。

2）产业增长的速度

在一个快速成长的产业中，市场容量不断增大，市场空隙也很多，每个企业都有增长的机会。所以，企业关注的是如何充分利用自己的资源去满足现有或潜在客户的需求，而不是去争夺竞争对手的客户，这样的产业竞争较为缓和。但是，当产业增长缓慢时，市场很难继续拓展，谋求发展的企业必须从竞争对手手中抢夺市场份额。在这种情况下，往往容易触发价格战和促销战，如此瓜分有限市场的竞争过程往往是十分激烈的。例如，在民航运输业，任何情况下乘客数量的减少都会引发价格战，因为市场有限，该产业获得发展的途径就是从竞争对手手中抢夺市场。

3）固定成本或库存成本

产业的成本结构也会对竞争产生影响。当一个产业的固定成本所占比例较高时，企业为了达到盈亏平衡点或者获得较高的利润水平，要尽量扩大产量以分摊固定成本。这种发展趋势，将导致企业生产能力过剩。为了达到设定的基本销售量，这些产业的生产商就需要降低价格——从而加剧了竞争。即使当需求萎缩时，企业也不愿减少产量。因为如果只有一家企业减少产量而其他企业都保持高产量，这家企业将面对很大的成本劣势。由于这种原因而形成的过剩能力往往不得不以降价、打折的方式消化。例如，民航运输业中，不管每次能售出机票的数量是多少，各航班都必须按规定时间起飞，所以，当飞机上有空余座位时，航空公司就会出售低价机票。而纸张制造业、钢铁制造业和汽车制造业都有类似的例子。对于易腐品、季节品和其他存储成本高的产品，企业常常被迫降价促销以尽快出手。因此，当固定成本或库存成本占比越大时，失败后的损失也越大，这样的企业在竞争战略上也会表现得更加激进。

4）产品的差异化程度或顾客转移购买成本

当一个产业的产品差异化程度低，各企业生产的产品大致相同时，顾客可以有多种选择，很难形成对产品的品牌忠诚。于是，顾客的选择往往以价格为基础，迫使企业不得不进行激烈的价格竞争，竞争实质上是基于价格的竞争。顾客的转移购买成本与产品差异化程度有直接联系。一方面，如果两种产品有较大的差异，当顾客从现在的产品转而使用其他产品时，就需要新的投资或花费大量的时间和精力去适应新的产品，这会造成顾客的转移购买成本。因此，较高的转移购买成本往往可以加强企业对客户群的保护，可以抵挡竞争对手的攻击，这样的产业竞争也较为缓和。另一方面，如果产品同质化程度较高，顾客的转移购买成本就会很低，顾客可以很容易地从一种产品转向另一种产品，从而使产品和企业间的竞争加剧。

5）生产能力的增加幅度

在某些产业中，由于存在显著的规模经济效应，生产能力每次只能以大规模的方式增加，以尽可能地降低单位成本，如化工产业和钢铁产业。而这样可能会打破原来的供求平衡，如果一个产业的生产能力趋于过剩，产品供过于求，就会迫使各个企业通过降低价格来充分利用这些过剩的生产能力，从而加剧现有企业间的竞争。

6）产业的退出壁垒

产业的退出壁垒是指企业退出某一产业时所要克服的壁垒和需要付出的代价，包括经济、战略和情感的因素。当企业退出某产业的成本比继续留在该产业中参与竞争的成本高时，就可能阻止现有竞争企业退出并迫使其继续尽力留在该产业中参与竞争，即使这样做可能盈利很低甚至亏损。因为退出壁垒和退出成本很高，企业别无选择。由于竞争者数量不能减少，这时产业内由存在过剩的生产能力导致的激烈竞争将会持续下去。

影响产业退出壁垒的因素主要如下。

（1）高度专业化的固定资产。这种固定资产缺乏转用价值，清算价值低或转换成本高，如钢铁产业的生产设备，这些设备不具有通用性，买家有限，企业无法随时将其变现。

（2）退出某产业需要支付很高的成本。例如，企业在停止运营之后，依照劳动合同规定必须支付给离职员工的赔偿、安置费、养老金等，或企业存在大量的库存物品。

（3）与企业其他业务的战略协同关系密切。例如，退出某一产业，就会破坏这种协同，影响企业在其他经营领域的产品、市场形象、营销能力及设备分享能力等。

（4）感情及心理因素。出于对特定产业的情感维系，决策者不愿意单纯从经济的角度理性地做出放弃决策。

（5）政府和社会的约束。地方政府出于对失业率和经济增长指标的关注而可能对企业的退出决策进行劝阻甚至否决。

2. 潜在新进入者的威胁

潜在新进入者是指当前不在产业内，但是很有可能进入本产业的其他企业，是潜在的竞争对手。新进入者会带来新的生产能力，并试图瓜分现有企业的市场份额，除非产业内产品和服务的需求增长，否则新增加的产能必然会导致竞争企业收入和回报的下降。同时新进入者为了获取生产经营所需的资源，可能会使得整个产业的生产成本提高，从而导致产业获利水平下降。

鉴别潜在新进入者对于企业非常重要。竞争者进入的潜在可能性越高，对现有企业获利的威胁越大。如果潜在新进入者的威胁小，现有企业提高价格和增加利润的空间就大。

潜在新进入者的威胁主要受产业进入壁垒和现有企业的预期报复强度两方面因素的影响。

1）产业进入壁垒

产业中的现有企业（尤其是那些可以获得超额利润的企业）会设法增加产业进入壁垒来阻挠潜在的新进入者。某一产业被入侵的威胁的大小主要取决于产业进入壁垒的高低。高的产业进入壁垒会将潜在的竞争者挡在产业之外。产业进入壁垒是指影响新进入者进入现有产业的因素。影响产业进入壁垒的因素主要如下。

（1）规模经济。规模经济是指随着规模的不断扩大，企业效率不断提高。规模经济是衡量企业的一个重要经济技术标志。用西方经济学的概念来表述，规模经济就是规模收益递增的现象，即单位产品成本随着生产规模和产量的增加而下降，是一种同改善企业成本结构相关的大规模生产的优势。如果某产业这种成本优势很明显，新进入者不太可能快速地达到能使其发挥规模经济效益的产品需求水平，若其以较小的规模进入就将处于成本劣势地位。为了获得与早期进入者同样低的成本，新进入者就必须以较大的生产规模实现规模经济，这样它将要承担与大规模投资相对应的高风险。另外，直接进入大规模生产还可能由于产品供应的增加而压低价格，引来原有企业的激烈反击。这两种情况都会使新进入者面临威胁，因此产业的规模经济特征会阻止潜在新进入者的入侵。企业的规模经济效益不仅存在于产品生产制造领域，而且几乎存在于企业的每项职能，如原材料采购、研究与开发、市场营销和产品分销、财务融资、售后服务等领域。

某些条件会削弱企业通过规模经济形成产业进入壁垒的能力。例如，一些企业为客户提供定制产品，定制产品无须进行大规模生产。因而，生产定制产品的企业通常会借助先进的信息系统和网络技术，实现对客户需求的快速反应，而不是发展规模经济。

（2）产品差异化和顾客忠诚。产品差异化意味着随着时间的推移，顾客相信某些产品是独特的，而形成对某特定品牌产品的偏好和消费者忠诚。新进入者要用很大的代价来树立自己的信誉和克服顾客对原有产品的忠诚，才能从原有企业手中夺取市场份额。这种努力通常带来初始阶段的亏损，并且有较高的风险，一旦失败，则损失惨重。例如，保健品和洗涤化妆用品产业可以利用产品差异化和顾客忠诚建立起较高的进入壁垒。

（3）资本需求。进入任何一个产业都需要有相应的资源投入。某些产业可能在设备、技术、厂房、分销渠道、服务场所以及其他方面投资较大，高额的资金投入和相应的高风险会形成很高的进入壁垒。成功进入市场或产业所需的总投资越大，潜在新进入者的数量就越有限。例如，汽车制造业、石油化工业、钢铁制造业、航空业、电力业等，对资本的需求都非常大，因而进入壁垒很高，限制了进入者的涌入。对波音和空中客车公司的潜在竞争者来说，生产大型商用飞机所需要的巨额财力投资是一个难以突破的进入壁垒。相反，在资金密集度较小的产业如日用品、餐饮、旅游等行业内，所需资金量小，因而企业的数量较多。

（4）转移购买成本。转移购买成本是指购买者转向不同供应商购买产品时所产生的一次性成本。购买者是否接受新进入者的产品，不仅取决于产品的价格、质量、功能，而且也与转移购买成本有关。如果顾客变换所需产品的供应者时所要付出的时间、精力和金钱等一次性成本较高，就会造成顾客对变换供应者的抵制。即使新进入者提供的产品更好，也要花费很大的代价来消除这种抵制。购买者转移购买成本越高，新进入者进入现有产业的壁垒也越大，因此它们必须想方设法降低产品成本或提高产品附加值以弥补购买者由转移购买成本过高导致的损失。转移购买成本包括重新培训业务人员、增加新的辅助设备的成本，检测费用以及产品的再设计费用等，甚至包含中断原购买关系的心理成本。

（5）在位优势。有些产业有明显的学习曲线效应，即单位成本随着经验的增加而下降。新进入者可能需要花费很长的时间才能积累起高效运作所需的知识、技能和诀窍。在此期间，新进入者将处于高成本所带来的不利竞争地位。在位优势可来源于企业已经掌握的某种技术诀窍、积累的丰富的生产和管理经验、工人操作熟练、废品率低、占有的有利的市场地位，以及通过长期合作形成的良好而稳定的原材料渠道和分销渠道等，这些都可能形成新进入者难以复制的成本优势。

（6）政府政策。政府的政策和有关法律是一种有效的进入壁垒。政府部门可以通过颁发许可证和有关政策来限制或禁止对某些产业的进入，如通信、电视广播、烟草、药品、保健品等产业。受政府管制的大多是涉及国计民生及对财政收入有重要影响的产业。在国际市场上东道国政府也会通过各种管制措施限制外国企业的进入。另外，国家有关的法律如环境保护法、资源保护法、专利法等都起到了阻止新进入者进入相关产业的作用。

尽管进入壁垒与退出壁垒是两个不同的概念，但是它们之间却有密切的联系，将二者联系起来才可以对产业的吸引力进行更好的分析。由图 4-2 可以看出，从产业利润的角度来看，最有吸引力的产业是进入壁垒高，而退出壁垒低的产业，在这种情况下新进入者将受到限制，而在原产业经营不成功的企业会退出。反之，进入壁垒低而退出壁垒高是最不利的情况，在这种情况下，当某产业吸引力较大时，众多新进入者纷纷进入瓜分市场；而当该产业经营不景气时，由于高的退出壁垒，过剩的生产能力仍聚集在该产业内，激烈的竞争会导致众多企业陷入困境。

图 4-2　产业进入壁垒与退出壁垒关系的矩阵

2）现有企业的预期报复强度

现有企业的预期报复强度也在一定程度上影响某一产业潜在新进入者的威胁的大小。即使潜在新进入者拥有或能够获得进入所必要的资源和能力，它仍然需要考虑现有企业对入侵的反应。有时新进入者会遇到该产业原有企业强烈的报复行动。例如，它们会采取降价、加大广告投放力度、扩大生产规模、改善产品、促销或者诉讼等措施积极捍卫其市场地位。有的企业甚至会采取不正当的手段，如诋毁新进入者的声誉等，来迫使新进入者由于惧怕原有企业的报复行动而放弃进入该产业。

3. 替代品的威胁

替代品是指由外部特定产业生产的，与本产业的产品或服务具有相同或相似功能的产品或服务。替代品以另外的方式去满足与现有产品大致相同的顾客需求。由于现代科学技术的飞速进步及顾客需求的快速变化，新材料、新产品、新服务不断涌现，几乎所有产业都会感受到来自替代品生产商的威胁。有些替代品的产生是由原材料短缺引起的，如人造皮革代替天然皮革、汽车使用电能代替传统的燃油、太阳能代替其他能源；有些替代品的产生是技术进步的结果，如传统的传媒业（报纸、电视）受到互联网的竞争压力，邮政产业的传统业务（信件、电报）则受到电话、电子邮件和微信的挤压等。由技术进步引起的替代是不可逆的，甚至可能导致某一产业的衰退。

替代品的竞争强度取决于三个方面的因素。

1）替代品的价格

容易获得并且价格上有吸引力的替代品往往会带来较大的竞争压力。如果替代品的价格比本产业产品的价格低，产业中的竞争厂商就会遭遇降价的竞争压力，产业的利润水平也会受到损害。

2）替代品的质量和性能

顾客会比较替代品的质量、性能和其他一些重要属性，如果替代品也能带来较高的满意程度，那么来自替代品的竞争会迫使产业中的竞争企业加强攻势，增加投资以改善性能并努力说服购买者相信它们的产品有卓越的品质。

3）购买者的转移购买成本

转移购买成本是指本产业中的顾客转向购买替代品的难度和成本。转移购买成本具体体现在：收集替代品的信息的成本、检验替代品能否达到使用者所要求的性能标准的成本、改用替代品使用户的生产活动或价值活动必须重新设计的成本、使用替代品的培训与学习成本、使用替代品的风险成本等。如果顾客认为转移购买成本很高，来自替代品的竞争就会减少。如果转移购买成本不高，替代品的生产商说服购买者转向它们的产品就容易得多。

因此，一般来说，替代品的价格越低，替代品的质量和性能越高，购买者的转移购买成本越低，替代品带来的竞争压力就越大。

替代品广泛存在，通常企业可以通过以下措施克服或减少替代品的威胁：正确识别替代品；通过降低成本，改进现有产品性能，或改进互补产品性能来降低现有产品价格；提高现有产品的转移购买成本；寻找不受替代品影响的现有产品新途径；改进产品的形象；避开替代品的优势，重新界定竞争领域；将目标转向受替代品威胁最少的细分市场，如棉布生产企业不断受到化纤和丝绸等替代品的威胁，为此，可以将目标市场转向内衣、休闲服装的细分市场；当替代品与产业现有产品之间存在很强的关联性时，企业应进入替代品产业，进入替代品产业可能会使企业在替代产品与现有产品的关联中获得竞争优势，这些关联可以是共同的核心技术、共同的销售渠道和促销手段等；针对替代品的威胁，可联合产业内的现有企业采取集体行动，反击替代品的威胁；当整个产业面临技术进步等环境变化所带来的替代品的威胁时，寻求与替代品共存与联合可能是更明智的策略。

4. 购买者的讨价还价能力

购买者总是希望用尽可能低的支出购买产品。购买者可能是产品的最终用户，也可能是将产品向最终用户进行分销的其他组织。购买者试图要求产品价格更低、质量更好并索取更多的售后服务，从而增加供应者的成本。为了压低价格和增加成本，购买者会利用产业内各企业间的竞争来施加压力，趋向于降低供应者的盈利水平。购买者讨价还价能力的强弱主要取决于以下几个因素。

1）购买者的集中程度

如果本产业的产品集中供应给某一个或几个购买者，这一个或几个特定购买者的购买数量占企业销售额的很大比例，那么这少数的购买者具有较强的讨价还价能力，会对本产业形成较大的压力。

2）所购买产品的差异性程度

如果产品标准化程度高、差异性小，则购买者的选择余地大，其讨价还价能力强；相反，购买者对独一无二的产品缺乏讨价还价能力。

3）替代品的价格

购买者所要购买的产品如果具有价格合理的替代品，那么购买者的讨价还价能力会增强。

4）购买者购买的产品占其成本或购买额的比重

如果购买者购买的产品占其成本或购买额的比重很大，则他们在购买时对价格就比较敏感，对质量等问题会更加挑剔；反之，他们在价格上不敏感。

5）购买者的转移购买成本

购买者转向购买其他产业产品的选择余地越大，则其讨价还价能力越强。

6）购买者的财务状况

如果购买者自身的营利能力强、财务状况好，则这些用户在购买时对价格不会很敏感。

7）购买者掌握的信息

如果购买者对于供应商的价格及成本信息掌握得很充分，就可以保证其能够在与供应商之间的讨价还价中处于真正的优势地位。

8）购买者的后向一体化行为

如果购买者具有后向一体化的资源和能力，具有后向一体化的行为或倾向，那他们会在讨价还价中处于有利地位。

总之，提供特色鲜明、独一无二的产品是产业内企业应对购买者不断增强的讨价还价能力的重要途径。

5. 供应者的讨价还价能力

在企业面临购买者不断压低购买价格的威胁的同时，供应者也会对企业的经营活动产生很大的影响，尤其是在所购货物占生产成本比例很大或供应者非常强大时。如果企业无法通过自身的成本价格结构消化供应者的成本增长，其利润会由于供应者的威胁行为而降低。

供应者是向产业内企业提供投入如物料、服务和劳动力的组织或个人。供应者的讨价还价能力指的是供应者在和购买企业交易中通过提高价格或降低品质来增加对方成本的能力。强大的供应者可以通过提高购买企业的成本来挤压购买企业的利润。供应者的讨价还价能力主要取决于以下几个因素。

1）供应者的集中程度和本产业的集中程度

如果某产业所需的原材料和零部件由少数几家供应商企业控制，即供应者的集中程度高于本产业的集中程度。集中的少数供应者供给本产业中分散而众多的企业，则供应者的讨价还价能力强，通常会在价格、质量和供应条件上对购买企业施加较大的压力，进而形成对本产业较大的竞争压力。

2）替代品的情况

如果替代品的数量多、价格低、可替代程度高，那么供应者无法在讨价还价中占优势，对本产业不会构成较大的竞争压力；反之，如果供应者的产品没有很好的替代品，则会形成较大的竞争压力。

3）本产业对供应者的重要程度

如果本产业是供应者的重要用户，供应者对本产业有很大依赖性，则供应者的讨价还价能力较小；反之，则较大。

4）供应者对本产业的重要程度

如果供应者对本产业比较重要，即其提供的供应品对购买企业的生产制造过程和产品质量具有重要的影响，甚至购买企业还依赖于供应者的技术服务，则供应者的讨价还价能力较强；反之，则较弱。

5）供应品的差异性和转移购买成本

如果供应品具有特色并且购买企业的转移购买成本很大时，供应者会对本产业施加较大压力，以增强其讨价还价能力。

6）供应者掌握的信息情况

如果供应者掌握了购买企业采购的相关信息，则会增加它们的讨价还价能力。

7）供应者的前向一体化

如果供应者有可能前向一体化，就会增强它们讨价还价的能力。

8）产业内企业的后向一体化

如果本产业内的企业有后向一体化的意愿、资源和能力，就可能降低它们对供应者的依赖程度，从而减弱供应者的讨价还价能力。

企业可以通过寻找其他备选的供应者，或向供应者表明企业有能力实现后向一体化等措施来减弱现有供应者的讨价还价能力。也可考虑与供应者签订长期稳定供应合同，不以讨价还价的方式而是多采用谈判的方式与供应者交往，将供应者变为合作伙伴。通过构建良好的商业生态，以保证获得所需原材料的稳定供给。

（二）波特五力分析模型的战略意义及运用局限

产业中的五种竞争力量决定了产业内的竞争状况，五种力量的相互作用和综合强度决定了产业的最终获利能力。

波特的五力分析模型作为产业战略环境分析的重要工具，阐述了某一特定市场的五种竞争力量所带来的竞争压力的特性以及整个产业的竞争结构。通过分析，企业能够更好地知道如何根据这些力量对自身进行定位，进而确定现在和未来的竞争优势的来源，估计潜在的利润和可能产生的机会和威胁。管理者可根据分析结果，制定出有效的战略尽可能地摆脱或影响这五种竞争力量，使其朝着有利于本企业的方向改变。一般来说，五种竞争力量的影响越强，产业中竞争企业的平均利润水平就越低。一方面，如果某产业的进入壁垒很低，每个新进入者都可以获得一个市场立足点，替代品的竞争很强烈，供应者和购买者都具有较强的讨价还价能力，那么从利润的角度来看，产业的结构显然是没有吸引力的。另一方面，如果竞争力量并不强大，那么，从利润的角度来看，该产业则是有吸引力的。当然产业内的企业可以通过行动来改变五种竞争力量的影响，如通过大规模经济或更大的产品差异化来搭建更高的进入壁垒，创设转移购买成本来刺激顾客的忠诚度等。从盈利的角度来看，最理想的环境是供应者和购买者都处于讨价还价的劣势，没有很好的替代品，进入壁垒相对较高，现有企业之间的竞争也比较缓和。不过，即使其中几类竞争力量很强大，对于那些市场地位和战略可以防御竞争压力、保护其获得平均利润水平之上的利润的企业来说，该产业仍然是有吸引力的。

有效的产业分析源于对各种产业数据和信息的仔细研究和认真解读。虽然波特的五力分析模型为人们进行产业竞争分析提供了一个框架，但关于该模型的实践运用一直存在许多争论。因为该模型的理论建立在以下三个假定基础之上：一是战略制定者可以了解整个产业的信息；二是同产业之间只有竞争关系，没有合作关系；三是产业的规模是固定的，只能通过夺取对手的份额来占有更大的资源和市场。但在现实中战略制定者显然难以了解整个产业的信息，而且现实中企业之间存在多种合作关系，不一定是“你死我活”的竞争关系；企业之间也可共同做大产业的“蛋糕”来获取更大的资源和市场，同时，市场也可以通过不断的开发和创新来增大容量。此外，该模型也没有考虑到不同企业的差异特点，仅仅从企业的外部竞争因素对比来分析产业吸引力的问题，忽略了企业内部的能动力量，特别是企业所拥有的与众不同的独特能力。这些局限都影响了该模型在实践中的运用，因此该模型更多地被认为是一种企业进行战略思考的理论性工具。

二、战略集团分析

战略集团（strategic group），又称为战略集群，是指一个产业内执行相同或类似战略并具有相似战略特征的组织的集合。战略集团是在产业和单个企业之间的次级结构。

产业内战略集团的分析是按照产业内各企业战略地位的差别，把企业划分成不同的战略集团，并分析集团内的企业关系和各集团间的相互关系。一方面，战略集团作为一种产业竞争的分析工具，通过分析产业内某一战略集团与其他战略集团相比的不同及各战略集团之间的竞争状况，了解影响企业从一个战略集团移动到另一个战略集团的壁垒及原因，可以帮助企业全面理解产业内的竞争格局；另一方面，一个战略集团内的企业在战略上会有许多共同点，但也会有许多不同点，对战略上不同点的分析，有助于本企业在某一战略集团中正确定位，并有针对性地采取相应战略。

（一）产业内各战略集团间的竞争分析

区分产业内的战略集团的因素可以是企业的战略定位、企业已具有的竞争优势，或是竞争优势的可能来源。

产业内的战略集团通常可以依据以下因素来划分：①纵向整合的程度不同。有的企业自己生产原材料和零部件，有的则完全从外部采购；有的企业有自己的分销渠道，有的则全靠批发商和零售商。②产品或服务多样化程度不同。有的企业只经营某一种产品和服务，有的则生产多品种、多规格的产品和服务，有的甚至是跨产业经营。③技术领先程度不同。有的企业注重争取开发新产品的领导地位，不断投放新产品；有的企业是追随者，把研发重点放在生产技术上，力争在质量和成本上取得优势。④营销的侧重点不同。有的企业重视维持高价产品，有的企业则采取低价策略展开竞争；有的企业特别重视对最终用户的推销活动，有的企业主要以对销售者的服务来巩固和扩大疏通渠道；等等。

一个产业中如果出现两个或两个以上的战略集团，则可能出现战略集团之间的竞争。战略集团之间的竞争不仅影响着整体产业的潜在利润，而且会在应对产业的潜在新进入者、替代品生产者、供应者和购买者的讨价还价能力等方面给整个产业造成劣势。

战略集团间竞争最激烈的情况是，产业中存在几个势均力敌的战略集团，各自执行不同的战略，目的却是争夺同一类目标顾客。战略集团间竞争的激烈程度主要受以下五个方面的影响。

1. 战略集团的数量及其相对规模

如果一个产业中战略集团数量多且各个战略集团的市场份额较为相近，战略集团间的竞争就会很激烈。战略集团离散且规模相当，则某一集团采取削价或其他策略攻击其他集团的机会多，从而易激发集团间的竞争。而反之，如果一个产业中有不少战略集团，但其中少数战略集团处于领导地位，并且市场占有率很高，这个产业战略集团间的竞争就不会太激烈，因为规模小的战略集团难以挑战大的战略集团，所以不大可能对战略集团之间的竞争方式造成很大的影响。

2. 各战略集团间的市场关联度

若各战略集团的目标是同一类顾客，即市场关联性强，则其战略差异越大，竞争也就会越激烈。

3. 各战略集团产品的差异化程度

如果产业中各个战略集团的产品差异化明显，各自已建立起自己的顾客忠诚，则战略集团间的竞争程度就会大大低于各集团的产品互为替代品的情况。

4. 各战略集团战略的差异化程度

如果产业中不同战略集团奉行的战略在关键战略方向上较为离散，则在其他条件相同的情况下，各集团间的战略差异程度越大，集团间的竞争就越不激烈。反之，如果经营战略很不相同，则集团间的竞争就会激烈。

5. 各战略集团间移动壁垒的高低

与进入壁垒抵御产业外的企业入侵的作用相似，产业内各战略集团间存在移动壁垒，阻碍了企业从一个战略集团向另一个战略集团的移动。由于移动壁垒的存在，集团内企业的战略很难被集团外企业所效仿，因为这种仿效常常伴随着高成本和高度不确定性。移动壁垒是产业内战略集团存在的基础，其本质是对不同战略集团中企业相互模仿、复制的限制。移动壁垒的高低决定了产业内战略集团之间竞争的激烈程度。

企业的营利能力不仅取决于其自身实力，还取决于该企业在战略集团中的地位以及其所在战略集团的利润水平。战略集团的移动壁垒的高低、对供应者和购买者的讨价还价能力、对替代品的敏感程度等特征决定了一个战略集团的利润水平。波特的五力分析模型也同样可以用来分析各战略集团之间的竞争。

（二）战略集团内各企业的竞争分析

战略集团内部企业间的竞争，比战略集团外企业之间的竞争以及战略集团之间的竞争更为激烈。实际上，战略集团内部企业间业绩的异质性要明显大于战略集团之间的异质性。

如果某产业中的所有企业执行基本一致的战略，该产业实际上就只有一个战略集团。一般来说，在一个产业中仅有为数不多的战略集团，它们采取不同的战略。在同一战略集团内的企业遵循着相似的发展战略或在相似的基础上进行竞争。同时，在相似的战略影响下，它们可能会对外部环境做出类似的反应，采取类似的竞争行动。同一战略集团中的成员有相近的战略定位，因而在顾客眼中它们提供的产品是直接可以相互替代的。对于产业中的某个企业来说，同一战略集团内的其他成员是其最直接的竞争对手，其次是相距最近的其他战略集团中的成员，相距甚远的其他战略集团内的成员的竞争则很弱，甚至相互之间不存在直接的威胁。影响战略集团内各企业之间的竞争强度的因素同决定产业竞争强度的因素相似，如市场规模大小、企业数量等。战略集团内部企业之间不同的竞争地位主要是由各企业的优势不同造成的。在一个战略集团内，各企业会有生产规模和能力上的差别，如果一个战略集团的经济效益主要取决于产量规模，规模大的企业就会处于优势地位。另外，同一战略集团内的企业，虽然常常采用相同的战略，但各企业的战略实施能力是不同的，即在管理能力、生产技术和研究开发能力、销售能力等方面会有差别，能力强者会占优势。

波特认为，在一个既定的产业内，企业的战略选择可以由以下方面表现出来：专业化程度、品牌、促销方式、分销渠道选择、产品质量、技术领先程度、纵向一体化水平、成本结构、销售服务、价格政策、财务杠杆、与母公司的关系、与母国及东道国政府的关系。因此，产业内同一战略集团中的各个企业可能在上述的一个或几个方面相似。

战略集团内业绩的领先者采用与战略集团内其他企业相似的战略，同时又能够保持战略的独特性，以此作为获取超额利润的基础。

第三节 产业演变

企业战略的成败在一定程度上取决于该企业是否能正确把握其所处产业的产业演变规律。

产业演变是一种经久不衰的现象，其表现形式有多种。例如，某产业在一个地区兴起，而在其他地区衰落；市场增长由快变慢；一些产业的价值链在整合，而另一些产业的价值链在分解；产业间的替代和技术交融增强，产业的边界模糊化；等等。通过对产业演变的分析，识别产业的形态，如增长或衰退、国际化或本地化、集中或分散，使企业管理者在变化发生之前识别演变的本质和方向，发现可能面临的机会或威胁，并制定与其相匹配的战略，就能够极大地增加企业取得良好经营业绩的机会。

一、产业演变的驱动力量

产业演变的发生必然是由于有推动产业变革的力量存在。

（一）市场需求的变化

市场需求的变化是产业演变的决定性力量。一方面，任何一种产品都有其需求的生命周期，只是有的变化缓慢，有的变化激烈，需求的变化可能导致竞争态势的变化。另一方面，随着消费者对产品的特点及同类竞争品牌了解的增加，其对产品的选择也变得越来越挑剔。例如，消费者会逐渐要求产品提供新的功能，具备新的特征以及更完美的客户服务，为了满足消费者的需求，企业将不得不为其产品添加新的特性、改变其服务方式、扩大或收缩产品线、选择不同的销售途径等。

（二）产业的增长

产业的增长情况会影响产业内产品的供需平衡情况，改变产业对潜在新进入者的吸引力，影响现有竞争者之间的竞争强度等。人口因素、需求变动、替代品和互补品地位的改变等情况都可能会导致产业增长率的长期变化。

（三）技术的变化

一方面，技术的进步使生产者能够以更低的成本生产更优质的产品，并且开辟产业的前沿领域。技术进步还可以使资本需求降低，企业达到有效生产的最小规模，影响学习及经验效应等，从而大大改变产业的结构。

另一方面，企业开发的新产品或者新技术将随着时间的流逝发生扩散，其竞争优势会逐步减少甚至丧失，技术的扩散也会促进产业发生演变。

（四）竞争

一些实力雄厚的企业的进入、退出或模仿所引发的竞争，会对产业的结构产生重要的影响。新竞争规则的建立会推进产业的演变进程。

（五）成本与效率的变化

一方面，一些重要资源成本的上升或下降所导致的产品成本变化可能改变产业的竞争结构；另一方面，随着知识经验的积累、管理的优化或技术的进步，企业往往能够大幅度提高效率，降低成本，这些都会推进产业的演变进程。

（六）政府的政策

政府对产业演变的影响显著，其方式分为直接和间接两种。政府通过约束产业的进入条件、产业的竞争结构和盈利水平来对产业施加直接影响；通过限制产品质量、环境保护条例、关税、投资政策等来施加间接影响。

章内阅读 4-1

为开面馆全球调研

2021 年 7 月 8 日，国内餐饮头部品牌和府餐饮（以下简称和府）宣布完成近 8 亿元人民币 E 轮融资。早在 2020 年 11 月，和府拿到腾讯投资等领投的 4.5 亿元融资。不到一年，再次成功融资，两次连续融资近 13 亿元。和府表示，本轮融资将主要用于深入布局全产业链体系、新品牌打造、渠道建设及数字化能力构建等方面。

一天卖出15万碗面，一年服务5000万人次。和府作为中式连锁快餐的头部企业，在创始人及核心团队的带领下，形成了全产业链的体系布局，打磨出了极强的研发及供应链能力、高效的门店运营体系，并组建了一个年轻、高效的团队。

截至2021年6月底，和府捞面全国门店总数突破340家。和府表示，2021年全国约2天新开一家店，全年新增门店数较2020年将实现翻番，预计达到450家。

和府创始人李学林表示他从来不认为和府捞面的定位是一家“面馆”，而应是一种新的都市生活方式，所以才会有“书房里的中国味道”。在2021年，这个味道还包括酒香，和府正在推出更多的“小面小酒”，作为自己的第二增长曲线。

李学林本人并非餐饮行业科班出身，此前在3C[计算机（computer）、通信（communication）和消费电子产品（consumer electronics）三类电子产品的简称]行业。李学林表示，餐饮赛道是今天的价值洼地。他认为中国的很多传统产业应该都有机会重做一遍。而餐饮产业随着产业支撑系统的加速成熟，有可能出现市场集中度比较高的头部企业机会。这种头部的机会，不光是规模，还包括品牌。现在市场上其实已经有门店数量过万家的餐饮连锁品牌，但有上万家门店仅代表着有上万个区域的消费人群需求。这种品类的成功，不一定是品牌的成功。和府餐饮希望打造一个头部的餐饮品牌，一碗面是它的载体。

创立和府之初，尚没有一家店开张时，李学林就开始了全球调研，先后考察了美国、日本等地的餐饮市场，并聘请咨询公司，仅前期市场考察费用就花了上千万元。不仅如此，李学林还花费巨资建设后台中央厨房体系，这也是让不少餐饮企业闻之变色的东西。重视研发，单单一个“如何让外卖面条不坨”的问题，和府就投入重金，经过数千次研发测试。先是磨合面条内在配方，调配各种原辅料的配比，控制精准配方结构，解决了保持面条劲道的难题；然后还针对每一根面条的外部质地，测评糊化粘连关键数据，最后终于解决行业的长期痛点。

对于开店前的慢功夫，李学林自有逻辑。他认为，创业如同打井，关键是是否确定地下有水，而且水源充足。如果确定，那么剩下的只是如何做的事情，这些投入都是必要的。对于做餐饮这件事，李学林非常笃定，他说：“这件事做成是周期问题，做不成则是个人能力问题。”

不开店先花钱做市场调研，做供应链建设，资本护航，为什么和府的做法，似乎和传统餐饮行业不太一样？早在2015年，和府就接受了第一笔融资。李学林认为，资本可以助力企业快速发展。除了资金，还能提高自身抗风险能力、带来资源的整合，以及更开阔的视野。

和传统餐饮行业的发展路径不同，李学林是带着对和府的“顶层设计”开启创业之路的。开店、搭建供应链体系、品牌建设，实际上是个三位一体的工程。

标准化是整个中国餐饮行业进化的方向，面食快餐领域也是目前比较容易标准化的，甚至可以说是比较容易复制和模仿的。事实是，和府在此基础上，更近了一步。和府的系统核心竞争力有两个，一个是标准化，一个是基于信息系统的自动化。这里的自动化，并非机器人餐厅之类的新潮玩意，而是实实在在能够提升门店效率的工具，包括自动订货、自动排班、自动监控等一系列管理工具。这些自动化工具的出现，使得和府培养一个员工上岗，只需要一天时间，培养一个合格的店长，只需要30天。

面对今天资本对于餐饮的狂热，李学林感叹，今天的餐饮创业者比他创业时更幸运。这种幸运，不光是指资本的青睐，还包括整个产业支撑体系的进阶，由于近年来餐饮行业的冷链技术、食品工业技术和中央厨房自动化能力的进步，以及大量餐饮供应链公司的崛起，整个餐饮行业的配套基础设施早已不可同日而语。

2020年新冠疫情给餐饮行业带来了很大影响。对于餐饮企业，其实是比较难熬的一年。不同的企业选择了不同的应对方法，和府做了三件事：第一，强化企业内部的运营机制，提高运营效率；第二，聚焦迭代新模型，孵化和府的第二曲线（小面小酒）和第三曲线；第三，在全产业招聘人才。做完这三件事，当新冠疫情开始好转时，和府门店的业绩恢复很快。

和府的愿景是，未来世界上有麦当劳、肯德基的地方，旁边都应该有中国的面馆。因此虽然先后拿到了近13亿元融资，但李学林坚持认为，和府今天所面对的和试图解决的问题，其实还是行业共性问题，不能急。餐饮行业是一个需要耐心打磨的行业，要把这样一个传统劳动密集型的行业，真正引导成现代化的产业；要提高整个行业的认知水平，如不要以为开展线上外卖就是数字化转型；要把餐饮这样一个过去“高素质人才不肯来，来了留不住”的行业，变成一个和科技互联网行业一样有吸引力的行业……未来的路，任重道远。新消费形势下的餐饮企业，必须要有新的思维和视野。

资料来源：曹玮钰. 2021. 刚刚，连锁面馆最大融资诞生，和府斩获8亿元E轮融资. https://finance.sina.com.cn/chanjing/gsnews/2021-07-08/doc-ikqciyzk4197690.shtml[2021-07-08].

二、产业生命周期

波特把产业生命周期描述为“预测产业演变的鼻祖”。作为生物学概念，生命周期是指具有生命现象的有机体从出生、成长到成熟、衰老直至死亡的整个过程。这一概念被引入到经济学、管理学理论中时首先应用于产品，之后又扩展到企业和产业。一种产品在市场上的销售情况和获利能力是随着时间的推移而发生变化的。这种变化和生物的生命历程一样，也会经历投入、成长、成熟和衰亡的过程，产品生命周期就是反映了一个特定市场对某一特定产品的需求随时间变化的规律。这里的产品生命指的是产品的市场生命，而不是产品的物质生命，它是以销售额和企业获得的利润额的变化来衡量的。如果以时间为横坐标，以销售额和利润额为纵坐标，则产品生命周期表现为一条近似抛物线形的曲线。即由投入期开始，销售额缓慢爬升；进入成长期后，销售额迅速增长；在成熟期，销售额虽然仍有增长，但速度极为缓慢；进入衰退期，销售额开始急剧下降。

产业生命周期是指产业从出现到完全退出社会活动所经历的时间。产业生命周期主要描述为导入、成长、成熟和衰退四个发展阶段（图4-3）。一个产业的兴起总是从一个小范围开始的，很可能局限于一个细分市场，随着主流商业模式的确立，导入阶段宣告结束，进入成长阶段；采用主流模式的企业日益强大，无效率的企业逐渐退出或被淘汰，产业进入成熟阶段；稳定而又安全的投资回报是成熟阶段最大的特点；以产业销售开始下降为标志，产业进入衰退阶段。产业生命周期曲线的形状是由社会对该产业的产品的需求状况决定的，其时间跨度为几十年至几百年不等。每个产业都有自身的生命周期，在产业生命周期的不同阶段，产业的竞争方式与竞争焦点等是不同的。对于企业来说，每个阶段有不同的战略选择方案，企业战略的特征应随着产业生命周期的发展而改变。因此，识别产业所处的生命周期的具体阶段有重要的战略意义。

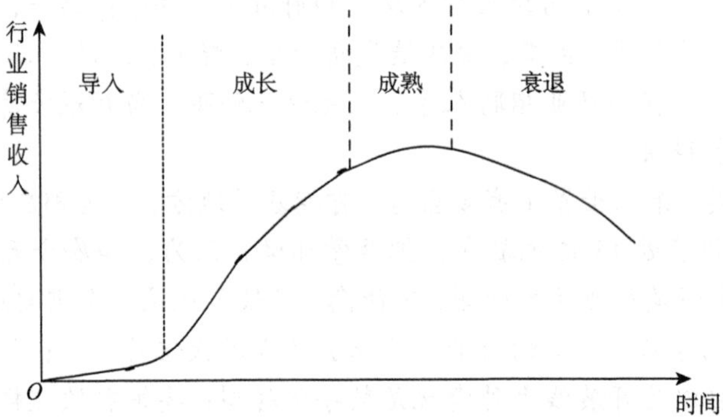

图 4-3　产业生命周期阶段

产业生命周期是一种模型化的归纳，能帮助企业识别影响产业发展演变的动态因素。但在现实中，产业生命周期未必能按照上述的模式发展，不同产业每一阶段的时间长度也很不一样。这些都是由技术、社会、经济等因素决定的，因而在当今变革速度加快的情况下要确定产业发展处于哪个阶段是很困难的，一旦识别不当，容易导致战略上的失误。

进行产业生命周期分析时应注意以下几点。

（1）不是所有的产业都有完整的生命周期阶段。如果产品已经成为生活中的基本需要，那么产业似乎可以无限期地停留在成熟阶段，如汽车产业，甚至会从成熟阶段又回到成长阶段；有些产业跳过成熟阶段直接进入衰退阶段，如电子管产业；甚至有时经过长时阶段的衰退之后，在创新和消费结构变化的作用下，有些进入衰退阶段的产业可能利用科学技术的进步，重新恢复增长，再次显示出产业成长阶段甚至成熟阶段的特征。

（2）产业生命周期呈缩短的趋势。随着新的科技革命的迅猛发展，人类社会向知识经济时代迈进，技术开发周期缩短，产品升级换代步伐加速，使得产业很快由成熟阶段进入衰退阶段。

（3）产业生命周期曲线的形状较为平缓和漫长。这是因为一个产业往往集中了众多相似的产品，因此，从某种意义上说，产业生命周期是所有这些众多相似产品各自生命周期的叠加，故反映其生命周期变化的曲线比单个产品的生命周期曲线会显得更加平缓而漫长。

（4）企业在各产业不同生命周期阶段需要有不同的战略。不同产业有不同的经营战略，这是因为不同产业顾客的需求特点不同；同一产业在不同的生命周期阶段经营战略也会不同，这是由产业发展的一般规律所决定的。企业的经营战略通常可以分为两类，即竞争战略与发展战略，竞争战略是企业如何获取竞争优势的战略，发展战略是企业如何增加收益的战略。竞争战略的制定有赖于对产业竞争方式和竞争焦点的理解。产业竞争方式是指产业竞争者普遍的战略选择，如规模化和低成本、产品差异化等战略选择；产业竞争焦点是指产业竞争围绕什么展开，是产业竞争方式的一种外在表现。通常人们都会有这样的认知：在饮料、家电等产业，产业竞争的主要方式是规模化和低成本，外在表现出来的竞争焦点可以总结为对价格、终端的掌控；在 IT 等新兴科技产业，创新是主要的竞争方式，竞争焦点是速度、终端、品牌。

当一个产业没有发生本质性的变化时，企业的竞争战略无须进行颠覆性的调整。企业需要经常进行调整的是发展战略，竞争对手的变化、竞争格局的变化、产业生命周期的变化都会影响到企业的发展战略。发展战略的方向大致可以归为四类：维持、扩张、选择性扩张、收缩或放弃，分析产业生命周期的价值在于对所确定的发展战略方向进行调整，对战略方向的可行性和具体的战略规划、战略部署进行进一步的思索。原则上，在产业的成长阶段，采取扩张战略是明智的；在产业的衰退阶段，采取收缩战略是明智的，此时用大量投资提升企业的运营效率或增加固定资产的投资是不明智的。

三、产业演变的四种轨迹

有些产业似乎是在一夜之间就发生了改变，但实际上是它们数十年来持续演变的结果。产业演变的各个阶段是可以预测的。全面了解整个产业的发展演变轨迹，是进行产业演变预测，帮助企业有效投资并获取理想回报的基础。美国学者安妮塔・M. 麦加恩（Anita M・McGahan）在大量实证分析的基础上，揭示了产业可能采取的四种明显不同的产业演变轨迹：渐进性演变、创新性演变、适度性演变和激进性演变。按照麦加恩的观点，几乎每个产业都会沿着其中一种方式进行演变，而“核心资产或核心经营活动是否受到实质性威胁”是判别一个产业所处的演变轨迹的标准。核心资产指的是企业获取竞争优势的资源，包括实物资产与品牌、专利技术等无形资产；核心经营活动，指的是企业的商业模式、运营模式；实质性威胁指的是原有产业的核心资产或商业模式是否面临淘汰。产业演变的方式不同，企业面临的机会和威胁也不同。如何避免产业演变带来的危机，如何利用产业演变带来的机遇是企业战略制定者必须关注的问题。

渐进性演变是大多数产业的演变轨迹，产业从引入阶段到成长阶段、成熟阶段、衰退阶段，产业竞争制胜的竞争方式不会发生本质改变，企业打造竞争优势的核心资产与核心商业模式也不会发生本质的变化。企业与顾客及供应商的关系稳定，产业中创造持久竞争优势的关键在于遵循核心经营活动的主流模式和提高整体运营效率，这是企业基本的战略选择。单一经营活动易被竞争对手模仿，因而提升系统整体的效率是关键，经营活动的关联方式与信息沟通方式是最基本的创新点。

如果产业的演变导致企业的核心资产受到实质性威胁，但商业模式未受到实质性威胁，这种产业演变方式就是创新性演变，如制药产业、软件应用与开发产业、电影产业等。在这种演变方式下，不断开发新产品、新服务，并构建一个使新产品迅速商业化的系统是产业竞争制胜的关键。

如果产业的演变导致产业的主流商业模式受到实质性威胁，而核心资产并未受到实质性威胁，那么这种演变方式为适度性演变。当信息流程的变化使得新的交易方式更有效时，适度性演变就会发生，通常新的信息沟通方式会导致该产业与顾客、供应商之间的关系发生改变，比如，现实中互联网的发展对传统的图书或唱片发行业所带来的冲击。适度性演变意味着产业的性质已经发生了改变，一个新的产业会从原有产业中分离出来，如新兴的超市与卖场业态是从传统的杂货零售业中分离出来的，原有产业会急剧萎缩或者趋于消亡。在这种演变方式下，企业基本的战略选择是将正在获益的核心资产剥离出来，转移到新模式中，对资源重新配置以适应新的商业模式。

如果产业的演变导致产业的主流商业模式受到威胁，核心资产也受到实质性威胁，那么这种演变方式为激进性演变。新技术的大量应用、政府政策或者消费者偏好的变化都会导致产业发生激进性演变。这种演变的最大特征是随着新产业的诞生，原产业趋于消亡。例如，随着电子商务的兴起，传统的销售业务受到冲击；随着网络及新媒体业务的兴起，传统的报纸杂志业趋于消亡；随着个人电脑业的兴起，打字机产业趋于消亡；随着数码影像的兴起，传统的胶片业趋于消亡等。在这种演变方式下，企业基本的战略选择是减少在原产业的投入，有选择地开拓新的核心业务和核心资产，进行多元化经营，寻找新的竞争领域。

适度性演变与激进性演变都会裂变出新的产业，这种产业巨变中酝酿着巨大的机会，如果无视这种变化也就意味着危机即将到来。麦加恩认为新产业从原有产业中裂变出来一般会经过新兴、趋近、相持、支配四个阶段。在新兴阶段，新的价值创造方式（商业模式）开始产生，原有产业的主流商业模式虽然受到挑战，但威胁尚小；在趋近阶段，新的价值创造方式已经清晰可见，所带来的销量已接近原有商业模式，虽然传统产业仍然在销量上占有主导地位，但威胁已迫近；在相持阶段，顾客、供应商对新产业的接受度越来越高，但由于受到原有产业的强力阻击，新产业增长速度放缓；在支配阶段，新产业成为主流，开始处于支配地位，原产业的增长停止，并开始萎缩，如果是适度性演变，原有产业分裂为两个产业，如果是激进性演变，原有产业就会趋于消亡。处于新旧交替时期产业中的企业，必须充分把握各阶段之间的变化拐点所带来的机会，改变产业中的竞争位势，构建新的竞争优势。

在产业演变轨迹的背景下，需将企业战略与产业演变的规律恰当地结合起来，符合产业演变规律的企业战略才可能是最为有效和成功的。

思考题

1. 运用波特的五力分析模型对一个自己熟悉的产业（如汽车、煤炭、电脑）的竞争状况进行分析研究，并尝试总结此产业的关键成功因素。

2. 假设你是本地一家房地产企业的管理者，收集并分析对企业经营有显著影响的产业环境因素，分辨哪些是可以利用的机会，哪些是应避免的威胁。

3. 以钢铁产业为例，分析其作为买方和卖方时，影响其讨价还价能力大小的因素。

4. 产业内现有竞争者之间竞争激烈的程度是由什么因素决定的。

5. 以一个你感兴趣的产业为例，说明什么是战略集团，划分战略集团的目的是什么，有哪些因素可以帮助划分战略集团。

案例分析

国家统计局发布《数字经济及其核心产业统计分类（2021）》

第五章　竞争对手分析

本章学习目标

1. 了解竞争对手分析的概念和本质
2. 掌握竞争对手的识别
3. 掌握竞争对手分析的内容
4. 了解竞争对手分析的各种方法

案例引导

巴奴和海底捞的爱恨情仇

第一节　竞争对手分析概述

一、竞争对手分析的目的

竞争对手分析是企业竞争战略的制定基础和有机组成部分。通过对企业主要竞争对手的分析，以求最大限度地利用企业与其竞争对手的不同之处，扬长避短，避实就虚，寻求战略优势，使企业在与竞争对手激烈的对抗中占得先机，立于不败之地。

简要描绘竞争对手可以使分析人员对目前和潜在的竞争对手的优势及劣势有一个比较清楚的了解。这个分析方法使得企业通过确认机会和威胁，进而寻找到一个防御性的或是攻击性的战略。对竞争对手分析的扼要描述将所有与竞争对手分析相关的资源都融合到一个框架之中，因而有助于形成一个既有效率又有效果的战略。

竞争对手分析有四个目的：确认竞争对手的未来战略和计划；预测自己取得竞争领先权时，竞争对手的可能反应；确认竞争对手的战略在多大程度上与其自身的能力相匹配；理解竞争对手的弱点。

（一）竞争对手分析的背景

竞争对手分析这一方法起源于军事管理中所使用的用于管理军事情报的描述技术，后来被企业的管理人员所引用，出现了竞争对手分析这一概念。战场上的将军会收到大量有关敌方的信息。这些信息有关于交战过程中敌军的各个方面，来源于军队阶层的各个层面。然而，这么多的信息和分析结果都必须被包括在一个战斗计划中。因此，战争屋的概念就应运而生了。

战争屋的主要特征是它只包括相关的情报。像数据的采集、信息的汇总和分析这些支持活动都不在战争屋里面。从这个意义上讲，战争屋是一个可以非常有效率、有效果地处理过量信息的好方法。将数据限制在这个战争屋之后，将军和他的部下就可以将注意力只集中在那些与战斗计划相关的分析上。因此，战争屋的概念被成功地引入经营战略和竞争情报中。

许多年来，公司战略人员感到，与战场相比，运营公司轻松得多，也没有那么多的敌意存在，对竞争对手使用战争屋描述并没有必要。第二次世界大战之后，经济的持续增长为企业的需求提供了充足的资源，进而使之远离国际竞争。但是，发生在 20 世纪 70 年代的能源危机完全打破了这个局面。能源危机就好像一个先兆，预示着随后的竞争环境将永远处于骚动和变化中。80 年代，贸易自由化和全球化开拓了新的竞争时代。最后，技术的迅猛变化带来的战略含义将永远存在于这个新的竞争环境中。阿塔纳西奥（Attanasio）认为，公司战略在过去的 200 年中，作为一个单独的理论和实践体系，已经经历了四个阶段。

阶段 1：企业假定各个职能具有效率的前提下，明确地以财务计划为核心来经营企业，目的是满足每年的预算目标。

阶段 2：企业依据过去来推断未来，进而制定以预测为基础的计划。这种新的技术促进长期预算的发展并促进资源差距分析方法的发展。

阶段 3：企业开始以外部导向分析为基础来追寻战略管理。在这一阶段，占统治地位的静态管理方法逐渐让位于动态的战略分析。

阶段 4：不是等到挑战发生之后有被动的反应，而是企业现在就开始给自己定位，以“创造未来”。

在这个进化过程中，有关竞争者的情报的重要性开始逐渐显现出来。波特将竞争者分析的变化情况详细地写进了他的两部最有影响的代表作中，一本是 1980 年出版的《竞争战略》，另一本是 1985 年出版的《竞争优势》。他的基本前提是：既然战略主要是关于找到相对于竞争对手来说较为独特的、差异化的客户价值，那么竞争者分析就是战略的核心组成部分。

继波特在竞争分析领域的一些先锋研究之后，许多学者开始逐渐进入这一领域并提出了自己的见解。今天，随着越来越多的企业进入阶段 4，竞争对手分析已经变成“为了创造一个美好的未来”而进行的战略过程的一个重要组成部分。

（二）竞争对手分析的含义及作用

知己知彼，百战不殆。要知道你的市场竞争对手做过什么，正在做什么，将来要做什么。成熟的企业不是闭门造车的工匠，而应该是警觉的猎鹰，鸟瞰一切，掌控全局！

竞争对手分析就是在收集信息的基础上，重点分析、确定企业竞争对手，并对其进行全面的分析与评估，以制定竞争战略。

严格来讲，竞争对手分析的起始点是界定主要的竞争对手。并不是说行业内的龙头老大是企业的竞争对手，更不是说行业内其他所有厂商都是企业的竞争对手，应该说，竞争对手分析针对的是企业的主要竞争对手，即对企业自身战略能产生重大影响的竞争对手。所界定的主要竞争对手不同，企业的主导战略就会有所不同。例如，美国西南航空公司是低价航空公司的行业领导者，该公司并不把自己的主要竞争对手界定为其他航空公司，而是把陆路运输作为其主要的竞争对手。现实中，许多企业都把与自己相近的或超过自己的同业作为主要的竞争对手，这种做法并不一定都是对的，有些情况下会导致企业战略出现方向上的失误。

对行业中的主要竞争对手进行分析，可以有以下作用。

（1）学习行业领先者的长处。通常采用标杆学习法，通过比较企业自身和行业领先者的差距，找到不足并改进。在这方面，联想和万通都是值得学习的。多年来，联想一直宣称向惠普和IBM学习，同样，万通也把同业的万科作为自己的榜样。当然，行业领先者还需要与其他行业的领先者进行比较，发现差距并予以改进。应该说，企业的改善是无止境的。

（2）找到盲点，发现机会。竞争对手的错误，如对自身实力的过高估计、对战略的盲目乐观等，这些都会变成企业的机会。值得强调的是，竞争对手关注不够的市场机会也有可能成为企业的最好选择，利基市场更是如此。例如，同方就在教育系统内成为最大的电脑供应商。

（3）预测竞争对手对其他企业的战略行动的反应。比如，如果某家企业发起价格战，其竞争对手是否会联合抵抗。到目前为止，行业性的协调行动在中国并不多见，特别是在国际市场的拓展上更是如此，如在应诉国际反倾销方面就不太成功。

（4）预测竞争对手对行业环境变化的反应。比如，如果行业发展迅速，那么竞争对手是否会扩大规模。

（5）预测竞争对手的未来战略，做好准备。

（6）找到竞争对手的弱点，选择合适的机会进行反击。比如，竞争对手可能会顾虑自身品牌形象等问题，不敢跟随降价。

二、竞争对手的识别

在激烈的市场竞争中，谁是敌方，可能成为企业竞争的主要对手？谁是友方，可能作为合作伙伴？这个问题是企业制定竞争战略的根本性问题，一旦搞错，可能导致满盘皆输。柯达公司一直视富士胶片公司为主要竞争对手，正当双方在市场上争斗得难解难分时，佳能公司和索尼公司销售的不用胶卷的数码相机却越卖越火，成为对柯达公司威胁性最大的对手。这些错认对手的例子俯拾即是，说明识别在竞争对手分析中起到举足轻重的作用。《孙子兵法》强调了解敌手的重要性："兵者，国之大事，死生之地，存亡之道，不可不察也。故经之以五事，校之以计，而索其情……"商战是一场没有硝烟的战争。同军事战争一样，分清敌友，同样也是现代商战中的首要问题。因此，必须高度重视对企业主要竞争对手的识别，分清谁是企业的竞争对手。

（一）竞争对手识别的标准

根据竞争对手的大局观的识别分析，企业间竞争的结果往往与其所处的行业结构、市场状况有关。所以，有可能根据行业的标准和市场情况来识别企业主要竞争对手。俗话讲："同行是冤家。"从行业、市场入手来考虑企业竞争对手的识别，符合由远及近、由大到小、由粗看细的思维逻辑，可以避免一叶障目的先验式错误。

1. 行业标准

行业标准指在一组提供一种或密切相关的产品的企业群中寻找竞争对手。在此基础上，企业根据自己和对手在本行业中的地位来识别主要竞争对手。例如，开关厂在行业上要分清低压开关、中压开关或高压开关，这样就会有针对性地寻找主要竞争对手。

目前，我国的企业市场竞争对手主要体现在行业内部同类产品之间的竞争。因此确定一个企业的主要竞争对手，首先就是要确定该企业的主要竞争产品。有的企业确定竞争产品相当困难，需要反复多次研究才能统一意见。其选择原则大致可以总结为以下三条。

（1）企业目前以及若干年内产值量大的产品。它对企业的生存有举足轻重的影响。

（2）企业未来的主要产品。这一般指该产品当前产值不占企业的主要比例，但从生产和技术角度看有前途，企业计划使其产量不断增加，若干年后成为主要产品。例如，某轮胎厂，当前主要的产品是斜线轮胎，但从市场、技术角度看，子午线轮胎必将取代斜线轮胎，而该企业已积极筹备扩大其产量。因此确定子午线轮胎为该企业的主要竞争产品。

（3）主要竞争产品不宜多。通常企业的主要竞争产品是企业的一个系列或一类产品。若主要竞争产品多，则企业抓不住正在开发的新产品，这里新产品指目前尚在研制或中试，不久可以投入生产，从市场和技术角度颇有竞争力的产品。例如，某医药公司，既选择了几种药品，又选择了几种医疗器械，因为该公司有上千种药品和器械，其主要产品远不止一种。当竞争产品确定之后，即可按此调查市场，顺藤摸瓜，发现竞争对手。竞争者常常成百上千，国内外都有。但经过分析，比较接近本企业，而且构成威胁的一般为 3～5 个。但在筛选时要注意潜在的威胁、未来的竞争对手。

2. 市场标准

市场的标准是指在一些力图满足相似顾客群需求或服务于同一顾客群的企业中寻找竞争对手。因此，根据市场细分，从市场状况确定、识别企业主要竞争对手，这是另一类识别标准。特别是产品在市场完全放开的企业，更要侧重从市场角度来寻找主要竞争对手。随着我国市场经济发育的日趋成熟，企业在营销思想上经历了三个阶段：大量营销—产品差异化营销—目标市场营销。企业先从整个市场中区分出主要的细分市场，在其中确定一个或几个目标市场，然后针对目标市场的特点制定产品计划和营销计划，使之能满足每一个选定的细分市场的需要。如果几个企业同时在同一细分市场上狭路相逢，竞争就在所难免。例如，服装是个大市场，下面分为外衣、内衣和服装饰物等若干细分市场。内衣市场又分为保健内衣、保暖内衣、文胸等市场。像近年来有十几家公司都在利润丰厚的保暖内衣上大做文章，"南极人""北极熊"等产品大搞广告宣传，它们对北京铜牛内衣来说，就是强劲的竞争对手。市场细分要遵循以下标准。

（1）要具有可度量性。可测度出市场规模，可衡量购买力强弱。

（2）要具有可操作性。通过细分能有把握地到达并进入市场。

（3）要具有规范性。从观念上、做法上应遵循法律法规和社会道德规范。

例如，北京市某毛纺企业开展竞争情报示范工程时，深入河北省保定市蠡县毛线市场，通过市场细分，在进入市场的几千家企业中，最后识别出与其竞争性最大的五家竞争对手，为下一步开展竞争战略的选择打下良好的工作基础。

总之，既要依据行业标准来划分和识别竞争对手，更要注意市场细分，从而能较准确地找出企业主要竞争对手。

对于企业来讲，依据行业标准划分竞争对手相对来说比较容易。然而，在多个目标市场或多个区域销售产品的企业，由于其销售的区域或目标市场的不同，依据行业标准可以寻找出许多竞争对手。但在每个目标市场或区域中，主要的竞争对手是有所区别的。例如，我国的空调行业，从全国来看，畅销的空调品牌有海尔、春兰、格力、美的、科龙、夏普、华凌、金松、松下等；而在江苏省，畅销的空调品牌有海尔、春兰、科龙、三洋、美的、LG等。如果以海尔为例，在不同的区域，其主要的竞争对手是不完全相同的。依据市场的标准划分竞争对手比较难，而且随着高新技术的开发与利用，新产品层出不穷，企业如果不及时依据市场的标准来找出潜在的竞争对手，可能就会在竞争中遭到对手的攻击。因此，密切关注消费者需求动向和新技术、新产品开发信息，及时进行信息加工与分析，做出科学的判断是利用市场的标准确定竞争对手的基础。

由于行业在不断改革，市场也在不断变化，识别标准也要随着变化而动态地调整，不能死抱着一定之规，以不变应万变。例如，对于北京市汽车企业来说，近20年其销售汽车类型由以2吨中型货运卡车为主，转变到中型吉普车和小型面包车，而且正在向适应家庭用的经济型轿车转变。根据这一市场需求的变化，来搜索国内外汽车厂家，识别竞争对手。

（二）竞争对手的分类

一个企业在市场中生存和发展，往往会碰到各式各样的竞争对手。按照时间顺序分，可分为现有的竞争对手和潜在的竞争对手；按照竞争形式划分，现有的竞争对手又可分为直接竞争对手和间接竞争对手。例如，20 世纪 90 年代中后期，对于山东济南的中国轻骑集团有限公司来说，在摩托车上受到国内名牌嘉陵、大阳、幸福、新大洲、五羊等众多企业的挑战。作为主打产品之一的木兰摩托车主要顾客是年轻女性，因此，它只与轻型美观的摩托车的生产厂家直接发生竞争，这些是现有的直接竞争对手。而生产其他类型的代步工具如女式自行车、女式电动自行车的厂商应视为间接竞争对手。随着我国正式加入世界贸易组织（World Trade Organization，WTO，以下简称世贸组织），2004 年进口关税降低到位，国外本田、雅马哈等著名企业进军中国市场，与其争夺市场份额。它们应被视为潜在的竞争对手。

在现实生活中，现有的竞争对手与潜在的竞争对手，甚至联营伙伴之间，角色都在不断地转换，表现出商战的复杂性和残酷性。2001 年，在洗衣机产销量已居全国榜首的荣事达，过去是靠与上海水仙合资起家，如今水仙股票已被沪市摘牌；河北的豪门啤酒起初是北京五星啤酒厂的联营厂，20 世纪末，已经羽毛丰满，进军北京啤酒市场；同时期，娃哈哈一口吞下了杭州国营罐头厂，成为食品行业的后起之秀。这种角色互换是市场竞争的必然结果。这也提醒企业经营者，在识别竞争对手时，不要漏掉看起来不起眼的“小字辈”企业。

第二节 竞争对手分析的内容

多数企业都把竞争对手视作威胁，实际上竞争对手的存在可以为行业发展及企业发展带来多方面的好处，如激发企业提高竞争能力、改善行业结构、协助市场开发、遏制新进入者等。如同《三国演义》中诸葛亮在华容道有意放走曹操一样，通过操纵竞争对手也可以帮助企业树立竞争优势。

一、竞争对手分析的要素

竞争对手分析应集中于与其直接竞争的每家公司。例如，可口可乐和百事可乐，家得宝和劳氏，葛兰素史克和默克，肯定拼命想要了解对方的目的、战略、想法和能力。激烈的竞争也使了解对手变得十分重要。通过竞争对手分析，企业想要了解以下几点。

（1）什么东西驱动着竞争对手，也就是说它未来的目的。

（2）竞争对手正在做什么，能够做什么，即其当前战略。

（3）竞争对手对行业是怎么看的，即其想法。

（4）竞争对手的能力有多强，它的强项和弱项在哪里。

这四个方面的信息，将帮助企业建立起针对每一个竞争对手的预期反应档案（图 5-1）。因此可以说，有效的竞争对手分析有助于企业了解、诠释和预测竞争对手的行为和动机。了解竞争对手的行为，显然对企业在行业内实现成功的竞争有所帮助。

对竞争对手的分析可以从公司未来目标、现行战略定位、竞争对手的假设和竞争对手能力分析四个方面进行。

1. 公司未来目标

分析竞争对手的目标和追求是预测其行为最重要的依据。一个追求高成长、关注市场份额的企业和一个追求盈利和投资回报的企业，它们对其他公司采取的价格竞争的反应是完全不同的。以增长为目标的企业会对对手的竞争行为产生激烈的反应，而以盈利为目标的企业则会牺牲一些市场份额来确保企业的收益水平。一个企业的未来目标可从以下几个方面反映出来。

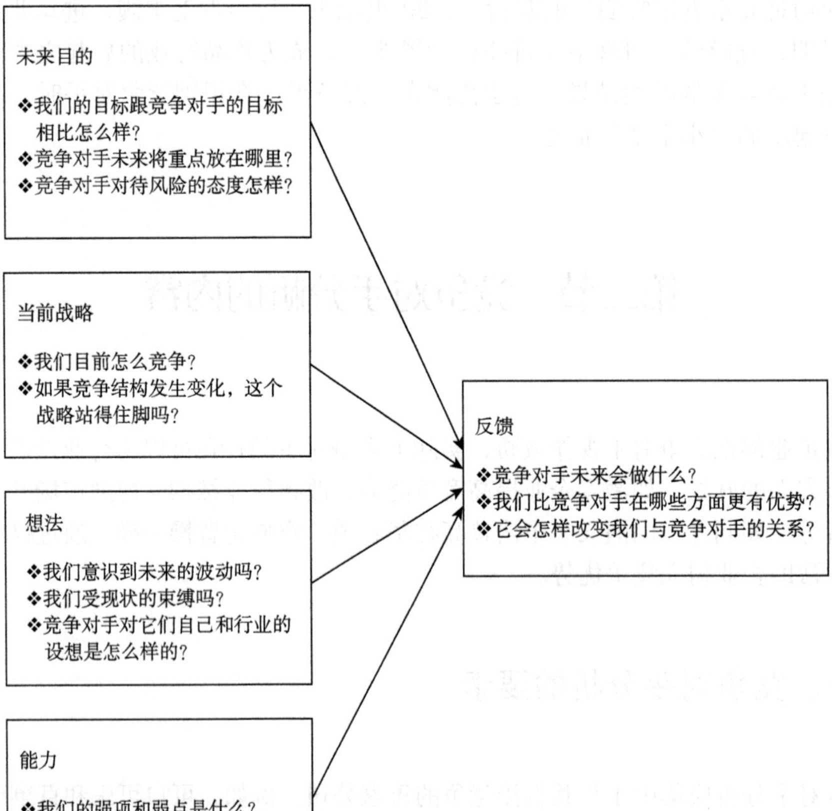

图 5-1 竞争对手分析

（1）企业的财务目标。企业的财务目标包括其公开发布与未公开发布的。在其财务目标中，包括长期指标与短期指标的比重，利润指标和收入增长指标的关系等内容。

（2）企业的组织机构。一个企业的组织结构反映出企业对不同职能的关注程度，也反映出企业对不同目标的重视程度，包括是否设立独立的研发部门，企业总经理主管哪一个部门，有没有专门的收购与兼并部门等。

（3）考核与激励系统。一个企业的考核与激励系统是决定企业行为的关键要素。公司未来目标分析的目的是预测对手的行为，企业所表现出来的行为与其写在年度计划中的目标可能并不一致，这种差异正是考核与激励系统和企业目标脱节的结果。因此，分析竞争对手的考核与激励系统，是预测其行为最重要的因素。

（4）会计核算体系。竞争对手的会计核算体系会影响到其对成本的估价、对库存的评估、定价方式以及对经营成果的估计等，而这些也是分析竞争对手行为的重要线索。

（5）管理团队。企业的行为往往取决于其管理层的行为偏好。分析竞争对手的管理团队（包括董事会与经营班子）：他们的学历背景、职业经历、以往的行为史等。

（6）母公司的目标体系。除了要分析直接竞争对手的未来目标外，有时还需要分析竞争对手母公司的目标体系。母公司的目标追求同样也会体现在子公司的经营策略中，对子公司的行为产生重要的影响。母公司的分析体系与前四个方面的分析要素相同。

分析竞争对手的未来目标有重大的意义。它有助于：①预测每位竞争对手对其目前地位和财务状况是否满意，竞争对手是否会调整或重新制定战略，以及对外部事件或对其他企业战略行为的影响。②预测竞争对手对战略变化的反应。在某些目标的影响下，某一竞争对手对某些变化的反应会比其他企业更敏感。③了解竞争对手行动的本质。竞争对手的行动常是围绕着其战略目标来进行的。④了解竞争对手的母公司是否会全力支持竞争对手的行动。

2. 现行战略定位

由于战略在企业经营中的普遍指导性，公司的现行战略定位也决定了其基本的行为取向。现行战略分析可从公司层战略和业务层战略着手。

（1）对手现行的战略重点是什么——它们关注什么业务？

（2）竞争对手的竞争战略是什么——它们经常采取价格竞争，还是更重视品牌、服务、质量和功能等其他方面的竞争要素？

3. 竞争对手的假设

竞争对手的假设包括竞争对手对自己的假设和竞争对手对所处产业以及产业中其他企业的假设。每个公司都对自身的情况有所假设。例如，它可能把自己看成社会上知名的公司、产业霸主、低成本生产者、具有最优秀的销售队伍等。这些假设将指导它的行动方式和反击方式。所以了解竞争对手的假设，有利于正确判断竞争对手的战略意图和行为方式。

了解竞争对手的假设是竞争对手分析的关键内容。通常而言有以下两类假设。

（1）竞争对手对自己的假设。每个公司都对自己的情况有所假设，如竞争对手可能把自己看成行业的领袖、低成本生产者等，这些假设将指导竞争对手的行动方式。如果竞争对手自视为低成本生产者，那么，其采取价格竞争战略的可能性就会大大增加。

（2）竞争对手对所处产业以及产业中其他公司的假设。每个公司对产业及其竞争对手也有一定的假设，这些假设可能存在偏差。对这些假设的检验能发现竞争对手的管理人员所存在的偏见及盲点。这些盲点可能是根本没有看到某些事件的重要性，也可能是没有正确认识自己。找到这些盲点将帮助公司抓住战略时机，或采取不易于受报复的行动。

分析竞争对手自我假设的具体内容主要如下。

（1）竞争对手如何看待自己在成本、产品质量、技术关键战略因素等方面的地位和优势？竞争对手的这种评价是否准确、适度？

（2）是否有某些影响竞争对手对其他企业的战略行为觉察与重视程度的文化、地区或民族上的差别因素？

（3）是否具有影响竞争对手对其他企业的战略行为看法的严密组织准则与法规或某种强烈的信条？

（4）竞争对手如何预测产品的未来需要和产业的发展趋势？它的预测依据是否充分可靠？对其当前的行为决策有何影响？

4. 竞争对手能力分析

竞争对手的公司未来目标、现行战略定位和假设会影响到它反击的可能性、时间性、性质及强烈程度，而其优势与劣势，即竞争对手的实力将决定它发起进攻或反击的战略行动的能力以及处理其所处环境或发生的事情的能力。在此主要分析竞争对手的如下几种能力。

（1）核心竞争能力。竞争对手在各个职能、领域内的业务能力如何？最强之处是什么？最弱之处在哪里？随着竞争对手的成熟，这些方面的能力是否可能发生变化？随着时间的推移是增强还是减弱？

（2）增长能力。竞争对手在人员、技术、市场占有率等方面有增长能力吗？从财务方面看竞争对手在哪些方面能持续增长？

（3）快速反应能力。竞争对手迅速对其他公司的行动做出反应的能力如何？或立即组织防御的能力如何？这种能力将由下列因素决定：无约束储备金、保留借贷权、厂房设备的余力、定型的但尚未推出的新产品。

（4）适应变化的能力。竞争对手是否能够适应诸如成本竞争、服务竞争、产品创新、营销升级、技术升迁、通货膨胀、经济衰退等外部环境的变化？是否有严重的退出障碍？竞争对手是否与母公司其他经营单位共用生产设备、推销队伍或其他设备及人员？这些因素可能会抑制其调整能力或者可能妨碍其成本控制。

（5）持久力。竞争对手维持长期较量的能力如何？维持长期较量会在多大程度上影响其收益？影响竞争对手持久力的因素有：现金储备、管理人员的一致性、长期财务目标、不受股票市场的压力等。

二、竞争对手分析的主要步骤

在市场竞争中，为了全面地收集信息和具体地分析竞争对手，一般按照下面六个步骤分析，即识别并确认竞争对手—识别并判断竞争对手的目标—确认并判断竞争对手的战略—评估竞争对手的优势与劣势—预测竞争对手的反应模式—选择要攻击或回避的竞争对手，如图 5-2 所示。

1. 识别并确认竞争对手

谁是我们的竞争对手，即对企业竞争对手的识别与确认是竞争对手分析的必要前提。竞争对手的识别就是通过收集相关信息判断行业内外主要的竞争对手和可能的潜在竞争对手，这是企业进行竞争对手分析时必须首先做出的判断。随着行业竞争的加剧和全球经济一体化的发展，正确地识别并确认竞争对手尤其关键。若竞争对手范围过大，就会加大企业监视环境的信息成本；若竞争对手范围过小，则可能会使企业无法应对来自未监测的竞争对手的攻击。

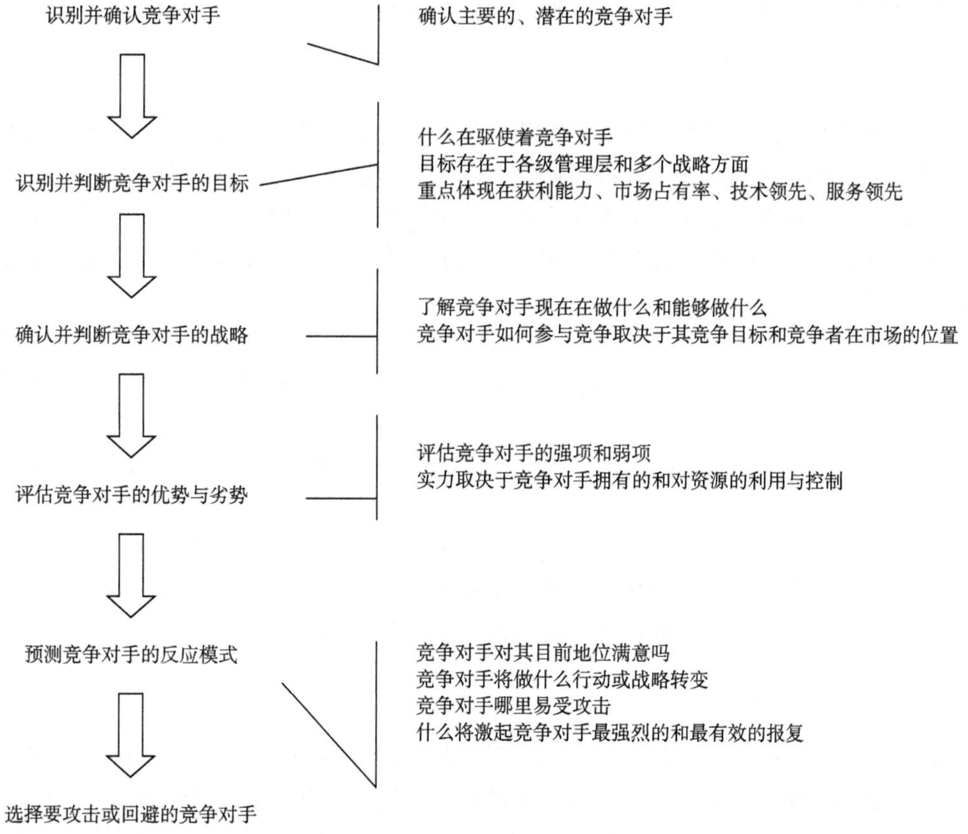

图 5-2　竞争对手分析的步骤和主要内容

2. 识别并判断竞争对手的目标

竞争对手的目标，决定着竞争对手的行动。通过对竞争对手目标的分析，预测每位竞争对手对其目前地位和财务状况是否满意，预测竞争对手对战略变化的可能反应，帮助企业制定一种既能达到目的又能不引起竞争对手强烈反应的竞争战略。

了解驱使竞争对手的动因是识别竞争对手目标的出发点。竞争对手的未来目标广泛地存在于企业各级管理层和营销战略方面，重点体现在企业的获利能力、市场占有率、技术领先和服务领先等方面。例如，一个以市场占有率为目标驱使的企业会更加关注销售额稳定增长的竞争对手，而以技术领先为目标驱使的企业则更加关注不断推出新产品的竞争对手。

3. 确认并判断竞争对手的战略

通过竞争对手现行战略的确认可以了解竞争对手现在在做什么和将来能够做什么。在分析竞争对手未来目标的基础上，进一步分析其现在如何参与竞争，从而决定企业自己的具体行动。竞争对手的战略取决于竞争对手的竞争目标和在市场中的位置。围绕着竞争对手是否具有一个持续一致的战略发展方向，是否长期集中于降低成本、长期致力于产品及服务的差异化，或是否通过市场开发、产品开发来保持战略的一致性等问题开展信息的收集，经过进一步的分析，确认竞争对手的战略。

4. 评估竞争对手的优势与劣势

对竞争对手优势与劣势的评估是判断竞争对手的战略能力或竞争力的基础，也是知己知彼、参与市场竞争的必要准备。竞争对手的实力取决于其拥有的资源和对资源的利用与控制。企业的资源主要是指实物资源、人力资源、财务资源及无形资产等方面。相对来讲，收集竞争对手的资源及其利用与控制能力方面的信息比较困难。一般情况下，可以通过两种途径进行。

（1）通过公开的信息源进行收集。例如，收集每个竞争对手的近期业务数据，然后根据销售额、市场份额、边际利润、投资收益、现金流量等数据研究、判断竞争对手的优势及劣势。

（2）对顾客进行直接调查。了解企业在顾客中的心理占有率、情感占有率、竞争者产品的优劣等。

在对竞争者目标及战略的识别的基础上，根据上述两种途径获得的信息，结合行业比较分析，洞察信息的变化趋势，预测竞争对手实力的变化，并找出本企业可以学习或赶超对手优点的方面，或发现在适当时机可以攻击的竞争对手的弱点。

5. 预测竞争对手的反应模式

竞争对手的反应模式取决于竞争对手对其目前地位的满意程度。那些对目前地位满意的竞争对手往往对行业或外部环境变化的反应迟钝，不热衷于改变已取得的业绩，不愿冒险去开发新产品，一般会采取保守的反应模式。而对当前地位不满或竞争意识强烈的竞争对手，当竞争对手目标或主要目标市场遭受威胁时，其反应会很强烈，常常采取寸土必争的反应模式。在前述的信息收集基础上，围绕着“竞争对手哪里易受攻击”“什么将激起竞争对手最强烈和最有效的报复”进行信息的收集、分析和综合，可以帮助企业制定正确的决策。而围绕着“竞争对手将进行什么行动或战略转移”进行有关的情报分析，可以判断那些对当前地位不满意的竞争对手的市场活动。影响对手反应的原因比较复杂，除上述原因外，实力对比、企业领导水平和营销经验也是重要原因。

6. 选择要攻击或回避的竞争对手

经过前面的情报分析，对要攻击或回避的竞争对手进行选择。当外部环境和行业环境将要发生变化时，找出那些可能仍抱有原有战略的竞争对手，攻击其准备不足、热情不足或竞争者最发怵的细分市场或市场战略，使竞争对手处于目标混淆或自相矛盾中。由于受过去和现在战略惯性的影响，在当前情况下竞争对手即使想报复也无法展开。如果竞争对手可能对发起的进攻进行报复，则公司的战略要点就是要选择最佳战场与竞争者作战。而对那些可能报复强烈、市场反应较敏感的竞争对手，适当、适时地回避是必要的。

第三节 竞争对手分析的方法

一、市场信号

这里讲的市场信号主要指竞争对手的各种行动，这些信号能直接或间接反映竞争对手的意图、动机、目标或内部情况。因此，分析市场信号是对竞争对手分析的有效补充。

章内阅读 5-1

Management 非惯例

抵制家乐福的发动者是其竞争对手?

发生在 2008 年 4 月初、现在正被人们慢慢淡忘的抵制家乐福事件又掀波澜——法国“经济战争学院”院长克里斯蒂安·哈布洛日前表示，表面看来，家乐福在中国被抵制的原因是奥运火炬在巴黎受到“藏独”支持者的冲击，实际上这只是一个诱因。当时在中国广泛传播的煽动抵制家乐福的手机短信大部分来自中国境外，这很可能是家乐福的西方竞争对手所为。

法国“经济战争学院”是 1997 年哈布洛与一些退役将军一手建起的，情报专家、军事专家和高级经理在这里培训学生，传授打赢虚拟的网络战争的各种本领。哈布洛说：“西方世界面临越来越严峻的竞争考验和冲击。现在的企业仅仅拿出拳头产品是不够的，它们还要学会抵御信息攻击。30年前商业机密被窃是很重大的危机，而如今打击一个竞争对手更快的方式是毁坏公司的形象、动摇公众对一个企业的信心。”

资料来源：郭孝伟. 2008. 法专家称煽动抵制家乐福的很可能是西方公司. https://www.chinanews.com.cn/cj/kong/news/2008/07-02/1300481.shtml[2008-07-02].

几种重要的市场信号形式如下。

1. 行动的预先宣告

宣告可以传递多种信号。例如，宣告意味着某种抢先的意图，或者意味着赞同或威胁的态度；宣告可能是对竞争对手的一种试探，还可能是在金融市场提高信誉和股价的一种手段。很明显，正确地辨别预先宣告为何种意图是分析的关键。例如，宣告代表着抢先还是安抚，分辨的重点是竞争对手是否可以从抢先行动中得到长期利益。如果存在这样一种长期利益，则这极有可能是一项真的抢先行动。如果抢先行动对竞争对手几乎无益，或者竞争对手可能通过使人吃惊的行动而做得更好，那么宣告可能是一种安抚信号。判定竞争对手动机的另一个线索是宣告的发出时间，宣告远在行动之前，则很可能是安抚信号。一个典型的预先宣告是IBM宣告对开放源代码的支持：IBM于2005年1月11日表示，将为开放源代码软件开发项目免费提供500项总价值在1000万美元左右的软件专利技术，此次提供专利技术的服务对象，包括Linux操作系统软件和Apache网页服务软件。如果要问IBM放弃丰厚专利使用费的动因是什么，答案只有一个——微软。

需要注意的是，宣告可能只是欺骗，因为宣告并不总是被执行。宣告本身可能是企业的一种谋略，通过这种方式威胁其他企业，使其撤销某种行动，减弱某种行动或不率先发起某种行动。

2. 既成事实之后宣告行动或结果

企业经常于事实发生之后宣告（证实）行动或结果，如新增工厂、销售数字等。这种宣告可能带有某种信号，特别是当所透露的信息很难获得或这种事实（行为）很出人意料时。事后的宣告具有告知其他企业注意这些信息以改变其行为的作用。像任何宣告一样，一项事后宣告可能是错误的或更可能是带有误导性的，虽然这种情况似乎并不普遍。

3. 竞争对手对行业的公开讨论

一种不太常见的情况是：竞争对手对行业进行公开讨论。例如，对价格和需求的预测，对未来能力的预测，对外部变化的预测，以及对重要情况如原材料涨价的评论等。这种评论带有某种信号，因为它可能暴露发表评述企业对行业情况的假设，而其战略正是建立在这些假设的基础之上。于是，这种讨论可能有意无意地企图诱导其他企业在同样的假设条件下运作，以使错误或战争的机会减到最小。行业讨论也可能暗含了一些要求，如其他企业应该有秩序地增加能力，而不是陷入一场过度广告竞争、不要打破行业惯例等。当然，企业也可能为改善本身地位而对行业情况进行评论。例如，一个企业倾向于让价格下降，于是会在评论行业情况时，让人感觉竞争对手的价格太高，即使该竞争对手确实应保持其价格水平。这种情况发生意味着企业不应被竞争对手的言论所蒙蔽，而是独立做出判断。眼下这种评价表现最为频繁的行业恐怕是房地产业了。2000年以来，关于地产的成本和利润，以及房价方面的争论从未停止过，市场信息极为混乱，一些房地产公司老总纷纷参与到口水战中来。很显然，这些房地产企业发表评论的隐含目的是对需求进行操纵和对一些弱小对手进行干扰。

4. 竞争对手对自身行动的讨论和解释

竞争对手经常在公众面前或利用某些公开场合来讨论和解释其自身的行动，如与主要顾客或分销商讨论其行动，这些讨论很可能传播到其他企业。

一个企业对其自身行动的讨论和解释往往出于三种目的：第一，对其他企业有一种暗示作用，引导它们追随这一行动，或者发出非侵略性的信息，避免竞争对手产生过激行为；第二，对行为的解释和讨论可能是一种抢先占据的姿态，如即将推出新产品或进入新市场的企业有时告诉新闻界其行动代价是如何高昂和困难，这些言论可能会使潜在进入者望而却步；第三，这种讨论和解释可能是企业在传达某种承诺，如一个企业可以强调其投入资源的巨大数量和在新领域中的长期目的，从而使竞争对手相信它将驻足在那个领域中，不要试图取代它的地位。此外，这种讨论还可能是为了追求树立某种形象。

5. 其他信号

除了以上四种典型的信号外，企业还有多种行为代表着各种市场信号。例如，竞争战略和其行为的一致性、战略变更的最初实施方式、行为偏离过去的目标、行为偏离行业惯例、交叉攻击（面对竞争对手的进攻不是直接交锋，而是以其人之道还治其人之身，攻击对手的相近部位，类似围魏救赵）、反垄断诉讼等。

通过竞争对手的行为推测其意图并不是一件容易的事，因为其中混杂了许多心理、文化、权力等非理性、非经济因素的影响，所以有些时候过于捕风捉影。一个有效的方法可能是研究竞争对手的历史，尤其是其过去的宣告和行动之间的或其他各种信号同后果之间的关系，可能有效提高准确判别信号的能力。毫无疑问的是，解读这些信号总会存在与过去行为偏离的可能性，因为任何竞争对手都不会是一成不变的，倾注过多的精力研究市场信号可能会导致忽略采取行动、关注自身能力的危险。但无论如何，市场信号都应当进行适度的研究，因为无视市场信号就等于无视全部竞争对手，无视竞争对手就无异于闭门造车。

二、情报信息系统的构建

情报信息系统的构建是企业信息化的重要内容，是企业发展竞争情报工作的组织保障和物质基础。本节在总结国内外经验的基础上，提出了构建情报信息系统的指导思想和主要步骤，构筑了具有三大网络、三个系统、一个中心和六大功能的情报信息系统，反映了国际上关于情报信息系统研究的最新进展。

（一）构建情报信息系统的指导思想

一般来说，应当本着如下五条指导思想来构建情报信息系统。

1. 取得“一把手”的大力支持

竞争情报部门想要顺利构建情报信息系统，并保证其良好运行，就必须取得企业“一把手”的支持。情报信息系统是一项复杂的系统工程。其中不仅涉及各种技术问题，更重要的是涉及企业管理体制和运行机制的改革，而且要进行大量的组织协调和普及培训工作，要解决由于企业管理制度的不规范、不完善、不标准等造成的各种困难，甚至要克服传统习惯势力的阻碍和抵制。上述问题如果没有“一把手”的支持，没有主要领导的出面，仅靠具体业务工作部门是无法协调和解决的。

2. 与企业管理改革相结合

企业管理改革以关心用户需求和提高用户满意度为目标，对现有经营管理过程进行根本的再思考和彻底的再设计，试图建立一种真正面对市场需求的、扁平化的组织结构。在这种组织结构中，中间层次成了机构精简的主要对象。之所以提倡这种变革，是由于过去中层管理者的作用是监督别人以及采集、分析、评价和传播组织上下各层次的信息，但现在这些职能正随着企业信息化的不断深入发展而减弱。

现在，越来越多的企业试图通过构建情报信息系统来重新构造企业与雇员、企业与顾客、企业与协作伙伴以及竞争对手等方面的关系，把企业的战略决策阶层和基层职员、市场与用户直接联系起来，使企业减少纵向管理层次，加强横向管理互动，从而使非集中化的、即时性的创造性决策成为可能，以确保企业在瞬息万变的市场经济活动中获得竞争优势。

3. 以竞争对手分析为核心

我们知道，构建和实施情报信息系统可使企业获得或保持竞争优势。何谓“优势”？有“劣势”才有“优势”，优势是比较出来的。和谁比？自然是和竞争对手比。竞争对手一直是企业关注的焦点，也是竞争情报活动的核心。

美国竞争情报从业者协会（Society of Competitive Intelligence Professionals，SCIP）的宗旨很明确：成立SCIP的目的是通过对竞争对手行为与策略的理论分析，帮助其会员提高本公司的竞争力。

以竞争对手分析为核心也是情报信息系统区别于其他各种企业信息系统，如管理信息系统（management information system，MIS）、企业资源计划（enterprise resource planning，ERP）、制造资源计划（manufacturing resource planning，MRPII）、决策支持系统（decision support system，DSS）的一个基本特征。

4. 人机结合

“科技以人为本。”人始终是企业情报信息系统的主导因素，不过人也不会拒绝使用能够减轻劳动量、提高效率的机器和技术。情报信息系统必然要借助计算机和网络，它们都是帮助人们快速收集、加工信息、分析数据、传播情报的重要工具，单纯依靠手工处理是无法适应快速变化的企业竞争环境的。

5. 快速反应

具备快速反应能力是现代企业生存和发展的重要条件。为应对瞬息万变的市场需求，企业的竞争战略从 20 世纪 60 年代的扩大生产规模、70 年代的降低生存成本、80 年代的改进产品质量，演变到 90 年代的以提高市场反应速度为中心的竞争战略上来。时间因素在现代企业竞争中已经被提高到关键地位。

因此，对于情报信息系统提供情报产品及服务的一个重要要求就是及时性。也就是说，情报信息系统要具备快速反应能力。情报信息系统要在第一时间跟踪、分析和反映瞬息万变的实际情况。只有这样，才能保证管理决策者随时根据企业内外环境条件的变化做出迅捷的反应，及时调整竞争战略决策，使企业保持较短的生产周期，增强其快速反应能力。

（二）构建情报信息系统的主要步骤

大体上说，企业构建情报信息系统应当遵循如下步骤。

1. 情报审计

情报审计即了解企业情报工作的现状和需求。这一步骤的目的就是要查明本企业最主要的情报需求，确定情报信息系统的目标。

不同的企业对竞争情报有不同的需求。例如，从事制造业的企业最需要的情报可能是技术方面的；从事零售业的企业，其最大情报需求可能在市场方面；许多行业的企业情报需求集中在竞争对手分析方面。情报信息系统的工作不可能面面俱到，有所侧重才能更好地满足企业的主要情报需求。可见，不同的情报需求需要由不同的情报信息系统来满足。因此企业在构建情报信息系统之前，应当充分了解本企业最主要的情报需求，以期建立相应的情报信息系统。

这项工作可以通过座谈会、个人访谈、深入分析等方法来完成。

2. 模式设计

完成了情报审计工作之后，可进入下一个步骤，即情报信息系统模式设计阶段。情报信息系统的模式多种多样，常见的包括分散式、集中式、重点式、独立式等。到底采取何种模式，企业应当根据自己的情报需求和特点来决定。我们可以通过回答问题的方式来决定企业情报信息系统的模式。

3. 组织落实

组织落实的工作重点是构建一套组织机构，以确保企业情报信息系统的构建和运行工作顺利进行。情报信息系统是一项复杂的系统工程，涉及方方面面的问题。除了各种技术问题外，还有大量的管理、组织协调和普及培训工作要进行，甚至还要克服传统势力对竞争情报工作的阻碍和抵制、消除人为的障碍等。仅靠业务部门的几个兼职人员是无法完成如此复杂的任务的。要想做好企业竞争情报工作，就必须构建一套组织机构，以便系统地、深入地开展这项工作，才能及时为企业决策提供可靠的、可操作性强的依据。

4. 系统设计

这一步骤的主要工作有两个方面。

（1）设计系统所需的软硬件配备方案。

（2）设计情报信息系统的主要模块，规定各模块的任务和实现方式。情报信息系统的模块设置可以采取多种方式，一般说来，可将情报信息系统分解为三个子系统，即情报信息收集子系统、情报信息分析子系统和情报信息服务子系统。

5. 系统实施和运行

分析与设计工作完成之后，即可按照上述步骤中的既定计划来组织系统实施和运行工作。在这个步骤中，如果发现前面的设计方案中有不合理之处，可重复前述步骤，再次进行情报审计、模式设计、组织落实和系统设计工作。

三、竞争对手分析的主要方法

在确定了谁是竞争对手之后，下一步就要对竞争对手进行分析。而进行分析，离不开分析方法的支持。

（一）竞争对手分析的元方法

作为分析方法的一个特例，我们在谈到竞争对手分析时，必须要提起一些普遍使用的分析方法，如思维方法、数学方法、预测方法、系统分析方法、模拟/建模法、社会学方法、文献计量学方法等，它们是竞争对手分析方法的基石，我们称之为竞争对手分析的元方法。在本节中我们将对它们做简要介绍。

1. 思维方法

科学思维是一切研究工作的依托和基础。思维方法主要有比较、分类、归纳、演绎、分析、综合、联想、类比、想象、灵感和直觉等。思维方法是一种定性分析方法，具有直感性强、推理严密的特点，因此成为使用范围最广的一种分析方法。竞争对手分析，作为一种思维过程，自然也离不开思维方法的支持。

2. 数学方法

数学方法主要有统计学方法、运筹学方法、线性代数方法、图论方法、模糊数学方法等。数学方法是一种定量分析方法，具有精度高、结论具体、高度抽象、适应性强的特点，在对精度有一定要求的分析中经常采用。对竞争对手进行分析时，也需要定量分析的支持，因此数学方法也经常被采用。

3. 预测方法

竞争对手分析是一项重要任务，是根据竞争对手的未来目标、现行战略定位、假设和能力，预测竞争对手的未来反应。因此，在竞争对手分析中，要大量应用预测方法，如时间序列分析法、趋势外推法、德尔菲法等。

1）时间序列分析法

时间序列分析法就是对均匀时间间隔的动态数据进行分析的方法，目的在于掌握统计数据依时间变化的规律。移动平均法、指数平滑法和季节变化预测法是其三种主要类型。时间序列分析法一般用于中短期预测，不用于长期预测。

2）趋势外推法

趋势外推法是根据过去和现在的发展趋势推断未来的一类方法的总称，即在对研究对象过去和现在的发展做出全面分析之后，利用某种模型描述某一参数的变化规律，然后以此规律进行外推。为了拟合数据点，实际中最常用的是一些比较简单的函数模型，如线性模型、指数曲线、生长曲线、包络曲线等。其中，生长曲线是最常用的一种函数模型，它可以描述事物发生、发展和成熟的全过程。生长曲线的形状大致呈“S”形，故又称为“S”曲线。生长曲线可以用于分析经济领域的问题，因为一些经济现象也符合或近似生长曲线的变化规律，这也是生长曲线在竞争对手分析中经常被使用的原因。时间序列分析法和趋势外推法都是以定量为主的预测方法，下面要介绍的德尔菲法则是以定性为主的预测方法。

3）德尔菲法

德尔菲法也称专家调查法、专家问卷预测法等。它有两种类型：经典德尔菲法、派生德尔菲法。它一般要经过几轮征询调查和轮间反馈，使专家的意见趋于一致。

在定性方法中，德尔菲法是较可靠的一种，用于技术预测的可靠性也较好。由于大部分问题的应答是专家直观做出的，所以德尔菲法带有主观性。但专家的直观判断也是依据或至少是部分依据他们的知识、经验做出的，且德尔菲法又集中了很多专家的判断，所以结果的客观性是主要的。

4. 系统分析方法

竞争对手分析是一个系统识别的过程，只能根据所掌握的零星的、片段的信息来勾勒出竞争对手的全局图，这就需要采用系统分析方法。系统动力学和层次分析法是两种经常采用的系统分析方法。

1）系统动力学

系统动力学是在运筹学的基础上，为适应系统的管理需要而发展起来的一门交叉性、综合性地探索如何认识和解决系统问题的学科，是一门研究社会、经济、生态和生物等各类复杂大系统及其复合系统的学科，是针对系统实际观测信息建立动态仿真模型，并通过计算机实验来对未来行为进行预测的学科。系统动力学的基本观点是系统的行为模式与特性主要取决于其内部的动态结构与反馈机制。

建立系统动力学仿真模型要经过以下步骤：①划定系统边界；②划分系统层次；③确定指标体系；④建立仿真模型。

2）层次分析法

根据系统原则，将复杂的问题分解成若干层次上的相互联系的子问题，然后将同一层次的问题进行两两判断比较，并将比较结果量化形成判断矩阵，求出特征向量，将问题按相对重要性排序，最后将各层次的子问题进行综合，解决总问题。它是一种将定性方法和定量方法结合得较好的方法。

层次分析法结果的可靠性取决于层次模型包含的因素是否全面，结果是否合理以及判断矩阵的准确性和一致性。

该方法的客观性关键在于层次模型与客观实际的相符程度以及判断是否有客观依据。

5. 模拟/建模法

进行竞争对手分析，需要预测竞争对手在不同条件下的可能反应。使用模拟/建模法，可以很好地满足这一要求，因为模拟/建模法的基本用途就是预测假定条件下的结果，利用模拟模型，在不改变实际条件的情况下，即能够确定变化产生的影响。模型是在受控状态下对现实的表示，它体现了事物、概念或者系统的显著特征。模拟是模仿现实的过程。模拟/建模法就是通过 what-if（假设）分析来测试观点的过程。在每种条件下，通过改变输入变量，观察输出结果，从而得出结论。模拟过程，就是把观察到的事物、想法和相关环境的属性转换为模型的过程。模拟/建模法是对逻辑事件的准确表示，并使用统计技术来反映自然中的随机事件。

6. 社会学方法

竞争对手分析本身也是对一类社会活动的分析，因此也会采用一些社会学的研究方法，如社会调查和人际网络分析等研究方法。社会调查方法主要用于对竞争对手情报的搜集，人际网络分析则可用来发现战略联盟和公司的实权人物等。

7. 文献计量学方法

竞争对手分析，离不开对文献或情报的分析，采用文献计量学方法，运用数学和统计学工具分析文献或情报的属性，即可得出文献所属学科领域发展变化的趋势。

（二）竞争对手分析的经典方法

1. 市场定位图

图表能够非常直观地表示出竞争对手之间的差异，也可避免大段的叙述和解释。市场定位图是另一种以图表形式来比较竞争对手的方法，而且比我们到目前为止介绍过的大多数图表历史都要悠久。这种图表的原理很简单，而且和波特用来描绘战略集团的图形相差不大。

首先是建立一个二维矩阵，然后分析竞争对手处在矩阵中的哪个位置。我们可以把矩阵的两个维度定义成价格（从低到高）和质量（从低到高）。如果要比较的竞争对手是食品制造商，那么还可以把两个维度定义成方便程度和营养价值。如果是分析汽车抛光，那么两个维度就可以是抛光速度和每次抛光可以维持的时间。如果把两个竞争对手的位置都在图中表现出来，就可以得到很多这样的图表。借助这些图表，我们不仅可以理解整个市场的竞争格局，还可以把握每个竞争对手的竞争地位。这一技术也被用于其他营销领域，如比较各类广告战的实际效果。有时，我们也用它来寻找市场空隙，如是否可以创办新的杂志以满足特定细分市场上顾客的需求。

2. 组合分析图

另一种用于分析竞争对手的技术是组合分析图。和市场定位图一样，组合分析图也是为特定目的而设计的。赫西给出了一种组合分析图的评分方法，而西格弗则从各个不同的侧面去阐释这一方法，可以借助这两位学者对该方法进行系统的学习。

我们只研究这种技术的整体框架，而后讨论它在分析竞争对手方面的两个用途。图 5-3 是一张典型的组合分析图，我们可以在图中画出各个战略业务单位。如果对评分规则略作调整，就可以在图上画出主要的产品分类。每一项业务活动都可以用一个圆圈来表示，圆圈的大小代表该业务对公司的重要程度。在衡量这种重要性的时候，我们可以采用很多方法。比如，在进行竞争对手分析时，最简单易行的衡量方式就是收入。

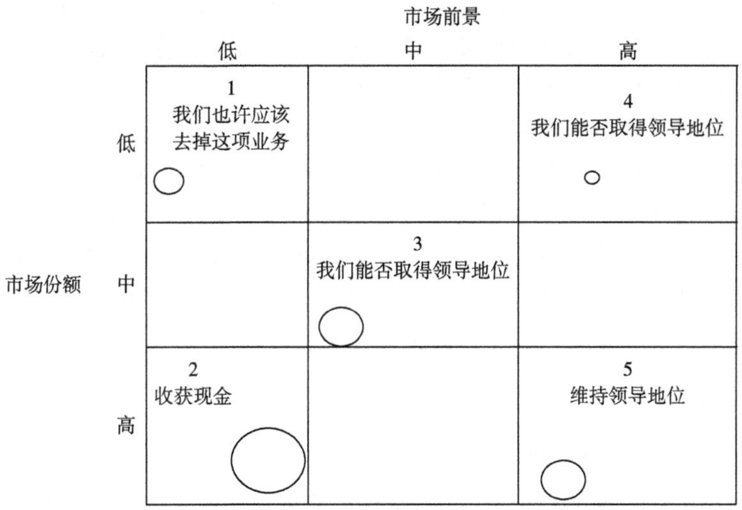

图 5-3 组合分析图

每一个圆圈代表一个战略业务单位。圆圈的大小根据收入多少按比例绘制。旁边的评语是通过图表分析得出的结论，制定决策前，还需要进行进一步的分析

进行组合分析的基本目的是帮助企业用联系的眼光看待它的所有业务活动，从而决定哪些业务是需要进行投资的，哪些业务应该收获现金，哪些应该被出售或者停止经营。在这个例子中，对于那些市场前景黯淡，但公司所占的市场份额很高的业务（左下角），

公司应该尽可能多地收获现金，投入资源只要能维持经营现状即可。对于市场前景差、市场份额又极低的业务（左上角），公司应该考虑业务将来能否获得成功；对那些在未来还能自我维持的业务，应缩小经营范围，加强内部管理；而对那些在未来不会成功的业务应立即放弃。

那些市场前景好、市场份额大的业务（右下角）是投资型业务，公司必须进行大量的投资才能维持领先地位，而且应该有好的回报。对于那些市场前景好、但市场份额较低的业务（右上角），公司既可以选择进一步发展，也可以选择放弃。因为如果公司没有坚定的决心要扩大市场份额，这些业务只会越来越弱。而且这一领域内的市场领导者也会不断地抢占市场份额，扩大市场规模。

图 5-3 中其他位置只是不同程度地反映了上面讨论的三大战略。我们从图 5-3 中得出的所有结论只是一种参考，在制定最后的决策前，还需要考虑其他方面的情况。组合分析图的主要价值并不是简单地得到一个教条的结论，而是体现在以下三个方面：第一，当公司没有足够的资源来支撑所有的业务时，它可以帮助企业选择业务；第二，考察某个战略（如收购或战略联盟）将会如何影响企业在矩阵中的位置；第三，保证投资型业务的数量不会超过公司的资金筹集能力范围。

组合分析图还能帮助企业慎重考虑如何选择适当的发展时机。如果这家公司处在一个快速发展的新兴产业，而且已经在一两个国家树立了稳固的地位，它很自然地会考虑全球扩张计划，以获得更大的成功，并降低风险。然而，通过组合分析，公司可能发现这一做法将会给公司带来巨大的灾难，因为这会让竞争对手有机可乘、占领先机，等到公司发觉时已经回天无力。所以，如果发展一项业务需要投入非常大量的资本，或者必须面对很高的风险，公司最好的选择就是把它卖掉，当然，前提条件是有人愿意买它。此外，还可以通过战略联盟等其他方式来扩大公司规模。

在进行竞争对手分析时，组合分析图的一个重要用途就是能够帮助我们认清目前的市场竞争格局。如果把所有的竞争对手都画在一张组合分析图上，我们会看到哪些公司比我们更适合进行全球扩张。特别是如果行业内的每一个竞争者都只在一定的区域内经营，而我们已经开始寻求全球扩张，并且其他竞争参与者还没有开始行动的时候，这种方法最有用。当然，这种方法也有不管用的时候，那就是在对付那些潜在竞争者的时候它会失效，因为潜在竞争者根本不可能被画在组合分析图上。

3. 标杆管理

当我们把竞争对手分析应用于提高公司经营业绩的时候，就会涉及标杆管理的问题。人们常常会误解标杆管理的真正含义，甚至认为简单地比较一下财务指标就是标杆管理。当然，如果我们能够获得这些指标，那么业务指标的比较非常关键，而且是标杆管理的第一步。但标杆管理的真正含义是：选择一个经营业绩比自己好的企业作为标杆，仔细分析它的业务流程并与自己的进行比较，找出自身的不足并且迎头赶上。所以，标杆管理包括以下步骤。

（1）确定标杆管理的内容。通过业绩指标比较，确定哪些方面需要加以改进。

（2）确定标杆管理的参照物。当然，这必须经过对方的同意，而且，标杆管理通常是一个交互的过程。

（3）确定自身存在的问题。首先针对那些令人担忧的业务流程，发现其问题所在。

（4）研究对方相应的业务流程。

（5）制订行动计划，以改进业务流程。

标杆管理在竞争对手分析中的用处并不是很大，因为它要求的双方合作是很难实现的。在实际操作中，合作双方获得的信息只能用于事先商定好的目的，否则就是不符合商业道德的行为。所以，我们进行竞争对手分析时，能用到的也就是标杆管理全过程中的第一步，即从尽可能多的方面来对自己和竞争对手的业绩进行比较。尽管如此，这种方法依然很有价值。

业绩指标主要来自两个渠道。首先，可以从贸易协会和其他的外部机构获得部分指标。尽管在这些机构内，竞争对手的名称往往被代码代替了，我们甚至并不清楚哪家公司在这个领域内做得最好，但是我们依然能够进行对比。其次，我们可以通过市场调查来获得另外的指标。例如，我们想知道各个竞争对手从收到客户订单到货物交付所需的时间，或者想要对比他们的服务质量，只要这项流程是公开进行的，我们就能通过观察记录来获得相应的信息。比如，超市收银台或者银行柜台的顾客队伍长度、高峰时期的顾客等待时间等，不过在银行长时间徘徊可能会引起保安人员的注意。

章内阅读 5-2

宝钢和海尔的标杆管理

中国宝武钢铁集团有限公司（以下简称宝钢）是中国最大的现代化钢铁联合企业，在多年的建设与发展过程中着眼于提升企业的国际竞争力，始终坚持技术创新，形成了自己的鲜明特色和优势。为了跻身于世界第一流钢铁企业之林，宝钢在 2000 年引入实施了标杆管理作为技术创新管理工具，选定了 164 项生产经营指标作为进行标杆定位的具体内容，并选择了 45 家世界先进钢铁企业作为标杆企业。

宝钢的标杆管理是比较成功的，其管理成效也非常显著。宝钢将标杆管理运用到企业的各个方面，并且选择本行业的佼佼者作为标杆企业，最大可能地为其提供了借鉴优势。同时借鉴了其他行业经验，在特定方面引用了“外援”。标杆管理的引入和实施为宝钢的技术创新提供了一种可信、可行的奋斗目标，极大地增强了宝钢的技术创新体系对外部环境变化的反应能力。

海尔的“OEC”（overall every control and clear，全方位优化）管理不但以自身的先进管理为我国企业树立了学习标杆，而且提供了防止标杆管理中战略趋同的创新理念。这套管理系统方法学习先进企业基本管理理念，以海尔文化和日清日高为基础，以订单信息为中心，带动物流和资金流运行，它激励员工创造并完成有价值的订单，使员工人人对用户负责，实现了企业管理的新飞跃。并且在学习标杆战略的基础上，突出其企业自身优势，利用海尔的文化创出本土化的世界名牌。

在学习标杆技术的基础上，海尔进行自身技术创新。海尔以技术创新作为本企业实力的坚强后盾，在策略上，着眼于利用全球科技资源，除在国内建立有独立经营能力的高科技开发公司外，还在国外建立了海外开发设计分部，并与一些世界著名公司建立了技术联盟。

资料来源：标杆管理中国典型案例——宝钢. https://wenku.baidu.com/view/3d3c6d3ea800b52acfc789eb172ded630a1c98bc.html[2021-11-06].

海尔企业标杆管理案例分析. https://wenku.baidu.com/view/34a50765e75c3b3567ec102de2bd960590c6d9ab.html?_wkts_=1680835549300&bdQuery[2021-11-06].

在建立竞争优势的过程中，标杆管理是一个非常有用的工具，它还能帮助公司达到世界级的经营业绩。施乐公司在这方面就做得非常好。沃森（Watson）在他的书中对施乐公司采用的标杆管理方法进行了描述。邦兹（Bonds）和休伊特（Hewitt）则在他们的书中更进一步描述了施乐在20世纪80年代初期为提高经营业绩所进行的具体活动。

如果无法找到一个竞争对手作为标杆管理的参照物，那么能做些什么呢？有两个方案可供选择。

在很多行业中，你都能够找到这样一家公司，它和你所处的行业相同，但你们之间并不存在竞争关系。例如，一家荷兰发电厂就可以找一个日本或美国的类似发电厂作为参照物，进行标杆管理；匈牙利的保健品连锁店可以找一家英国的保健品连锁店作为标杆。

由于我们感兴趣的只是业务流程，所以我们可以找一家处在不同行业但业务流程相似的公司作为参照物。一旦我们拓宽了自己的思维，就会发现通过这种做法获得的收益远远超过只局限于在本行业内进行研究所获得的收益。因为本行业内的成员中可能确实有一家公司在某一方面已经达到了世界最高水平，但它在其他方面却远达不到世界水平。

如果一个企业在多个国家经营，或者有很多经营同样业务的分支机构，那么标杆管理的过程完全可以在企业内部进行。这种做法能够使公司的整体业绩得到改善，并且在面对公司外部竞争对手时，首先在内部树立起自信心。不过，这无法帮助公司超越其他竞争对手。

最后，我们要补充说明一下标杆管理的最后一个步骤，即制订和实施改进方案。它并不意味着我们的目标仅仅是仿造他人的做法。别人的解决方案只有经过调整之后才能符合自己公司的实际情况。而且，别人的方案也一定有很多值得改进的地方。

思考题

1. 竞争对手会给企业带来哪些方面的好处？如何理性地看待竞争？
2. 判断好的竞争对手的标准是什么？
3. 如何利用好的竞争对手来扼制坏的竞争对手？
4. 怎么对竞争对手进行识别以及如何来选择竞争对手？
5. 详述竞争对手分析的要素。
6. 收集和分析竞争对手信息的重要性何在？企业在收集竞争情报时应遵守哪些规则？为什么？
7. 情报信息系统的构建有哪些主要的步骤？

8. 简要概括一下竞争对手分析的方法。

案例分析

王老吉与加多宝

第六章　企业内部环境分析

本章学习目标

1. 了解企业资源基础理论的主要观点以及企业资源的主要种类
2. 掌握企业能力分析的主要内容
3. 掌握企业核心能力的概念和特征
4. 正确理解企业资源、能力、核心能力和竞争优势与战略之间的互动关系
5. 掌握企业内部环境分析的主要工具，如价值链分析、SWOT 分析等

案例引导

字节跳动上“车”

对企业内部环境的正确认识是管理者成功地制定战略的依据。黄朴民（2017）解读的《孙子兵法》谋攻篇中“知彼知己者，百战不殆；不知彼而知己，一胜一负；不知彼，不知己，每战必殆”的思想指出了对敌我双方情况的了解与战争胜负之间的关系。该思想同样也适用于企业之间的竞争，企业要获取竞争优势，不但要“知彼”，即客观地分析企业的外部环境，而且要“知己”，即对自身的资源和能力进行正确评估。

企业的内部环境是指企业能够加以控制的内部因素。内部环境是企业进行生产经营活动的基础，内部环境虽然包括了很多内容，但最根本的是企业的资源与能力。企业战略的制定和实施必须建立在现有的资源和能力基础上。对企业外部环境的分析，可以发现企业将要面对的机会和威胁，使企业意识到自身“应当做什么”，但这仅仅是企业从事生产经营的客观条件。即使是外部环境存在潜在的机会，企业也必须要具备能够利用这种机会的内部环境才有可能抓住潜在的机会。面对外部的环境状况，企业“能够做什么”则往往要结合企业自身的内部条件分析。因此内部分析可以回答在某一特定的行业或市场中，“为什么不同企业的绩效会有较大差异”“企

业自身竞争优势的来源是什么”的问题。通过内部分析可以使企业明确自己的资源状况和可利用的能力，掌握企业目前的状况，确认企业在行业中的竞争地位及相对竞争优势，在此基础上，企业可以根据自己的优势和劣势，确定出能够实现的战略目标，并选定能发挥企业优势的战略，有效地利用企业的资源和能力；同时对企业的弱点，能够加以避免或采取积极的改进措施，从而建立竞争优势和实现卓越绩效。

相比当前复杂多变的外部环境，企业自身的资源和能力可能会成为决定企业成败的更为稳定的基础。波特在《竞争战略》一书中认为企业基本竞争战略的实质就是如何在企业内部资源与外部环境之间建立起有效联系，因此，企业战略应该是在平衡目标、环境和资源这三个关键要素的基础上，最有效地利用外部环境的机遇，充分发挥自身的竞争优势的选择，见图 6-1。

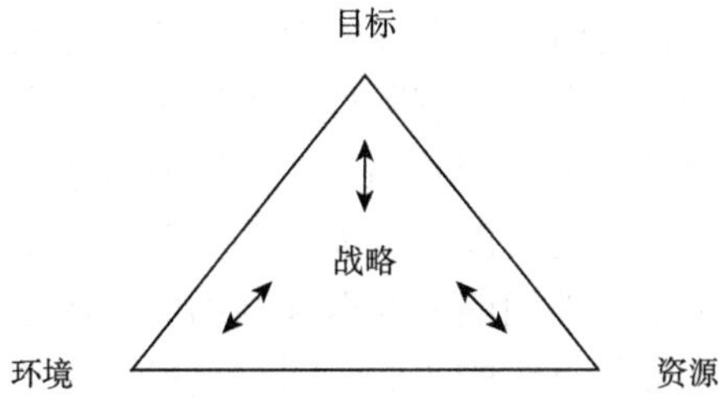

图 6-1　战略金三角

第一节　企业的资源、能力与核心能力

任何社会经济组织都是资源与能力的独特组合，这些资源和能力是企业战略的基础和利润的来源。企业的资源、能力、核心能力和战略之间存在互动关系，企业的资源和能力可以是形成竞争优势和制定战略的基础，企业战略的结果也可能建立起其未来的资源、能力和核心能力。

一、资源

资源是企业所拥有的或者控制的、能够为顾客创造价值和实现企业自身战略目标的各种要素禀赋。目前对资源存在着许多分类，多数方法都是基于资源的本质而进行的，并非从资源用途的角度进行评价。例如，有西方学者把资源分成土地、设备、劳动力和资本；也有观点是把资源分成财务资源、实体资源、人力资源、组织资源和技术资源；等等。企业能投入到经营活动中的资源是有限的，企业资源的现状和变化趋势是企业制定总体战略和进行经营领域选择时最根本的制约条件。

企业资源是构成企业实力的物质基础。当今社会由于专业化和规模经济效应的存在，市场上存在着许多专业的供应商，有些供应商向企业提供的产品或服务的价格可能要比企业自己生产这个产品或服务的成本低得多，于是企业可以通过大量的外部购买活动取得价值增值。但是这种情况并不意味着企业可以不拥有自己的资源，因为当企业自身不拥有资源，而主要依赖从外部市场购买时，企业生产经营的安全性可能得不到保障，甚至会受到供应商的制约。如苹果公司和小米公司虽然不拥有充足的生产资源，但其优势在于具备丰富的技术资源和品牌资源。因此，任何企业都需要拥有一定数量的各种保障生存和发展所需的资源。

企业的资源分析就是系统地分析企业资源在数量和质量两个方面的构成，以及配置的情况，其意义在于发现企业在资源获取和利用上的优势和劣势。任何企业的活动都需要利用一定的资源，然而在特定时期，企业能够利用的资源是有限的。第一个原因是资源的稀缺性决定了人类可利用的资源的有限性。不论是自然资源，还是已经经过人类加工的资源，其数量总是有限的，但人们利用这些资源所希望满足的欲望却是无限的。人类一切经济活动的目的和要求就是要以尽可能少的资源去获得尽可能多的满足。第二个原因是企业财力的有限性决定了他们能够获取和利用的资源是有限的。在商品经济社会中，任何资源的获取和转让都是有偿的，必须通过支付一定数量的货币媒介来实现。然而在任何条件下，企业的支付能力都是有限的，企业用有限的财力在稀缺背景下获取的有限资源，必须倍加珍惜，合理利用。企业不仅在客观上拥有的资源数量是有限的，而且在主观上对这些资源的利用能力也是有限的。同样数量的资源在不同的企业，或在同一企业的不同时期其利用情况及效果也是不同的。要充分、有效地利用资源，就必须研究企业在客观上对资源的占有情况以及在主观上对资源的利用情况，找出企业在资源利用上的优势和劣势，以指导企业正确选择资源的利用方向和方式。

（一）资源的特征

1984 年，沃纳菲尔德（Wernerfelt）在《企业资源基础论》一文中也指出“在一个产业中，不均衡是市场的常态，企业之间由于历史、资源禀赋和战略实施能力等方面的不同，始终会存在着很大的差异。”在资源差异能够产生收益差异的假设下，企业的内部有形资源、无形资源以及积累的知识，在企业间存在差异，资源优势会产生竞争优势。

对一种资源所能产生出的产品或服务的持久需求，是资源价值的必要条件，但并不是充分条件，使企业资源具有价值的三个充分条件如下。

（1）稀有。稀有的资源是指其他竞争对手不具有的资源。如果很多企业都拥有同样的资源，那么这些企业便会实施类似的战略，这样，这些企业的竞争优势也就不能被称为竞争优势。虽然能被企业拥有和使用的资源很广泛，但对于保持竞争优势而言，只有独特稀有的资源对企业才是有价值的。

（2）难以模仿。资源的不可模仿性限制了竞争，也是价值创造的核心。如果一项资源可以轻易地被竞争者模仿，则只能带来暂时的价值，不可能成为战略的基础。有四种特征可以使资源难以被模仿。第一种是物理上独特的资源，如一个极佳的房地产位置、矿物开采权等；第二种是具有“路径依赖性”的资源，这类资源不可能立刻获得，必须通过长期的积累，此外别无捷径可寻，如良好的品牌声誉、健全的分销网络等；第三种是具有“因果含糊性”的资源，潜在的竞争者通常无法找出对这类资源进行模仿复制的准确方法，如企业文化、激励机制等；第四种是具有“经济制约性”的资源，潜在竞争者模仿复制这类资源不仅需要大规模的资本投入，而且未来的有限市场空间也不足以支撑新的供给。因此，尽管企业拥有稀有资源，也只有在其他企业不能轻易复制该资源时，企业才能够拥有持久的竞争力。

（3）难以替代。即便竞争对手不能完全地复制企业的资源，它仍可以通过获取替代资源而得到自己的持久竞争优势。根据波特的五力分析模型，当不存在替代者时，企业才可以维持其竞争优势。因而资源的不可替代性也能使资源带来竞争优势。

拥有具备这三项特征的资源才能使企业实施使其获得持久竞争优势的各种战略。企业拥有的资源越稀有，越难以模仿，越难以替代，企业的竞争优势便越强、越持久。

（二）企业资源的主要种类

企业资源按其存在的形态可以分为有形资源、无形资源和人力资源。有形资源是以实物形式反映的，比较容易确认和评估，主要涉及物质资源、金融资源；无形资源是以非实物形式存在的，不能从市场上直接获得，难以用货币直接度量的资源，主要涉及技术资源和非技术资源。

1. 有形资源

1）物质资源

物质资源以有形的实物形态存在，在企业中较容易确认和识别，是企业开展各项经营活动的物质基础。对企业物质资源的分析需要考虑以下几个方面：①土地和建筑的大小、地理位置和用途；②机器设备的拥有及利用情况；③能源和原材料的数量和质量；④库存物资的经济性；⑤计算机信息系统的开发和使用效率。

2）金融资源

金融资源主要有未分配利润、股东权益、长期负债、短期贷款、租赁等。对企业金融资源的分析包括以下几个方面：①资金的数量及结构；②资金成本；③负债和所有者权益结构；④投资收益率及其变动情况；⑤销售收入及其构成；⑥总成本及其构成；⑦现金流量；⑧融资渠道的数量及其有效性；⑨投资风险。

2. 无形资源

这类资源的价值较难通过企业的财务账目反映，它们是竞争对手最难以模仿的。

1）技术资源

技术资源是企业及其成员的智力和创新能力的重要体现，它们是有形资源与无形资源的结合。对企业技术资源的分析包括以下几个方面：①专利与技术诀窍的数量及价值；②新产品开发与储备情况；③工艺技术的先进性；④原材料的综合利用情况；⑤研究与开发情况；⑥技术引进与技术改造情况。

2）非技术资源

非技术资源包括：①品牌的影响力；②企业及其产品的信誉；③顾客的忠诚度；④员工的士气。

3. 人力资源

对于绝大多数企业来说，员工是一项非常重要的战略性资源。企业很多的业务流程不仅需要更高水平的技术，而且要求员工掌握更复杂的知识、具有更敏捷的应变能力和更高的效率。战略的成功与否和人的关系越来越密切。对企业人力资源的分析主要考虑以下几个方面：①员工数量及结构；②员工素质和技能；③薪酬与激励机制；④劳动关系；⑤员工培训情况；⑥员工队伍的忠诚度和稳定性；⑦员工的适应能力。

资源是企业生存和发展的基本物质条件。在考虑企业资源配置时，需要使企业战略活动与企业资源进行相互匹配。然而相对于需求而言，企业的资源总是表现出相对的稀缺性，从而要求人们必须通过一定的方式对有限的、相对稀缺的资源进行合理配置，以实现资源的最佳利用，即以最少的资源耗费，生产出最适用的产品和服务，获取最佳的效益。资源配置合理与否，对一个企业发展的成败有着极其重要的影响。企业资源的配置情况与企业"生产什么""如何生产""为谁生产"的三个基本问题有着密切的联系。企业作为商品经济发展、生产社会化的产物，是以营利为目的，把各种生产资源组织起来，经过转换，为消费者或其他企业提供产品或劳务的经济实体。因此，企业资源配置的基本标准是实现预期利润收入的最大化。

（三）企业资源的柔性分析

企业在其发展过程中会面临运营环境的不断变化，某些变化可能会使企业的部分资源变得不足或冗余，因此对资源的分析应该是动态的。特别是随着外部环境变化速度的加快，静态的资源价值判断标准已不能适应企业动态竞争的需要，资源的稀缺性和不可替代性已不能保证企业获得竞争优势。面对环境的复杂性和多变性，企业的管理者常常无法知道究竟何种资源与能力对未来更有战略价值，而建立企业资源的柔性却有助于解决这一问题。柔性的观点要求企业利用柔性的资源，并在协调这些资源的选择性使用中具有柔性。柔性分析是要分析企业各方面的不确定性以及企业的资源应对这些不确定性或准备承担风险的能力，从而在动态的环境下，主动适应变化和利用变化，以提高自身的竞争力。

有些企业资源，如通用的生产工具、用途广泛的技术等，可以快速和经济地从一种用途转换到其他用途。而另一些企业资源，诸如专用的产品线、高度专业化的知识等，它们或者不能移作他用，或者只能在花费大量转换成本之后才能够应用到其他方面。相对而言，前者比后者更具柔性。判断资源柔性的三个维度如下。

（1）资源的使用范围。它指的是某种资源可以用来开发、制造、分销或提供售后服务的不同产品的范围。使用范围越广，资源柔性越大。

（2）资源移作他用所需的成本。从一种用途转向另外一种用途的成本越低、困难越小，资源柔性越大。

（3）资源移作他用所需的时间。从一种用途转向另外一种用途所需要的时间越短，资源柔性越大。

企业的实践证明，在企业内部创造一定量的柔性资源，至少可以在一定程度上解决在不确定的动态竞争环境下生产经营所遇到的难题。一方面，在复杂多变的环境中，当管理者无法判断何种专有资源在将来最有价值的时候，选择能够应用于一系列用途的柔性资源可以增强企业对未来的不确定性变化做出有效反应的能力。另一方面，由于柔性资源可以被快速地配置到其他用途，所以一旦资源具有了柔性，企业面对动态环境的反应时间就会大大缩短。

二、能力

同一市场上不同企业间的业绩差异很难完全用它们在资源基础上的差异来解释，因为具有相同或相似资源的企业在竞争优势上仍然存在差距。资源通常是可以模仿或交易的，即使某个企业拥有独特资源，如果其试图单纯依靠独特资源来维持长期的竞争优势，那也将是非常困难的。优异的绩效取决于企业对那些可以培育成为能力的资源的配置方式。例如，个人的知识是资源，但只有该人被指派去完成可充分运用其知识的工作时，才能为企业创造绩效。当企业将资源分配给不同的活动和连接各项活动的流程时，就可以创造企业能力。能力代表着企业配置与整合资源以达到理想状态的能力，是把组织黏合在一起的因素，它产生于有形资源和无形资源之间的复杂互动。实际上因为活动和流程比获取资源更难以模仿，企业业绩好坏的关键通常与企业能力有关，而不只与资源本身相关。

相对于资源而言，能力是指企业调配和使用资源的效率和效果，特别是为产生期望的结果而组合资源和运用组织流程的能力，是企业资源在长期的互动过程中所开发形成的企业专有的、基于信息的有形与无形的过程，也可以抽象地理解成企业为增强资源生产率而产生的中间产品、战略柔性和为最终产品或服务所提供的支撑。一般而言，能力是企业在任一时间点所拥有的资源的函数，常常在职能领域中进行开发，并且与职能柔性密切相关，或在企业层次上把实体资源、人力资源和技术资源组合起来，发挥整合的作用，最终创造出迎合目标顾客需求的可靠服务、可重复流程或独特的产品创新、制造柔性、对市场趋势的反应和较短的产品开发周期等。

（一）企业能力分析的主要内容

企业能力分析主要包括以下四方面的内容。

1. 资源能力分析

企业资源能力包括企业从外部获取资源的能力和从内部积蓄资源的能力。它的强弱将影响企业的发展方向、速度，甚至影响企业的生存，同时直接决定着企业战略的制定和实施。

1）企业获取资源的能力

企业从外部获取资源的能力取决于企业所处的地理位置；企业与资源供应者（包括供应商、金融、科研和情报机构等利益相关者）的关系；资源供应者与企业讨价还价的能力；资源供应者前向一体化趋势；企业供应部门人员素质和效率；等等。

2）企业积蓄资源的能力

企业积蓄资源的能力涉及企业整体能力和绩效。企业内部资源的积蓄能力取决于投入产出比率（包括各经营领域）；净现金流量；规模增长；企业后向一体化的能力；商标、专利、商誉；职工的忠诚度；等等。

2. 生产管理能力分析

企业的生产功能包括将投入品转变为产品或服务并能够为消费者带来价值和效用的所有活动。生产是企业进行资源转换的中心环节，它必须在数量、质量、成本和时间等方面符合要求的条件下形成有竞争性的生产能力。竞争性的生产管理能力构成要素包括以下几个方面。

1）加工工艺和流程

加工工艺和流程决定了整个生产系统的设计，主要涉及工厂的选择与设计、工艺技术的选择、生产工艺流程的分析、生产能力和工艺的综合配套，以及生产控制和运输的安排等方面。分析内容包括：生产设施和设备的安排是否合理？企业是否应该进行某种程度的前向和后向一体化？企业购货和发货的定额成本是否过高？企业的生产加工技术是否使用恰当？整个生产工艺流程的设计是否有效和高效？

2）生产能力

生产能力主要涉及产量预测、生产设施和设备的计划、生产日程的安排等方面。具体分析内容包括：企业对生产和服务的需求是否有一定的规律并能做出有效的预测？生产是否达到了合理的经济规模？工厂、库房和销售网点的位置、数量和规模是否合适？企业是否有全面的计划生产成本？计划生产成本是否合理？是否有处理临时订货的应急计划？企业是否具备有效的生产控制体系？

3）库存

库存决策是要确定原材料、在制品和产成品的合理水平，主要涉及订货的品种、时间、数量以及原材料的存放等方面。具体分析内容包括：企业是否具备有效的库存控制体系？企业管理者是否了解销售与库存之间的关系？企业是否经常检查其库存量和库存成本？企业是否确定原材料、在制品和产成品的合理库存水平？企业管理者是否了解订货、收货、发货的成本？企业管理者是否知道什么是合理的生产批量？

4）劳动力

劳动力主要涉及对工作的设计、绩效测定、工作的丰富化、工作标准和激励方法等方面。具体分析内容包括：企业是否对所有岗位进行了时间和工作研究？生产岗位效率高否？生产管理人员是否称职和具有高的积极性？职工的缺勤率和离职率是否低于可以接受的水平？生产工人的士气如何？

5）质量

质量能力是要确保企业生产和提供高质量的产品和服务，其涉及质量的控制、样品、质量监测、质量保证和成本控制。具体分析内容包括：企业是否具备有效的质量控制体系？企业是否计算和评价过预防性质量控制成本、检验性质量控制成本和处理性质量控制成本？

3. 研究与开发能力分析

研究与开发能力是指企业根据自身的发展需要开发和研制新产品、改进生产设备和生产工艺的能力。研究与开发能力是企业的一项十分重要的能力，对企业研究与开发能力的分析主要包括以下四个方面。

1）研究与开发组合

企业的研究与开发有四个层次：科学发现、新产品开发、老产品的改进和生产设备工艺的技术改造。一个企业的研究与开发水平处于哪个层次或哪几个层次的组合，由其研究与开发能力决定。企业的研究与开发能力决定着企业在研究、开发方面的长处和短处，也决定着企业发展的方向。一个好的研究开发部门，应该能够根据企业战略的要求和自身研发实力决定选择哪一个或哪几个层次的有效组合。

2）研究成果与开发成果

企业已有的研究与开发成果是其能力的具体体现。例如，技术改造、新技术、新产品、专利和商品化的程度，以及其给企业带来的经济效益等。

3）研发经费

企业的科研设施、研究人才和科研活动要有足够的研发经费予以支持，因而应根据企业的财务实力做出预算。决定研发预算经费的方法一般有三种：按照总销售收入的百分比；根据竞争对手的状况来制定；根据实际需要来确定。

4）研究与开发人员

企业的研究与开发能力和水平由企业研发队伍的现状和变化趋势所决定。企业是否有足够的研发人员？如果没有研发人员储备，企业是否能在短时间内找到适合的人才？企业是否有与高等院校或其他科研院所合作，借助其研发优势以解决自身技术开发和技术改造问题的能力？

4. 营销能力分析

从战略角度考虑，营销能力分析主要包括三方面的内容。

1）市场定位能力

市场定位能力决定了企业生产定位的准确性，其受企业在市场调查和研究、评价和确定目标市场、把握市场细分标准，以及占据和保持市场位置四个方面能力的影响。

2）市场营销组合的有效性

评价市场营销组合的有效性主要考虑两个方面：一方面，判断营销组合是否与目标市场中的有效需求一致；另一方面，判断营销组合是否与目标市场中产品的生命周期一致。

3）营销管理能力

营销管理能力主要是指企业对市场营销各项工作管理的能力，具体包括营销队伍的建设与培训、营销人员的考核与激励，以及应收账款管理等一系列工作。

（二）动态能力理论的观点

在超竞争的经营环境下，企业凭借产业定位或者资源实力所积累的竞争优势会被快速的技术创新所侵蚀，因此，企业必须迅速响应外部需求，及时调整内部资源配置。在此背景下，基于资源观基础，同时又作为该理论的继承和发展，动态能力理论逐步形成并获得了快速发展。基于动态能力的战略选择可以使企业在响应变化的环境条件时能够获得多个可选的行动方向，以提高企业在不确定环境中生存和成功的机会。

虽然目前的研究对动态能力的定义与衡量等问题还没有十分清楚的界定，但很多学者都提出了相似的观点。美国学者阿米特（R. Amit）和休梅克（P. J. H. Schoemaker）对组织能力的概念界定中实际上已经包含了动态能力的概念，他们认为“能力是配置资源的才能，通常采用与组织的流程相结合的方式来实现一个意愿的结果”“这种能力可以被视为企业内部所产生的一种‘中间产品’，以此来提高资源的生产效率或者提供战略柔性”。蒂斯（D. J. Teece）等 1997 年发表在《战略管理杂志》上的论文 Dynamic capabilities and strategic management 成为动态能力理论发展的重要里程碑。在该文中，蒂斯等认为，动态能力是“企业对内部和外部的竞争能力进行整合、构建或者重置以适应快速变化的外部环境的能力，同时也是不断更新竞争力的能力”。蒂斯等进一步将企业的动态能力区分为“3 个 P”，即流程（process）、位置（position）和路径（path）。因此，动态能力可以理解为适应外部环境的变化，企业从事资源（知识）、流程、竞争地位和路径的整合、配置、重构、更新、学习与响应等的能力。动态能力方法是一种可以促使企业在动态环境中不断保有其核心竞争力的一种方法，它提供了企业更新或创新组织知识与技能的能力，即巩固和扩大企业的市场位置并进一步更新发展相关的活动，并借此进入进一步细分的新市场。

动态能力理论的基本假设是组织的动态能力能够使其适应环境的变化，从而使组织获得持久的竞争优势。动态能力战略框架强调以前的战略观所忽略的两个关键方面：“动态”是指为适应不断变化的市场环境，企业必须具有不断更新自身能力的能力；“能力”是指战略管理在更新企业自身能力（整合、重构内外部组织技能或资源）以满足环境变化的要求方面所具有的关键的作用。动态能力是各种资源和具体能力整合在一起并应用到组织业务流程中所形成的对外部环境的综合适应能力。显然，动态能力的形成要经历资源—技能—业务能力—综合能力的演变。

三、企业核心能力

不同的企业拥有的资源能力是不一样的，但无论企业针对何种细分市场，为支持某一特定战略的发展，企业需要具备一定的资源和能力。如果企业只是拥有了与竞争者相同或容易被模仿的资源和能力，那么它只是拥有了最低标准的资源和能力。

拥有资源和能力并不代表企业有竞争优势。企业要获取持续的竞争优势，就必须要具有优于竞争者且难以模仿的资源和能力，即核心能力。核心能力是企业独特的或产生租金的资产，是真正给企业带来潜在的、相对于竞争对手的巨大竞争优势并把持久竞争的能力和资产充分利用起来的关键因素。在核心能力观念指导下的战略着眼于核心能力的培育、整合、强化、扩散和更新，并据此开展企业的经营活动，提升企业的竞争优势。因此，企业的核心能力是什么，在未来能够培育和构建什么样的核心能力，应当是企业制定战略的依据。

（一）企业核心能力的概念

核心能力（又称核心竞争力），是对形成企业竞争优势发挥关键作用的活动或流程。核心能力帮助企业创造并保持优于竞争对手的、能够更好地满足特定客户群要求的企业能力，而且该能力很难被竞争对手模仿。

1990年，美国著名战略管理专家普拉哈拉德和哈默尔共同在《哈佛商业评论》上发表《企业核心能力》一文，首次提出“核心能力”的概念，其所描述的核心能力如下。

（1）核心能力是企业中的积累性学识，尤其是那些协调不同的生产技能和整合各种技术流派的能力。

（2）核心能力是指沟通能力、参与能力及跨企业间合作时深深的契约关系。

（3）核心能力不会随着被使用而减弱，随着它的每一次被应用，它都会得到提升。

（4）核心能力是企业竞争力的源泉，其他各方面的竞争力都来源于核心能力。

可以认为核心能力是指企业对企业所拥有的资源、技能、知识的整合能力，是企业中累积性的知识，特别是关于如何协调不同生产技能和有机整合多种技术的知识，并由此创造出企业独特的经营理念、技术、产品和服务。虽然不同研究者从知识观、资源观、技术观、系统观、文化观等不同的角度对此进行了研究，形成了不同的流派，但大家相似的观点是企业核心能力是企业在为顾客提供产品和服务的互动过程中形成的一种比较生产力，是一种内化了的企业品质，是能为企业带来持久竞争优势的能力组合，是一个动态演进过程。企业核心能力是决定企业生存和发展的最根本因素，它是企业持久竞争优势的源泉。积累、保持、运用核心能力是企业生存和发展的根本性战略，也是企业经营管理的永恒目标，企业的各项管理职能都应该围绕企业核心能力展开。核心能力不是某一单一活动的能力，而是指一系列的能力，其表现形式也是多种多样的。例如，苹果的设计能力、京东的物流体系、华为的创新能力、小米的智能硬件、阿里巴巴的电商运营能力等。

按照普拉哈拉德、哈默尔提出的核心能力的概念，企业是由核心能力、核心产品、最终产品等结构组成的。核心能力是企业增强竞争力、获取竞争优势的关键所在。普拉哈拉德、哈默尔就核心能力与企业各组成部分之间的关系提出了一个非常形象的“树型”理论模型。他们认为，企业就像一棵大树，树干和主枝是核心产品，分枝是业务单元，树叶、花朵和果实是最终产品，提供养分、维系生命、稳固树身的根就是核心能力。一棵大树给人的印象是强壮的躯干、繁茂的枝叶，但它真正的生命力来自其发达的根系。核心能力对企业的作用也是如此，正是核心能力支撑着企业的核心产品、各种业务和大量的最终产品。

我国经济学家张维迎用通俗、形象的语言描述了核心能力的四个特点：一是偷不走，别人不能轻易模仿；二是买不来，市场上能买到的东西不构成核心能力；三是拆不开，拆开后就不值钱了；四是带不走，这个能力属于企业，而不属于个人。

根据对各种企业核心能力的理解，本书将核心能力定义为：企业在长期经营过程中形成的独特的能够整合企业资源的能力，是企业竞争优势和企业竞争力的基础，使企业能够在复杂的环境中生存和发展。

（二）识别和判断核心能力的标准

尽管企业需要在其从事的所有活动上都至少具备最低的资源能力水平，但是其中只有一部分活动需要企业的核心能力。由于核心能力的复杂性，有时管理者也很难清楚地识别出企业的核心能力。核心能力是企业的一项重要战略资源，也是制定战略的基础，因此识别核心能力对企业的战略管理来说十分重要。虽然不同的研究者对核心能力的界定存在一定的差异，但是所有的界定都是围绕着核心能力的特征展开的，以下六个特征可以作为识别某项资源或能力是否称得上企业核心能力的重要标准。

（1）价值性。能成为核心能力的企业资源或能力应该可以实质性地增加企业产品或服务的价值，而且该价值是客户（或其他利益相关者）认可的价值，只有这样才能使企业在满足客户需求的同时为企业创造利润。从能够促使企业满足市场需求的角度分析，符合市场需求的程度越高，核心能力的价值越大，企业的竞争优势也就越明显。

（2）独特性。核心能力应该是企业所独有和专用的，是其他竞争对手所不具备的，或至少也是暂时不具备的。因为核心能力的形成是企业长期累积的结果，其在形成时就深深打上了企业特征和历史经历的特殊烙印，所以具有独特性。

（3）优越性。资源和能力必须使企业的业绩表现显著地优于竞争对手，即比竞争对手更具竞争优势。

（4）难以模仿。核心能力是企业在长期的生产经营过程中积累培养而形成的，是其他企业难以模仿的。资源和能力的模仿成本越高、模仿难度越大，其潜在竞争价值就越大。难以模仿和复制的资源和能力往往会限制竞争对手，只要能充分发挥企业自身的优势，就可能使资源带来的利润具有持久性。企业资源可能会因为以下一些因素而变得难以模仿，如资源本身的独特性（特殊的地理位置或专利保护等）、资源的获取或相关优势的建立需要较长时间和一定的前期基础（良好的声誉、精湛的技术或复杂的企业流程等）、资源的获取需要大量的资金（投资壁垒）等。和有形资源相比，多数无形资源是由企业及其成员经过长期努力共同创造的，相对不易被模仿。

（5）难以替代。有时独特的资源能够被全新的资源所代替。一般来说，不可替代的资源对顾客来说有更大的价值，因而也就更具有竞争优势。

（6）延展性。资源与核心能力作为利润源泉的持续时间越长，其战略价值就越大。在一些快速变化的技术或行业环境中，有些资源的生命周期越来越短，甚至很快会丧失其竞争价值，这已成为不争的事实。核心能力是由企业多种能力相互整合而形成的企业化的系统能力，它为企业提供了进入新的多样化产品市场的潜在途径，使企业能够从某种核心能力衍生出一系列产品和服务，具有打开多种产品潜在市场、拓展新的行业领域的作用。

从长期看，企业的成功往往依赖于不断地培育新的核心能力。战略应该建立于企业的相对竞争对手的优势之上，或者建立于企业希望在将来得到的资源或能力之上。

（三）核心能力的构成

企业核心能力可以体现在不同方面。资源和能力是核心能力构成的主要来源，不同环境下企业核心能力的构成要素不同。构成企业核心能力的要素一般来源于技术体系、管理体系和市场体系三个方面。

（1）技术体系，是企业核心能力得以形成的关键，通常是核心能力的核心。它既包括能代表企业研究开发能力的以技术规范、产品专利、技术诀窍为表现形式的隐性技术资源，也包括由一系列相关的生产设施装备组成的硬件形式的显性技术资源。

（2）管理体系，能将企业中各项分散的资源整合协调起来，以充分发挥企业的整体优势。管理体系是技术体系得以正常运转的环境保障。管理体系指企业通过相关的组织管理过程提高管理效率的能力，它包括组织结构、信息传递、企业文化、激励和控制机制等。只有在完善的管理体系中技术体系的价值才能体现出来，才能为企业创造价值。

（3）市场体系，是指企业在以顾客为中心的基础上，为了实现经济目标而开展的一切与市场有关的经济活动。它包括市场响应能力、目标市场定位能力、市场销售能力、营销渠道管理能力、市场服务能力等。

四、企业竞争优势分析

章内阅读 6-1

有两个人一同走在密林深处时，突然遇到一只大灰熊，灰熊直立起身子向他们吼叫。其中一位立即从背包中取出一双运动鞋，准备穿上，另一位忙说：“喂，你不要指望跑得比熊快。”穿鞋的那位回答道：“我不一定能跑得过那只熊，但只要能跑得比你快就行。”

这个小故事形象地比喻了战略管理活动的意义，即实现和保持竞争优势。

资料来源：黄国辉，张鑫，温荣辉. 2004. 潜能：挖掘中国企业新优势. 沈阳：万卷出版公司.

企业若想取得长久的成功，必须获取和维持竞争优势。企业之间资源能力的差异导致企业在竞争中的地位差异，有的能够在竞争中获得很高的利润、取得很大的成功，而有的却恰恰相反。如果一家企业所拥有的资源能力不但充足而且恰到好处，特别是如果企业所拥有的资源能力具有产生竞争优势的潜力，那么，该企业在竞争中取得成功的可能性就比较大。因此，企业的持续竞争优势来源于其资源和能力，也只有基于关键资源和核心能力建立起的竞争优势才是持久的竞争优势。

竞争优势的本质是指企业相对于竞争对手在参与竞争和吸引顾客等方面所拥有的优越条件或位势。最先提出竞争优势概念的波特认为竞争优势“归根到底来源于企业为客户创造的超过其成本的价值。价值是客户愿意支付的价钱，而超额价值产生于以低于对手的价格提供同等的效益，或者所提供的独特效益足以补偿产品溢价。”波特的理论从竞争定位到基本战略再到价值链，提出了企业获得竞争优势的较为完整的体系，同时揭示了企业为增强竞争力、获取持久的竞争优势的三个关键因素：一是选择一个具有吸引力的行业；二是奠定企业在该行业中的相对优势地位；三是利用价值链创造竞争优势。具有竞争优势的企业在特定业务的经营中能够向顾客提供超过竞争对手的价值，并获取超额利润。

企业竞争优势广泛存在于其整个价值链的每个环节上。将企业的价值链与竞争对手的价值链做详细地对比，如产品是否新颖，制造工艺是否复杂，销售渠道是否畅通，以及价格是否具有竞争性等方面都可以产生竞争优势。如果一个企业在某一个或几个方面的优势正是该行业企业应具备的关键成功要素，那么，该企业的综合竞争优势也许就强一些。需要指出的是，衡量一个企业及其产品是否具有竞争优势，应当站在其现有或潜在顾客的角度上。在消费者眼中，竞争优势可以是一个企业或它的产品有别于其竞争对手的任何优越的特性，如它可以是产品线的宽度、产品的规格、质量、可靠性、适用性、风格和形象以及企业所提供的及时的服务或热情的态度等。

（一）竞争优势的来源

关于竞争优势的来源主要有两种理论观点，即企业竞争优势的外生论与内生论。

企业竞争优势的外生论认为不同的市场结构是个别企业获得超额利润的原因。竞争决定企业的成败，而企业的竞争优势来源于其结构优势，源自其市场地位。波特的著作《竞争优势》充分体现了这一观点。

企业竞争优势的内生论认为企业的竞争优势来源于企业自身拥有的资源和能力。与企业外部条件相比，企业内部条件对于企业获得市场竞争优势有着决定性的作用。企业内部资源和能力的积累是解释企业获得超额利润和保持企业竞争优势的关键。提出企业核心能力概念的普拉哈拉德和哈默尔就指出企业据以成功的竞争优势最终来源于企业拥有的核心能力，而核心能力是在正确评价企业自身拥有的基本资源和能力之后，结合竞争环境所确定的战略能力。核心能力具有价值性、独特性、优越性、延展性、难以模仿、难以替代的特征，因此能为企业带来持续竞争优势。

（二）竞争优势的形成

与企业竞争优势来源的外生论和内生论相对应，企业竞争优势的形成也有以下两种主要途径。

企业在适应外部环境的变化过程中逐步形成竞争优势。企业的经营活动通常是一个持续的过程，而在此过程中必然会伴随着外部环境的变化。外部环境的变化意味着新的机会或可能的威胁，基于变化环境中的竞争优势的形成依赖于企业对外部环境变化的反应，而企业的反应速度又取决于企业对外界变化的预测能力。消费者需求在不断变化，产业发展有生命周期，产品也有生命周期，市场竞争结构在不断变化，竞争对手也在不断调整。因此，企业必须及时调整自己的战略，抓住面向未来的成功关键因素，才能建立竞争优势。

企业通过内部系统的创新形成竞争优势。外部环境的变化为具有敏锐反应能力的企业提供了形成竞争优势的良机。但企业内部系统的创新也是形成竞争的重要途径。内部系统的创新不仅意味着企业要进行持续的技术创新，利用新技术开发新产品，如英特尔公司不断地对芯片开发技术进行创新，以保持其领先地位。内部系统的创新也意味着企业要进行经营管理思想和方法的创新，甚至包括对内部资源的重新组合。

（三）竞争优势的保持

能否拥有竞争优势决定着企业的成败。但通常情况下，在激烈的市场竞争中，很多企业的竞争优势只能维持一段时期。企业竞争优势丧失的原因主要有三个方面：一是由于时间的推移，企业原有的竞争优势被对手模仿；二是行业环境的变化导致原有的优势不复存在；三是企业自身无法适应外部环境的变化。一般来说，企业经过一段时期的努力，建立起某种竞争优势，然后就处于维持这种竞争优势的态势，因此如何保持竞争优势实质上成为企业基业长青的关键。

企业在维持竞争优势的过程中，必须深刻认识自身的资源和能力，采取适当的措施。

第一，企业应当努力防止被潜在的竞争者模仿。因为一个企业一旦在某一方面具有了竞争优势，势必会吸引竞争对手的注意，并随之开始逐渐做出反应；如果竞争对手直接进攻企业的优势所在，或采取其他更为有力的策略，就会使这种优势被削弱。有些企业竞争优势的形成原因和过程都很复杂，这种竞争优势必然会增加模仿者的模仿难度。另外，企业还可通过适当隐蔽由竞争优势所带来的超凡表现，避免让他人过早地注意或过快地跟踪；通过规模经济效益或较高的市场占有率，设置进入障碍，并且一旦发现被模仿就采取积极的反应措施，以提高潜在的竞争者模仿成本和风险。

第二，由于环境的不确定性普遍存在，面对动态的竞争环境和日新月异的技术进步，保持竞争优势的关键还在于企业能否有持续关注企业内外部环境变化的敏锐能力，并通过不断调整自身以适应新的外部趋势和内部资源能力的变化。

第三，持续的竞争优势是企业长期生存和发展的保障。但是随着产业环境的动态变化、技术创新的加快、竞争的全球化和顾客需求多样化的趋势加剧，更多时候企业取得竞争优势的关键在于其能否快速地从一种优势转到另一种优势。

总之，企业的资源是能力的基础，能力是核心能力的源泉，核心能力是竞争优势的源泉。企业的资源、能力、核心能力和竞争优势的关系如图 6-2 所示。

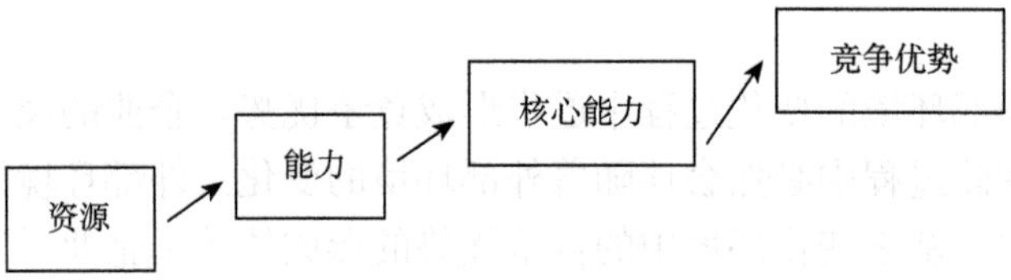

图 6-2 企业的资源、能力、核心能力和竞争优势的关系

第二节 企业内部环境分析的方法

企业内部环境分析的方法因具体不同的应用情况而呈现多样化。但是，一般说来可归纳成两大类：一类是进行纵向分析，即分析企业各职能的历史发展轨迹，在此基础上对企业各方面的发展趋势做出预测；另一类是将企业的当前情况与竞争对手或行业平均水平作横向比较分析，通过这种分析，企业可以发现自身的优势和劣势。企业制定战略的主要目的就是如何制胜对手，获取竞争优势，因此相对而言，横向的比较分析对企业来说更具有实际意义。

一、价值链法

企业资源与能力的形成和呈现与企业内部活动密切相关，而企业内部活动之间存在着一定的关系。价值链的概念由波特于 1985 年在他的著作《竞争优势》中提出（图 6-3）。价值链可以用来对一个企业内部活动中的各项增值环节进行系统的研究，确定企业发展竞争优势的关键资源或关键环节。根据波特的理论，一个企业活动的连续过程可以被描述为一条价值链。在特定产业中的所有公司都拥有类似的价值链。企业盈利的前提是，生产和提供产品或服务的总收入大于总成本。

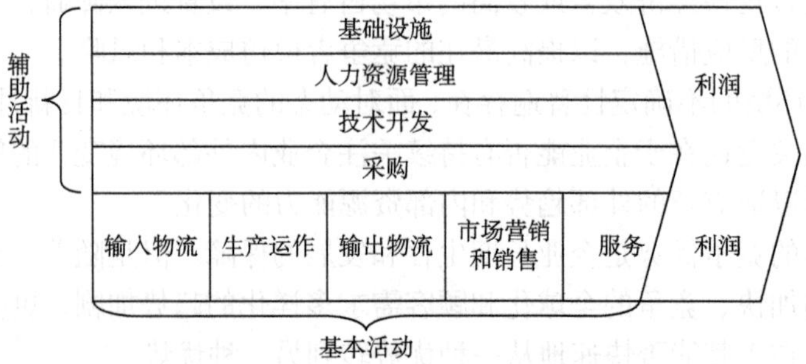

图 6-3 企业的价值链

资料来源：波特的《竞争优势》（1985 年）

（一）价值链的构成

企业的生存和发展是一个不断地创造和积累顾客价值的过程，而这个过程又可以分解为一系列互不相同但又互相联系的活动。价值链就是由这一系列在企业内部进行的价值创造活动组成的。

波特将这些不同的顾客价值创造活动分为基本活动和辅助活动两大类，共九项活动。

基本活动是与产品或服务的创造与交付直接相关的活动，分为五项。

（1）输入物流：获取生产投入的各个环节，如进货、仓储、原材料处理、存货控制等。

（2）生产运作：将输入品转化为最终产品的活动过程，如机械加工与制造、工艺调整和测试、装配、包装、检测、设备维修等。

（3）输出物流：与存储和发送最终产品有关的活动，如产成品入库、订单处理、送货以及运输。

（4）市场营销和销售：促进和引导消费者购买产品的各项活动，如消费者行为研究、广告、分销渠道、促销以及定价等。

（5）服务：为提升或维持产品价值而提供的相关活动，如产品的调试、维修、零部件供应、安装等。

企业所处行业不同，每一项基本活动所体现出来的竞争优势也有所不同。例如，对于分销企业来说，原料的供应与成品的储运是最重要的功能，也应是其竞争优势的来源；对于电脑和家电的生产企业来说，售后服务是最重要的竞争优势体现之处。总之，各类基本功能都会在不同程度上体现出企业的竞争力。

辅助活动是帮助提升基本活动的效果和效率的活动，分为四项。

（1）采购：与购买投入品有关的活动或过程，如与卖主打交道的程序、资格审定原则和采购信息系统等。

（2）技术开发：是指可以改进企业产品或服务的一系列技术活动，它也是改进企业获得绩效的方式。既包括生产性技术，也包括非生产性技术，涉及基础研究、产品设计、媒介研究、工艺装备的设计等。企业的每项生产经营活动中都包含着技术，它关系到产品质量的好坏、功能的强弱以及资源利用效率的高低。技术开发活动成为判断企业实力的一个重要标志。

（3）人力资源管理：与员工管理有关的各项活动，如招聘、选拔、雇用、培训、绩效考评、员工发展以及薪酬等。这些活动支持着企业整个价值链的每项活动。

（4）基础设施：包含大量常见的管理活动，如计划、会计、法律、质量管理、信息管理等。

企业的价值增值活动既可能产生于价值链的开始部分，也可能产生于价值链的末端。价值链的开始部分被称为价值链的上游，包括输入物流和生产运作，价值链的下游则包括输出物流、市场营销和销售及服务。

以上价值链的每一项活动都可以根据具体的行业和企业的战略再进一步细分为多项评价指标，进行分析时，可以对每个细分后的评价指标项进行赋权打分，并与竞争对手的相应指标比较，从而得出对本企业每一项价值链活动的评价结果。通常对各项活动考虑的细分评价指标如下。

（1）输入物流：物资和库存控制系统的健全性；原材料入库工作的效率。

（2）生产运作：与主要竞争对手相比的设备生产率；生产过程的自动化程度；生产控制系统的效果；工作流程的效率；工厂、车间设计的合理性。

（3）输出物流：产成品交货和服务的及时性和效率；产成品入库工作的效率。

（4）市场营销和销售：用以识别目标顾客和顾客需求的市场研究的效果；在促销和广告方面的创新；对分销渠道的评价；销售队伍的能力及激励；关于质量形象和名誉的发展；顾客对品牌的忠诚度；在细分市场或整个市场中的优势程度。

（5）服务：对顾客意见的反馈的及时性；质保政策的合理性；对员工进行教育和培训的质量；提供零部件和维修的能力。

（6）采购：为降低对单一供应商的依赖性而开发多种采购渠道的能力；以最恰当的时间和尽可能低的成本采购质量达到可接受水平的产品的能力；有关工厂、机器和厂房采购的程序和制度；租赁与购买标准的合理性；与可信赖的供应商间的良好而长期的关系。

（7）技术开发：在引导产品和过程创新上，研究与开发的成功性；研究开发人员与其他部门间工作关系的质量；技术开发的及时性；实验室和其他设施的质量；实验室工程师和科学家的资格和经验；激励创造性和创新性的工作环境。

（8）人力资源管理：各级员工的招聘；培训和激励政策的效果；企业薪酬制度的合理性；良好的工作环境，以保证员工缺勤最少和员工在理想岗位间流动；与工会的关系；管理人员和技术人员的积极性；一般员工的积极性和工作满意度。

（9）基础设施：对新产品的市场机会和潜在环境威胁识别的能力；用以实现企业目标的战略计划体系的质量；对价值链内及价值链间的各价值活动协调和整合的能力；获得成本相对低廉的资本的能力；信息系统对制定的战略或日常的决策的支持水平；有关企业一般环境和竞争环境的信息获取的及时性和准确性；与公共政策制定者和利益相关者间的关系；公众形象和企业公民行为。

（二）价值链分析的战略意义

价值链包括企业独特的业务和内部运营、战略、实施战略的途径以及隐含于其业务活动下的经济因素，正是由于各企业之间这些因素的不同，不同企业的价值链也不相同。而且价值链是由相互依存的活动构成的一个系统，各基本活动之间、各辅助活动之间以及基本活动和辅助活动之间都可能存在联系。因此，企业的竞争优势可能源于任何一项基本活动或辅助活动，也可能是它们的组合，甚至是企业内部活动与外部环境的关联活动。

价值链分析具有很强的方法可操作性，对战略管理至关重要。有越来越多的公司通过价值链分析获取和维持竞争优势，其方式是在价值链的不同环节做到高效率和高效能。例如，沃尔玛公司通过实行严格库存控制、批量采购产品和优质用户服务而建立了强有力的竞争优势。

1. 识别企业创造价值的关键活动

企业的价值最终需要内部多个价值链环节的有效整合才能实现。价值链分析最重要的就是揭示特定企业相对于其竞争对手的成本优势或劣势的来源与大小。通过价值链分析，企业可以分析哪些活动对吸引与留住顾客起到了关键作用。即确认哪些活动能向客户传递独特的价值，从而更好地了解自身的资源和能力，确定在从原材料输入到提供客户服务活动的整个过程中企业创造价值和产生优势的关键战略性环节。通过强化优势、克服劣势，将精通的价值链活动转化成竞争优势，最终获取最有价值的绩效目标。

企业不仅要理解自身价值链的运作，而且要理解其竞争者、供应商和分销商，以及整个行业的价值链。

2. 了解竞争对手的状况

企业一般难以在价值链的每一个环节上都具有明显的优势，而且随着外部环境的动态变化，企业还可能需要动态地优化自身的价值链环节。通过对竞争对手价值链的分析，了解竞争对手的成本情况、市场份额，使企业能借此评价自身与竞争对手相比的成本态势，客观评价自己在竞争中的优势和劣势，制定取得竞争优势的竞争战略，并不断优化自身的价值链环节。

3. 分析供应商和分销商的价值链，寻求降低成本的有效途径

在大多数行业中，很少有哪家企业可以单独承担从产品设计、生产，到将最终产品交付给最终用户的全部价值活动。最终产品的形成和交付通常都需要许多企业的共同合作，竞争对手之间的成本与利润差别常常可能来自其供应商和分销商所从事的业务活动。创造某种产品或者服务所必需的一系列企业间的关系就构成了价值传递体系（图 6-4）。每个企业则在这样的更广义的价值链中承担了一个专业化的角色。

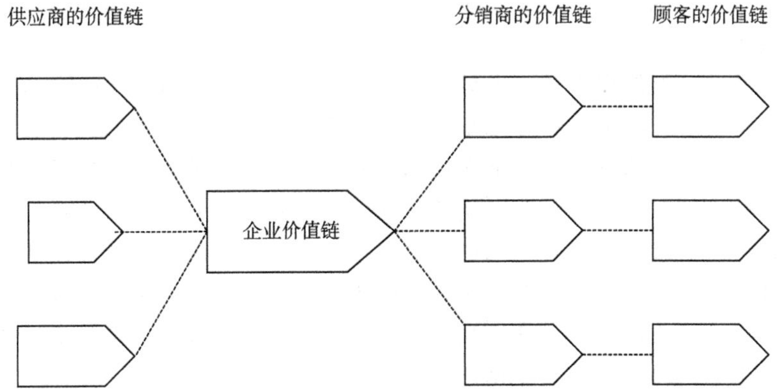

图 6-4　企业的价值传递体系

资料来源：波特的《竞争优势》（1985 年）

由图 6-4 可以看出企业大量的成本和创造价值的活动与其供应商和分销商的价值链

相连。供应商为企业生产并传递企业价值链中的投入品，这些投入品的成本、性能、特征以及质量会影响企业自身产品的成本和差异化程度。任何可能帮助供应商降低其价值链活动成本或提高其供应物的质量性能的活动，最终都能强化企业的竞争力。分销商将企业的产品传递给最终消费者，分销商的成本和利润是消费者所支付价格的一部分，另外分销的活动也会影响消费者的满意度。因此，企业的价值链通常与其供应商和分销商的价值链紧密联系。企业的成本和利润的优势不仅依赖其内部活动，还依赖于其所处的价值传递体系中供应商和分销商的活动。企业需要了解整个价值传递体系，并考虑如何处理好与这些环节的关系，才有利于提升顾客价值。

如果一个企业很好地了解了这个广义的价值链，了解了成本和价值是在何处产生及创造的，它就能有充分的信息，进而对创造价值过程中的各种问题做出更多更好的选择决策。例如，对某项业务活动或某个零部件，企业是自己完成还是外包？确定在价值链的各个环节上，谁可能是最好的合作伙伴？与每个合作伙伴发展什么样的关系（是供应商还是战略联盟）？企业的这种整合广义价值链上其他成员，使价值链的各部分活动充分发挥作用，提升顾客价值的能力能为企业带来胜过其他企业的竞争优势。

章内阅读 6-2

供应链、产业链和生态链

供应链是指围绕核心企业，从配套零件开始，制成中间产品以及最终产品，最后由销售网络把产品送到消费者手中的，将供应商、制造商、分销商直到最终用户连成一个整体的功能网链结构，即由物料获取、物料加工、并将成品送到用户手中这一过程所涉及的企业和企业部门组成的一个网络。有学者认为，通过增值过程和分销渠道控制从供应商到用户的流动就是供应链，它开始于供应的原点，结束于消费的终点。供应链的概念将企业的生产活动进行了前伸和后延，在顾客和供应商之间形成了一种衔接。供应链体现了企业间的内在的相互依存，可能是增值的，也可能是不增值的。成功的供应链管理能够协调并整合供应链中所有的活动，通过企业间的协作，谋求供应链整体最优。

产业链是产业经济学中的一个概念，是各个产业部门之间基于一定的技术经济关联，并依据特定的逻辑关系和时空布局关系客观形成的链条式关联关系形态。一般产业链向上游延伸进入基础产业环节和技术研发环节，向下游则进入市场拓展环节。产业链的实质就是不同产业的企业之间的关联，而这种产业关联的实质则是各产业中企业之间的供给与需求的关系。产业链主要用于分析产业的宏观格局和趋势。

产业链以产业为节点，以产业间的关联为形式；供应链以企业为节点，以企业间的连接为形式。产业链侧重于产业联系、企业布局和分工协作关系，而供应链则侧重于企业之间资源的转换、传递等供应关系。

生态链是一个更宏观的概念。狭义的企业生态链可以理解为产业链，广义的企业生态链就是企业在一个大的经济环境中的生存发展状态。企业生态链侧重强调的是良性循环，和谐生态链遵循开放、有序、合作、共赢的原则，在实现用户利益的同时，让身处其中的各个成员共存共荣，最终实现整个链条及生态系统的和谐发展。

与供应链和产业链以企业利益为中心的“捆绑”不同，生态链的本质是以用户利益为中心的“连接”。

（三）价值链分析的基本步骤

价值链分析的过程可能会很复杂，有时需要进行大量的判断。因为价值链上的各要素之间存在着复杂的相互关系，价值链上的不同要素会对其他要素产生积极或消极的影响。例如，超高水平的用户服务会带来异常高昂的成本，但又可以降低退货成本，进而增加收入。价值链分析的基本步骤如下。

第一，将企业的运作分解为特定的活动或业务过程。

第二，确定各个活动的成本，成本可以是时间的成本，也可以是金钱的成本。

第三，通过考查可以导致竞争优势或劣势的竞争性成本优势和竞争性成本劣势，将成本数据转换成特定形式的信息。

二、SWOT 分析法

由于外部与内部因素都在不断发生变化，战略制定者为获取和保持企业竞争优势，必须不断识别和利用有利的变化，并克服不利变化所带来的影响。理解外部与内部因素，以及两者间的关系，是有效制定企业战略的关键。

SWOT 分析法是一种对企业外部环境中的机会、威胁与内部的优势、劣势进行综合分析，并以此作为企业制定战略的依据的分析方法。SWOT 是优势（strength）、劣势（weakness）、机会（opportunity）和威胁（threat）四个英文单词的第一个字母所构成的缩略语。主要用于估计企业的战略、自身内部能力（即企业的优势和劣势）和外部可能性（即企业面临的机会和威胁）之间是否相适应。

战略管理的基本宗旨就是利用外部机会，回避外部威胁或减少外部威胁的影响。外部机会和外部威胁是指在经济、社会、文化、人口、环境、政治、法律、政府、技术和竞争等方面可以明显使企业在未来受益或受害的发展趋势和事件。机会和威胁基本上是在企业的控制范围之外，因此被称为是“外部”的。计算机革命、生物技术、人口迁移、新法律的通过、自然灾害、能源成本的提高、对工作的价值观和态度的改变、太空开发、可再生包装及来自外国公司的竞争等都是企业所面临的机会与威胁的例子。这些变化都正在产生新一类的消费者，进而也产生了对新类型产品、服务和企业经营战略的需求。内部优势和内部劣势是企业内部可控制的因素。管理、营销、财务会计、生产作业、研究与开发及管理信息系统等环节都可以是企业的优势与劣势。识别和评价企业各职能部门优势与劣势的过程是战略管理中的一项基本活动。企业应努力采用那些能够利用内部优势和弥补内部劣势的战略。通常优势和劣势是企业相对于竞争者而言的，但是也可以是企业相对于自己的目标而言的。例如，高库存周转率对于一家极力防止产品脱销的公司来说，可能并不构成一种优势。

（一）SWOT 分析中常见的分析要素

SWOT 分析的第一步是针对企业的内外部环境条件，综合企业的优势和劣势、机会与威胁。归纳企业关键的外部及内部因素是进行 SWOT 分析最重要的技术内容。

（1）内部优势是指企业擅长的活动或能增强其竞争力的特性。主要包括：①清晰的战略；②市场的主导地位；③与行业关键成功因素相匹配的资源和能力；④关键技能或技术诀窍；⑤能充分利用规模经济或学习曲线效应；⑥成本优势；⑦领导和管理技能；⑧良好的财务状况和现金资源；⑨良好的装备的生产能力和生产年限；⑩创新能力；⑪企业的结构网络；⑫强大的品牌和良好的社会声誉；⑬较宽的产品线；⑭与竞争对手不同或优于竞争对手的产品；⑮产品或服务的质量好。

（2）内部劣势是指可能影响和约束企业目标实现的内部因素。①含糊的战略；②资源和能力不能与行业的关键成功因素相匹配；③缺乏核心实力和关键技术；④研发能力弱；⑤厂房设备陈旧，生产成本高；⑥相对于竞争对手，产品线较窄；⑦财务实力差，现金流量小；⑧缺乏领导和管理技巧；⑨缺乏创新思想；⑩企业结构不合理；⑪产品品质一般或低下，社会声誉差；⑫市场份额小。

（3）外部机会是与企业的资源和能力相匹配，能带来增长和发展的有利外部因素。①可能获取新的市场份额；②多元化的可能；③市场成长；④竞争对手的劣势；⑤人口的变化和社会的变革；⑥政治、经济环境的有利变革；⑦兼并或新的合伙人；⑧经济环境复苏；⑨有机会利用新的技术；⑩加入战略联盟或合作经营；⑪国际化中的贸易壁垒减少或消失。

（4）外部威胁是可能会影响企业未来发展和市场地位的外部不利因素：①新的市场进入者；②竞争加剧；③消费者和供应商的压力增强；④替代品的威胁；⑤市场增长缓慢；⑥顾客或供应商的讨价还价能力；⑦经济周期的低迷时期；⑧技术威胁；⑨政治或者经济环境的不利变革；⑩人口统计学的不利变化；⑪国际化中的贸易壁垒。

（二）基于 SWOT 分析的战略制定

SWOT 分析的第二步是在归纳出企业的优势和劣势、机会与威胁的基础上，探索设计出有效的战略。此步的分析中可能会面临四类战略的匹配，即 SO 战略、WO 战略、ST 战略和 WT 战略。

（1）SO 战略是一种利用企业外部机会，发挥企业内部优势的战略。所有的管理者都希望自己的企业处于这种状况，即可以利用自己的内部优势去抓住和利用外部趋势与事件所提供的机会。由于内部的资源和外部环境的机会达到最佳的匹配，企业适宜采用发展型战略，主要可以通过如下两种方式强化企业的竞争优势：找出最佳的资源组合来获得竞争优势；提供资源来强化、扩展已有的竞争优势。

（2）WO 战略的目标是通过利用外部机会来弥补内部劣势。适用于这一战略的基本情况是：存在一些外部机会，但企业有一些内部的劣势妨碍着它利用这些外部机会。战略应在如下两种方式中权衡：加强投资，将劣势转化为优势以开拓机会；抑或放弃机会。例如，市场对可以控制汽车引擎注油时间和注油量的电子装置存在着巨大需求（机会），但某些汽车零件制造商可能缺乏生产这一装置的技术（劣势）。一种可能的 WO 战略是通过与在这一领域有生产能力的企业组建合资企业而得到这一技术；另一种 WO 战略可以是聘用所需人才或培训自己的人员，使他们具备这方面的技术能力从而和内部优势与外部机会相匹配。

（3）ST 战略是利用本企业的优势回避或减少外部威胁的影响。这时的战略可以考虑：通过重新构建企业资源来获得竞争优势，将威胁转化为机会，如采用多样化战略以分解风险；或者，企业采取防守战略，等待时机以找到其他有前景的机会。在很多产业中，竞争对手模仿本公司的计划、创新及专利产品而构成对企业的一种巨大威胁。

（4）WT 战略是一种旨在减少内部劣势同时回避外部环境威胁的防御性战略。一个具有众多内部劣势的企业，在面对大量外部威胁时的确处于高风险的境地。内部劣势与外部威胁相关时是最糟糕的情况。然而，市场的竞争具有高度的不确定性，如果不幸遇到这种情况，企业通常都会面临被并购、宣告破产或结业清算的困境。在不得不为生存而奋斗的时候，企业可采用紧缩战略，尽量避开威胁。

（三）SWOT 矩阵的构建

为了将 SWOT 分析结果直观地表示出来，通常使用 SWOT 矩阵。SWOT 矩阵由九个方格组成，如表 6-1 所示，其中有 4 个因素方格，4 个战略方格。建立 SWOT 矩阵的过程包括如下 8 个步骤。

表 6-1　SWOT 分析矩阵

环境	优势（S） 1. 2. ……	劣势（W） 1. 2. ……
机会（O） 1. 2. ……	SO 战略（发挥优势，利用机会） 1. 2. ……	WO 战略（利用机会，克服劣势） 1. 2. ……
威胁（T） 1. 2. ……	ST 战略（利用优势，回避威胁） 1. 2. ……	WT 战略（减少劣势，回避威胁） 1. 2. ……

（1）列出企业的关键外部机会，填入机会（O）方格。

（2）列出企业的关键外部威胁，填入威胁（T）方格。

（3）列出企业的关键内部优势，填入优势（S）方格。

（4）列出企业的关键内部劣势，填入劣势（W）方格。

（5）分析当企业的内部优势与外部机会相匹配时的企业战略，把结果填入 SO 战略方格。

（6）分析当企业的内部劣势与外部机会相遇时的企业战略，把结果填入 WO 战略方格。

（7）分析当企业的内部优势与外部威胁相遇时的企业战略，把结果填入 ST 战略方格。

（8）分析当企业的内部劣势与外部威胁相遇时的企业战略，把结果填入 WT 战略方格。

通过（5）、（6）、（7）、（8）各步骤分析产生的是备选战略，但并不是所有在 SWOT 矩阵中得出的战略都要被实施。

三、财务比率分析法

（一）财务比率分析的目的和意义

财务比率分析是利用企业财务报表（资产负债表、利润表、现金流量表等三大表以及相关附表的报表体系），通过有关财务比率的计算，分析、了解企业的状况。财务比率反映的只是企业在某一时点的状况，而将不同时期的比率进行比较，或将企业的比率与行业平均水平相比则可得出更有意义的统计结果，以用于确认和评价企业的优势与劣势。财务比率分析通常从两方面进行：一是计算本企业有关财务比率，并与同行业中的竞争对手进行比较，或与同行业的平均财务比率进行比较，借以了解本企业同竞争对手或同行业一般水平相对比的财务状况和经营成果；二是将计算得到的财务比率同本企业过去的财务比率和预测未来的财务比率相比，借以测定企业财务状况和经营成果在一个较长时期内是否有所改善或恶化。

财务比率分析法被广泛用于确定企业在投资、融资和分红方面的优势与劣势。由于企业的各财务功能领域高度相关，各种财务比率可以反映企业在管理、营销、生产、研究与开发及管理信息系统等各方面活动的优势与劣势。潜在投资者和现在的股东都密切关注企业的财务比率，并将这些比率与行业平均值和企业的历史值进行详细的比较。

财务比率对于营利企业和非营利企业同样适用。尽管非营利企业在进行财务比率分析时不会有投资收益或每股收益这一类的比率指标，它们也可以经常性地考核其他多种特定指标，这类企业也要像营利企业一样努力实现财务上的良好表现。

财务比率分析还可以为建立内部因素评价矩阵提供重要的输入信息。

（二）雷达图分析法

雷达图分析法是日本企业界在进行企业实力评估时采用的一种财务状况综合评价方

法，因其所绘制出的财务比率综合图状似雷达的放射波，故名雷达图。雷达图分析法是利用企业的收益性、安全性、流动性、成长性和生产性等五个方面的财务比率，对企业财务状态和经营现状进行直观、形象的综合分析与评价。

1. 收益性指标

分析收益性指标，目的在于观察企业一定时期的收益及获利能力。其主要指标含义及计算公式如表 6-2 所示。

表 6-2　企业收益性指标的含义及计算公式

收益性指标	含义	计算公式
资产报酬率	企业总资产的利用效果	（净收益+利息费用+所得税）/平均资产总额
所有者权益报酬率	所有者权益的回报	税后净利润/所有者权益
普通股权益报酬率	股东权益的报酬	（净利润–优先股股利）/平均普通股权益
普通股每股收益额	股东权益的报酬	（净利润–优先股股利）/普通股股数
股利发放率	股东权益的报酬	每股股利/每股利润
市盈率	股东权益的报酬	普通股每股市场价格/普通股每股利润
销售利税率	企业销售收入的收益水平	利税总额/净销售收入
毛利率	企业销售收入的收益水平	销售毛利/净销售收入
净利润率	企业销售收入的收益水平	净利润/净销售收入
成本费用利润率	企业为取得利润所付的代价	（净收益+利息费用+所得税）/成本费用总额

2. 安全性指标

分析安全性指标，目的在于观察企业在一定时期内的偿债能力。其主要指标含义及计算公式如表 6-3 所示。

表 6-3　企业安全性指标的含义及计算公式

安全性指标	含义	计算公式
流动比率	企业短期偿债能力和信用状况	流动资产/流动负债
速动比率	企业立刻偿付流动负债的能力	速动资产/流动负债
资产负债率	企业总资产中的负债	负债总额/资产总额
所有者权益比率（股东权益比率）	企业总资产中的所有者权益	所有者权益/资产总额
利息保障倍数	企业经营所得偿付借债利息的能力	（税前利润–利息费用）/利息费用

3. 流动性指标

分析流动性指标，目的在于观察企业在一定时期内的资金周转状况，掌握企业资金的运用效率。其主要指标含义及计算公式如表 6-4 所示。

表 6-4 企业流动性指标的含义及计算公式

流动性指标	含义	计算公式
总资产周转率	全部资产的使用效率	销售收入/平均资产总额
固定资产周转率	固定资产的使用效率	销售收入/平均固定资产总额
流动资产周转率	流动资产的使用效率	销售收入/平均流动资产总额
应收账款周转率	年度内应收账款的变现速度	销售收入/平均应收账款
存货周转率	存货的变现速度	销售成本/平均存货

4. 成长性指标

分析成长性指标，目的在于观察企业在一定时期内经营能力的发展变化趋势。成长性不好，也就意味着一个企业未来的营利能力下降。其主要指标含义及计算公式如表 6-5 所示。

表 6-5 企业成长性指标的含义及计算公式

成长性指标	含义	计算公式
销售收入增长率	销售收入变化趋势	本期销售收入/前期销售收入
税前利润增长率	税前利润变化趋势	本期税前利润/前期税前利润
固定资产增长率	固定资产变化趋势	本期固定资产/前期固定资产
人员增长率	人员变化趋势	本期职工人数/前期职工人数
产品成本降低率	产品成本变化趋势	本期产品成本/前期产品成本

5. 生产性指标

分析生产性指标，目的在于了解在一定时期内企业的生产经营能力、管理水平和成果的分配。其主要指标含义及计算公式如表 6-6 所示。

表 6-6 企业生产性指标的含义及计算公式

生产性指标	含义	计算公式
人均销售收入	企业人均销售能力	销售收入/平均职工人数
人均净利润	企业经营管理水平	净利润/平均职工人数
人均资产总额	企业生产经营能力	资产总额/平均职工人数
人均工资	企业成果分配状况	工资总额/平均职工人数

雷达图的绘制方法：首先，在平面上画出三个同心圆，并将其等分成五个扇形区，分别表示收益性、安全性、流动性、成长性和生产性。通常，最小圆圈代表同行业平均水平的 1/2 或最低水平；中间圆圈代表同行业平均水平，又称标准线；最大圆圈代表同行业先进水平或平均水平的 1.5 倍。其次，在五个扇形区中，从圆心开始，分别以放射线形式画出 5～6 条主要经营指标线，并标明指标名称或标号。最后，将企业同期的相应指标值用点标在图上，以线段依次连接相邻点，形成折线闭环，最终绘制成如图 6-5 所示的雷达图。

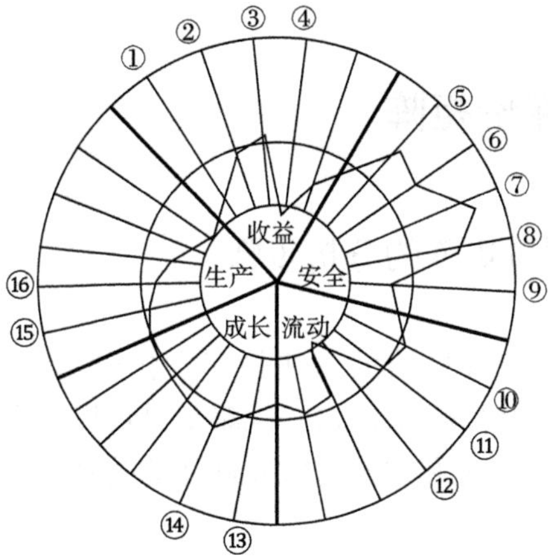

图 6-5　雷达图

对雷达图中的各指标进行分析，当指标值处于标准线以内时，说明该指标低于同行业平均水平，需要查明原因加以改进；若指标值接近最小圆圈或处于其内，说明该指标处于极差状态，是企业经营的危险标志，应重点加以分析改进；若指标值处于标准线外侧，说明该指标处于理想状态，是企业的优势，应采取措施对其加以巩固和发扬。

（三）财务比率分析的局限性

虽然财务比率分析是战略分析的重要工具，但它也有一些局限性。

首先，财务比率的基础是会计数据，而会计准则允许对许多项目进行不同的处理，如对折旧、库存价值、研究与开发支出、退休金计划支出、合并及税收等的处理，各企业在这些项目上的不同处理方法会影响所报告的数字，以及依此进行的后续分析。此外，季节因素也会影响比率的可比性。企业的财务比率与产业平均水平相符合并不一定意味着企业运作正常或管理良好。同理，偏离产业平均水平也不一定就意味着企业的经营状况特别好或特别不好。例如，高存货周转率可以象征有效的库存管理和良好的流动资金状况，但它也可以意味严重的库存短缺和不良的流动资金状况。因此，财务比率分析结果数据的完整性和精确性有时甚至会对一个企业的健康状况产生误导性指示。

其次，并不是所有的财务比率对所有的产业和企业都具有意义，不同性质的行业企业在进行财务比率分析时对各类财务指标具有一定的可选择性。例如，对那些主要收取现金的企业来说，应收账款周转率指标就不是很有意义。

最后，需要指出的是企业的财务状况不仅取决于自身的财务功能，还取决于很多其他的内外部因素，如各项管理职能决策的正确性、各利益相关方的行动、外部宏观环境的发展趋势等，甚至连环境保护责任也会影响到财务比率。因此，应当明智地进行财务比率分析。

四、内部因素评价矩阵

（一）内部因素评价矩阵的分析步骤

对内部战略管理分析进行总结的方法是建立内部因素评价矩阵（internal factor evaluation matrix，以下简称 IFE 矩阵）。这一战略工具可以帮助企业总结和评价企业各职能领域的优势与劣势，并为确定和评价这些领域间的关系提供基础。IFE 矩阵可以按如下五个步骤来建立。

（1）识别出企业内部战略条件中的关键因素。通常以采用 10～20 个内部因素为宜，包括优势和劣势两方面。首先列出优势，然后列出劣势。

（2）给每个因素设定权重值。权重标志着该因素对于企业战略的相对重要程度，其取值范围由 0.0（不重要）到 1.0（非常重要）。无论关键因素是内部优势还是劣势，对企业绩效有较大影响的因素都应当得到较高的权重，并使所有权重之和等于 1。

（3）为各因素进行评分。通常 1 代表重要劣势；2 代表次要劣势；3 代表次要优势；4 代表重要优势。请注意，评分是以企业自身为基准，而权重则以产业为基准。

（4）用每个因素的权重乘以它的评分，即得到每个因素的加权分数。

（5）将所有因素的加权分数相加，得到企业的总加权分数。

因素的数量不影响总加权分数的范围，因为权重总和永远等于 1。无论 IFE 矩阵包含多少因素，总加权分数的范围都是从最低的 1.0 到最高的 4.0，平均分为 2.5。总加权分数大大低于 2.5 的企业的内部状况处于弱势，而分数大大高于 2.5 的企业的内部状况则处于强势。

当某种因素既构成优势又构成劣势时，该因素将在 IFE 矩阵中出现两次，而且被分别给予权重和评分。对于有多个分公司的大型公司，其每个自主经营的分公司或战略事业部门都应建立自己的 IFE 矩阵，各分部门矩阵综合起来便构成制定公司总体 IFE 矩阵的基础。

（二）内部因素评价分析示例

表 6-7 为某企业内部因素评价矩阵示例，从表中可以看出，该企业的主要优势在产品质量，评价值为 4，劣势为组织结构，评价值为 1；经过评价分析该企业的综合加权评价值为 2.4，说明该企业的内部因素的综合地位处于行业平均水平之下。

表 6-7 内部因素评价矩阵示例

内部关键因素	权重	评价值	加权评价值
职工士气	0.20	3	0.60
产品质量	0.20	4	0.80
营运资金	0.10	3	0.30

续表

内部关键因素	权重	评价值	加权评价值
利润增长水平	0.15	2	0.30
技术开发人才	0.05	2	0.10
组织结构	0.30	1	0.30
总计	1.00		2.40

（三）IFE 矩阵的局限

在建立 IFE 矩阵时，各关键因素权重和评价值的确定都是靠直觉的判断，是一种定性结果的定量化的描述，有一定的主观性。因此，对矩阵中因素的透彻理解比仅比较实际数字更为重要。

思考题

1. 将 SWOT 矩阵用于个人对未来的规划。个人与企业在很多方面都很相似，两者都有竞争者，也都应当对未来进行规划。个人和企业都要面对某些外部机会与威胁，也都有一些内部优势与劣势，个人与企业都要树立目标，也都要进行资源配置。设想你现在即将完成学业并开始参加求职面试，尤其需要进行个人规划，请建立一个 SWOT 矩阵，其中包括你认为自己所具备的主要优势和劣势及自己所面对的主要外部机会和威胁。分析得出能使你发挥优势、克服劣势、利用外部机会、减小外部威胁的可供选择的战略或行动方案。（每个人都是特殊的，本练习不存在唯一正确的答案。）

2. 组成一个五人小组，共同为你们所在的大学（或其他组织）构建一个 IFE 矩阵，将你们组的 IFE 矩阵与其他组的矩阵进行比较，并就主要区别进行讨论。企业的战略在很大程度上就是为了发挥优势和弥补劣势。通过评价你所在大学（或其他组织）的主要优势与劣势，你认为何种战略可使你所在的大学（或其他组织）发挥优势？何种战略又可使其弥补劣势？

3. 如何识别企业的核心能力？

案例分析

拼多多的上市底气

第三篇

企业战略选择

本篇就企业可供选择的战略分别进行了阐述，企业发展战略主要介绍了专业化、一体化和多元化发展战略的含义、类型、战略利益与风险及应用；企业竞争战略主要介绍了成本领先战略、差异化战略和集中化战略的含义、战略利益、竞争风险及制定，并阐述了不同产业结构下的企业竞争战略；企业创业战略主要介绍了创业战略的含义、动因和模式；企业创新战略主要介绍了创新战略的内涵、类型和路径选择；企业国际化经营战略主要介绍了国际化战略实施的动因和特征、国际化战略的类型及选择；企业并购与企业战略联盟主要介绍了企业并购与企业战略联盟的动机、类型及战略选择；企业战略评价方法主要介绍了对战略方案进行评价和选择的四种方法。

第七章　企业发展战略

本章学习目标

1. 了解企业发展战略的类型
2. 掌握专业化发展战略的含义和应用
3. 掌握一体化发展战略的含义、类型和应用
4. 掌握多元化发展战略的含义、类型和应用
5. 理解战略选择过程的影响因素

案例引导

公牛集团为什么这么牛

企业发展始终是企业追求的长期目标，企业发展战略主要针对未来的发展目标，结合面临的外部环境和企业内部条件，探讨企业如何在未来的竞争中获得竞争优势，从而使企业不断发展壮大。根据企业的战略分析和追求的战略目标，可供选择的发展战略类型有专业化、一体化、多元化和国际化发展战略。

第一节　企业发展战略的内涵与特征

一、企业发展战略的内涵

企业发展战略是企业战略中最重要的一种，是对企业发展中整体性、长期性、基本

性问题的谋略，是企业最基本的战略。企业发展战略是企业的灵魂，是企业发展方向的启明星，也是企业实现竞争并取胜的最高纲领。企业发展是成长、壮大的过程，其中既包括量的增加，也包括质的变化，因此企业发展战略目标应包括企业未来发展的数量指标和质量指标。

发展战略为什么成为企业管理者追求的战略首选？一个重要的原因是发展战略的最终目标在于促使企业不断发展壮大。企业只有发展才能做大做强自己，才能在发展中抓住机遇，才能在发展中摆脱危机，战胜竞争对手，因此发展理念应贯穿企业经营的始终。同时，企业的高层管理者在企业的发展中才能充分体现自己的价值，掌握更大的权力，享受企业发展给自己带来的成就感。此外，由于大多数企业对高层管理者都有股权激励，股价的高低取决于企业的发展程度，决定了高层管理者的薪酬水平，故通过制定发展战略，促使企业不断发展，能使企业高层管理者从资本增值中获得财富的累积。

但是，我们应认识到，发展战略给企业和企业管理者带来战略收益时，也存在着战略风险。“风险与收益成正比”是企业投资活动的基本定律。“高收益必定伴随着高风险，但高风险未必能带来高收益”。追求发展战略的企业，在发展中面临着各种不确定性，如果预测不准，洞察力不强，企业不仅不能发展，反而会浪费大量的资源，经营业绩下滑，最终走向灭亡，一个典型的案例便是史玉柱的巨人集团的倒下。因此，在发展战略的制定和实施中，一定要树立风险意识；同时，应清楚地认识到，发展不是盲目发展，发展不是唯一目的，其真正意义是通过发展构建企业的核心能力，提升企业的竞争力，并在此基础上获得经营绩效。当企业面临内外环境的制约和威胁时，生存成为企业的首要目标，此时宜选择防御、调整、撤退等不发展战略，维持或缩减企业经营规模，进行资源的重新优化配置，保证企业的持续经营。

二、企业发展战略的特征

（1）整体性。整体性是相对于局部性而言的，任何企业发展战略谋划的都是整体性问题，而不是局部性问题。企业是一个由若干相互联系、相互作用的局部构成的整体。局部有局部性的问题，整体有整体性的问题，但整体性问题不是局部性问题之和，与局部性问题具有本质的区别。企业发展面临很多整体性问题，如对环境重大变化的反应问题，对资源的开发、利用与整合问题，对生产要素和经营活动的平衡问题，对各种基本关系的理顺问题等。谋划好整体性问题是企业发展的重要条件，要时刻把握企业的整体发展。

（2）长期性。长期性是相对于短期性而言的，任何企业发展战略谋划的都是长期性问题，而不是短期性问题。企业存在寿命，寿命有长有短，经营者应该树立“长寿企业”意识。为了使企业“长寿”，不但要重视短期发展问题，还要重视长期发展问题。企业长期发展问题不是短期发展问题之和，与短期发展问题具有质的差异性。希望“长寿”的企业面临的长期性问题很多，如发展目标问题、发展步骤问题、产品与技术创新问题、品牌与信誉问题、人才开发问题、文化建设问题。希望“长寿”的企业要关心未来，对未来问题不但要提前想到，而且要提前动手解决，因为解决任何问题都需要一个过程。

（3）基本性。基本性是相对于具体性而言的，任何企业发展战略谋划的都是基本性问题，而不是具体性问题。企业的问题好像一棵树，树叶长在树枝上，小枝长在大枝上，树枝长在树杈上，小杈长在大杈上，树杈长在树干上。树叶问题成千上万，树杈问题成百上千，树干问题就不多了。树干问题虽然不多，但很重要。树干歪了，树枝、树叶都跟着歪；树干折了，树枝、树叶都跟着死。树干问题是树的基本性问题，它决定了树的许多问题，而树种问题则是树的最基本性问题。树的内在品质与外在形貌，树的使用价值与生命周期，树对冷、热、酸、碱等环境的适应能力等，无不与树种有关。许多人只重视对树的日常管理，管土、管肥、管水、管风等，然而，这一切管理只有在选准树种的前提下才富有意义。每个企业也都存在类似于树干和树种的问题。企业一定要把握并解决好这类问题，只有解决好这类问题才不会有重大失误，才会实现跳跃式发展。

（4）谋略性。谋略性是相对于常规性而言的，任何企业发展战略都是关于企业问题的计谋而不是常规思路。企业都希望发展得快一些，这就需要加强谋略。谋略不是生搬的理论，不是硬套的经验，不是脑瓜一热之后的主观想象，不是常规的思路，更不是空洞的口号，而是正确、实际、新颖、奇特的解决办法。在研究企业发展时就应该多拿出一些对、实、新、奇的解决办法。“对”指的是正确；“实”指的是实际；“新”指的是创新；“奇”指的是奇特。只有同时具备“对、实、新、奇”这四个字的谋略才是高明的谋略，只有同时具备“对、实、新、奇”这四个字的企业发展战略才是高明的企业发展战略。谋略要靠智慧。智慧之中包含知识，但知识本身并不是智慧，智慧与知识具有本质的区别。许多军事家都有“空城计”的知识，但不能说他们有诸葛亮那样的智慧。智慧是对主客观条件变化的机敏反应，是对理论知识和先进经验的灵活运用，先知为智。许多企业经营的产品相同，为什么有的赚大钱，有的不赚钱？其中有一条重要原因：是率先经营，还是跟着模仿。要是都生产一种产品就很难赚钱了，要是都使用一种营销方法也就很难赚钱了。企业要发展，要创新，就要尊重智慧、开发智慧、运用智慧。要以智兴企，以智强企。

发展战略必须同时具备上述四个特征，缺少其中一个特征都不是典型的企业发展战略。

章内阅读 7-1

伊利引领乳业高质量发展

作为乳业龙头企业，内蒙古伊利实业集团股份有限公司（以下简称伊利）在董事长潘刚提出的“成为全球最值得信赖的健康食品提供者”这一愿景下，始终坚持“以消费者为中心”，以“智慧产业双融合”为抓手，整合全球优势资源，持续为消费者提供高品质的产品和服务，打造“全球健康生态圈”，全方位赋能“双循环”新发展格局，引领全球乳业高质量发展。

1. 智慧融合推动全球乳业创新

智慧是创新的基础，伊利一直以来不断整合国内外研发资源，通过对全球人才、智力、标准等资源进行整合，打造“全球智慧链”，推动“智慧融合”，布设了一张现已覆盖亚洲、欧洲、大洋洲、美洲的全球领先的研发机构创新网络。

一方面，伊利与被称为“国际质量三巨头”的瑞士通用公证行（Societe General de Surveillance，SGS）、英国劳氏质量认证有限公司（Lloyd's Register Quality Assurance，LRQA）和英国天祥集团（Intertek）达成战略合作，汇集全球智慧成果，通过全球领先质量管理体系升级产品品质。

另一方面，伊利联合世界一流院校，建设全球领先的创新队伍。在荷兰，伊利联手欧洲生命科学领域的知名学府瓦赫宁根大学，设立伊利欧洲创新中心，这是迄今为止中国乳制品行业海外规格最高的创新研发中心；在新西兰，伊利和林肯大学签署战略合作协议，推动中新农牧业技术创新；在美国，伊利与宾夕法尼亚大学等高校、科研院所一起实施“中美食品智慧谷”，在营养健康、产品研发、食品安全等多个领域展开全方位立体式合作，为全球乳业的创新发展提供强大的驱动力。

截至2019年底，伊利全球专利申请总数、发明申请总量位列世界乳业第三，充分发挥了“智慧融合”的优势，打造了全球乳业创新高地。

2. 产业融合构建全球健康生态圈

多年来，伊利所做的不只是为了企业自身发展，更肩负着推动全产业链共同发展的责任和使命。近年来，伊利深入探索产业集群模式，围绕核心工厂、奶源基地、配套产业三大要素构建乳制品全产业链，以产业协同发挥集群优势，带动奶业整体提升。在2020年10月举办的2020中国奶业20强（D20）峰会上，伊利宣布未来5年将投入300亿元扶持上游奶业，此举充分展现了乳业龙头的担当，也必将推动行业高质量发展。

与此同时，伊利还极具前瞻性地提早开始进行全球产业布局，整合全球资源，内外发力、双策并举，以实际行动助力国内国际双循环相互促进的新发展格局，树立了中国乳业发展的新标杆。

2014年，中国与新西兰两国的领导人共同为伊利大洋洲生产基地揭牌，这是全球最大的一体化乳业基地之一，覆盖科研、生产、深加工、包装等多个领域，总投资额高达30亿元，创造了中新两国投资规模的新纪录。2017年，伊利大洋洲生产基地二期揭牌，这一中新两国加强经贸合作的标志性项目，也因其“输出管理、输出标准、输出智慧”的创新模式，成为落实“一带一路”倡议的新典范。专家认为，新西兰是全球最大的奶粉出口国，伊利通过在新西兰的投资，在掌握了上游资源的同时输出技术、管理和标准，极大地增强了在国际市场上的话语权。2020年，伊利的合作伙伴已遍及五大洲，分布在33个国家，成为“全球健康生态圈”建设的核心力量。

3. 聚全球资源满足消费者需求

“成人达己，做消费者的‘真爱粉丝’，将所有消费者都当作VIP，倾听他们的声音，满足他们的需求。”这是潘刚反复强调的发展理念，也是伊利的价值选择和实际行动。通过深入持续挖掘目标消费人群的潜在需求，做到比消费者还要懂他们自己，甚至超越消费者的想象，这始终是伊利的追求。

为了更懂消费者，伊利搭建了覆盖420个数据源、有效数据量级达到全网90%以上的大数据雷达平台，实时利用大数据洞察消费者的深层次需求，进而通过全球智慧、产业“双融合”，汇聚全球优质资源，持续为消费者提供高品质的产品和服务。

仅2020年上半年，伊利就推出了“安慕希”芝士波波球常温酸奶、“金典”低温牛奶、“畅轻”纤酪乳低温酸奶、“QQ星”儿童成长配方奶粉、“植选”无糖豆乳、“妙芝”口袋芝士成人奶酪棒等新品，受到消费者广泛认可。凯度消费者指数发布的《2020亚洲品牌足迹报告》显示，伊利凭借91.6%的品牌渗透率、近13亿人的消费者触及数，连续5年位列“中国市场消费者选择最多的品牌”榜首，企业稳健发展，持续领跑全球乳业。

资料来源：汪盈. 2020. 伊利引领乳业高质量发展. https://baijiahao.baidu.com/s?id=1685527800691025533&wfr=spider&for=pc[2020-12-09].

第二节　专业化发展战略

一、专业化发展战略的含义

专业化发展战略又称单一化发展战略，是指企业集中资源只生产或提供一类产品或服务的战略。例如，只销售冰淇淋或汉堡包、只生产咖啡等。这种战略使企业经营方向明确，力量集中，能强化竞争能力和优势。

二、专业化发展战略的利益和风险

1. 战略利益

专业化发展战略的最大利益在于可以实现规模经济，即当平均成本或单位产出成本随着生产的产品或服务的数量增加而下降所出现的经济现象。经济学家认为，规模经济来源于下列几个方面。

（1）固定成本的不可分割性和分摊，当固定成本一定时，产出越大，分摊到单位产品的固定成本就越少。另外，即使生产规模或能力扩大一倍，固定资本投资也不会按同等比例增加。

（2）公司规模的扩大引起变动投入生产率的增加，从而提高生产率，也能够实现规模经济。

（3）储备存货也能带来规模经济，因为在缺货水平一样时，大业务量企业所必需的存货比例比小业务量企业要小，从而减少了大企业的存货成本。

（4）营销的经济性，广告费用及其他促销费用能够在更多的产品或服务中分摊。

（5）研究与开发的经济性，即单位研究与开发成本随着规模或销售量的增加而递减。

（6）采购的经济性，即通过大批量采购而获得单位采购成本的好处。

此外，实施专业化发展战略使企业经营方向更为明确，力量集中，能强化竞争能力和优势。具体包括以下几点。

（1）把企业有限的资源放到同一经营方向上，可以集中优势，强化竞争力。

（2）便于整个企业及其各部门制定比较简明、精确的业绩目标。

（3）有助于企业通过专业化的知识和技能提供精细、全面、满意和有效的产品和服务，在生产技术、客户服务、产品创新或整个业务活动的其他领域开辟新途径。

（4）可以使管理部门和企业管理人员，尤其是高层领导简化管理、减少管理工作量，掌握该领域精深的知识和有效的经验，把企业卓越的能力转化为领导潮流的创新。世界上有许多企业，包括一些大型企业，都通过实施专业化发展战略而成为某一领域的主导者。

2. 战略风险

专业化发展战略的风险也是显而易见的，它把所有的鸡蛋都放进一个篮子里。当单一经营所在的行业衰退、停滞或者缺乏吸引力时，实行专业化发展战略的企业将难以维持企业的成长。不过，一般说来，客户需求的变化、技术的创新或新替代品的出现，都有一个过程，企业有机会采取相应的变革对策。

三、专业化发展战略的应用

专业化发展战略考虑的是在既有的产品或服务的基础上，扩大规模，提高市场占有率，增加销售量。具体采取的措施有以下几点。

（1）充实现有生产线（如为现有生产线提供新尺寸、新花样、新颜色的产品）。

（2）在现有产品线内开发新产品。

（3）扩大实体分配及销售范围，向国内外新地域扩张。

（4）在一个地域内扩充分配及增加销售网点。

（5）在现有的销售网点内扩充货架、改善产品摆放位置和产品的陈列方式。

（6）通过广告、促销和特殊的定价方法来鼓励未使用者使用企业的产品，鼓励很少使用者更经常地使用本企业的产品。

（7）通过定价策略、产品差别化和广告手段，向竞争对手的市场渗透。

章内阅读 7-2

从不打广告的“老干妈”，为什么能在媒体上成为传说

要说国民辣酱是哪个品牌，“老干妈”认第二，没有其他品牌敢认第一。8 块钱一瓶的辣酱，每天卖出130万瓶，年销售额超过40亿元，“老干妈”创造了中国调味品牌的一个传奇。

更令人惊奇的是，“老干妈”的火爆业绩，居然是在从不做广告、没有社交媒体的情况下达成的！这究竟是怎么做到的？

“老干妈”的创始人陶华碧，1947年生于贵州省湄潭县的一个偏僻山村，没读过一天书的她，在20岁那年嫁给了地质队的一名队员。几年后丈夫病逝，扔下了她和两个孩子。为了生存，陶华碧于1989年在贵阳市的街边摆摊卖凉粉。她专门制作了拌凉粉的麻辣酱，吸引了许多顾客，甚至有不少人专门来买她的麻辣酱，陶华碧于是决定专做辣酱。

1996年7月，陶华碧办起了专门生产“老干妈”辣酱的加工厂，并在一年后正式成立公司。靠着口碑的传播，“老干妈”辣酱逐渐在内地打开了局面，并向香港、台湾等地区拓展，远销至40多个境外市场。到2014年，“老干妈”入选“中国最具价值品牌500强”榜单，品牌价值高达161亿元！

近几年，“老干妈”在海外越发走红。美国奢侈品电商Gilt曾把“老干妈”当作奢侈调味品，抢购价每瓶约6美元，折合人民币接近40元！连陶华碧也不无自豪地说：“我也不晓得（‘老干妈’）卖到了多少个国家，我只能告诉你，全世界有华人的地方就有‘老干妈’。”

不做广告的“老干妈”，为什么能火那么多年？

和其他品牌比起来，“老干妈”的红火之路显得相对低调，除了辣酱产品，人们在其他地方几乎看不到“老干妈”的身影。在这种特立独行的风格之下，还能火那么多年，主要有几个原因。

其一，强硬的产品力。

“老干妈”对产品质量有固执的坚持，十几种品类的辣酱，每一种都是陶华碧亲自研制的。在原料上从不以次充好，用料十分用心，她曾经说道：“我的辣椒调料都是100%的真料，每一个辣椒，每一块牛肉都是指定供货商提供的，绝对没有一丝杂质。”在制作的流程上，“老干妈”坚持着一种“笨方法”，在辣酱下线前的最后一道工序，坚持手工搅拌调料，这样能保证混匀，让产品有更好的味道。正因如此，不少消费者都说，十几年来“老干妈”的口味几乎没变，还能吃出小时候的味道。

其二，亲民低价策略。

“老干妈”在好吃之余，价格还十分实惠。目前在天猫旗舰店上，“老干妈”产品的单价在8～15元，一瓶辣酱一般至少够吃一个星期，算是良心产品了。“老干妈”的品牌加上低价，形成了很强的价格带护城河，对竞品造成了不小的压力。比如，李锦记的同类调味品和“老干妈”比起来要么总价高，要么性价比低，难以直接抗衡。“老干妈”的价格也非常稳定，这么多年涨幅非常小，让对手没有缝隙可钻。基于此，业内才有这么个说法：“价格低于‘老干妈’没利润，高于‘老干妈’没市场。”

其三，华人在海外的影响。

“老干妈”能火到海外，和当地留学生以及外出人员有很大关系。海外的中餐的选择相对匮乏，身在异国也有思乡情绪，这时候来一瓶“老干妈”辣酱，可以解馋，也可以解乡愁。在华人的带领下，有不少外国人也爱上了“老干妈”，再加上社交媒体的发酵，促成了“老干妈”海外走红。

史上最火辣的“老干妈”，带来什么启示？

首先，专注很重要。

和其他调味品牌做产品多元化不同，“老干妈”自始至终只做辣酱品类。陶华碧曾经说过，一辈子能做好辣酱已经不容易了，哪里还有精力做其他的东西。她也经常用这个道理告诫作为“老干妈”继承人的两个儿子，要他们坚持专心做辣酱，把辣酱做成世世代代的事业。有了专注的力量，“老干妈”才能在产品研发上不断精进，在质量把控上持续改善，将辣酱品类做到极致，进而实现真正的“一招鲜，吃遍天”！

其次，产品比包装重要。

对于“老干妈”，外界一直有个调侃：包装太土了！认为这样的包装会让产品掉价。但“老干妈”的包装体现了对消费者的关心。羊毛出在羊身上，商家的成本都要消费者买单。包装土意味着成本低，消费者就能以实惠的价格买到产品。只要产品够好，消费者不会那么在意包装。就像陶华碧说的：“老百姓居家过日子，不就是图个实惠吗？辣酱又不拿去送礼，自家吃根本用不着考虑好看不好看的问题，味道好就行了。”

资料来源：徐立. 2020. 从不打广告的“老干妈”，为什么能在媒体上成为传说？. https://www.sohu. com/a/369296941_656174[2020-01-28].

第三节　一体化发展战略

一、一体化发展战略的含义和类型

一体化发展战略是指企业充分利用自身产品（业务）在生产、技术和市场等方面的优势，沿着其产品（业务）生产经营链条的纵向或横向，通过扩大业务经营的深度和广度来扩大经营规模，提高收入和利润水平，不断发展壮大。一体化发展战略根据产品经营链条延伸的方向分为纵向一体化和横向一体化发展战略。

（一）纵向一体化发展战略

纵向一体化发展战略是指企业在业务链上沿着向前和向后两个可能的方向，延伸、扩展企业现有经营业务的一种发展战略。具体又包括前向一体化发展战略和后向一体化发展战略。

1. 前向一体化发展战略

前向一体化发展战略是企业自行对本公司产品做进一步深加工，或者对资源进行综合利用，或者公司通过建立自己的销售组织来销售本公司的产品或服务的发展战略。典型的实施这一战略的例子是可口可乐公司。在发现决定可乐销售量的不仅仅是零售商和最终消费者，分装商也起了很大作用时，它就开始不断地收购国内外分装商，并帮助它们提高生产和销售效率。

2. 后向一体化发展战略

后向一体化发展战略是指企业自己供应生产现有产品或服务所需要的全部或部分原材料或半成品的发展战略。例如，蒙牛集团和伊利集团对奶源基地的建设，以保证优质奶源的供给不受到其他外界因素的影响。

纵向一体化的目的是加强核心企业对原材料供应、产品制造、分销和销售全过程的控制，使企业能在市场竞争中掌握主动权，从而增加各个业务活动阶段的利润。

纵向一体化是企业经常选择的战略体系，希望通过建立起强大的规模生产能力来获得更高的回报，并通过面向销售终端的策略获得来自市场各种信息的直接反馈，从而促进其不断改进产品和降低成本，以取得竞争优势。

（二）横向一体化发展战略

横向一体化发展战略是指企业收购或兼并同类产品的生产企业以扩大经营规模，提高市场占有率，获得更大利润的发展战略。其实质是资本在同一产业和部门内的进一步集中，目的是实现扩大规模、降低产品成本、巩固市场地位。横向一体化的业务增长可以从三个方向进行。

（1）扩大原有产品的生产和销售。

（2）向与原产品有关的功能或技术方向扩展。

（3）向与上述两个方向有关的国际市场扩展或新的客户类别扩展。

二、一体化发展战略的利益和风险

（一）纵向一体化发展战略的利益与风险

1. 纵向一体化发展战略的利益

（1）带来经济性。采取这种战略后，企业将外部市场活动内部化有如下经济性：内部控制和协调的经济性、信息的经济性、节约交易成本的经济性、稳定关系的经济性。

（2）有助于开拓技术。在某些情况下，纵向一体化提供了进一步熟悉上游或下游经营相关技术的机会。这种技术信息对基础经营技术的开拓与发展非常重要。比如，许多领域内的零部件制造企业发展前向一体化体系，就可以了解零部件是如何进行装配的技术信息。

（3）确保供给和需求。纵向一体化能够确保企业在产品供应紧缺时得到充足的供应，或在总需求很低时能有一个畅通的产品输出渠道。也就是说，纵向一体化能减少上下游企业随意中止交易的不确定性。当然，在交易的过程中，内部转让价格必须与市场接轨。

（4）削弱供应商或顾客的价格谈判能力。如果一个企业在与它的供应商或顾客做生意时，供应商和顾客有较强的价格谈判能力，且它的投资收益超过了资本的机会成本，那么，即使它不会带来其他的益处，企业也值得去做。因为一体化削弱了对手的价格谈判能力，这不仅会降低采购成本（后向一体化），或者提高价格（前向一体化），还可以通过减少谈判的投入而提高效益。

（5）提高差异化能力。纵向一体化通过在管理层可以控制的范围内提供一系列额外价值，来改进本企业区别于其他企业的差异化能力（核心能力的保持）。例如红塔烟草（集团）有限责任公司玉溪卷烟厂为了保证生产出高质量的香烟，对周围各县的烟农进行扶持，使他们专为该烟厂提供高质量的烟草；葡萄酒厂拥有自己的葡萄产地也是一种一体化的例证。同样，有些企业在销售自己的技术复杂的产品时，也需要拥有自己的销售网点，以便提供标准的售后服务。

（6）提高进入壁垒。企业实行一体化战略，特别是纵向一体化战略，可以将关键的投入资源和销售渠道控制在自己的手中，从而使行业的新进入者望而却步，防止竞争对手进入本企业的经营领域。企业通过实施一体化战略，不仅保护了自己原有的经营范围，而且扩大了经营业务，同时还限制了所在行业的竞争程度，使企业的定价有了更大的自主权，从而获得较大的利润。例如，IBM公司就是采用纵向一体化的典型。该公司生产微机的微处理器和记忆芯片、设计和组装微机、生产微机所需要的软件，并直接销售最终产品给用户。IBM采用纵向一体化发展战略的理由是，该公司生产的许多微机零部件和软件都有专利，只有在公司内部生产，竞争对手才不能获得这些专利，从而形成进入障碍。

2. 纵向一体化发展战略的风险

（1）技术更新速度变慢。纵向一体化的企业在保护它的技术和生产设备方面存在既得利益，放弃这些投资存在很高的成本。因此，完全一体化的企业比那些部分纵向一体化或者未进行一体化的企业采用新技术的速度要慢。

（2）代价高昂。纵向一体化迫使企业依赖自己的内部活动而不是外部的供应源，而这样做所付出的代价可能随时间的推移变得比寻求外部资源还昂贵。产生这种情况的原因有很多。例如，纵向一体化可能会切断来自供应商及客户的技术流动，如果企业不实施纵向一体化，供应商往往愿意在研究、工程等方面积极支持企业。又如，纵向一体化意味着通过固定关系进行购买和销售，上游单位的经营激励可能会因为存在内部销售而不是竞争而有所减弱。

（3）不利于平衡。纵向一体化有一个在价值链的各个阶段平衡生产能力的问题。价值链上各个活动的最有效的生产运作规模可能不大一样，这就使得完全一体化很不容易达到。对于某项活动来说，如果它的内部能力不足以供应下一个阶段，差值部分就需要从外部购买；如果内部能力过剩，就必须为过剩部分寻找顾客，如果生产了副产品，就必须进行处理。

（4）需要不同的技能和管理能力。尽管存在一个纵向关系，但是在供应链的不同环节可能需要不同的成功关键因素，企业可能在结构、技术和管理上各有所不同。熟悉如何管理这样一个具有不同特点的企业是纵向一体化的主要成本。例如，很多制造企业会发现，投入大量的时间和资本来开发专有技能和特许经营技能以便前向一体化进入零售或批发领域，并不是总如它们想象的那样能够给它们的核心业务增值，而且拥有和运作批发、零售网络会带来很多棘手的问题。

（二）横向一体化发展战略的利益与风险

1. 横向一体化发展战略的利益

（1）实现规模经济。横向一体化通过收购同类企业达到规模扩张，这在规模经济性明显的产业中，可以使企业获取充分的规模经济，从而大大降低成本，取得竞争优势。同时，通过收购往往可以获取被收购企业的技术专利、品牌名称等无形资产。

（2）减少竞争对手。通过收购或合作的方式，企业可以有效地建立与客户之间的固定关系，遏制竞争对手的扩张意图，维持自身的竞争地位和竞争优势。

（3）扩张生产能力。横向一体化是企业生产能力扩张的一种形式，这种扩张相对较为简单和迅速。

2. 横向一体化发展战略的风险

横向一体化发展战略也存在一定的风险。比如，过度扩张所产生的巨大生产能力对市场需求规模和企业销售能力都提出了较高的要求；同时，在某些横向一体化战略如合作战略中，还存在技术扩散的风险；此外，组织上的障碍也是横向一体化战略所面临的风险之一，如“大企业病”、并购中存在的文化不融合现象等。

三、一体化发展战略的应用

企业在实施一体化发展战略时，应考虑下列四个因素。

（1）一体化是否能够提高关键战略活动的绩效，即降低成本、建立专业技能或增加差异性。

（2）一体化对投资的成本、灵活性和反应时间以及协调跨越更多的价值链活动的管理成本的影响。

（3）一体化是否确实提高了企业的竞争力，规模扩大能否提供很大的竞争优势。

（4）企业是否具有成功管理更大规模企业所需要的资金和人才。

章内阅读 7-3

双汇发展全产业链之路

对于产品周期较长的农业加工业来说，肉价波动大，意味着成本波动大，增加了经营的不确定性。对于头部企业来说，特别是在产业链中游，需要考虑上游稳供给，下游稳需求，生产不可受制于人。作为屠宰和肉类加工业的龙头，河南双汇投资发展股份有限公司（以下简称双汇发展）正在打消这种顾虑，加速全产业链布局。

2020 年 8 月，双汇发展拟非公开发行股票，计划募集资金 70 亿元用于扩充肉鸡、生猪产能建设以及生猪屠宰及调理制品、肉制品加工技术改造项目。前者针对上游，大力发展养殖业，减少生产成本，后者针对下游，做好产品转型升级，向集约化迈进。

发挥上下游协同效应，提升经济效益。

双汇发展的主营业务以屠宰和肉类加工为核心，上游养殖业的行业及市场波动，对企业的原材料供应影响较大。

近年来，受非洲猪瘟影响，国内生猪出栏量大幅下滑，供给减少，量价失衡，整个屠宰行业经营困难；另外，肉制品产业的重要原料之一鸡肉，长期以来市场波动较大。如何更好地掌控上游原料资源已经成为中国肉类企业必须思考的课题。

作为国内肉类行业龙头，双汇发展布局上游，延展产业链，既有能力，又有必要。

一方面，中国是猪肉消费大国，随着居民消费结构升级，人民对肉类的食品质量与安全提出了更高的要求，企业品牌意识也有所提高。

另一方面，中国肉类行业集中度较低，市场波动风险较大，不利于行业或产业升级、技术进步和食品安全保障。因此，提升产业集中度已成为中国肉类行业健康发展的关键。

双汇发展在此时，计划募集 70 亿元资金布局上下游产业链，既可以充分发挥自身所具有的食品安全管控优势、研发优势、产品优势、品牌优势，又可以大力发展主业，促进行业集中度的提升，从而促进肉类行业的健康发展。

根据募集资金安排，募集资金中将有 33.3 亿元用于肉鸡产业化产能建设项目，包括西华 1 亿羽肉鸡产业化产能建设项目以及彰武 1 亿羽肉鸡产业化产能建设项目，两个项目经测算的内部收益率均超过 15%；此外，9.9 亿元用于生猪养殖产能建设项目。

推进工业改造升级，实现生产线自动化、信息化、智能化发展。

除了布局上游的几个项目之外，双汇发展针对中下游的屠宰与深加工环节也进行了产业升级计划，肉类生产加工向数字化转型。

根据募集资金用途安排，有 3.6 亿元用于生猪屠宰及调理制品技术改造项目，该项目位于双汇发展的大本营河南省漯河市，改造对象为漯河屠宰厂。这是 2000 年引进的中国第一条机械化冷鲜肉生产线，已运行 20 多年。

经过改造后，该条生产线将大幅度提升自动化水平，并引入信息化专业软件，与公司现有信息系统无缝衔接，实现对生产加工过程的全程数字化管控。

生产线将由机械化向自动化、信息化、智能化升级。其中信息化改造利用企业资源计划（enterprise resource planning，ERP）和制造执行系统（manufacturing execution system，MES），实现生产和管理数据自动采集、处理，不仅可以进一步提高产能，还能实现生猪、产品相关信息的快速追溯，提高生产的安全性。

根据双汇发展预测，该项目达产后生猪屠宰产能约 150 万头/年；调理制品产能约 45 300 吨/年。

另外，有 2.7 亿元用于肉制品加工技术改造项目。改造后，生产模式从多品种小批量向单品种大规模转变，ERP 系统与 MES 将实现订单自动接收、自动分解、自动安排生产。

该生产线自动化强度提高后，产品向中高档转变，虽然预计产能增加不大，但是在人口红利逐渐消退的今天，大量节约人工成本，双汇发展得以实现生产的降本增效。

先进的技术和设备，不断提升的肉类加工效率，持续调整的产品结构，生产的工业化、规模化、产业化趋势，让双汇发展始终处于行业领先地位。

资料来源：张宝莲. 2020. 双汇发展全产业链之路：募资 70 亿用于产能扩大与工业升级. https://www.sohu.com/a/424692419_115362[2020-10-15].

第四节　多元化发展战略

一、多元化发展战略的含义和类型

多元化发展战略又称多角化或多样化战略，是指企业同时生产经营两种以上基本经济用途不同的产品或服务的一种发展战略。它是企业为了更多地占领市场或开拓新市场，或避免经营单一的风险而选择进入新领域的战略，是相对专业化发展战略而言的。根据与现有产品或服务的差异程度，多元化发展战略可分为相关多元化战略和非相关多元化战略。

多元化发展战略的特点是企业的经营业务已经超出其所在的某一行业，在多个行业中谋求企业的快速发展，同时避免“鸡蛋放在一个篮子里”的投资风险和产业周期风险。多元化发展战略通常被认为是能有效提高企业资金的投资回报率的途径。

应指出的是，企业在选择多元化发展战略时，不仅仅是考虑通过跨行业经营来分散风险，因为股东可以通过购买不同行业的公司的股票，或者通过投资于基金公司以达到降低风险的目的，因此股东不需要仅仅因为要跨行业分散风险而让企业采用多元化发展战略。从根本上说，只有当多元化能够增加股东的价值，而且所创造的价值高于在不同行业直接投资或购买股票所获得价值的情况下，多元化发展战略才是一个明智的选择。企业的多元化发展是否能够为股东创造增加价值，汤普森（Thompson）等认为，这取决于多元化发展战略能否通过以下三个方面的检验。

（1）行业吸引力检验。在多元化发展的过程中，企业所选择的行业必须具有足够的吸引力，从而持续地产生高投资回报。

（2）进入成本检验。进入新行业的成本不能够高于进入这个行业以后的预期收益。

（3）相关性检验。多元化发展的公司准备进入的新行业必须与其现有的行业存在某种程度的相关性，因此在总公司的组合中，从事新行业的子公司应该比单独运营更好。

如果企业准备进入的新行业能够通过上述三个检验，就说明这种进入有可能增加股东价值。如果准备进入的新行业只能够通过其中的一两个检验，那么这种进入战略就需要三思而后行。

（一）相关多元化战略

相关多元化战略是指企业进入与现有的业务在价值链上拥有战略匹配关系的新业务的发展战略。例如，某制药企业利用原有的制药技术生产护肤美容产品、运动保健产品等；海尔从生产冰箱到生产洗衣机等。当不同业务的价值链为跨业务的资源转移统一相关价值链活动以降低成本，跨业务共用知名品牌以及进行跨业务协作以建立新的或更强的竞争能力提供了机会时，就存在战略匹配。根据价值链中的战略匹配性，一个企业可以按下列方式开展相关多元化战略，从而构建起战略竞争优势。

（1）进入能够共享销售队伍、广告、品牌和销售机构的经营领域。

（2）进入与技术或专有技能方面密切相关的领域；或将技术秘诀和专有技能从一个经营领域转移到另一种新业务中。

（3）将组织的品牌名称和在顾客中建立起的信誉转移到一种新的产品或服务上。

（4）开拓非常有助于公司目前经营地位的新业务。

相关多元化战略能够成为一个具有吸引力的战略选择，在于它提供了一种把不同行业价值链活动的战略匹配转变成为竞争优势的机会，从而使采用了这种战略的企业超过那些没有多元化或者多元化战略没有提供上述机会的竞争者。多元化企业的行业相关性越高，那么发挥战略匹配的机会就越大，包括技术转移、共享相同价值链活动、降低成本、共用著名品牌名或者合作创造新的资源和能力优势等。跨行业战略匹配的重要性越大，战略匹配转移成为竞争优势的可能性就越大。

相关多元化战略产生的最重要的竞争优势就是获得比竞争对手更低的成本。相关行业总是呈现出一些共享价值创造活动、共用资源以及因此降低成本的机会。这种成本的降低称为范围经济，它区别于直接来源于经营规模扩大而产生的规模经济。范围经济直接来源于战略匹配产生的成本节约，而这种战略匹配存在于相关行业的价值创造活动之间。这种经济效益只产生于多元化经营的公司之中，而且是相关多元化战略应用中特有的一种现象。大多数情况下，范围经济是两三个行业共享技术、共同研发、共用制造或者分销设施、共用销售队伍或者销售网络、更新品牌、共用管理系统的结果。战略匹配所带来的成本节约的潜力越大，相关多元化战略产生的竞争优势的潜力就越大。

（二）非相关多元化战略

非相关多元化战略是指企业进入与现有经营领域不相关的新领域，在与现有产品、技术、市场无关的领域中寻找企业发展机会的战略。例如，美国通用汽车公司除主要生产汽车外，还生产电冰箱、洗衣机、飞机发动机、潜水艇、洲际导弹等。柯达公司除生产照相器材外，还生产医疗设备、录像器材、动物饲料、抗衰老产品等。这种战略通常适用于规模大、资金雄厚、市场开拓能力强的大型企业。

非相关多元化战略与相关多元化战略相比，降低了战略匹配利益的价值和重要性，那为什么企业还热衷于选择非相关多元化战略？其原因主要有：①企业原有的产品市场需求增长呈现长期停滞甚至下降趋势。②所处产业集中程度高，企业间互相依赖性强，竞争激烈。企业想要追求较高的增长率和收益率，只有进入本产业以外的新市场，才会出现有利的局面。③企业存在潜力资源，如有较强的开发能力、销售能力、生产能力等，使得它有开拓新领域的实力。

章内阅读 7-4

同仁堂跨界有点“折腾”

中国北京同仁堂（集团）有限责任公司（以下简称同仁堂）下属上市公司北京同仁堂股份有限公司 2020 年发布的中报显示，上半年实现营收 33.79 亿元，同比下降 14.41%，营业利润同比下降 39.99%，医药工业和医药商业两项业务双双下滑。对此，同仁堂方面回应，上半年受新冠疫情影响，产品销量下降，零售门店客流量下降。相比因疫情而销售业绩良好的医药企业，百年老字号同仁堂的解释多少令人疑惑。

据了解，因疫情对消费习惯的改变，同仁堂也迅速做出调整，加码布局线上市场。同仁堂报告，疫情期间积极开展线上销售拉动工作，在喜马拉雅、今日头条、抖音等线上媒体发布产品宣传推广内容；2020 年上半年，依托天猫、京东等购物平台，实现母公司 37 个品规销售 1.05 亿元，同比增长 35.38%。

针对外在环境的突然变化，难以做出及时的应对与调整，或许是一些老字号企业普遍存在的一个问题。但事实上有着金字招牌的同仁堂并非不思改变的企业，图谋创新进取也是同仁堂的一大特点，就跨界经营这一项，同仁堂曾多次尝试。

最近同仁堂跨界卖咖啡，这一举动确实引人注目。枸杞拿铁、罗汉果美式、肉桂卡布奇诺等，这些融入传统中草药的新式咖啡，引起了人们热议。“喝最养生的咖啡，熬最长的夜”，尽管中西文化融合是趋势，一旦体现在新事物上，还真需要时间来接受。但是，谁又敢预言，养生咖啡将来不会比奶茶更流行呢？

回顾同仁堂跨界，还真有点“折腾”。同仁堂跨界药妆、凉茶，甚至选择关联度并不高的日化与母婴行业，但都难有起色。当然不能以成败论英雄，更不能以短期的利润来衡量一个百年老字号的品牌价值与意义。特别是这个百年老字号的中药企业同仁堂，其存在本身就意味着一种历史的传承与文化的积淀。

对于笔者来说，在北京买中药特别是中药材，无疑首先想到的是卖了351年中药的同仁堂。其实对于很多人甚至中医药从业人员来说都是如此，如需到外面抓药，大家首先想到的还是同仁堂。这就是同仁堂几百年来的品牌效应。

300多年来，同仁堂恪守“炮制虽繁必不敢省人工，品味虽贵必不敢减物力”的古训，树立“修合无人见，存心有天知”的自律，这无疑是中医药业难得的文化传承。其实，这也正是同仁堂最宝贵的财富。一家百年老字号的企业，不仅有着核心的技术传承，更有着核心的产品与业务，还有着核心的精神内涵与文化传承。无论同仁堂怎样跨界，其核心的东西才是品牌得以发展百年、基业长青的根本。一家做了几百年的中医药企业，应加强产品创新与研究，做出更好的中医药产品无疑会更让人信服。

资料来源：何翠云. 2020. 同仁堂跨界有点“折腾”. http://www.cbt.com.cn/sp/sbps/202009/t20200907_244391.html[2020-09-07].

一般来讲，追求非相关多元化的企业在进入一个新的行业时，更多的是收购一个现有的企业，而不是通过新建一个子公司来实现。因此，非相关多元化战略的成败，取决于新行业中收购对象的选择，收购有好的财务业绩和令人满意的收益潜力的企业是一种好的收购。下述三类企业可成为理想的收购目标。

（1）资产被低估的企业。当收购被低估的企业并能够以高于收购成本的价格再出售其资产时，就存在着盈利机会。

（2）经营或财务困难的企业。以便宜的价格收购有经营或财务困难的企业，这些企业经过管理、技术重组或输入一定的资金后，企业价值开始实现增值，可作为企业的长期投资或出售，均有利可图。

（3）有成长潜力但缺乏投资资金的企业。对于财务实力很强、寻求投资机会的企业而言，资金短缺却很有潜力的企业通常是其理想的收购目标。

二、多元化发展战略的利益和风险

（一）相关多元化战略的利益和风险

1. 相关多元化战略的利益

（1）可以将专有技能、生产能力或者技术由一种经营转到另一种经营中去。

（2）能将不同的经营业务的相关活动合并在一起，降低成本。

（3）可以在新的经营业务中借用公司品牌的信誉。

（4）以能够创建有价值的竞争能力的协作方式实施相关的价值链活动。

2. 相关多元化战略的风险

选择这种战略的企业以纵向发展为主，产品为同类产品，市场单一。企业的相关性强不利于分散经营风险，因为同类产品往往一荣俱荣，一损俱损。

（二）非相关多元化战略的利益和风险

1. 非相关多元化战略的利益

（1）有利于分散企业的经营风险。企业投资分散在不同的行业中，这些行业的技术和价值链活动之间几乎没有相关性，市场之间也没有什么联系，因此非相关多元化战略实现了经营风险的高度分散。

（2）有利于保证利润的稳定性。由于并非所有行业的市场状况都会同时发生上下波动，那么在经济上下波动时，采用非相关多元化战略的企业利润会相对稳定。

（3）可对企业内的各个经营单位进行平衡。在某些经营单位处于发展或暂时困难的状况时，企业可从其他经营单位获得财力上的支持。

（4）企业向具有更优经济特征的行业转移，以改善企业的整体营利能力和灵活性。

2. 非相关多元化战略的风险

（1）来自原有经营产业的风险。企业资源总是有限的，多元化经营的实施往往意味着原有经营的产业要受到削弱。

（2）行业进入风险。行业进入不是一个简单的“买入”过程，企业在进入新行业之后必须不断注入后续资源，去学习这个行业并培养自己的员工队伍，塑造企业品牌。另外，行业的竞争态势是不断变化的，竞争者的策略也是一个未知数，企业必须相应地不断调整自己的经营策略。

（3）内部经营整合风险。企业开展非相关多元化经营，不同行业有不同的业务流程和不同的市场模式，因而对企业的管理机制有不同的要求。新投资的行业会通过财务流、物流、决策流、人事流给企业经营带来全面的影响。不同的行业有不同的业务流程和不同的市场模式，因而对企业的管理机制有不同的要求。企业作为一个整体，必须把不同行业对其管理机制的要求以某种形式融合在一起。

三、多元化发展战略的应用

企业在实施多元化发展战略时，应考虑下列四个因素。

（1）准备进入的行业与企业现在所处的行业在技术和产品上存在着一定的相似性。

（2）通过进入新的行业，企业可以进一步发挥现有的专长和能力，即企业资源和能力优势所在的领域恰好是其准备进入行业的关键成功因素和战略性资产。

（3）新进入的行业与现有的行业存在着密切的相关性，因此在增加收益的同时可以降低成本。

（4）企业拥有强大和知名度很高的无形资产，它可以被转移到新行业中去，并有利于提高新进入行业的销售和利润。

在选择多元化发展战略时，高层管理者一方面要选择好多元化的时机，不可为多元化而多元化；另一方面要选择好多元化的类型，应根据企业所处的具体情况进行具体分析和决策。

第五节 企业战略选择过程

战略选择过程是选择某一特定战略方案的决策过程。如果战略评价过程已经筛选出优化的战略方案，决策就简单了。然而，在大多数情况下，战略评价过程提供给决策者的是若干个可行方案。此时，决策者就要考虑多种因素，进行多方面的权衡。所以，选择战略方案并非一个例行的公式化决策。实际上，这个决策是一个智力活动，它要比想象的更复杂、更困难、更具特性。决策者通常是思前想后，在具体与理想间游弋。并且，决策过程完全是动态的。一般认为，在战略决策者选择某一特定战略的过程中，有下列五个因素影响到战略选择：①企业对外界环境的依赖程度；②管理者对待风险的态度；③企业过去战略的影响；④企业中的权力关系；⑤中层管理人员和职能人员的影响。

一、企业对外界环境的依赖程度

任何企业都存在于外部环境中，如有些环境因素是股东、竞争对手、顾客、政府和社区等。企业的生存对这些因素的依赖程度影响着战略选择过程。

（1）依赖程度越高，企业选择战略的灵活性就越小：①企业依赖于少数几个股东的程度越高，战略选择的灵活性就越小。②企业依赖于竞争对手的程度越高，就越不可能选择进攻性的战略。③企业的成功和生存依赖于少数几个用户，企业对他们的期望应做出较快的反应。④企业依赖于政府和社区，对市场状况和股东的要求不具有灵敏的反应能力。

（2）企业经营所面对的市场的易变程度影响着战略选择。如果市场中的情况变化程度较大，企业的战略应具有较大的灵活性。

实际上，决策者对外部环境依赖性的主观认识影响着战略的选择。因此，处于一个特定环境中的公司，如果有两个决策人进行战略选择，可能会有不同的战略方案选择。

章内阅读 7-5

碳达峰碳中和倒逼钢铁行业高质量发展

“我国碳达峰、碳中和任务非常艰巨，要求会更加刚性。”生态环境部应对气候变化司司长李高表示，钢铁行业作为我国经济发展重要支撑产业和碳排放重点行业，应强化对碳减排的共识，将挑战转化为自身高质量发展的动力。

李高在举办的2021（第十二届）中国钢铁发展论坛上做出上述表述。他指出，钢铁行业要以国家碳达峰、碳中和目标为导向，统筹谋划目标任务，科学制订行动方案，推动行业碳排放尽早达峰。

当年工业和信息化部释放的信号同样很“刚”。记者了解到，工信部2021年将制定出台更加严格的钢铁行业产能置换实施办法，完善产能信息预警发布机制，实施产能产量双控，组织开展钢铁去产能回头看，逐步研究建立以碳排放、污染物排放、能耗总量等为依据的产量约束机制。

目前，我国钢铁行业在制造业31个门类中碳排放量最大，粗钢产量占全球粗钢产量的一半以上。

在中国工程院院士殷瑞钰看来，我国钢铁行业经过几十年的发展进步，在吨钢耗能与碳排放量上已经处于国际先进水平，粗钢产量巨大使得全行业碳排放总量仍然较大。

而与高位震荡上行的粗钢产量相比，钢铁行业利润率提升却相对乏力。如何进一步脱碳、减量、增效？空间有多大？着力点在哪？这些是钢铁行业实现碳达峰、碳中和绕不过的问题。

“不要孤立地看待碳达峰、碳中和。”中国工业经济联合会会长李毅中指出，碳达峰、碳中和事关调整优化产业结构、能源结构、产品结构，牵动着国民经济高质量发展。

李毅中的观点在钢铁行业体现尤为明显。以煤为主的能源结构、以高炉—转炉为主的流程结构、行业集中度不高、高端绿色产品供给不充分等能源、产业、产品结构性问题都是影响钢铁行业碳达峰、碳中和的因素。反过来看，低碳发展也将倒逼钢铁行业深化供给侧结构性改革、实现高质量发展。

“要冷静看待当前钢材消费高增长，国家提出压缩粗钢产量，就是要求钢铁行业切实转变发展理念，从高速增长转移到高质量发展轨道上来。”中国钢铁工业协会副会长骆铁军表示，无论是控产能，还是减产量，目标都指向形成更高水平的供需平衡，这既有利于实现碳达峰、碳中和目标，也有利于钢铁行业转型升级。

2021年2月，中国钢铁工业协会发布倡议书，呼吁钢铁行业努力在“十四五”期间提前实现碳达峰：一是尽早实现粗钢产量达峰，二是推动低碳冶金等变革性技术研发，三是有序发展电炉短流程工艺，四是提高高强度钢材的应用。

钢铁企业积极响应，从宝武集团、河钢集团、鞍钢集团等多家钢铁企业发布的2021年经营计划中可以看到，碳达峰、碳中和已成为企业发展关键词。

冶金工业规划研究院总工程师李新创介绍，钢铁行业正在加快研究碳达峰及降碳行动方案，包括推动绿色布局、节能及提升能效、优化用能及流程结构、构建循环经济产业链、应用突破性低碳技术、加强制度建设和政策体系支撑等内容。

“钢铁行业将是率先落实碳达峰、碳中和的重要行业，地方落实碳达峰的关键环节，抢占技术创新制高点的重要领域。”李新创说。

资料来源：谢希瑶. 2021. 要求更“刚”！碳达峰碳中和倒逼钢铁行业高质量发展. http://www.gov.cn/xinwen/2021-03/21/content_5594257.htm[2021-03-21].

二、管理者对待风险的态度

管理者对待风险的态度影响着战略选择。某些企业管理者极不愿承担风险，另一些管理者却敢于冒风险，不同的风险意识会导致不同的战略方案选择。

（1）如果管理者认为，风险对于成功是必不可少的，并乐于承担风险，企业通常采用进攻性战略，寄希望于高风险项目的高收益。这类管理者有较为广泛的战略方案选择。

（2）如果管理者认为风险是实际存在的，并敢于承担某些风险，那么管理者就会试图在高风险战略和低风险战略之间寻求某种程度的平衡，以分散一定的风险。

（3）如果管理者认为冒较高的风险将毁灭整个企业，需要降低或规避风险，他只能有很少的战略选择方案。管理者可能采取防御性的或稳定型的战略方案，拒绝承担高风险的项目，寻求在比较稳定的行业中经营。

管理者和股东对待风险的态度，会增加或减少他们所考虑的战略方案的数目，并增加或降低采用某一特定战略方案的可能性。

三、企业过去战略的影响

对大多数企业来说，过去的战略是战略选择过程的起点，这就导致新考虑的多数战略方案必然受到企业过去战略的影响和限制。亨利·明茨博格曾对德国大众汽车公司1934～1969年和美国1950～1968年在越南的战略选择变化进行过详细的研究，他认为：①现在的战略从过去某一有影响的领导者所制定的战略演化而来。这个独特的、紧密一体化的战略是以后的战略选择的主要影响因素。②此后，这个战略就变得格式化。官僚化的管理组织使战略得以贯彻和实施，即原决策者推出这个战略并向下属说明，基层管理人员将这个战略贯彻实施。亨利·明茨博格将此称为推拉现象。③当这个战略由于条件变化而开始失效时，企业总是将新的战略嫁接到这个老战略上来。④当外部环境变化更大时，企业才开始认真地考虑采取防御战略、组合战略或发展战略。而以前可能曾有人建议过这些战略，但决策者却忽视了。

亨利·明茨博格对战略选择过程的研究结论具有概况性的意义。它说明过去的战略对以后的战略选择有影响，战略选择过程更多的是一种战略演变过程。其他研究也表明，当人们要对过去选择的执行方案的不良后果负个人责任时，他们总是将最大数量的资源投入到过去执行的方案中。这可以部分地说明为什么在改变过去的战略时，往往需要更换高层管理人员，因为新的管理者较少地受到过去战略的约束。

四、企业中的权力关系

经验表明，企业中权力关系的存在是影响战略决策的关键因素。在大多数企业中，如果一个权力很大的高层管理者支持某一战略方案，通常它就会成为企业选择的战略，并且会得到一致的拥护。例如，福特汽车公司的小亨利·福特、IBM的老沃森、国际电报电话公司的哈罗德·杰宁等这些有权势的总经理，都曾经深深地影响过所在企业的战略选择。从某种意义上说，人品也涉及战略选择之中，主要人员喜欢什么以及尊重什么等，都与选择什么样的战略有关。总之，权力关系或企业政策对战略选择有重大影响。

五、中层管理人员和职能人员的影响

中层管理人员和职能人员对战略选择有重大影响，尤其是企业计划人员。鲍尔（J. Bower）和施瓦茨（J. Schwartz）的研究指出，如果中层管理人员和企业计划人员参加战略选择会有如下情况。

（1）他们选择的战略通常与总经理选择的战略有所不同。

（2）中层管理人员和职能人员的观点部分地受到他们个人的视野以及其所在单位的目标和使命的影响。

（3）他们倾向于向高层管理人员推荐那些低风险、渐进式推进的战略方案，而非高风险和突破性的方案。

凯特（E. Cater）研究了一些中小型公司所做出的六项关于收买的决策，他发现：①较低层管理人员倾向于上报那些可能被上司接受的方案，而扣下不易通过的方案。在可能的情况下，他们的选择总是适合于自身的目标。②在对建议中的战略选择进行评价时，不同的部门都从自身利益来评价方案并出现不同的评价结果。③企业外部环境的不确定性越大，下层管理人员就会使用越多的评价标准来指导战略选择过程。④职能人员为战略选择提供的数据量取决于收集数据的难易程度、他们对日后数据执行情况负责的程度、为获得有利决策所必需的数据的数量、认为上司做决策时所希望有的数据量。

总之，中层管理人员和职能人员是通过草拟战略方案以及对各方案风险的评价来影响战略选择的。一般来说，他们对战略方案做出的建议和评价，总是与过去的战略差异不大，少冒风险。

思考题

1. 什么是企业发展战略？它有哪些特征？

2. 企业发展战略有哪些类型？
3. 什么是专业化发展战略？简述其利益和风险。
4. 什么是一体化发展战略？一体化发展战略有哪些类型？
5. 论述纵向一体化和横向一体化发展战略的利益和风险。
6. 什么是多元化发展战略？多元化发展战略有哪些类型？
7. 论述多元化发展战略的利益和风险。
8. 论述战略决策者进行企业战略选择的影响因素。

案例分析

格力电器进入新能源汽车领域

第八章　企业竞争战略

本章学习目标

1. 理解顾客与竞争战略的关系
2. 掌握企业竞争战略类型
3. 掌握成本领先战略的相关内容及制定
4. 掌握差异化战略的相关内容及制定
5. 掌握集中化战略的相关内容及制定
6. 理解不同产业结构的企业竞争战略选择

案例引导

跨境电商小红书的差异化战略

战略对企业的成功越来越重要，它涉及企业在两个或两个以上的备选方案中进行决策。当企业选择一种战略，决定采取一系列的行动的时候，所做出的选择既受到公司外部环境中机会和威胁的影响，同时也受到公司内部资源、能力和核心竞争力的本质和质量的影响。

采用任何一种战略的基本目标都是获得竞争优势以及赚取超额利润。战略具有很强的目的性，并且基于对公司愿景和使命的充分理解而形成。一个有效的、明确的战略汇集、整合并且重新分配公司的资源、能力和竞争力，以使这些资源可以适当地与外部环境结合。适当的战略同样使公司的愿景和使命以及实现愿景和使命的行动更加合理化。包括市场、顾客、技术、全球范围的金融以及不断变化的世界经济在内的一系列变量的信息必须得到收集和分析，以恰当地形成并且应用于战略。在最终的分析中，合理的战略选择可以减少产出的不确定性，是成功战略的基础。

作为本章的重点，企业竞争战略，也称业务层战略，是指公司使用的通过对某一特定产品市场的核心竞争力的利用以获得某种优势的一整套相互协调的行动。企业竞争战略指出公司必须做出关于打算如何在独立的产品市场竞争的选择。这些选择非常重要，因为长期的业绩与公司的战略是息息相关的。考虑到成功地在全球经济中竞争的复杂性，要做出这些选择是非常困难的。

所有的企业都需要竞争战略。研究竞争战略的时候，我们会讨论很多话题。因为顾客是企业竞争战略成功的基石，并且其价值永远不应该被低估，所以我们列举出与竞争战略相关的顾客信息。从顾客这方面来讲，当公司选择一个竞争战略的时候，要确定：①为谁服务；②满足目标顾客的哪些需求；③如何满足这些需求。选定顾客、决定满足他们的哪些需求以及如何满足，是非常具有挑战性的工作。全球化竞争为顾客创造了很多极具吸引力的选择，因此确定一个可以很好地为他们服务的战略变得非常困难。有效的全球竞争者能够识别出不同文化背景和不同地域的顾客的需求，并且很快学会改变公司的产品或服务的功能以适应这些需求。

波特在《竞争战略》里提出了一般性竞争战略。企业竞争过程中，是要低成本，还是实行差别化，还是在某种条件下侧重于某一方面？在与五种竞争作用力的抗争中，有三种体现成功机会的基本战略方法，可以使公司成为同行业中的佼佼者，如图 8-1 所示。

（1）总成本领先（overall cost leadership）战略。

（2）差异化（differentiation）战略。

（3）集中化（focus）战略。

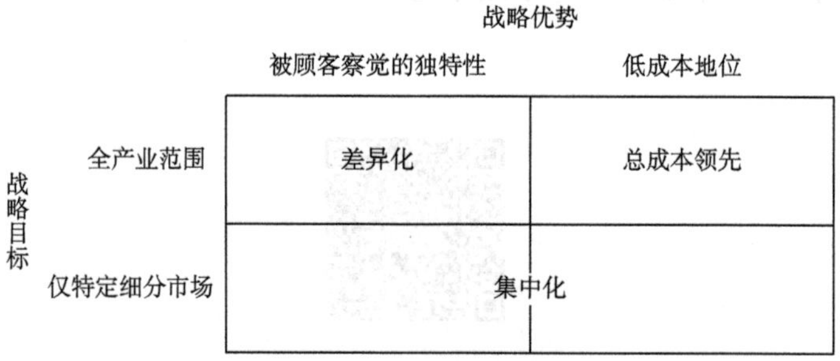

图 8-1　三种基本战略

资料来源：波特（1997）

根据这样的低成本、差异化，集中化战略可衍生出五种竞争战略，如图 8-2 所示。两种竞争范围分别是宽范围和窄范围。公司服务于宽范围市场，期望利用其在行业范围基础上的竞争优势。较窄的竞争范围意味着公司打算服务于窄范围群体的需求。通过集中化战略，公司“在行业中选定一个细分或者一组细分，并且调整自己的战略来更好地服务于这些细分以达到排他的目的”。有特殊需求的购买者以及位于特定地理区域的购买者都是窄范围顾客群体的例子。正如图 8-2 中所展示的，公司同样可以努力建立一个联合的成本/独特性竞争优势作为服务于一个目标顾客群体的基础，这个目标群体比窄范围的细分市场更大，但是又不像宽范围顾客群体（或者行业宽度）那样复杂。在这种情况下，公司会使用整体成本领先/差异化战略。图 8-2 中的五种业务层战略，没有哪种天生或普遍比其他几种更好。每种战略的有效性取决于企业外部环境中存在的机会和威胁，以及内部资源组合所带来的优势和劣势。因此，对一个公司来说，选择一种基于企业外部环境的机会和威胁与以内部的核心竞争力为代表的优势相匹配的业务层战略，是至关重要的。

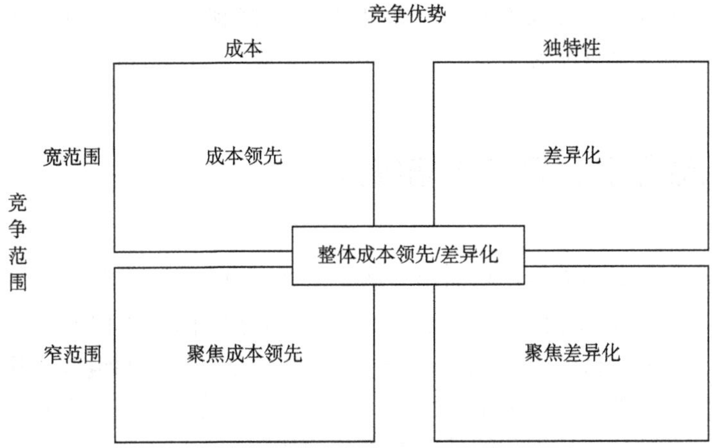

图 8-2 五种业务层战略

在描述了三种基本战略及其所衍生的五种竞争战略之后，下面我们的分析将描述如何有效地应用每一种战略，以使公司可以顺利地依据行业中的五种竞争力为自己定位。此外，我们还采用价值链来举例说明实施某种特定业务层战略所必需的主要活动和辅助活动。战略都是有风险的，因此我们还描述了公司在应用这些战略时可能遇到的不同风险。

第一节 顾客与竞争战略

当公司将竞争优势作为在单一产品市场竞争的基础来满足某一顾客群的需求时，会引起战略性竞争。公司必须利用业务层战略以满足顾客需求的一个关键原因是从与顾客的关系中获得回报是所有组织的命脉。

如果公司能为顾客创造更高的价值，那么公司与顾客的关系就可以得到加强。与顾客的牢固关系可以为公司有效地满足顾客的独特需求奠定坚实的基础。重要的是，为顾客创造更高的价值可以提高顾客的满意度，顾客的满意度又与公司的营利能力有正相关关系，因为感到满意的顾客最有可能成为回头客。但是，鉴于顾客的选择余地不断扩大，并且他们能更容易地获得关于公司产品的信息，顾客越来越精明和富有知识，这使公司想要获得顾客的忠诚更加困难。因此，许多公司通过与顾客更密切地一起工作，共同创造价值，以提升顾客满意度。

许多公司在全面管理顾客关系方面越来越熟练。例如，在客户关系管理（customer relationship management，CRM）战略中，屈臣氏发现在日益同质化竞争的零售行业，锁定目标客户群是至关重要的，其深度研究目标消费群体心理与消费趋势，自有品牌产品从品质到包装全方位考虑顾客需求，降低了产品开发成本的同时也创造了价格优势。屈臣氏试图满足顾客的独特需求，并且它在这方面取得成功的能力也得到了普遍认可。

解决三个相关问题，即为谁服务、满足目标顾客的哪些需求、如何满足这些需求，能够帮助公司有效地管理顾客关系。

一、为谁服务：顾客市场细分

确定谁是公司打算用业务层战略服务的顾客是一项非常重要的决定。根据需求的不同，顾客可被划分为不同的群体。按照需求将顾客划分为不同群体的过程就是市场细分。在这一过程中，按照相似的需求把顾客分成独特的但是可识别的组群。几乎所有的可识别的人类或组织特征都可以用来细分市场，使其在某一特性上与众不同。顾客需求相区别的主要方面，即顾客市场细分的基础如表 8-1 所示。

表 8-1 顾客市场细分的基础

市场	细分基础
消费品市场	1. 人口统计因素（年龄、收入、性别） 2. 社会经济因素（社会阶层、家庭生命周期阶段） 3. 地理因素（文化、地域、国家间差异） 4. 心理因素（生活方式、个性特征） 5. 消费模式（高用量、适度和低用量使用者） 6. 感觉因素（利益细分、感知定位）
工业品市场	1. 终端用户细分（根据 SIC 编码分类） 2. 产品细分（以技术差别和产品经济学为基础） 3. 地理细分（根据国家间的界线或地域差异来划分） 4. 共同购买要素细分（融合产品细分与地理细分） 5. 顾客规模细分

资料来源：Haley 和 Jain（2009）

二、做什么：确定要满足的顾客需求

公司确定了服务对象之后，必须识别它的产品和服务能否满足目标顾客群的需求。一般来讲，需求与产品的利益和特性有关。成功的公司总是不断学习如何在顾客需要时，把所需要的产品提供给他们。与现有顾客和潜在顾客保持频繁、密切的接触，可以帮助公司识别这些个体或群体现有的和潜在的需求。塔吉特是一家实体和在线零售商，在对众多来源的数据进行分析并为其实体店和在线顾客提供定制化信息方面非常成功。通过网络渠道，塔吉特获得了许多顾客信息，包括人口特征（年龄、婚姻状况、收入等级等）、购物频次、购买商品以及距离当地实体店的地理距离，并利用这些信息制定促销和市场战略。

从战略角度看，顾客的基本需求是购买能为他们创造价值的产品以及快捷的服务。产品或服务提供价值的基本方式是以低价格为顾客提供可以接受的产品，或者以可以接受的价格提供差异化的产品。有效的公司总在不断尝试预测顾客需求的变化。那些没有预测和识别顾客需求变化的公司，会因此失去顾客，这些顾客会转而购买竞争对手所提供的能够为他们创造更多价值的产品。

三、如何做：构建基于顾客价值的企业竞争优势

企业竞争优势的实现，归根结底取决于产品或服务被顾客接受的程度。企业即使具备了独特的、有价值的、不可模仿的资源和能力，如果这样的资源和能力不能转化为顾客所需要的价值，实际上就是对资源和能力的浪费。如果说资源和能力为企业创造竞争优势提供了内在基础，那么顾客价值导向就是业务层战略的出发点，是企业创造竞争优势的根本落脚点。企业通过把资源和能力运用于内部活动中，创造出能满足顾客价值需要的产品或服务，进而为企业构筑出竞争优势。企业可从以下几方面锻造竞争优势。

1. 制定销售服务差异化战略

与众不同便是吸引顾客眼球的一种策略，普通大众传统式的服务和商品俨然已在逐渐消磨着大众的耐心，逐渐形成了审美疲劳。销售是最基础的环节，无论是售前还是售后都要做到真挚服务，无论是在大方面还是小细节上都要别出心裁，用特色服务留住顾客，建立起与顾客长期有效的关系。这种战略不是一成不变的，而是随着时间、顾客的心理变化等而不断发展演变的，是一个动态发展的过程。会产生这一变化的原因有两个：一是顾客的心理在持续不断地变化；二是市场就是一个不断变化的过程。新进入者的产品或服务一旦更符合顾客的心理需求，那么之前看起来新颖的理念都将变为陈旧的范式，这就需要我们对市场进行精准定位，不断改进自身的运营模式。

2. 建立顾客价值的企业文化

企业文化是一个企业的心脏，是企业的核心支撑。良好的企业文化能够促使企业成员凝聚力量，齐头并进，提高绩效。反之，堕落的企业文化则会将企业逐步拉进一个无底深渊。因此，企业要培养以顾客价值为核心的企业文化，并且要将这种文化理念逐步扎根深入人心，最终落实到实际行动中去；与此同时，企业要一视同仁，而不是将员工被动地看为服务于企业的工具，员工实质上也是顾客，企业要将员工的利益与企业捆绑在一起，为其提供尽可能周到的服务，实现员工利益与企业利益双赢。

3. 培养顾客价值的创新能力

市场是一个不断更新、变化速度极快的环境。在这样的环境中经营，创新的重要性不可言喻，创新是企业各方面能力综合作用的结果。基于顾客价值实现创新主要是围绕企业资源、顾客流程、企业价值等方面打造竞争优势，且这个过程是一个动态演进过程，要根据市场变化精确定位，战略重点是最大限度地实现顾客价值，而不是一味地追求如何与竞争对手对决并将其打败，不仅要做到将顾客掌握在自己手里，还要在最大程度上提升其主观感受到的价值。

4. 树立良好的品牌形象

企业的形象是一个企业的“门面担当”，良好的品牌形象能促进企业业绩的提高。对于一些品牌形象特别鲜明的企业来说，无疑更能够吸引顾客眼球，获取超过产品本身的心理感知收益。例如，华为、海尔、苹果等这些强势的品牌，其品牌形象在消费者心里占据了重要分量，也满足了其心理诉求。现在许多人更多的是表现为消费强势品牌产品，品牌能够填充其心里的满足感。因此，树立良好的品牌形象为竞争优势又注入了一股新源泉。

5. 制定正确的发展战略

战略是一个企业的核心，与企业未来的发展息息相关。企业战略为打造企业竞争优势提供了发展方向。企业对竞争战略的选择可以划分为多个方面，根据对市场环境的分析、企业自身发展状况等多方面因素组合，企业可自行选择适合自身发展的战略。不同企业根据自身发展状况选择适合自身的战略，集中化战略要求企业对市场做一个细致明确的划分，且要将资源集中放入一些有发展潜力的领域，将这些细小的目标市场逐一占领。合作竞争战略便需企业进行强强联手，通过合作使双方的力量加强，共同应对竞争对手，实现双赢。因此，战略的正确制定也是企业提升竞争优势的一个重要因素。

第二节 成本领先战略

一、含义和适用条件

成本领先战略是通过一整套行动，与竞争对手相比，以最低的成本提供具有某种特性的产品或者服务，这种特性是被消费者所接受的。采用成本领先战略的企业向这一产业最典型的消费者销售标准化的产品或者服务。成本领先者的产品和服务必须具备具有竞争力的质量，能够为顾客创造价值。在最极端的情况下，仅仅专注于降低成本的企业，也许可以非常高效率地制造出产品，但却发现无人购买。事实上，这样极端的情况将导致有限的创新潜力、非熟练工人的雇用、恶劣的生产线条件，以及低品质的员工工作生涯等。

正如图 8-2 所示，公司采用成本领先战略瞄准宽范围顾客细分市场或者群体。成本领先者专注于通过不断反复思考如何完成主要活动和辅助活动以进一步降低成本，同时保持有竞争力的差异化，从而找到相对于竞争对手来说使成本更低的方法。

从企业价值链分析，作为主要活动，内部物流和外部物流通常占据了企业生产产品（服务）的总成本的大部分。研究表明，在物流方面有竞争优势的企业，如果采用成本领先战略，会比采用差异化战略创造更多的价值。因此，正在寻找相对有价值的方法来降低成本的企业，也许可以寄希望于注重内部和外部物流这类主要活动。这种情况下，许多公司将营运外包给有低薪雇员的低成本公司。

成本领先者也会仔细检查所有的辅助活动以寻找降低成本的新渠道。开发一套新的系统，以寻找低成本与生产公司的产品和服务所需的可接受的原材料质量的最佳结合，就是采购这一辅助活动有助于成功运用成本领先战略的一个例子。

浙江吉利控股集团有限公司（以下简称吉利）运用成本领先战略在市场上占领市场份额并取得利润。吉利实施成本领先战略主要通过三大途径：首先，吉利不断扩张形成规模化优势，一系列收购交易的成功使得公司的整体运营效率得以提高。在改善产品质量的同时也更能够形成规模经济，从而有效降低成本并增强企业抵御市场风险的能力。其次，吉利也重视控制零部件成本并注重研发，为了减轻原材料价格上涨对刹车系统等低档产品的影响，吉利注资 1 亿元人民币用于新一代电动助力转向系统的研发，这有效地控制住了研发成本，在扩大投入的同时集中资源、减少浪费。最后，加强供销渠道管理，吉利与主要供应商形成产量策略联盟，以减少原材料及部件的价格波动对整车成本的影响。同时还致力于重组联营公司零部件采购系统及供应商系统，以进一步降低成本、提升品质。也正是成本领先战略带来的高利润空间抵消了吉利相对较低的资产管理效率对其净资产收益率的不利影响，给其带来了丰厚的投资回报。

企业利用价值链分析来确定企业运作的增值环节和非增值环节。图 8-3 给出了通过成本领先战略创造价值的公司所必需的主要活动和辅助活动。如果企业不能把图上所列的活动以活动地图的形式有机地连接起来，那么公司将会很明显地缺少成功运用成本领先战略所必需的核心竞争力。

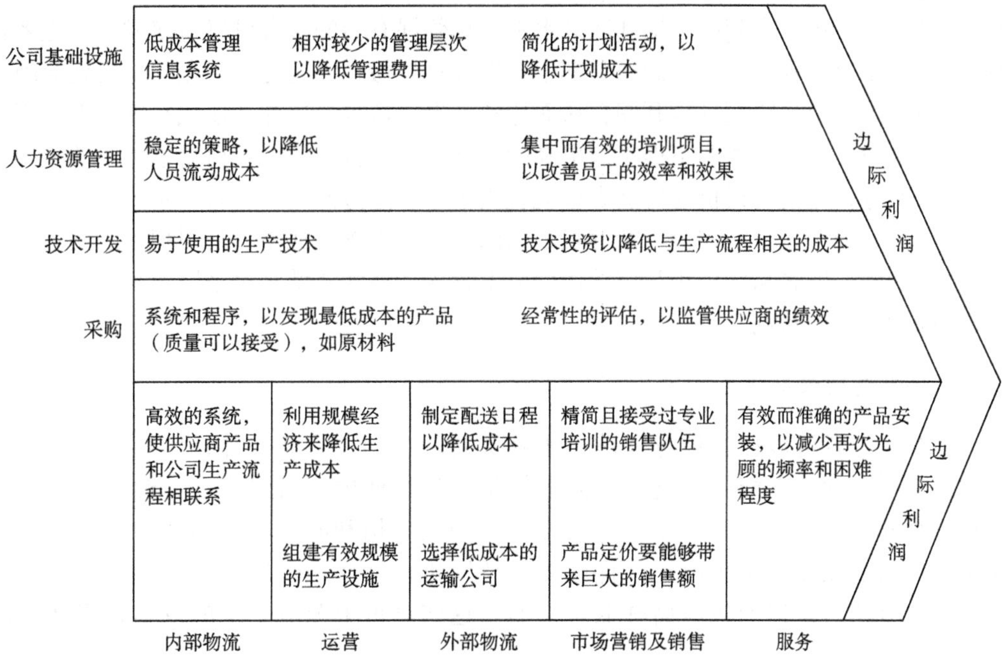

图 8-3　与成本领先战略相关联的增值活动

二、战略利益

运用成本领先战略，公司可以获得超额利润，尽管目前竞争激烈。下面各部分（五种竞争力量中的每一种力量单独成一部分）将会解释公司是如何实施成本领先战略的。

1. 与现有竞争对手的竞争

处于低成本的位置可以有效抵御竞争对手的进攻。由于企业拥有成本领先者的有利位置，竞争对手很难在价格上与其竞争，特别是在衡量这种竞争的潜在后果之前。沃尔玛以其控制和削减成本的能力而出名，使得竞争对手很难在成本上与其竞争。折扣零售商可以在很多方面进行严格的成本控制："660 000 平方英尺[①]的沃尔玛总部，灰白色的墙和磨损的地毯，看起来与其说是全球最大的企业之一的总部，还不如说是政府的办公楼。业务交易经常是在无装修的自助餐厅进行的，供应商和公司经理在狭小的房间碰面。每天下班时员工不得不把自己的垃圾带出去，在出差时他们得在房间加床。"曾经的凯马特试图与沃尔玛在成本方面进行竞争，但却导致了企业的失败和随后的破产。凯马特处于劣势的配送系统——与沃尔玛相比，其系统缺乏效率且成本高昂——是其不能建立起具有竞争力的成本结构的原因之一。

2. 买方（顾客）的议价能力

强有力的买方可以迫使成本领先者降低价格，但这个价格通常不会低于行业内第二有效率的竞争者可以赚到的平均利润的水平。尽管强有力的买方可以迫使成本领先者把价格降到低于这个水平，但他们通常都不会选择这样做，因为更低一点的价格就会阻止第二有效率的竞争者赚到平均利润，从而导致其退出市场，这样就使成本领先者处于更强有力的地位。此时，顾客不得不以更高的价格从这家行业内无任何竞争对手的公司购买产品或服务，他们的讨价还价能力也就丧失了。从这方面再来看看沃尔玛，该公司持续低价的部分原因是，沃尔玛不断寻找与试图实施成本领先战略的公司相关的削减成本的方法。因此，顾客从沃尔玛与试图使用成本领先战略和降低其价格以参与到竞争中的公司之间的竞争中获利。

3. 供应商的议价能力

成本领先者可以比其他竞争对手赚到更高的毛利。除此之外，比竞争对手高的毛利，使成本领先者能够消化供应商的提价。当行业内原材料成本大幅上涨时，成本领先者可能是唯一能够接受该价格并继续赚到平均利润或超额利润的公司。或者，强有力的成本领先者也可以迫使供应商维持原价，从而使供应商的毛利降低。沃尔玛就是使用其力量迫使供应商降低价格的。这些进价上节省下来的成本，将通过降

---

① 1 平方英尺≈$9.290\ 304\times10^{-2}$平方米。

低价格让渡给顾客，而这又增强了沃尔玛相对于那些无力迫使供应商降价的竞争者的有利地位。当然，其他公司也可以采用与供应商联盟的方式获得互补性的资源来帮助它们保持低成本。换句话说，它们可以同其他的公司分摊成本，以帮助它们保持低成本结构。

4. 潜在进入者

通过不断努力使成本低于竞争对手，成本领先者显得非常有效率。因为不断提高的效率可以巩固毛利率，所以这种不断提高的效率对于潜在进入者而言，就成为一种重要的壁垒。新进入者不可能赚到超额利润，直到它们达到接近成本领先者效率所必需的水平。对新进入者而言，即使要赚到平均利润，它们也必须能够把成本降到与其竞争对手大致相同的水平，而不是降到成本领先者的水平。成本领先者较低的利润水平，使得它们必须销售大量产品才能赚到超额利润。试图成为成本领先者的企业应当避免将其价格定得过低，否则，即使销量提高，其获利能力仍会降低。

5. 替代产品

与行业内竞争对手相比，成本领先者在替代产品方面也占据了比较有吸引力的位置。当替代品的特性和特征在成本和差异化的特征方面对一个成本领先者的顾客产生吸引力时，替代品对这个公司来说就成为很大的问题。面临可能出现的替代品，成本领先者通常比其他竞争对手更加灵活机动。为了留住顾客，成本领先者可以降低产品或服务的价格。有了更低的价格和有竞争力的差异化水平，成本领先者增大了顾客更偏爱自己的产品而不是替代品的可能性。

三、成本领先战略的竞争风险

成本领先战略也不是没有风险的，其风险在于以下几方面。

（1）成本领先者用来生产及分销其产品或者服务的流程可能因竞争对手的创新而过时。这些创新可能使竞争对手能以比原成本领先者更低的成本进行生产，或者提供额外的差异化的特征而不需要把增加的成本转嫁给消费者。

（2）过分强调削减成本，可能会使企业陷入一种感知误区，即企业执着于对成本进行控制，而容易忽视其他方面的竞争力，如有效应对不同和多变的顾客需求。

（3）成本膨胀削弱了公司保持足够价格差的能力。公司需要设法保持足够的价格差，来应对采取品牌形象等其他战略的竞争对手所带来的影响。

（4）成本领先战略的最后一个风险是模仿。利用自身的核心竞争力，竞争者有时可以学会如何成功模仿成本领先者的战略。当模仿发生时，成本领先者必须提升其提供给顾客的产品或服务的价值。通常来说，企业创造更多的价值可能通过两种途径来实现：以更低的价格销售现有产品，或保持价格不变的同时增添顾客认为重要的某种产品特征。

四、成本领先战略的制定

（1）确定开展成本分析的价值链，分摊成本和资产。

（2）了解和分析竞争对手的价值链。在实践中由于缺乏竞争对手的直接信息，对竞争对手成本的分析一般比较困难。一般主要依靠公开的资料、数据，以及对竞争对手的客户、供应商和分销渠道成员、过去的员工等相关人员的调研来估计竞争对手某项价值活动的成本，进而判断竞争对手与本企业的相对成本地位。

（3）研究价值活动的成本形成机制。价值活动的成本形成机制取决于影响成本的一些结构性因素，波特将其称为成本驱动因素，并将主要驱动因素归结为以下几个：规模经济或不经济；学习与外溢效应；生产能力利用模式与效率；价值活动的内在和外在联系；某一价值活动与公司其他经营单位共享时的协同效应；关键资源的投入成本；垂直一体化及外部寻源具有的利益；与首先行动者的优势和劣势相关的时机因素；地理位置；公司的战略选择和经营运作决策；政体因素；等等。

（4）控制价值活动的成本形成机制，建立成本优势。①控制成本形成机制。企业通过控制重要成本驱动因素和外购投入，以及企业价值链上的累积成本低于竞争对手的累积成本来获得成本优势。具体控制因素包括：控制规模；控制学习与外溢效应；控制生产能力利用模式与效率；控制价值链活动的内部、外部（供应商和销售渠道）联系，使之产生协同效应；控制关键外购资源的投入成本；控制垂直一体化及外部寻源利益；控制时机选择；控制地理位置；控制企业战略决策和制定政策的水平；控制政体因素。②重构价值链。重构价值链的着眼点包括：不同的生产工艺；不同的自动化、电子化程度；新的销售渠道；等等。

五、战略实施误区

实施这一战略可能进入以下误区。

（1）只重视制造活动的成本，忽视其他活动的成本。

（2）忽视采购（从外部环境中获得低成本原料）。

（3）忽视间接的或规模小的活动。

（4）对成本驱动因素的错误判断。

（5）缺少对价值活动的内在联系的协调与优化。

（6）只重视对现有价值链的渐进式改善，忽略对重组价值链的探索和努力。

（7）过度降价导致利润率降低。

第三节 差异化战略

一、含义和适用条件

差异化战略是指基本的一系列行动，以对顾客来说很重要的方式向他们提供不同的产品或者服务。相对于成本领先者服务于典型的某一产业中的顾客，采取差异化战略的企业瞄准那些对他们来说价值是由公司的产品与竞争对手生产和销售的产品之间的差异而产生的顾客。

企业应当能够以有竞争力的成本生产出差异化的产品，以减少顾客因需要支付的价格不断上升而产生的压力。如果企业生产的差异化的产品，其成本没有竞争力，产品的价格就会超过目标顾客所愿意支付的价格。只有深入理解目标顾客所认为的价值是什么，各种不同需求的重要性次序如何，他们愿意为哪种需求支付额外的价钱，差异化战略才能成功。

通过差异化战略，企业为顾客生产非标准化的产品，这些顾客相比低成本来说更重视产品多元化的价值。例如，超强的产品可靠性和耐用性以及高性能的音响系统，就是丰田公司生产的雷克萨斯汽车的一些特性。雷克萨斯的促销陈述——“我们追求完美，因此您可以享受生活”——暗示了将汽车的整体质量作为差异化来源的一种承诺。雷克萨斯的销售价格对顾客来说是有竞争力的。正如雷克萨斯汽车所体现出来的，产品服务的独特性，而非销售价格，为那些愿意购买的顾客提供价值。

要使差异化战略能够持续成功，企业应能不断地升级顾客重视的差异化特征，并且创造出一个新的服务，而成本没有发生重要的变动。这就要求公司不断地改变其产品线。这样的公司也许会提供一系列的产品组合用以互相弥补不足，从而可以为顾客提供丰富的差异化产品或服务，并且或许能满足一系列的顾客要求。由于差异化的产品或服务能够满足顾客的独特需求，所以采取差异化战略的企业通常能够获取额外的收益。要想做到这一点，企业必须“在某一方面真正不同寻常或被认为是不同寻常的”。如果能够以比创造产品差异化特征所需费用更高的价格销售产品或服务，企业就可以超越竞争对手，赚取超额利润。例如，云南白药集团股份有限公司（以下简称云南白药）是一家药品生产经营及外购药品批发零售的企业，主要以中药为基础。企业围绕保密配方与材料科学的结合进行产品创新，推出了云南白药创可贴。以“有药好得更快些”为价值诉求的云南白药创可贴成长惊人；之后又推出云南白药牙膏，改变了人们对传统中药的理解，将中药与现代生活的快捷、方便、舒适联系在一起，一举成为医药产品进军日化领域的成功典范。衬衫和领带的制造商 Robert Talbott，遵循严格的技术标准，在生产细节方面格外小心。该公司制作男式衬衫的过程应用了单针缝纫、精确衣领剪裁等技术。公司保证，顾客购买的任何一件产品都是用质量最好的布料制成的。因此 Robert Talbott 的成功是基于其能够以明显高于原料进口以及特殊生产工艺的成本的价格生产和销售具有独特性的产品。

差异化战略的重点不在成本，而是不断地投资和开发顾客认为重要的产品或服务的差异化特征。例如，Robert Talbott 使用从欧洲和亚洲进口的最好的丝绸来生产“极品”领带。总体来讲，公司采用差异化战略以使自己在尽可能多的方面与竞争对手不同。而且企业的产品或服务与竞争对手之间的相似性越小，企业受竞争对手行动的影响就越小。人们普遍认为的差异化产品包括丰田的雷克萨斯汽车和卡特彼勒的重型推土机等。麦肯锡公司被认为是全球收费最高也最负盛誉的咨询公司，它正是提供差异化服务的典型。

一个好的产品或者一项好的服务可以在很多方面实现差异化。不寻常的特征、及时的顾客服务、快速的产品创新、技术上的领先、在顾客心中的声誉和地位、不同的口味、工程设计和性能的特殊性都可以成为差异化的来源，即企业可以做的能为顾客创造真实的或者感知的价值的一切都可以作为差异化的基础。相反，减少成本的途径相对来说就很有限了。

就拿产品设计来说，因为它可以为顾客带来积极的体验，所以设计正在逐渐成为一个差异化的重要来源，希望有竞争实力的公司可以重视它。苹果经常被称为在设计领域设置了标准的公司，iPod 就是很好的例子。还有 2007 年上市的 iPhone，也是苹果的创造力和设计能力的另一个代表。

对企业价值链进行分析，可以决定企业是否能够将其采用差异化战略所需的价值创造活动连为一体。常被用来对产品或服务进行差异化的主要活动和辅助活动如图 8-4 所示。如果企业不具备把这些活动有机连接起来的核心竞争力，企业就很难成功地执行差异化战略。

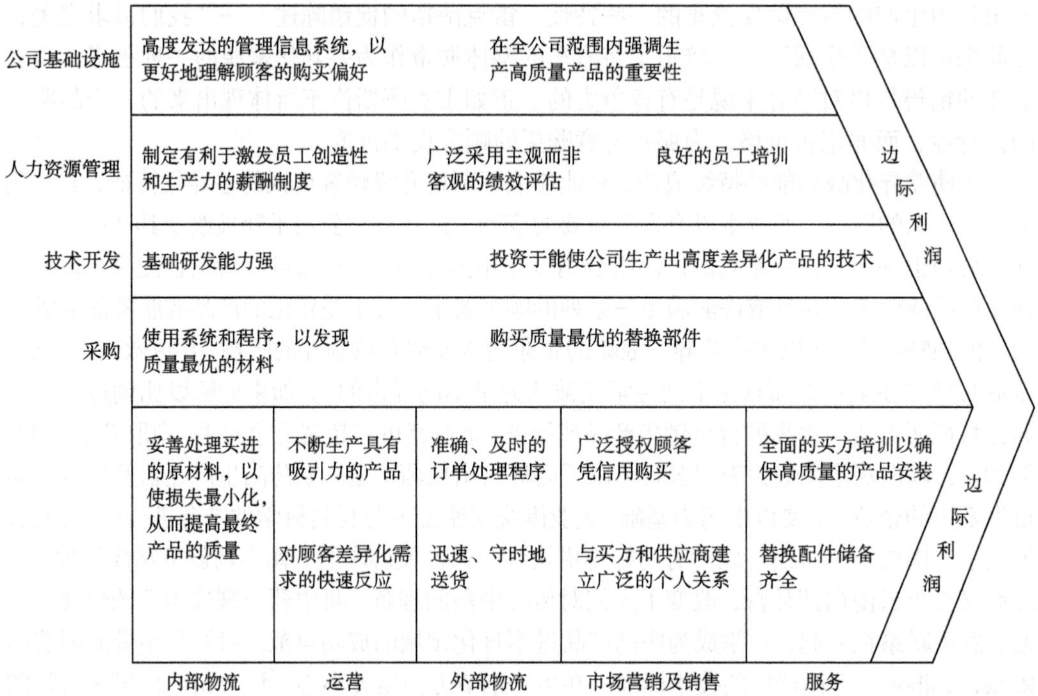

图 8-4 与差异化战略相关联的增值活动

二、战略利益

接下来，我们将解释企业如何使用差异化战略并依据五种竞争力量对自己进行成功的定位以获得超额利润。

1. 与现有竞争对手的竞争

如果产品的差异化对顾客有意义，他们就容易成为该产品的忠实购买者。随着对某一品牌忠诚度的增加，他们对涨价的敏感度就会下降，这种品牌忠诚度与价格敏感度之间的关系使得公司免遭来自竞争对手的挑战。因此，Robert Talbott 的“极品”领带避免了应对竞争对手的挑战，因为即使这种竞争是基于价格的，公司也可以不断地满足目标顾客群体的差异化需求。同样，Bose 立体声设备以极具竞争力的价格提供了出众的音响效果。Robert Talbort 和 Bose 公司提供的高品质及独特的产品都拥有良好的声誉。因此，声誉可以维持采取差异化战略的公司的竞争优势。

2. 买方（顾客）的议价能力

差异化产品或服务的独特性会降低顾客对价格上涨的敏感度。当一个产品相对于竞争对手提供的产品来说仍可以满足他们感知到的独特需求时，顾客愿意接受价格上涨。因此，那些被 Callaway 高尔夫公司满足需求的高尔夫球爱好者将会继续购买它们的产品，即使其价格不断上涨。同样，一个使用了 10 年路易威登钱包并且感到十分满意的顾客很有可能再买一个同样牌子的钱包，即使购买的价格比之前的那个高了很多。顾客购买知名品牌都将会接受这些产品价格的上涨，只要他们继续认为这些产品以可接受的价格满足了自己的独特需求。在所有这些例子中，顾客对价格相对来说不那么敏感，是因为他们认为其可以接受的替代品不存在。

3. 供应商的议价能力

因为执行差异化战略的企业对其产品的定价通常较高，所以供应商就必须向其提供高质量的原材料，从而驱动公司的成本上升。然而，这些例子中的企业赚取的高额利润可以部分使其免受供应商的影响，因为更高的供应商成本可以用这些利润来支付。而且，由于买方对提价相对不敏感，所以执行差异化战略的企业就可以通过提高其特有产品的价格而把供应商的额外成本转嫁给最终消费者。

4. 潜在进入者

对潜在进入者而言，顾客忠诚和克服差异化产品独特性的要求是主要的进入壁垒。在这种情况下，要想进入一个行业，通常需要大量的资源投入并且要有建立顾客忠诚度的耐心。

5. 替代产品

销售品牌产品或服务给其忠诚消费者的企业通常可以有效地抵御替代产品的威胁。相反，缺乏品牌忠诚度的企业更容易遭遇如下情形：顾客转向与其现有产品功能相同且具有某些差异化特征的产品，或者转向具有更多功能、更有吸引力的其他产品。

三、差异化战略的竞争风险

与其他任何业务层战略一样，差异化战略也不是没有风险的。第一，差异化战略的风险在于顾客可能认为实施差异化的企业与成本领先者的价格之差过于悬殊。在这种情况下，企业所提供的差异化的产品特征可能超过顾客所需要的。此时，企业很难经得起竞争对手的挑战，因为竞争对手提供的产品在性价比上更能满足顾客的需求。

第二，差异化战略的风险在于，企业差异化的方式已不能为顾客创造价值，顾客不愿为此多付钱。如果竞争对手的效仿使得顾客认为竞争对手能提供同样的产品或服务，有时价格还更低，差异化战略的价值就不大了。例如，迪士尼公司经营着不同的主题公园，包括魔幻王国、未来世界和最近建成的动物王国，每个公园都提供娱乐以及教育的机会。然而，迪士尼的竞争对手，如 Six Flags 公司，也提供类似于迪士尼的娱乐性和教育体验。为确保其设施能够创造出顾客所愿意支付的价值，迪士尼公司不断地投资，以将其与竞争对手清楚地区别开来。

第三，差异化战略的风险在于，不断体验可能降低顾客对一家公司产品差异化特征价值的评价。例如，顾客对一般的纸巾有积极的体验，他们可能会觉得舒洁产品的差异化特征不值得支付额外的价钱。同样，当一个顾客对一条 Robert Talbott 的“极品”领带印象深刻的时候，相对于更廉价的并且可获得同样体验的领带，“极品”领带的性价比更低。为了防范这种风险，企业必须持续有意义地在顾客愿意接受的价格基础上为他们提供差异化的产品。

第四，差异化战略的风险在于伪造。伪造产品的制造者——就是那些以极低的价格向顾客提供差异化特征的产品的企业——已成为执行差异化战略企业越来越关注的问题。

驯鹿咖啡（Caribou Coffee）已经采取了很多行动以使自己的产品与服务同星巴克以及其他竞争对手相区别，而驯鹿咖啡已经在所提供的咖啡种类以及顾客服务方面进行了创新。对于差异化战略来说，创新是非常重要的，特别是在补充性的产品或服务的开发中（如免费的 Wi-Fi）。

四、战略制定

（1）确定实际购买者，弄清企业价值链对买方价值链的影响。企业首先要确定谁是实际购买者，进而弄清其买方价值链。企业提供的产品或服务是买方价值链的一种外购投入，买方价值链决定企业的产品实际被使用的方式以及对买方活动的其他影响。一个成功实施差异化战略的企业，能够在分析买方价值链的基础上找到降低买方成本、提高买方效益的独特途径。获得这种独特途径的关键是要找到企业价值链与用户价值链之间的种种联系，因为每一种联系都存在着差异化的可能。

（2）确定买方的购买标准。

（3）评价企业价值链中现有的和潜在的独特性来源。

（4）制定差异化战略方案。一般而言，成功实施差异化的途径主要有以下四种：①控制各种差异化驱动因素，从整个价值链出发提升整体独特性；②控制实施差异化成本；③改变规则以创造独特性；④重构价值链。

（5）检验差异化战略的持久性。

五、战略实施误区

企业实施差异化战略也可能会进入以下误区：①无价值的独特性；②过度差异化；③定价过高；④忽视对价值信号的需要；⑤只重视产品而不重视整个价值链。

第四节　集中化战略

一、含义和适用条件

当企业想利用其核心竞争力以满足某一特定行业细分市场的需求而不考虑其他需求时，就可以采用集中化战略，或称聚焦战略。可以作为集中化战略目标市场的特定细分市场的例子包括：①某一特定的购买群体（如年轻人或老年人）；②某一产品线的一个特定部分（如专业油漆匠或自助用户使用的产品）；③某一地理统计变量市场（如我国东部或我国西部）。因此，聚焦战略通过设计一整套行动来生产并提供产品或服务，以满足某一特定的竞争性细分市场的需求。

为了满足在某一特定地理范围内竞争的具有一定规模的公司的需求，企业经常进行专业化定位，如定位自己为一家投资银行。总部位于洛杉矶的美国格瑞夫基金管理有限公司将自己定位为“企业家的投资银行”，它是为美国西部的中型企业提供并购咨询的领导者。戈雅食品（Goya Foods）是一家美国最大的西班牙裔食品公司，通过将西班牙裔市场细分成独特的组群，戈雅食品为消费者提供了超过 1500 种产品，该公司试图“成为所有拉丁裔的全部”。通过成功地运用聚焦战略，像美国格瑞夫基金管理有限公司和戈雅食品这样的公司在特定的细分市场赢得了竞争优势，尽管它们并没有拥有行业范围内的竞争优势。

二、战略利益

虽然一个目标市场的宽度是程度上的问题，但聚焦战略的本质是“对一个窄目标市场与产业平衡的差别的探索”。企业利用聚焦战略，打算比行业范围内的竞争对手更有效地服务于一个细分市场。当它们可以有效地服务于拥有独特需求而竞争对手选择不服务的细分市场，或者满足竞争对手不能很好满足的需求时，它们会取得成功。

企业能够在特殊的和独特的细分市场上通过聚焦成本领先战略或者聚焦差异化战略为顾客创造价值。

位于瑞典的宜家家居公司（以下简称宜家），是一个在44个国家有分公司、在2006年实现销售利润235亿美元的全球家居零售企业，它采用了聚焦成本领先战略。宜家的愿景是“低价的完美设计和实用功能”。既讲究款式又要求低价的年轻消费者构成了宜家的目标市场。针对这些顾客，宜家提供的家居产品综合了如下特点：设计新颖、功能齐全、质量可靠、价格低廉。宜家认为，“低成本是我们的焦点，它贯穿在企业活动的每一个方面”。

宜家采用了不同的做法以使成本保持在较低水平。例如，宜家公司不依赖第三方厂商，而是由其工程师自行设计可由消费者自行安装的模块式家具。为了消除对销售顾问和装潢工人的要求，宜家公司在其卖场内摆放产品，于是顾客可以在一个类似房间的背景中看到不同的生活空间组合（包括沙发以及餐桌等），这样可以帮助消费者想象在家中某套家具看起来如何。另外帮助宜家保持低成本的措施是要求顾客自己运输购买的物品而不是提供运输服务。

尽管它是成本领先者，但宜家在低价之外还提供了许多对顾客极具吸引力的服务，包括它独特的家具设计、店内的儿童游乐场、供顾客使用的轮椅，以及延长的营业时间。宜家相信这些服务的产品“很巧妙地满足了宜家顾客的需要，因为他们通常都很年轻，不是很富有，很可能有小孩（但又没有专门照看小孩的保姆），而且他们要工作，所以只能在工作以外的时间购物”。因此，宜家的聚焦成本领先战略同样包括了其低成本产品的差异化特征。

许多顾客在购买一个产品或一项服务时有很高的期望。在战略的背景下，这些顾客希望购买低价、差异化的产品。鉴于这些顾客的期望，许多企业采取可以同时满足低成本和差异化要求的主要活动以及辅助活动。有这种类型的业务活动意图的公司采用整体成本领先/差异化战略，采用这一战略的目标是高效地生产差异化的产品。有效率的生产是保持低成本的来源，而差异化是独特价值的来源。成功使用整体成本领先/差异化战略的企业，通常可以对新技术以及所处外部环境的变化做出及时调整。同时专注于创造两种竞争优势（成本和差异化）增加了主要活动以及辅助活动量，在这些业务中公司必须变得非常有竞争力。这样的公司通常与外部合作者有牢固的关系网络，它们可以完成部分主要活动以及辅助活动。反过来，拥有处理大量业务的技巧使一家企业变得非常具有柔性。

塔吉特超市集中于其目标客户（高收入、对潮流敏感的折扣店购买者）的核心需求，采用了整体成本领先/差异化战略。公司的年报是这样描述这一战略的：通过公司内部的精心培育以及对一致性和协调性的重视，塔吉特已经建立了一个强势、有特色的品牌。塔吉特品牌的核心是致力于通过“期待更多，付出更小”的品牌承诺来提供很好的差异化与价值的平衡的保证。塔吉特依靠与化妆品行业的 Sonia Kashuk，服饰行业的 Mossimo，户外用品行业的 Eddie Bauer 的关系，以折扣价格提供差异化的产品。

事实表明，成功地运用这一整体战略和超额利润之间存在着联系：能够以相对较低的价格提供相对差异化的产品的企业，将会有较好的业绩。研究人员发现，“采用多种竞争优势形成的企业更为成功”。采用这一战略的企业必须寻求差异化战略与低成本领先战略之间的平衡。因为存在这两种战略间的权衡，所以企业很少能发挥两种战略的最大优势。

主要活动和辅助活动使得企业可以以相对较低的成本生产差异化的产品，而柔性又是进行这些主要活动和辅助活动所必需的。柔性制造系统、信息网络，以及全面质量管理系统是柔性的三个来源，对尝试平衡持续成本削减和持续差异化推进（被称为整体战略）目标的企业来说非常有用。

三、战略风险

无论企业采用何种集中化战略，都面临着与整个行业内采用成本领先战略或差异化战略的公司同样的一般性风险。然而，集中化战略还具有一般性风险以外的三种风险。

风险一在于，竞争对手可能会集中在一个更加狭窄的细分市场上，从而使原来的聚焦战略不再聚焦。例如，Confederate Motors 公司正在生产一种高度差异化的摩托车，这些摩托车有可能吸引一部分哈雷戴维森的顾客。其致力于制造出一辆“极端美国化的摩托车”（甚至比哈雷戴维森的产品还美国化），并采用纯手工打造，实际上，一周只能生产一辆车；数字技术被用于设计 Confederate Motors 公司的产品，使得所有产品都有非常特殊的外形；定价在 62 000 美元以上，该公司的产品只吸引那些确实想要买一辆与众不同的摩托车的顾客（如 2007 年面市的 B120 Wraith，当时受到摩托车杂志热烈的评论）。

风险二在于，在整个行业内竞争的企业可能会认为由执行聚焦战略的公司所服务的细分市场很有吸引力，值得展开竞争。考虑到有这样一种可能性，其他女装生产商和销售商认为 Anne Fontaine 所服务的细分市场的利润潜力非常具有吸引力。例如，像 Gap 这样的公司，已经尝试着设计并销售可以与 Anne Fontaine 相竞争的产品。

风险三在于，狭窄的竞争性细分市场中顾客的需求可能会与一般顾客的需求趋同。此时，聚焦战略的优势会被削弱或消除。例如，宜家公司的顾客对时尚家居产品的需求可能会被稀释，尽管其购买相对便宜的家居产品的需求不变。如果需求的这种变化发生，宜家的顾客将会从大型连锁超市以较低的价格购买标准化的家居产品。

通过成功应用整体成本领先/差异化战略而获得超额利润的潜力是非常诱人的。但是，这是一种极具风险的战略，因为企业发现生产相对不贵的产品并且使这些产品具有为目标顾客增加价值的差异化水平所需的主要活动和辅助活动的开展是很困难的。为了持续恰当地应用这一战略，企业必须在降低产品成本的同时，增加产品的差异化。

不能成功地以最适宜的方式开展主要活动和辅助活动的企业会陷入两难境地。这意味着企业的成本没有低至可以为其产品制定有吸引力的价格，并且它的产品也没有实现足够的差异化，不能为目标顾客创造价值。这些企业不会获取超额利润，并且只有当其所处的产业结构非常有利的时候，才会赚取平均利润。因此，采用整体成本领先/差异化战略的企业，应该确保它们的主要活动和辅助活动，允许它们既能提供顾客认为有价值的差异化的产品，又能以相对较低的价格提供这些产品。我们前面所描述的美国西南航空公司采用了这一战略，并且避免了陷入两难境地。

当一个公司不能成功实施成本领先战略或者差异化战略的时候，也会陷入两难境地。换句话说，整个行业的竞争者同样可能陷入两难境地。试图使用整体战略是成本高昂的，因为企业必须同时追求低成本和差异化。企业也许需要同其他公司建立联盟以实现差异化，然而联盟伙伴也许会因为使用其资源而收取费用，这样做又会使成为成本领先者变得非常困难。也许企业会想要通过创新或者向自己的产品组合中添加竞争对手没有提供的产品来保持自己的差异化，从而有所收获。最近的研究表明采用“单一战略”的企业比采取“混合战略”的企业表现要更出色。但是有时候，采用整体战略的企业同样也可与那些采用单一战略的企业一样出色。这一研究表明了采用整体战略的风险。然而，整体战略在许多产业中因为技术进步以及全球化竞争而变得越来越普遍，或许也越来越必要。

四、战略制定

集中化战略的制定，首先要检验该战略所需要的市场基础和企业基础。成功实施集中化战略的关键是比竞争对手更好、更有效地服务于某一小市场的购买者，因而企业应具备以下基础：①服务小市场的成本比竞争对手低；②能够给小市场的购买者提供他们认为更好的东西。即企业拥有有效服务小市场的资源和能力。

从市场基础来看，小市场应符合下列条件：①小市场的需求非常独特并且专业化，以至于业内竞争者根本未能提供服务或服务得很差；②小市场足够大，可以盈利且具有较好的成长潜力；③小市场未被其他竞争对手关注，或者不是业内主要竞争对手承销的关键。

在通过上述企业基础和市场基础的检验后，企业可依据对小市场顾客需求的深入分析和企业核心竞争力所在以及潜在进入者的威胁等进行决策，选择具体的集中化战略。根据所选战略，运用前述低成本战略或差异化战略的制定方法来制订具体的集中化战略方案。

第五节 不同产业结构的企业竞争战略

根据生命周期和竞争结构状况的不同阶段，产业可以划分成分散型产业、新兴产业、成熟产业和衰退产业，处在不同产业结构中的企业的具体战略选择要充分考虑到产业结构的影响。

一、分散型产业中的企业竞争战略

分散型产业是一种重要的结构环境，在这样的产业环境中，有许多企业在进行竞争，没有任何企业占有显著的市场份额，也没有任何一个企业能对整个产业的发展产生重大影响。在一般情况下，分散型产业由很多中、小型企业构成，其中许多是私人控制的。对分散型产业没有准确的数量定义。使这些产业成为独特竞争环境的基本观念是：不存在具有左右整个产业活动的市场领袖。分散型产业存在于经济活动的许多领域中，在下面这些领域中非常普遍：服务业、零售业、分销业、农产品、餐饮业等。

1. 造成分散型产业的经济原因

造成产业内部分散的原因很多。某些产业分散是历史原因造成的——企业历史形成的资源或能力——而不是由于根本经济原因。但是在多数产业中，造成产业分散的根本原因是如下一些经济因素。

（1）总的进入壁垒低。几乎对所有的零散型行业来说，总的进入壁垒都不高，否则不会有如此多的小公司涌入。

（2）不存在规模经济或经验曲线。

（3）高运输成本限制着高效率企业扩大规模和增加生产地点。

（4）高库存成本或不稳定的销售波动。

（5）与顾客和供应商交往时无规模优势。

（6）在某些重要方面的规模不经济。比如，如果运行的就近控制和监督是成功的基本条件，则小企业可能具有一定的优势；当人员服务是企业经营的关键时，小企业通常更有效；当本地形象和本地合同成为经营关键时，大企业可能处于劣势。

（7）多样化的市场需求。在某些产业中，顾客的口味是零散的，每一个顾客希望产品有不同的样式，也准备（或能够）为这种需求付出代价，并且不愿接受更标准化的产品。因此，对某一特定样式的产品需求很小，这种数量不足以支持某种程度的生产、分销或市场营销策略，使大企业能够发挥优势。

2. 分散型产业中的竞争战略选择

在很多情况下，产业分散确实是因不可克服的产业基础性经济原因造成的。分散型产业的特征不仅表现为存在许多竞争者，一般来说也表现为处于对供应商和顾客的较低地位。在这种情况下，战略地位显得特别重要。

每一个产业在最终产业特性上的差异，使得企业没有一种通用的有效的方法在分散型产业中进行竞争。但是存在许多可能的战略方法去对付零散型的产业结构。

（1）严格管理下的分散化经营。分散型产业具有如下经济特点：需要严密协调，本地化管理趋向，重个人服务、近距离控制等。因而一种重要的竞争方法是严格管理下的分散化经营。与其在一个或少数几个点增加经营规模，不如采用这样一种战略，即保持个别经营的小规模并尽可能自治，这种方法采用严格的中心控制和当地经理的业绩导向补贴。

（2）采用标准化的设施和统一化的设备。将经营中的重要战略变量视作在多个地点建立有效的和低成本的设施。这种战略涉及设计一种标准化设施，无论它是一个工厂还是一个服务部门，使其以最低成本建设和运行这些设施的过程科学化。

（3）增加附加价值。许多分散型产业生产的产品或服务是一般性的产品，或者是很难实现差异化的产品。在这种情况下，一种有效的战略可能是给经营产品增加附加价值。例如，为销售提供更多服务，从事产品的最终构造，在产品卖给顾客前对零部件进行分装盒装配等。

（4）产品类型或产品细分的专门化。当造成产业分散的主要原因之一是产品系列中存在多项不同产品时，一种有效实现高于平均水平结果的方法是集中力量专门生产其中少数有特色的产品。它可以使企业通过使其产品达到足够大的规模来增强与供应商的讨价还价能力。

（5）顾客类型专门化。如果因为分散结构而造成激烈竞争，企业可以从对产业中一部分特殊顾客的专门化中获益，可能这些顾客因购买量小或规模小而造成很低的讨价还价能力，或这些顾客需要企业随基本产品或服务提供附加值以至于对价格不敏感。

（6）订货类型专门化。在分散型产业中，企业可集中于某一订货类型来应对竞争。一种办法是仅服务于顾客要求立即交货且顾客对价格不敏感的小订单；或企业仅接受习惯的订单，以培养顾客对价格的不敏感性并建立起转移成本。

（7）集中于特定地理区域。在不存在全国性的规模经济的情况下，企业可以由于覆盖某一区域而得到重要的经济性。其方法是集中设备、注重市场营销活动、采取唯一的分销商等。

（8）简单朴实。由于许多分散产业的激烈竞争和低利润，一种简单但有力的战略选择是强烈注重保持一种简单朴实的竞争姿态，即低间接费用、低技能的雇员、严格成本控制和对细节注重。

（9）后向整合。虽然造成分散的原因对获得高市场份额是一种壁垒，但选择的后向整合可对那些无力实现整合的竞争者造成压力。

二、新兴产业中的企业竞争战略

新兴产业是新形成的或重新形成的产业，其形成的原因是技术创新、相对成本关系的变化、新的消费需求的出现，或其他经济和社会变革所催生的新产品或服务商机。按照战略的观点，伴随着批量订单带来的规模增长，当一个老产业经历着由前述环境变化引起的竞争规则变化时，新兴产业的问题也会出现。

从战略制定的观点看，新兴产业的基本特征是没有游戏规则，新兴产业的竞争问题是全部规则都必须建立，使企业可以遵循并在这些原则下发展繁荣。缺乏规则既是风险又是机会的来源，在任何情况下都必须设法解决它。

1. 新兴产业中企业发展所面临的问题

新兴产业在促使产业发展方面，通常会在不同的严重程度上面临着限制或问题。

（1）缺乏获得原材料和零部件的能力。一个新兴产业的发展要求出现新供应商或现存的供应商增加产出或修改原材料和零部件，以满足产业的需要。在这一过程中，严重的原材料和零部件短缺在新兴产业中是很常见的。例如，随着全球太阳能产业的发展，对于半导体硅的需求量日益增加。其中，多晶硅在中国市场中出现了严重短缺，在国际市场上也是供不应求。许多太阳能电池生产厂商受到了晶片等原材料紧缺的影响，无法与晶片供应商签订固定的供货合同，只能签订某些开口合同，由供应商根据每月情况决定是否供货给太阳能电池生产厂商。在此情况下，有些太阳能电池生产厂商不得不停止自身品牌产品的生产，转做贴牌工厂，以此获得稳定的利润和较为充足的原材料供应。面对发展的需求和不能适应的供给，在新兴产业早期阶段，重要原材料的价格经常会大幅上涨。这种情况部分是由于供给和需求之间的经济作用，部分是由于供应商认识到其产品对于孤注一掷的产业的价值的结果。但是，当供应商扩展（或产业参与者合力解决瓶颈问题）时，原材料的价格也会似上升时一样迅速下降。

（2）缺乏基础设施。新兴产业经常面临类似于材料供应不足、由于缺乏适当基础设施而引起的问题。例如，分销渠道、服务设施、经训练的技巧、互补产品（如为娱乐车所用的适当营地、煤炭气化技术所需的煤等）及其他类似问题。

（3）缺乏产品或技术标准。对产品和技术没有统一标准加剧了原材料供应和互补产品的问题，并可能阻碍成本下降。缺乏一致的原因通常是新兴产业中仍存在高度不确定性的产品和技术。

（4）顾客困惑。新兴产业经常遇到顾客困惑的问题，这种困惑来源于众多产品方案、技术种类及竞争者互相冲突或相反宣传的存在。这些现象全部是技术不确定的象征，以及是由于缺乏技术标准和产业的参与企业间总的技术协议。这种混乱可能增加购买者的购买风险并限制产业的销售额。例如，一些观察者认为，电离法与光电法烟雾报警制造商互相冲突的宣传延迟了顾客的购买行为。

（5）不稳定的产品质量。由于存在许多新建企业、缺乏标准、技术不确定等，在新兴产业中产品质量经常反复不定。即使仅仅在少数几个企业中出现这一问题，不稳定的质量也能够给全产业的形象和信誉造成不利影响。电子游戏的缺陷，如彩色显像管烧毁，就像数字电子表和新建立的特许经营汽车调节中不稳定的表现一样，阻碍了电子游戏产业的初期发展，也使顾客产生了怀疑。

（6）在金融界的形象和信誉。作为新产业、高不确定性、顾客困惑和不稳定的产品质量的结果，新产业在金融界的形象和可信任程度可能较差。这种情况不仅影响企业取得低成本融资的能力，而且可能影响取得客户信任的能力。虽然融资困难可能是正常的情况，但有些产业（通常是高技术产业或"概念"企业）似乎是例外。例如，在小型计算机等产业中，即使新建企业也能得到华尔街的青睐，获得许多种类和很低成本的资金。

（7）政府监管部门的批准。从一方面讲，如果新兴产业通过的是与受到监管的现有其他方法不同的新方法来满足需要，他们在获得有关监管部门的承认和批准方面就常遇到拖延。例如，模块式房屋建筑业因为建筑编码的不灵活性而受到了严重损害，新药产品现在面临着长时间的强制性的确认前检验的问题。从另一方面讲，政府政策可以使一个新兴产业几乎在一夜之间走上正轨，就像曾强制使用烟雾报警器的情况一样。如果新兴产业处于传统法规范围之外，法规有时会突然出现，并能够减慢产业发展速度。例如，矿泉水产业在 20 世纪 70 年代得到大发展之前，在传统上这一产业仍未受到监管者的重视。尽管达到了相当大的规模，矿泉水产品仍被淹没在关于标志和健康的法规之中。同样的现象曾在自行车和链锯产业中发生过，当繁荣增长使产业的规模增大时，才引起了有关监管机构的注意。

（8）高成本。因为前述的许多结构条件，新兴产业经常发现单位成本大大高于产品最终会达到的成本水平。这种情况有时会使企业最初定价低于成本，否则会严重地限制产业的发展，这一问题造成高成本-低销量的循环。

（9）被威胁实体的反应。有些实体几乎总是因新兴产业的出现而受到威胁。它们可能是生产一种替代产品的产业、工会或是与旧产品有联系且偏爱做旧产品生意的那种确定性的分销渠道等。例如，许多电力公司正进行院外游说，反对对太阳能进行补贴，因为他们认为太阳能将不会满足高峰供电负载的需要。另外一个例子是建筑工会为反对模块式房屋进行了激烈的斗争。

2. 新兴产业中的竞争战略选择

新兴产业中的战略制定过程必须处理好产业在这一发展阶段的风险和不确定性。竞争活动的法则是非常不确定的，产业的结构未确定并可能变化，企业对竞争者几乎不了解。然而，全部这些因素还有另外一面——一个产业发展中的新兴阶段可能是战略自由度最大，并且也是战略选择对经营表现的作用效果最大的阶段。

（1）塑造产业结构。在新兴产业中占压倒性地位的战略问题是企业塑造产业结构的能力。通过一一选择，企业试图在生产方针、市场营销方法和价格策略等方面建立游戏规则。在产业的基础经济性和资源的限制范围内，企业应以某种方式寻求确定产业法则，以使自身长期保持最有力的地位。

（2）进入时间的选择。在新兴产业中进行竞争的一个重要战略选择是正确的进入时间。早期进入（或先驱）一方面涉及高风险，另一方面可能涉及低进入壁垒，并可获得很高的收益。

当下列基本情况具备时，早期进入是适当的：①企业的形象和声望对顾客至关重要，企业可因作为先驱者而发展和提高声望。②如果一个产业中学习曲线很重要，经验很难模仿，并且不会因持续的技术更新换代而过时，则早期进入可以较早地开始在这一产业中的学习过程。③顾客忠诚非常重要，所以那些首先对顾客进行销售的企业将获益。④通过早期对原材料供应、分销渠道等的承诺可带来绝对成本利益。

在下列情况下，早期进入非常危险：①早期竞争和细分市场建立在与产业发展晚期的重要基础不同的基础上，企业因此而建立错误的技能，并可能面临高转换成本。②开辟市场代价高昂，其中包括顾客教育、法规批准、技术开拓等，而开辟市场的利益无法为企业所专有。③早期与小的新开办企业竞争将代价高昂，且以后这些小企业将被更难对付的竞争对手所取代。④技术变化将使早期投资过时，并使晚期进入的企业因拥有最新产品和工艺而获益。

（3）策略性行动。限制新兴产业发展的问题提出了某些可以改善企业战略地位的策略性行动。①对原材料供应商的早期承诺将在紧缺时期产生有利的优先权。②可以利用华尔街所感兴趣的产业事件发生的时间筹资，即使早于实际需要，这样做也可以降低企业的融资成本。

三、成熟产业中的企业竞争战略

作为演变进程的一部分，许多产业经历了从高速增长到有节制增长的时期，这一时期通常叫作产业成熟时期。雪车、手动计算器、网球场及设备、集成电路等仅仅是在20世纪70年代中后期达到这一阶段的产业中的少数几个例子。产业成熟不是发生于产业发展过程中某一固定点，它可以因为发明创造或其他给产业不断注入活力的事件而被推迟。而且，作为战略性突破的后果，成熟的产业可能重新得到迅速增长，因此经历不止一次向成熟的转化。牢记这种重要的可能性，让我们考虑这样一种情况，产业向成熟转化正在发生，阻止这种转化的可能性被彻底排除。

对一个产业中的企业来说，向成熟转化几乎总是一个关键时期。在这个时期中，企业的竞争环境经常发生根本性变化，这要求企业艰难地做出战略反应。有时企业会在清楚地认识环境变化方面遇到麻烦，即使它们觉察到了这些变化，它们做出反应所要求的战略性转变也可能正是企业难以实现的。另外，按照组织结构及其领导地位的含义，向成熟转化的影响会延伸并超出战略考虑的范围。在应该进行的战略调整中管理调整是最困难的。

1. 成熟产业中的企业竞争战略选择

（1）产品组合合理化。虽然在增长阶段众多的产品系列和频繁的新型号、新选择的引入都是可能并经常是必要的，而且是为企业发展所欢迎的，但在成熟期环境下，这种战略不再可取。成本竞争和为市场份额进行的竞争要求太高了。结果，为了从产品系列中删除无利的项目，将注意力集中于那些或是明显有利的项目（技术、成本、形象等）或“好”客户购买的产品，有必要在复杂的产品成本计算中做一定数量的改进。多组产品平均分摊成本，或为成本计算平均分摊管理费用，对于评价现有及可能的新增产品类型就变得不合适。有时使产品组合合理化需要装备计算机成本计算系统，而本来在产业增长年代里这并不很受重视。

（2）正确定价。与产品组合合理化相联系的是在成熟阶段定价方法的变化。虽然平均成本定价法或以一个产品系列而不是以个别单项产品定价在增长年代是足够的，但成熟期经常要求日益加强对单个产品成本进行衡量的能力并定出相应的价格。在产品系列中，通过平均成本定价法，不明显的交叉补贴掩盖了某些市场不能支持其实际成本的产品，并在客户对价格不敏感的情况下放弃了利润。交叉补贴还招致竞争对手对人为定价过高的产品进行削价或引入新产品。那些缺乏复杂成本计算以使价格合理化的竞争者，以及那些不迅速对不合理的定价过低的产品进行价格合理化的竞争者，在成熟的产业中，如果竞争对手缺乏对产品进行合理定价的能力，或者不合理地压低产品价格，就会造成一系列问题。

（3）生产流程创新和为制造进行设计。在成熟期中，流程创新的相对重要性通常提高，重要性同样提高的还有用于设计产品以及使低成本制造和控制得以实现的交货系统的支出。日本企业在这一方面付出了巨大的投资，在电视机等产业中的许多成功都可归因于这一点。

（4）日益增长的购买范围。增加现有客户购买比寻求新客户更可取。对现有客户增加销售常常可以通过提供外围设备和服务、产品升级、扩展产品系列等方法来实现。这种战略可能使企业跨出原产业而进入相关产业。这种战略与发现新客户相比，代价通常较低。在成熟产业中，获得新客户通常意味着为市场份额而与竞争对手战斗，最终结果的代价是昂贵的。这一战略曾经被或正在被有些企业成功地实践着。这些企业包括美国南方公司（1999 年正式改名为 7-Eleven）和 HFC（Holly Frontier Corporation，霍利）等。7-Eleven 正在迅速将食品、自助加油站、弹子球机和其他一些产品增加到原有的产品中去，以争取其客户更多的购买并增加冲动购买，同时避免建立新店址的支出。同样，HFC 正增加新服务项目，如税务准备、更大的贷款甚至银行业务，以扩展可销售给其巨大客户群的产品。

（5）购买廉价资产。由于向成熟转化的影响而形成的企业不景气，企业有时可以用很低的价格获取资产。购买不景气企业的资产或购买破产清偿资产的战略可以改善利润，并在技术变革幅度不太大的情况下创造低成本的地位。这一战略曾被啤酒业中不太知名的厂家 Heilman 公司成功运用。尽管越来越专注于产业的高层次，但通过以低价兼并地区啤酒厂和旧设备的方法，Heilman 公司在 1972～1976 年实现了每年 18% 的增长（1976 年销售额达到3亿美元），其权益收益率超过20%。产业中的领导者因反垄断法而受阻，不能采用兼并的方法，并被迫按当前价格建设新的大工厂。

（6）客户的选择。在成熟期，当客户变得更有知识且竞争压力增强时，客户的选择有时是企业持续获利能力的关键因素。那些在过去从未使用过砍价力量或因有限的产品选择而缺乏力量的客户，在成熟期通常不会因不好意思而不使用他们的力量。辨识“好”客户并保住他们，是非常重要的。

（7）在国际环境中竞争。企业可因在国际环境中竞争而免于进入成熟期，因为在国际环境中这一产业的结构有利得多。这种直截了当的方法曾被有些企业实行过，如金属容器和装饰产业中的皇冠柯克-西尔公司，农场管理产业中的麦塞福格森（Massey Ferguson）公司等。有时在本国市场上已经过时的设备可在国际市场上有效地使用，从而极大地降低进入成本。或者产业结构在国际环境中更有利，因为那里老练又有力量的客户较少，竞争对手较少和其他类似因素。这种战略的困难在于要面临国际竞争风险，并且其仅仅是推迟成熟期而非解决面对它的事实。

2. 成熟产业中企业可能陷入的战略陷阱

除了如上文所述在辨识转变时期的战略含义上遭到失败以外，另外还有一种倾向，即企业可能落入某些有特色的战略陷阱，成为被捕食的牺牲品。这些陷阱如下。

（1）一个企业的自我感觉和对产业的感觉上的错误。企业在不断树立自我形象或感觉并提高自身相对能力（“我们居于质量领导地位”“我们提供高水平的客户服务”），这种感觉在形成战略基础的含糊设想中有所反映。在产业转化过程中，随着买方的首选有所调整，竞争对手对新的产业环境做出了反应，这种自我感觉变得越来越不正确。同样，企业对产业、竞争对手、客户和供应商所做的某些假设在转化期间也不再有效。然而，转变这些建立在过去实际经验基础上的假设有时是一个困难的过程。

（2）现金陷阱——在成熟的市场上投入资金并建立市场份额。只有能指望将来的流动性的时候，现金才应该被投入经营活动。在成熟、慢速增长的产业内，为创造市场地位而进行现金投入合理化的假设经常是很有用的。产业成熟不利于长期提高或保持利润，以使流入现金现值补偿现金流出而回收现金投资。因此，成熟的产业可能是现金陷阱，特别是当一个企业的市场地位并不高但企图在成熟的市场上建立大的占有率时更是如此。这种情况成功的机会极小。

一个与此有关的陷阱是在成熟的市场上注重总收入而不是获利能力。在增长阶段，这一战略令人满意，但在成熟期这种战略面对的通常是逐渐减少的利润。

（3）为了短期利润太轻易地放弃市场份额。转化时期面对利润压力时，似乎有一种倾向，有些企业试图保持过去的获利能力——其代价是降低市场份额或放弃市场营销、研究活动和其他需要的投入。这势必损害其日后的市场地位。在成熟产业中如果规模经济显著却不愿接受较低利润是目光严重短浅的表现。当产业发生转变时，一个低利润时期不可避免，这时避免过度反应需要头脑冷静。

（4）对价格竞争怨恨和不理智的反应（“我们不在价格上竞争”）。经过了一段不需要进行价格战的时期后，接受价格竞争的必要性对于企业是很困难的，因此，回避价格战是一条神圣的原则。有些管理人员甚至将价格竞争看作不体面或有失身份。对转化做出这种反应是很危险的，尤其当企业只有采取进攻姿态制定价格政策方能占有市场时，市场对其长期建立低成本地位是重要的。

（5）对产业实践中变化的怨恨和不理智的反应（"他们在伤害这个产业"）。产业实践中的变化，如市场技术、生产方法和批发商合同的性质等经常是转化中不可避免的组成部分。它们可能对产业长期潜力非常重要，但常常受到抵制。例如，机器对手工的替代在某些体育器械产业受到抵制，而且企业不愿意采用激进的营销方式（"市场营销在这个产业中行不通，需要的方法是个人销售"），如此种种。这种抵制行为可能使一个企业在适应新环境时严重落后。

（6）过于强调"创造性的""新"产品，而不是改进和积极地推销现存产品。虽然一个产业在早期和增长阶段的成功依赖于研究新产品，但成熟期的出现往往意味着新产品和应用更不容易获得。正确的方法是改变集聚于创造性活动的状况，以标准化代替求新，并以一定代价实现良好调整。然而这种发展无法满足某些企业并受到抵制。

（7）以坚持"高质量"为借口而不去适应竞争对手侵略性的定价和营销行为。高质量可能是企业的重要力量，但当一个产业成熟时，质量差异有受侵蚀的趋向。即使这种差异还存在，更有知识的客户也可能在过去买过产品的市场中选择更低价格的产品以代替质量因素。困难的是使许多企业接受这样一种现实，即它们不拥有质量最高的产品或它们的质量不必要过高。

（8）即将来临的生产能力过剩。生产能力超需要投入或成熟时期随竞争引起的工厂现代化而来的生产能力增长的结果是，某些企业可能拥有过剩生产能力。仅仅它的存在就造成了微妙或显著的"必须物尽其用"的压力，而使用这种生产能力可能会损害企业的战略。例如，即将来临的过度生产能力使一个企业陷入两难境地，而不能保持一种更专一的方法。它也可能造成管理压力从而导致企业坠入现金陷阱。可取的做法往往是出售或削减过剩能力，而不是保持它。但是很明显，生产能力不应被出售给任何可能将其应用于同一个产业的经营者。

四、衰退产业中的企业竞争战略

从战略分析的角度看，衰退产业是指在持续的一段时间里产品的销售量绝对下降的产业。因此，这种不景气不能诉诸经济周期或者一些短期例外事件，如工人罢工或原材料短缺等，而是描绘了必须制定终局战略的真实情景。

在产品生命周期模型中，下降阶段的特点是：市场销售量降低、产品类型减少、研究与开发以及广告费用降低和竞争者减少。在这个阶段里，一个被普遍接受的战略是收割战略，即取消投资并从该业务领域中最大限度地产生现金，随后以撤资告终。现为制订计划普遍采用的产品组合模型，对衰退产业有同样的建议：不要在增长缓慢或负增长的、不利的市场投资，而应从中抽取现金。对衰退产业的一个广泛深入的研究说明，在不景气阶段，竞争的性质以及企业为对付这种不景气而采用的可能的战略选择是非常复杂的。为应对这种不景气状况，不同产业有明显不同的竞争方式。

1. 产业衰退的需求性原因

产业需求下降有多种不同的原因，在衰退阶段，它们对竞争有不同的含义，这些原因如下。

（1）技术替代。衰退的一个原因是技术革新创造了替代产品（如电子计算器取代了计算尺），或者显著的成本与质量的变化生产了替代产品（如人造皮革）。日益增加的替代产品通常降低了利润，同时也降低了销售量，因此，这个原因能够威胁产业利润。如果在此产业中，部分需求不接受或者抵制替代品，并且具有像前述意义上有利的特性，对于利润的负面作用即可得到缓和。对于未来需求，替代品可能带来不确定性，这取决于不同产业的特点。

（2）人口。另一个衰退的原因是购买这种产品的客户群规模减小。在产业的各环节中，在下游产业里，人口减少引起需求下降。作为一种衰退原因，人口并不与替代品的竞争压力同时出现。因此，如果生产能力有秩序地撤出受人口下降影响的产业，剩余企业仍可像那些在衰退以前撤出的企业一样获利。总之，人口变化经常带有很大的不确定性，正如我们已经讨论的那样，在衰退阶段，对于竞争而言它是不稳定的。

（3）需求的变化。由于社会或其他原因改变了买主的需要或爱好，对某种产品的需求可能下降。例如，雪茄的消费下降在很大程度上是由于雪茄的社会认可正在急剧下降。类似于人口因素，需求变化未必会增加对在位企业产品的替代压力。然而，需求的变化也可以具有很大的不确定性，就像对雪茄的需求一样，这种不确定性使许多企业继续预测需求的恢复。在衰退阶段，这种情况对衰退期间的营利性具有很大的威胁。

2. 衰退产业中的企业竞争战略选择

关于衰退战略的讨论总是围绕着舍弃战略或收割战略，但实际上还有一系列其他的战略，虽然对任何特定产业来说它们并不都是必要而且可行的。这些战略可以用 4 种在衰退中竞争的基本方法来表示（表 8-2），企业可能只采用其中一种或先后采用几种方法。

实施过程当中这些战略很少能截然分清，但分别讨论它们各自的目标与含义是有益的。这些战略无论在它们力图实现的目标上，还是在投资的含义上都迥然各异。在收割战略和舍弃战略中，业务管理是为了收回投资，这是衰退战略的传统目标。对于领导和局部领导战略，企业可能实际上通过投资加强了它在衰退产业中的地位。

表 8-2 衰退产业中的各种战略

战略	做法	战略	做法
领导战略	在市场份额方面争取领导地位	收割战略	实施有控制的撤出投资，从优势中获利
局部领导战略	创造或捍卫在某一特定细分市场中的优势地位	舍弃战略	在衰退阶段尽早清算投资

下面我们来探讨每种战略选择的动机和实现它们的一般战略步骤。

1）领导战略

领导战略的目标是从某类衰退产业中获利，这类产业的结构使得剩余企业有潜力获取超出平均水平的利润，而且在面对面的竞争者中领导地位是可以实现的。企业的目标是成为产业中仅存的一个或少数几个企业之一。一旦达到这个地位，企业就转而执行保持地位或有控制的收割战略，这取决于产业后来的销售形势。

执行领导战略的战术步骤如下：①企业在定价、营销或者其他旨在提升市场份额的方面进行投资，从而确保其他企业的生产能力从产业中退出。②以高于其他可能获得的价格收购竞争者或其生产线以买得市场份额，这对降低竞争者的退出壁垒很有效果。③购买并随后放弃竞争者的生产能力，这同样降低了竞争者的退出壁垒，并且确保了他们的生产能力不再被出售给产业内部。由于这个原因，一个在机械传感器产业中的领导者可能一再出价购买最弱小的竞争者。④以其他的方式降低竞争者的退出壁垒，如为它们生产零件、替它承担长期合同、为它们制造私有商标产品等，以使它们能够终止生产经营。⑤通过公开的言论和行动表明全力以赴驻留在产业中的决心和投入。⑥通过竞争行动显示出明显超群的优势，打消竞争者继续战斗的念头。⑦整理并公布能够减少有关将来衰退的不确定性的信息，降低竞争者高估产业前景因而打算留在产业中的可能性。⑧突然引发对新产品或工艺改进进行投资的需要，增加其他竞争者的风险。

2）局部领导战略

这种战略的目标是辨识衰退产业中某个细分市场（或某种需求），这种细分市场不但将保持稳定需求或缓慢下降，而且拥有结构特色，能带来高收益，然后企业投资建立在这一细分市场中的地位。企业将发现为了降低竞争对手的退出壁垒或由于这一细分市场的不确定性，采取领导战略的某些行动是必要的。最后，企业将转而采取收割战略或者舍弃战略。

3）收割战略

执行收割战略时，企业力图优化业务的现金流，取消或大幅度削减新的投资，减少设备投资，在后续的销售中从业务拥有的所有残留优势上谋取利益，以提高价格或从过去的商誉中获利，甚至对广告和研究的投入也进行削减。其他常见的收割战略包括：①减少产品型号；②缩减销售渠道；③放弃小客户；④在交货时间（库存）、维修速度或销售援助方面减少服务，最终使该业务被出售或清算。

并非所有业务都是可收割的。收割战略的前提假设是过去存在企业能赖以生存的真正优势，同时衰退阶段的产业环境不至于恶化成为痛苦的战争。倘若不具备任何优势，提高价格、降低质量、终止广告或其他战术将导致销售下降。如果在衰退阶段产业结构导致极大的不稳定性，竞争对手将抓住企业缺乏投资的机会攫取市场份额或狠杀价格，从而使企业在收割中降低费用的优势丧失殆尽。而且，有些业务由于少有减少费用的选择而难以从中收割，一个极端的例子是某个工厂不对其进行投资维护的话将迅速倒闭。

收割战略的一个基本特征是，存在某些客户可以感知的行动（如涨价、减少广告等）和某些不可见的行动（如延迟维护、减少利润等）。没有相对优势的企业极有可能仅限于采用不可见的行动，根据业务的性质，这不一定能获得显著的现金流增长。

在所有衰退战略选择中，从管理的角度看，收割战略可能是最受欢迎的，虽然各种著作对这一点探讨不多。在实施过程中，由于雇员的士气和抵触、供应商和客户的信心和执行层的激励等问题，有控制的清算是很难实现的。

4）舍弃战略

这一战略的前提是企业只有在衰退早期出售业务才能使净投资的回收最大化，而不是实施收割战略之后再出售或再采用其他战略。及早出售业务通常使企业能从出售中实现价值最大化，因为出售越早，需求是否随之下降的不确定性越大，资产的其他市场（如国外市场）未饱和的可能性也越大。

一方面，有些情况下在衰退前或在成熟期内舍弃业务更为可取。一旦衰退明显，产业内外的资产购买者将占据很强的砍价地位。另一方面，早期出售也带来企业对未来的预测被证伪的风险。舍弃战略可能迫使企业面临诸如形象和相互关联之类的退出壁垒，虽然及早行动能在某种程度上缓和这些因素的作用。企业可以采用私有商标的战略或将生产线出售给竞争对手的方式来缓解这些问题。

思考题

1. 每一种基本竞争战略如何帮助企业获得超额利润或持续的竞争优势？
2. 使用每一种竞争战略时会面临什么特殊风险？
3. 以一个具体的产业为例，分析它为什么分散，以及如何在这样的产业中竞争。
4. 找出一个处于衰退阶段的产业，分析在此产业中的企业竞争战略选择。

案例分析

小米手机的差异化战略

第九章　企业创业战略

本章学习目标

1. 理解企业创业战略的含义
2. 了解企业创业战略的动因
3. 掌握企业创业战略的模式
4. 了解企业创业战略管理的相关知识

案例引导

国内外知名企业的内部创业实践

第一节　企业创业战略的含义

一、企业创业战略的内涵

企业创业战略作为企业战略的重要组成部分，构成了企业的业务、产业和商业模式转型的基础。

（一）创业战略的含义

企业创业是企业内部进行的创业活动，也叫作内部创业、二次创业、再创业等，是企业对机会加以识别和利用进而为其创造价值的过程，为组织中的管理者提供了采取主动和尝试新鲜创意的自由舞台。企业创业主体是指在企业内部具有创业精神的组织成员，他们通常被称为内部创业者。而战略是指企业在经营过程中，为了不断适应竞争环境变化、保持竞争优势、实现组织目标，通过对自身资源和实力情况的评估和内外部环境的分析，由公司高层所制定的反映企业日后一定经营阶段的总体发展布局，是对企业整体性、长期性、基本性问题的计谋。

所以，企业创业战略是指处于激烈竞争环境中的企业在内部创业过程中，根据自身的客观条件和内在潜能，以及外部环境的不断变化，基于汲取经验、调查研究和预测未来等活动，而寻求和制定的对未来一定时期内的企业创业活动的理念、资源以及目标的总体规划与部署。它包括以下含义。

第一，创业战略在一定历史时期内具有稳定性。

第二，企业创业战略的内容包括战略理念、战略定位、战略使命、战略目标、资源配置和能力整合等内容。

第三，企业创业战略是对未来一定时期内企业创业活动的总规划、总部署。

第四，创业战略需要与创业行动的整体经营环境和创业者的资源禀赋相匹配。任何战略如果脱离它本身所依附的活动来谈都是毫无价值的，同样地，创业战略并非独立的事务，脱离了创业活动的实际情况空谈战略的实施可能和实施效果毫无意义。在制定创业战略之前，创业者首先必须关注当前创业活动的竞争环境以及企业自身的资源状况，也就是企业是否拥有或能否获得有效执行战略所需的资源和能力。

第五，创业战略具备多元的构成内涵。针对单一的创业活动，它的创业战略或许就是单一的，创业者可能仅仅依托于单方面的优势就能获得一定的市场份额，甚至具备与市场上的现存竞争者一决高下的实力。但是针对某个区域或某个产业范围内的创业活动来说，不同创业者主导的创业活动的竞争重点和实施方案应当是多种多样的，这样也就意味着创业战略也具有多元性的特征。这种多样性本质上根源于创业活动的经营环境和内在资源禀赋所体现出来的千差万别。

（二）创业战略的本质

创业战略的本质是反映事物本质特征的内在的不变的属性。在著名哲学家马克思的哲学思想中，我们知道：需要透过现象看到事物的本质，通过本质把握事物的根本特征。同样地，我们需要掌握创业战略的本质，才能更好地理解由其延伸出来的更多内容。本书认为创业战略的本质具有以下含义。

1. 创业战略是内部环境与外部环境共同作用的结果

在制定企业创业战略的时候，高层管理者要综合考虑企业所面临的内外部环境。另外，我们需要在此说明一点，环境对任何组织都有不容忽视的影响力，但是组织也不能永远只是被动地适应环境。环境是多变的，如果组织只是单纯被动地适应环境，那永远也跟不上环境的变化，还会降低组织的抗风险能力。因此，我们说企业必须设法主动地选择环境，改变甚至创造有利于企业创业活动开展所需的新环境。只有这样，创业企业才能在激烈的竞争环境中实现生存与发展。一味地被动适应只能导致组织的消亡，主动进攻才是最好的防守。

2. 创业战略是自身实力与发展愿景相互匹配的结果

永远不要低估自己的实力，也不能高估自己的实力，正确评估才是正确的选择。企业在制定创业战略时，首先要做到全面分析自身的能力，然后看看制定的战略目标是否存在过大或过小的情况，即战略目标要具备一定的现实性。如果所设定的战略目标不切实际，远远高于能力的上限，无论实施过程中怎样努力，使用怎样的工具都无法有效实现目标；如果制定的战略目标太过于简单和容易，那么容易让整个组织产生懈怠心理，不利于企业创业战略目标的实现。我们认为，战略目标除了应该具备一定的现实性以外，还应该具备一定的挑战性。

3. 创业战略是局部与整体之间相互关联的结果

创业战略是一个系统性的战略，既然是一个系统，那么局部与整体之间就密不可分，局部的变动有时也会出现“牵一发而动全身”的后果。所以创业战略的制定一定是由局部推及整体的过程，二者相互关联、共同作用。

4. 创业战略是搭建现在与未来之间的桥梁

创业战略既包括了企业目前的发展状况，也描绘了未来的发展蓝图，当然也包括了为了实现最终目标所做的总规划和总部署。创业战略指引着企业逐渐地从现在走向未来，如同连接现在与未来之间的桥梁，帮助企业一步一步地实现创业目标。

5. 创业战略是确定企业得以生存的基本条件

创业战略具有前瞻性的特点，企业可以通过制定创业战略找到使其在激烈的市场竞争中生存下去的立足点和基本条件，明确自己盈利的业务范围和方式，把握发展机会，预测可能会存在的各种风险，知道怎样开展有效的经营活动和规避可能会对企业创业成功造成的威胁。

6. 创业战略指明企业创业的发展方向

创业战略主要是着眼于未来，它是在做未来的事情。在艰难的创业过程中，创业战略就像黑夜里的一盏灯塔，指引着企业的前进方向，帮助企业做“正确的事”，使企业能够在开创的新领域产生更多的效益，创造出更大的价值，为社会和利益相关者做出更大的贡献。

二、企业创业战略的特征

随着经济全球化的发展，企业创业活动作为社会经济发展的重要力量，在将科学技术转化为生产力方面发挥着强大作用。与此同时，企业界和学术界对企业创业活动的认识也提升到了一定的高度。社会各界对创业企业的重视不断加强、研究不断深入。创业战略作为公司战略的一部分，代表了一种崭新的战略思维，企业若想在新的激烈竞争环境中取得一定的成功，就必须具有创业精神，并适时运用企业创业战略。根据霍华德·史蒂文森等的研究，相比于传统业务战略，企业的创业战略体现出以下显著特点。

1. 强调机会导向

创业战略思维强调的是机会导向，因为企业在新涉足的商业领域中面临的外部环境具有高度动态复杂性的特点。在技术、资源、社会价值观等环境因素快速变化的时候，机会便成为最重要的资源。而且，在面对商业机会时，创业战略思维强调超前认知与行动，理性地冒险并设法转移风险，能够在信息掌握不充分、不完全的情况下，发现有价值的机会并快速把握利用。因此，能否敏锐地察觉机会并抓住、利用机会为企业创造价值成为企业进行创业战略决策的关键所在。传统战略思维强调的是资源导向，因为企业传统的业务单位面临的外部环境具有稳定性，企业依托特定资源就能获得持续竞争优势，所以传统战略思维主张“有多少资源办多少事”“有什么资源办什么事”，把占有资源、获取资源放在了战略思维的最高层。另外，传统战略思维对机会的反应较为缓慢，倾向于在尽可能多地收集支持决策的信息、充分考虑资源现状的基础上进行规范的、复杂的决策程序，有利于降低风险，但有可能会错过创业的最佳时机。

2. 整合并控制资源

在公司创业战略模式下，企业迫于对面临的外部动荡环境的可控性低，所需的资源基础也在不断发生变化，因此不追求对资源的事先储备，而是更加注重有效利用自有资源，整合外部资源，以低成本的方式逐渐获取所需资源。而且，创业战略思维对待资源并不以占有为目的，而是强调控制和能为我所用，有时会采取临时使用或者租用资源的方式。在传统业务战略中，企业为了降低市场风险和实现采购规模的经济性，往往会通过正式的资金预算系统和正式的计划系统，进行大规模的采购和储备资源，以库存来降低不确定性，并且更加倾向于尽可能地占有与控制资源，这是出于对财务收益、部门的协调行动和资产转换的考虑。

3. 创造性满足需求

创业战略思维认为现有顾客并不能清晰地了解和表述他们未来需要什么，往往只能看到现在的需求，因此该思维强调企业应该在满足现有顾客需求的情况下，前瞻性地预测顾客未来的需求并对未来市场进行提前布局，对有前景的技术和市场进行超前投资。传统战略思维则是把当前顾客放在第一位，致力于保持与当前客户的关系，一切以当前客户为中心。

4. 建立学习型组织架构

创业战略思维主张采用扁平化的组织架构和非正式组织，这样有利于员工之间的协作和知识的传递与共享，也有利于创业项目的顺利推进。另外，在创业战略思维中，环境被认为是高度变化的，过去的成功经验或许就会成为今天的绊脚石，因此企业要充分意识到认知，也要随着变化调整，而这种动态性的认知改变必须依靠持续的组织学习。传统战略思维为了维护组织文化的稳定和报酬系统的平稳运转等，更加偏爱权责清晰的官僚制层次组织架构。并且，在传统战略思维中，环境比较稳定，过去的经验今天还能继续使用，企业的经验和知识就会被高度地制度化，因此缺乏一种持续学习的意识。

三、创业战略的功能

从前面我们谈到的创业战略的含义和特点中可以看出，创业战略对创业企业的成功具有不容小觑的意义。因此，制定一个科学、严谨、合理、具有可操作性的创业战略是十分必要的。具体来说，创业战略具有以下功能。

（一）为企业的创业活动和决策者提供前进的方向

创业战略作为全局性战略，它能够从整体上为决策者指明行动方向，使得决策者能够在具有复杂性和动态性的创业环境中保持清醒的头脑，按照既定的战略目标前进，不至于迷失方向。

（二）对具体创业行动方案的实施进行指导和控制

战略是企业制订计划的基础，任何战略对于具体策略和计划方案的实施都具有指导作用。在企业创业过程中，只有遵循创业战略宗旨所规定的总方针，具体的策略、计划、方案之间才能实现步调一致、相互协调，为完成总体的创业战略目标采取一致的行动。另外，由于创业战略是高层管理者站在一定的高度上制定的整体性战略，所以它还可以起到对整个创业过程进行控制的作用，包括对计划方案实施过程的监督、调整和反馈等。

（三）整合和调配创业企业的资源

我们知道，资源具有稀缺性，如果不能做到合理地利用，对于企业创业活动的成功来说，无疑是一种阻碍。而创业战略是对整个创业过程的总部署、总规划，其中自然包括了对在创业中所需要的各种资源进行整合与调配，这样也有利于提高稀缺资源的利用效率，让资源发挥出最大的价值，为企业创造最大的效益，进而提升企业的综合优势和竞争实力。

（四）调动员工的积极主动性，激发员工的工作热情

创业战略中包括了企业在未来想要实现的战略目标，在这一目标的指引和激励下，企业员工可以更好地发挥在工作上的积极主动性，对自己的工作投入更加饱满的热情与激情，心往一处想，劲往一处使，拧成一股绳，共同迈向企业充满希望的未来。

（五）描绘创业企业未来的发展蓝图，实现员工的职业生涯规划

创业战略作为企业在未来的创业业务单位中总体的发展规划，向该业务单位所有相关部门的成员展示了一幅未来的发展蓝图。这样可以帮助那些有追求、有抱负，渴望成就一番事业的员工看到光明的发展前景，帮助他们完成自己的职业生涯规划，实现自己的理想。

第二节 企业制定创业战略的动因

企业创业战略的制定和执行与企业内部资源和企业外部环境密不可分。企业运用创业战略，鼓励各部门和员工积极投身创业实践，努力识别机会和利用机会，主要有以下几个原因。

第一，应对激烈竞争环境的需要。企业面临着社会经济的变化和新创企业的威胁。这些新创企业一般都具有新工艺、新技术、新方法或新的商业模式，能在较短的时间内颠覆大企业赖以生存的产业规则。人是企业创新的主体，因此，企业必须提高警觉性，通过公司创业这一重要手段来激发和利用内部员工的创造力，增强企业的对外竞争力。

第二，利用内部创业提高公司收益。随着企业不断地进步和发展，现有产品和业务会逐渐趋于成熟，产业内的厂商数量也会逐渐增加，在这样激烈的竞争中，会导致企业的边际利润率下降。因此，企业需充分利用外部环境的机会和挖掘企业内部的优势资源，尝试进入新兴的、利润率较高的产业或业务领域，或沿着产品、业务链向前或者向后延伸和扩展企业现有的产品或业务。

第三，留住可能流失的优秀员工。大多数进入企业工作的员工希望拥有晋升和发展的机会、担任越来越重要的工作以及尽自己所能实现事业上的更高成就。目前，自主创业对年轻且有能力的员工的吸引力越来越大，企业要为这些员工提供施展才华的平台，否则，将难以避免地造成优秀人才流失的局面。企业要想留住优秀人才，除了提供有吸引力的薪酬外，更要通过授权激发员工的积极性和创造性。而公司创业战略的实施以及创业项目的启动恰好可以给企业内部人才充分施展才华的机会，有利于员工实现其个人价值，满足其自我实现的需要。因此，许多企业通过设立创业基金、进

行产学研协同和实行内部孵化等多种形式，推动公司创业，从而真正留住和用好企业的优秀人才。

第四，合理安置老员工。公司内部的老员工已经为企业服务了多年，企业如果处置不好，容易让员工对企业丧失信心，担忧自己的未来，从而影响年轻员工的工作积极性，甚至造成人才流失的局面，不利于企业的发展。公司创业是一条安置内部冗余员工的重要途径。企业可以将一些相对次要的业务独立出去，安排这些员工去经营和管理，这样企业不仅可以安顿好老员工，而且可以集中精锐发展核心业务。

章内阅读 9-1

美国运通的内部创业

美国运通公司（以下简称运通）创立于1850年，其最初的主要业务是为货物和贵重物品提供快速可靠的快递运输服务，而不是一家信用卡公司或金融机构。当时，美国邮政局提供的快递业务速度慢、价格高，而且不能运输比信封体积大的包裹。运通抓住了这个机会，成为美国早期向西部扩张的重要一员。运通最初并不是一家金融机构，但其大多数客户都是银行。运通发现，其邮寄的小包裹都是一些股票、货币、票据和其他金融工具，于是果断决定缩减其快递服务的规模，转而开始销售自己的金融产品。1891年，运通发行了第一个被国际认可的旅行支票。这个全球化的产品，促使运通产生了在全球各地设立办事处的需要。1895年，运通在巴黎开设了第一个欧洲办事处，到1910年时已在全球设立10个办事处。

运通成功度过了第一次世界大战和经济大萧条，在1950年经历了飞速增长，共雇用5500余名员工，遍布173个国家。随后，运通冒着蚕食自己有利可图的主业——旅行支票业务——的风险，发行了运通信用卡。

在世纪之交，运通有两个动机进行公司内部创业。首先，运通的高管意识到适应变革时代的重要性，关注日益流行且非常便捷的互联网将会怎样影响他们的业务。其次，运通意识到自己忽略了吸引和开发人才，而创业将会扩大招聘网络，带来人才的增加。

运通的管理层也意识到偏离核心业务会带来很多风险，要求确保其所有的公司内部创业项目都应围绕核心业务和当前战略。管理层成员通过从其他公司的错误中学习，较早地认识到成功的关键是靠近自身认知的核心。随着公司内部创业项目效果逐渐显现，运通成为在公司内部创业项目中取得成功的典范。

运通通过明确核心业务和竞争边界开始了其创业历程。例如，运通将所有的风险投资都控制在信用卡业务范围内。实质上，运通为其创业过程设立了三个运营要求。第一，风险投资必须为运通的客户提供卓越的价值。第二，风险投资必须通过实现最佳的经济效益来提供这一价值。第三，风险投资必须能够提升运通的品牌价值。这些准则看似简单但实施起来颇具挑战性，它们的实施是公司成功地进行内部创业的保障。

运通内部创业的一个例子是MarketMile。2001年3月，运通对MarketMile投资1700万美元。MarketMile是一家初创企业，致力于帮助中型公司（年收入在1亿美元至 20 亿美元）通过简化购买商品和服务的流程来降低成本。对 MarketMile 的投资使得运通能够通过其核心业务信用卡，来开拓中型公司市场。本质上，MarketMile 简化了公司间接购买和服务采购的流程，使其成本从 95 美元削减到仅仅 5 美元，不过前提是这些客户使用美国运通卡付款。

尽管运通早期创业活动也取得了成功，但却是以非正式形式的。运通的 CEO 肯·切诺后来回忆说，实际上，直到运通创立了一个正式的创业团体后，他才意识到运通之前在进行风险投资。正式化创业团队的目的是指导投资和促进管理层的参与，以及扩大运通的核心业务及品牌。

通过 100 多年的公司创业努力，运通发展出了五种有效方法，显著增强了新创业务的成功。最重要的是，运通认识到了谨慎挑选投资的重要性。运通明白，在选择合作伙伴和雇用员工时同样需要尽职调查。公司通过以下三种方法来避免误区：由合伙人严格地管理现金、绝不过快地进入下一个领域、绝不提供不完善的产品或服务。

目前，运通的两个主要部门是全球消费者业务部和 B2B 业务部。虽然两个部门都为其客户提供服务，但公司的主要收入来源仍然是信用卡的年费。客户通过累积积分来兑换奖励。

截至 2009 年，运通的发卡数量超过 9200 万张，2008 年其收益达 3191 美元。

资料来源：希斯里奇 R D，卡尼 C. 2018. 公司内部创业. 董正英，译. 北京：中国人民大学出版社.

第三节　企业创业战略模式

目前，我国企业采取的创业战略模式主要有以下三种：员工创业基金、企业孵化器和公司风险投资。企业应该结合外部环境因素和企业自身的资金能力、资源能力、影响力等因素采取适合本企业的创业战略模式。

一、员工创业基金

以留住人才和激发员工的工作积极性和创造性为目标，很多企业鼓励员工内部创业，采取设立员工创业基金的方式，给予员工资金及其他相关资源的支持，为员工提供一个可靠的创业平台，将员工的创业经营才能导入有利于企业自身发展的轨道，同时通过提倡和鼓励员工创业，建立完善的创业体系，激发企业内部的创新精神，进而培育和强化核心竞争力，为企业培育新的利润增长点。

章内阅读 9-2

中信证券设立员工创业基金

中信证券股份有限公司（以下简称中信证券）2015 年初，在国家鼓励大众创业、万众创新的背景下，设立员工创业基金，鼓励员工创业。凡在中信证券（含各分子公司、单位营业部）工作满五个年度的正式员工均可申请员工创业基金。为此，中信证券专门成立了投资决策委员会。创业项目的征集通常每季度一次，申请员工需向投资决策委员会提交创业项目商业计划、盈利计划和详细资金使用计划。投资决策委员会会根据员工创业项目的发展前景、市场状况、商业模式、营利能力、管理团队等方面进行综合评价，并以实名投票方式做出决策意见。员工创业项目申请成功后，不仅可以得到创业基金的支持，而且可以在全系统内进行众筹。待公司完成对员工创业企业的投资后，员工需办理辞职手续，若未来创业失败，创业团队成员需重新申请应聘公司岗位。在此背景下，成泉资本成了中信证券员工创业基金投出的首个项目，中信证券大力支持成泉资本的业务，包括但不限于渠道销售、资管业务、种子基金、研究所的投资支持。目前，成泉资本已是一家年轻有活力、拥有丰富投资管理经验、专注于做绝对收益的私募证券投资基金公司。

资料来源：刘彩萍. 2015. 中信证券设创业基金鼓励内部员工创业. https://finance.caixin.com/2015-03-21/100793368.html[2015-03-21].

二、企业孵化器

为了鼓励高层次人才创业和加速科技成果转化，目前很多企业采取了企业孵化器的形式积极推动公司创业。美国孵化器协会主席、著名学者罗斯顿·拉卡卡认为，孵化器是一种为培育新生企业而设计的受控环境。企业孵化器功能定位的核心是通过为新创办的科技型中小企业提供研发、生产、经营的场地、通信、网络与办公室等方面的共享设施，以及系统的培训与咨询、政策、融资、法律和市场推广等方面的支持，进而降低创业企业的创业风险和创业成本，提高企业的存活率和成功率，促进科技成果转化，培育成功的企业和企业家。同样地，企业内部创业也可以采取孵化器的方式，为员工提供相关的生产研发空间和基础设施服务，提高员工创业的成功率。

章内阅读 9-3

海创汇的创业孵化模式

海尔通过设立海创汇的方式来推动员工内部创业。海创汇成立于 2014 年 5 月，是海尔打造的孵化创客的创业平台。海创汇创立之初是面向海尔的内部员工，后期不断地进行资源整合与服务扩展，对全球所有具有创意、创新意愿的创业者开放。海创汇重点针对智能家居、健康医疗、节能环保、新消费升级、智慧教育、海尔产业链等领域的创新创业者，为其搭建涵盖“创意—设计—制造—销售”的服务平台。海创汇在分析创新创业者不同特点的基础上，形成了四种不同的创客孵化模式，分别是集团内部孵化模式、离群孵化模式、众筹模式和开源模式。其中，集团内部孵化模式主要针对海尔集团内部员工，创新创业也是围绕海尔内部的业务展开。海尔员工在离开企业后，可以成立创业团队，依托海创汇的资源进行创新创业，达到一定标准后海尔会对其进行回购。目前，雷神科技是海尔内部孵化最具代表性的创业成功企业之一，于2017年在新三板成功挂牌上市，目前总市值已达到17.51亿元。

资料来源：朱艳鑫. 2019. 从创新到创业的生态构建——基于海创汇的案例研究. 中共青岛市委党校. 青岛行政学院学报，（5）：45-48.

三、公司风险投资

公司风险投资也是企业创业的重要形式。由于初创企业面临资金、人才、品牌、资源、市场等困境，具有高投入、高风险、周期长等特点，加之本身资金力量薄弱、融资渠道受限，公司风险投资是初创企业创业融资的理想渠道。公司风险投资是由自身主营业务为非金融类的公司，带有强烈的商业战略目标，通过设立风险投资基金或参与风险投资基金进行投资的行为。大多数学者认为不同于传统风险投资单纯追求财务回报，公司风险投资的投资动机包含财务动机和战略动机。财务动机，即在股权投资退出时获得相应的投资回报。战略动机包含的内容更加丰富，总结而言，其战略内涵主要包括：技术创新、产品升级、降低内部研发风险、资源再利用、储备并购标的、实现公司多元化发展等。目前，企业从事风险投资的形式主要有两种：一种是把用于风险投资的资金委托给专业的风险投资公司进行管理，由其成立的投资基金根据委托方的战略需要选择投资目标。另一种是企业直接成立独立的风险投资子公司，其运作方式与专业的风险投资公司相似。

章内阅读 9-4

如何降低企业的创业风险？

目前，我国许多著名企业如联想、腾讯、万向集团、海尔等都逐步建立了自己的企业投资部门或者投资子公司。以联想控股为例，联想控股通过风险投资来实现公司的战略发展目标，目前其主要风险投资机构有联想之星、君联资本、弘毅投资和联想创投等，投资领域分散在IT、金融服务、现代服务、农业与产品、房地产、化工与能源材料等六个领域。但是联想控股的风险投资战略目标和财务目标的侧重点不一样，战略上更侧重于长期企业发展；财务收益侧重于金融投资业务部分，并贯穿整个风险投资的产业链。通过风险战略投资，联想控股不仅可以用较低成本获取外部创新资源，还有利于形成战略协同效应。

同样地，对于创业企业而言，引进风险投资还可以分散其创业带来的风险和降低研发成本。例如，摩托罗拉在1991年牵头建立了一个移动通信网络，整个系统的研发、建设和后续处理成本将超过 50 亿美元。但在 9 年后，该项目突然宣布破产，导致损失了超过 50 亿美元的投资。但是摩托罗拉算是比较幸运的，它在开始运营该项目时，策略上采用外部风险投资，并吸引了许多风险投资机构参与这个风险投资项目，摩托罗拉的股份占比只有 18%，相对来说，损失不是特别大。如果摩托罗拉当时仅仅依靠内部研发和营销，那么风险和损失将完全由摩托罗拉承担。

资料来源：黄雅澜. 2020. 公司背景风险投资影响企业双元创新的案例研究. 马鞍山：安徽工业大学.

第四节 企业创业战略管理

企业通过创业活动，可以有效激活企业自身活力、提高企业创新能力、增强企业柔性以及提高企业对环境变化的反应速度。

一、创业战略分析概述

创业战略分析是指通过资料的收集和整理来分析组织的内外部环境以及二者之间的关系的一种方法。

创业战略分析包括确定创业企业的使命和目标，了解创业企业所处的环境变化以及这些变化将带来机会还是威胁。其中，创业企业的使命和目标是指创业公司在确立的经营观念引导之下所期望实现的未来发展规划和达到的市场竞争地位；了解创业企业所处的环境变化，不仅需要分析创业企业的外部环境，如经济、政治、技术等，还需要考虑创业企业的内部环境，如企业的相对地位、资源、战略能力等，并且需要注意识别这些变化，以便能够把握机会，规避风险；二者之间关系的分析重点是指创业企业内部优势与外部环境提供的机遇之间的耦合关系。

此外，还需要了解企业利益相关者的利益期望，了解他们对组织的愿望和要求是什么，了解在战略制定、评价和实施过程中，这些利益相关者的反应以及这些反应对组织行为的影响和制约。

章内阅读 9-5

巨头的败笔：百度医疗

2015 年 1 月，百度医生 APP 上线。与此同时，百度正式成立移动医疗事业部，团队大概两三百人。不过，在百度，真正懂医疗的人少之又少。这或许注定了百度医疗的失败。

上线之初，百度把挂号O2O作为自己首要尝试的方向，主要提供在线挂号、在线问诊的服务。但在当时的互联网医疗行业，与其模式类似的还有春雨医生、挂号网、平安好医生等多个公司，每家都有资源及背景，与这些企业相比，百度医疗优势并不大，短时间内想在这片领域分一杯羹并不容易。但是，巨头百度并不甘心认输，于是，他们就开始了疯狂“买流量”。要知道，流量可是百度的优势，然而此时，却成为百度医疗倒下的推手。疯狂采购流量加速了百度医疗的资金消耗，百度医疗却没有获得应有的效果。最终，虽然百度试图实现“打造国内专业的医患双选平台，让医疗效率提高，节约看病成本”的梦想，但是，百度的理想还是败给了现实。据悉，百度医生遇阻之后，百度又匆忙转向健康数据平台、送药O2O、医学学术方向，都没有太大起色。在医疗这样的专业垂直领域，没有前期全面的布局，想通过短期突击做出成绩，基本没有可行性。

2017年2月8日，百度将移动医疗事业部整体裁撤。

2017年4月1日，百度通过内部邮件宣布，产品正式关停服务并清空数据。这一旨在解决“就医难”的移动医疗平台最终退出江湖了。

GPLP反思：百度医疗失败的原因是专业能力薄弱，战略迷茫。专业能力薄弱是百度医疗倒闭的核心原因。因为不够专业，也不了解行业，公立医院没有与其合作的动力，百度医疗无法说服对方拿出处方来合作，更何况是与其对接药品资源并实现配送了。一句话，这跟百度卖流量的生意不同，在医疗行业，从业者话语权强势，百度医疗给对方带来不了任何价值，只能宣告败退。

资料来源：GPLP. 2018. 2017十大失败案例：那些结局惨淡的创业者留给了我们什么？. https://www.iyiou.com/news/2018020565665[2018-02-05].

二、创业战略的制定

企业创业战略的制定就是根据创业企业所处的环境特征、自有资源而对各种资源进行重新整合、利用，以达到创造市场价值目的的商业行为。

下面，我们简要说明一下创业战略制定的四个步骤。

（1）利用相关的方法进行创业战略分析。

（2）制定企业总战略，包括任务、目标、战略和政策等。

（3）编制战略分解计划、战略实施程序和战略预算。

（4）确立战略评价和反馈机制，以保证战略的准确性以及监督战略实施。

三、创业战略的实施

再好的战略，如果不进行有效实施，就永远只是纸上谈兵而已。在创业战略实施过程中，本书认为应该遵循以下几条原则。

（1）稳中求进。企业在刚开始创业时往往具有满腔热血，容易犯下急于求成的错误，这对于企业发展来说是非常致命的！所以，创业者需要稳扎稳打，别想着能够一步登天。

（2）先生存再发展。由于创业企业刚刚涉足所属的创业领域，对很多状况还不是非常了解，所以不要一上来就努力地去追赶着实现远大的发展目标。对于这个阶段的企业来说，生存的需要往往远大于发展的需要。

（3）切忌盲目追随。有创意的想法或许很多人都想到了，盈利的商业模式可能好多企业都在运用。但是，尽管如此，创业者也万不可盲目追随别人成功的脚步，复制别人的发展模式，关键是要适合自己！

（4）尽快看到效益。企业必须要尽快获得企业利润，这样不仅可以为企业在新创业务领域中的生存、发展奠定基础，还可以提高创业者继续前行的自信，激发员工的工作热情。

（5）建立监督反馈机制。在创业战略的实施过程中，不要只一味地追求目标的实现，还需要创业者做好监督反馈工作，发现问题，及时调整，以免造成不可挽回的错误，后悔莫及。

另外，本书认为企业创业战略的有效实施受以下五个方面的影响。

第一，企业对内部创业行为的激励及其强度。这是指在公司创业活动中，引入包括目标、反馈、强调个人责任和结果的激励机制，这样可以促进公司创业战略的实施并提高其有效性。而内部创业也是现代企业有效的留人之策。企业对内部创业活动的有效激励，不仅能满足员工的创业欲望，调动员工工作积极性，还能激发企业的内部活力，改善企业内部分配机制，可以达到员工和企业的双赢。所以，企业应合理地激励内部创业行为。

第二，来自公司管理层的支持。这是指公司高层管理者为公司创业行动提供人才、资源、政策、制度等方面的支持。人力、资源、政策和科学的管理制度关系到企业创业战略的成功与否。员工是企业创业战略实施的主体，也是企业的一种特殊资源，企业要加强人力资源管理，注重员工的培训与开发，拓宽其工作内容，最大限度地发挥每个员工的才能，同时也要配备专业的人才为员工的创业活动提供帮助。此外，企业要建立健全规定了各单位的权利、责任、沟通和协作方式等的各种制度，出台相应的创业政策，支持和保障创业战略的顺利实施。企业管理层对创业活动的支持，可以使员工充满创新创业活力，增强企业创业氛围，促进企业发展，增强企业竞争力。

第三，企业创业活动所需资源及其可获得性。这里所指的资源包括企业在进行创业活动时，所必需的人力、资本、技术等资源。在人力方面，人才的管理与分配是企业创业过程中的重要环节。在项目启动之前，对人才的搜寻、匹配、定位决定着该项目的发展速度。在资本方面，无论是对该内部创业项目的前期注入还是中期续投，都必须考虑到资金的流动并对其进行合理的分配使用。在技术方面，内部创业技术包括所需的特有的科技、手艺和方法，因为技术直接控制生产成本，而且应该不断进行创新与改进。

第四，支持创业的组织结构。组织结构是指组织机构内部各部门之间的相互关系和联系方式。它包括两种基本关系：一是纵向的关系，即隶属的管理关系；二是横向的关系，即平行的各部门之间的协作关系。当企业管理层次较多时，权利和责任均较少，员工可能会感觉到没有被企业所重视，因此员工的工作积极性较低。另外，随着企业的发展，企业规模越来越大，组织结构很容易趋向机械化，管理层次更多，工作分工更细致，导致员工的工作内容越来越少，工作单调，不利于激发员工的工作积极性和创造性。这种支持创业的组织结构具有自治、扁平、网络的特征，能够提高企业内部沟通效率，使企业对内外部环境变化能迅速做出反应，保持企业活力。

第五，培养企业内部鼓励冒险和包容失败的文化。企业文化也称为组织文化，是企业在经营过程中形成的经营理念、经营目的、经营方针、价值观念、经营行为、社会责任、经营形象等的总和。企业文化是企业的血液，对企业创业战略的实施有重大影响。如果没有开放包容、勇于迎接挑战的组织文化，那么企业将很难实施创业战略。企业中这种冒险的倾向和意愿不仅表现在公司高级和中级管理层中，也应在公司基层和每个员工身上得到体现，它是创业型公司文化的重要组成部分。

综上所述，要有效地实施创业战略，企业高层必须制定、实施与以上五个方面相关的切实可行的政策。

四、创业战略控制

控制职能作为管理的基本职能，在创业战略管理中，自然也是不可或缺的一个环节。通过创业战略控制，我们可以有效保障创业目标的实现，使得创业战略实施的过程更加顺利和高效。除此之外，实施创业战略控制主要有以下几条作用。

（1）掌握创业活动的进展情况。在创业过程中，各级管理者通过收集、汇总、分析企业在创业过程中各方面的信息来进行创业战略控制，可以及时地掌握企业创业的进展，协调各部门之间的活动。

（2）适应环境的变化。我们在前面也提到过，企业创业过程中面临的环境是动态复杂的，处在不断的变化之中。那么，通过建立有效的控制系统进行创业战略控制，能够帮助创业者及时地感知到这些变化，并对由此带来的机会和威胁做出反应。

（3）及时纠正偏差。在充满不确定性的创业活动中，出现偏差是很正常且不可避免的，关键是要及时发现并采取有效的矫正措施，这就要求创业企业要建立起有效的战略控制系统，以保证创业战略目标的圆满实现。

（4）降低成本。对于创业企业来说，降低成本是尽快获得利润的一个重要手段。而进行创业战略控制，可以帮助企业少走很多弯路、错路，降低了未来可能发生的成本。

思考题

1. 试阐述创业战略的战略意义？
2. 初创企业应该选择哪类创业战略模式？
3. 创业战略的制定有哪些具体步骤？

4. 创业战略在实施过程中应遵循哪些原则？
5. 内部创业与创业有什么区别？

案例分析

强生公司内部创业

第十章　企业创新战略

本章学习目标

1. 理解企业创新战略的内涵
2. 掌握企业创新战略的分类
3. 了解影响企业创新战略决策的因素
4. 了解创新的过程
5. 理解企业创新战略的路径选择

案例引导

老板电器的绿色产品创新

熊彼特 1912 年在他的专著《经济发展理论》中开创性地提出了“创新理论”,《经济发展理论》创立了新的经济发展理论，即创新是经济发展的根本现象。为此，熊彼特首先定义了“创新”，他认为创新不同于发明，创新要实际应用，是一种市场行为，要接受市场的检验，要遵循投入和产出的规律。他说：“只要发明还没有得到实际应用，那么在经济上就是不起作用的……作为企业家的职能而要付诸实践的创新，也根本不一定是任何一种的发明。因此，像许多作家那样强调发明这一要素，那是不适当的，并且还可能引起莫大的误解。”基于上述分析，他把创新定义为“生产函数的变动”，而且这种函数是不能分解为无限小的步骤的。你可以把许许多多的邮车加起来，加到你想要加的地步，但这样做，你将永远得不到一条铁路。显然在熊彼特的笔下，创新不仅要接受市场的检验，而且是一种质的变化，是产业突变，通常又被叫作破坏性创新。

熊彼特提出创新具体包括以下五种情况：①采用一种新的产品，即消费者还不熟悉的产品；②采用一种新的方法，也就是在有关的创造部门中尚未通过检验鉴定的方法；③开辟一个新的市场，不管这个市场以前是否存在过；④掠夺或控制原材料或成品的一种新的供应来源，不问这种来源是已经存在的，还是第一次创造出来的；⑤创造出一种新的企业组织形式。

管理学大师彼得·德鲁克也极力倡导创新，在他的著作中，创新被解释为：使人力资源和物质资源拥有新的、更大的物质生产能力。这和熊彼特论述的“用不同的方式去使用现有的资源，利用这些资源去做新的事情”基本一致。德鲁克认为，创新是企业家的独特工具，企业家可以利用创新工具来开发新的市场机会。我们可以看出，德鲁克将创新和企业家精神联系了起来，认为创新是企业家精神的特殊手段。

创新是企业对未知前方的探索，因此创新本身是不可预测的。如果是可以预测的企业经营管理举措，那么也就不能称为创新了，而应该称其为企业改良或改进行动。也就是说，企业创新本身是一种前景未知、结果未知的战略选择，企业必须承担为此付出的代价、获得相应的收益。

第一节　企业创新战略的内涵

企业创新战略是指在复杂多变的环境中，企业可以积极主动地在经营公司战略、工艺、技术、产品、组织能力等方面不断学习并进行研究创新，从而在激烈竞争中保持自身独特优势的战略。

有什么样的企业总体战略，就有什么样的企业创新战略。企业总体战略和企业创新战略就如同手心和手背，形式上相关联，实质上是一体同源。因此，当企业总体战略在寻求突破和转型的时候，企业创新战略也必然在寻求突破和转型。

企业创新战略是面向产品创新和缩短产品生命周期的一种竞争战略。企业采取这种策略往往强调承担风险和不断推出新产品，并将缩短新产品从设计到上市的时间作为企业的重要目标。在全球发展经济一体化的今天，每时每刻都有创新的出现，市场越来越细分化，企业如果战略中没有创新也就不会成为一个行业的领跑者。

图 10-1 体现的是从创新风险和潜在收益两方面对企业创新战略的分析。然而企业肯定想要有低风险、高收益，但实际情况往往并非如此。在这四个象限中，企业根据自身需要而主动或被动地选择某个象限的类型；甚至有时会同时涉及多个象限。

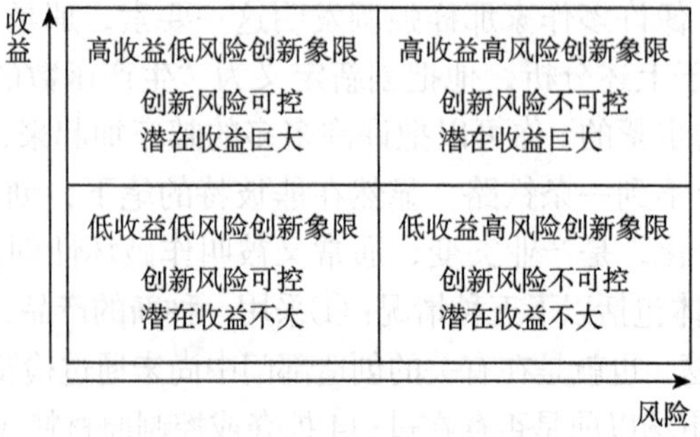

图 10-1　创新风险与潜在收益的关系

第二节 企业创新战略的类型

在经济全球化的大背景下，市场竞争日趋激烈，企业的发展也面临着严峻挑战，众多中小企业面临着不进则退的处境。那么企业要生存和发展，就必须时刻保持强烈的忧患意识和创新的紧迫感，以变革与创新的价值观引导企业不断地追求卓越，使企业始终处于持续创新的动态过程中，这样才能始终保持蓬勃向上的生机与活力。

一、按企业创新战略的内容分类

（一）产品创新

产品创新是指企业创造出某些新产品或对某一新产品或老产品的功能进行改进和创新。产品创新主要体现在企业提供的产品和服务的变化上。产品创新可以有效地提高企业的竞争能力，保障企业的持续健康发展。

（二）技术创新

技术创新是指企业在生产技术上的创新，包括开发新技术或者将已有的技术进行应用创新。技术创新是推动企业发展和提升企业国际竞争力的关键要素。一个企业只有具备强大的技术创新能力，才能在激烈的市场竞争中赢得优势，赶超甚至领先国际先进水平，并最终实现企业竞争力的提升。因此，面对日益变化的国内国际市场竞争的压力，我国企业要生存与发展，就必须进行技术创新。

（三）流程创新

流程创新是指改变或完善产品或服务的生产和交付方式。流程创新的基本方法无非是对现有的流程进行清理、简化、整合和自动化处理，当然在恰当的时候还需要增加一些流程来实现对整个业务的优化。

（四）商业模式创新

世界管理学大师、美国哈佛大学商学院教授彼得·德鲁克说：“今天企业间的竞争已经不是产品间的竞争，而是商业模式之间的竞争。”

商业模式创新是指对目前行业内通用的为顾客创造价值的方式提出挑战，力求满足顾客不断变化的要求，为顾客提供更多的价值，为企业开拓新的市场，吸引新的客户群。商业模式创新包括业务创新、运营创新、盈利创新。

章内阅读 10-1

小米基于大数据能力的商业模式创新

小米成立于2010年，是一家主要专注于研发电子产品及智能硬件的移动互联网公司。小米最早建起了小米社区，随后做了MIUI操作系统，MIUI发布之后又做了手机和小米网电商，接着又做了云服务和大数据，然后向全网电商、互娱、生态链、小米之家、互联网金融和有品商城进军，小米之家是新零售战略的典型代表。小米的新零售理念是“把互联网的效率带回到线下”，发挥线下的“体验性”和“即得性”，在注重“效率”提升的同时，实现线上的小米商城与线下的小米之家同款同价，这就是“小米新零售”。为了准确把握消费需求，小米建设了大数据平台，并打造了小米大数据整体架构，把所有数据汇总起来，避免产生数据孤岛。在对大数据进行处理时，采用差异化的战略，将数据分为基础层、中间层和应用层的数据。经过大数据分析，对进店客户的信息及客流轨迹的记录进行分析，了解各区域的人流密度、停留时长，为线上线下选品提供数据化的科学参考。小米团队的高层核心成员均拥有丰富的技术和管理经验，其强大的研发团队，将小米平台收集的结构化和非结构化数据整理分析，深度挖掘大数据背后的商业信息，了解不同人群的商品追求方式、消费偏好，准确把握消费需求和市场动向，帮助小米研发下一代产品。小米基于大数据平台收集的数据资源，进行深度分析，运用扩大用户群、增加交互频次两种举措，把低频变成高频，将店铺设在核心商业圈，并采取“爆品战略”，快速实现客流量的爆发。

小米运用大数据平台实现了对市场的实时洞察，建设了两条链：供应链和生态链。小米的供应链能够有效减少中间环节，帮助合作伙伴降低成本、提高效率。小米运用大数据技术建立数字化共享生态系统，生态链的核心是“硬件＋软件＋服务”的模式，不仅优化了运作流程，提高了供应商的盈利空间，而且增加了消费者的购买频次，为客户提供了高性价比、高满意度的小米产品。消费升级不是指产品价格越来越贵，而是用同样的价钱可以买到更高质量的产品。小米整个商业模式的核心是专注于高质量的产品，运用大数据技术和设施系统性地降低整个价值网络中的成本，而不是降低制造成本；运用互联网的思维，基于大数据进行决策分析，明确其消费市场和产品需求，搭建线上、线下销售平台，网上有小米商城和有品商城，线下有小米之家和小米小店。小米是一个跨界融合的新物种，由“硬件＋软件＋服务”到“高性价比＋有效用户互动＋互联网营销”的模式，将硬件、新零售和互联网有机地整合在一起，成功创新了小米的商业模式。

综上可知，小米先进的软硬件资源、大数据技术和人才、大数据基础设施，使得小米能够有效整合公司各方资源，通过客户价值、企业资源和能力、盈利模式，服务于公司的战略目标，满足消费者多样化的需求，逐步促进小米商业模式的升级。

资料来源：李文，张珍珍，梅蕾. 2020. 消费升级背景下大数据能力对商业模式创新的影响机理——基于小米和网易严选的案例研究. 管理案例研究与评论，13（1）：102-117.

二、按企业创新战略的技术来源分类

（一）自主创新

自主创新是指企业在以创造市场价值为导向的创新中掌握自主权，并能掌握全部或部分核心技术和知识产权，打造自主品牌，赢得持续竞争优势。自主创新是企业培育核心竞争力的关键。

（二）模仿创新

模仿创新是指企业通过模仿而进行的创新活动。其中包括：一是完全的模仿创新，即对市场上现有产品的完全仿制。二是先模仿再创新，指模仿市场已有产品并进行再创造，即在掌握市场已有产品的技术后，对其进行产品外观、性能等方面的改进，使产品更具市场竞争力。

（三）合作创新

合作创新是指企业与企业或企业与科研单位、高等院校学生之间可以发挥各自的优势，联合进行分析、研究开发，生产产品销售，以尽快开发、实施信息技术进而不断创新的一种文化创新行为。合作创新通常以合作伙伴的共同利益为基础，以资源共享或优势互补为前提，具有明确的合作目标、合作条件和合作规则。

章内阅读 10-2

海信集团——创造中国“芯”

缺乏有自主知识产权的核心技术，已成为阻碍我国制造业发展的一大“芯”病。然而，一家企业的一大举动却使国人为之振奋。那就是海信集团有限公司（以下简称海信）。

2005 年 6 月底，海信成功研制了我国音视频领域第一块自主知识产权数字电视处理芯片——“信芯”；7 月 2 日，海信五大彩电生产基地同时下线装上“信芯”的彩电，结束了我国年产 7300 万台彩色电视却没有“中国芯”的历史。

"信芯"的诞生直接导致同类芯片进口价格大幅下降，其中高端芯片从 15 美元降到 8 美元，中低端芯片从 13 美元降到 6.5 美元，降幅在 40%以上。

现在越来越多的领域拥有了"中国芯"，而且"中国芯"的搏动正变得更加强劲有力。"想不到产业化进程这么快，想不到人才加盟这么多，想不到政府支持这么大。"海信人的三个"想不到"，不仅是对全国自主创新大环境的感怀，更是他们对"信芯"科技的未来满怀的信心。

"信芯"的成功是海信长期坚持"自主创新、技术立企"方针的成果。

1999 年，海信涉足芯片，"刚开始，我们连起码的设计流程也没有，不知道一个集成电路板上几百万、上千万的晶体管该各自安排在哪个位置"，一切从零开始，确定方向是第一步。在十多个芯片的方向和多方论证后，2001 年底，海信终于确定了海信芯片设计的切入点是"数字图像、视频处理"方向，而不是当时大多数企业都在做的微控制器方向。因为"微控制器本身价值低，市场开发度高，可以以很便宜的价格购买，做下去不会有长远的市场价值。但电视正面临更新换代的机会，平板电视、数字电视将是未来的主导"。于是，海信确定了芯片设计的切入点是"数字图像、视频处理"。

海信芯片开发团队成员平均年龄只有 29 岁，普遍无芯片设计经验。这些渴望攀登的年轻人都有着攻克技术难关的执着的心，他们如饥似渴地学习、互相鼓励。开发工作在攻克一个个困难中进行，数字图像的缩放、抖动完成了；边检测与增强完成了；电路设计、仿真、验证完成了；从算法到电路的全部液晶显示器电路的现场可编程门阵列（field programmable gate array，FPGA）实现了；芯片的 IP 整合完成了；芯片的后端设计完成了；芯片关键的流片阶段通过专业测试与验证了；芯片成功地应用在支持高清显示格式的电视机上了。1600 多个日日夜夜的努力与执着，海信成功了!运用该芯片的电视整机产品与采用国际先进芯片的电视相比，技术性能毫不逊色。

从立项到成功，海信集团验证了走自主技术创新道路的可行性。如今他们继续行进在自主创新道路上，在现有芯片技术的基础上进一步提高芯片的集成度，开发下一代高性能、高集成度、低成本的数字视频 SOC（system on chip，单片系统）。

资料来源：雷家骕，洪军. 2012. 技术创新管理. 北京：机械工业出版社.

三、按企业创新战略的难度和特点分类

（一）领先型创新

领先型创新是以重大的发明创造成果或全新的经营管理观念为基础的创新。创新的结果通常是建立起一个全新的市场，创造一个全新的需求空间。领先型创新具有与其他类型创新全然不同的特点，它集高利润和高风险于一身，必须运用特殊的战略对策才能使创新成功。

（二）跟随型创新

跟随型创新是在别人的创新基础上所进行的创新。实施跟随型创新的企业总是把别人已经做出来、但没有充分认识其意义的创新项目拿来或买来，在其基础上加以完善、创新，并占领市场。

（三）依赖型创新

依赖型创新是在大市场中占领某个较小生存位置的创新。与领先型创新不同，实施依赖型创新的企业并不谋求产业领导地位，它们默默无闻、不图扬名，但却有别人所不能取代或竞争的地位。

本书简单介绍以上三大类情况，在实际中，企业一般可根据自身情况选择合适的创新战略类型，有时这些创新类型是交织在一起的，并不能十分清楚地划分其界限。

章内阅读 10-3

南车集团——给高铁插上翅膀

2009 年 12 月 26 日时速 350 公里的国产“和谐号”高速列车飞驰在武汉到广州高铁客运新干线上，使武汉、广州之间的列车运行时间由原来的 11 个小时缩短到 2 小时 50 分。这是世界上一次性建成里程最长、运行速度最快的高速铁路，超过了民航客机的起飞速度 280～300 公里/小时。这就是中国南车集团公司（以下简称南车集团）在技术引进基础上的“二次创新”，使中国铁路客运装备的技术水平达到世界先进水平，让中国成为继日本、法国、德国之后世界上第四个能够自主研制时速 300 公里动车组的国家。

二次创新，引进是捷径，它决定了再创新的起点与高度。2004 年，南车集团从日本新干线公司引进了当时世界上最先进的时速 200 公里的动车组技术平台，包括九大关键技术和十项配套技术以及相应的管理系统。然而，中国的铁路无论是在轨道制式、线路条件还是自然环境上，都有自身独特的国情路情，这就要求对引进技术实施“再创新”。于是，凭借长期以来在铁路机车车辆装备制造领域积累的技术基础，南车集团以 3 倍于引进技术的资金投入到引进技术的消化、吸收、再创新，进行了“以我为主”的全面改进、优化与创新，实现靠人“输血”向自我“造血”的转化。

南车集团在 CRH2 型时速 200 公里动车组的轮轨关系、弓网关系、车体外形、车内环境设计上的适应性自主创新就达到 80 余项。从 2004 年中国铁路运行时速 160 公里，到引进消化吸收国外设计、制造时速达到 200 公里的动车组，再到自研制时速 300 多公里的动车组，南车集团用了短短四年多的时间，走完了日本三四十年的铁路设备发展历程，展示了中国企业在自主创新过程中的超常规发展和巨大飞跃。

搭载由南车集团引进再创新开发的这项先进技术的列车，很快就要奔驰在美国的高速铁路上。2010 年 4 月，中国政府与美国加州政府、GE 签署合作协议，中国将为美国高速铁路建设提供技术、设备和工程师。当时的铁道部总规划师说："我们在很多方面都处于领先地位，愿意同美国分享。"此外，高铁的碳排放只有飞机的1/3，汽车的1/7。

资料来源：雷家骕，葛建新，王华书，等. 2014. 创新创业管理学导论. 北京：清华大学出版社.

第三节 影响企业创新战略决策的因素

企业在制定创新战略的决策之前，有必要对创新各个不同方面的特点进行考虑。也就是说，从创新的角度来看，影响企业创新战略决策的因素有以下几个方面。

第一，创新的新颖程度。这主要指创新是渐进性还是突破性。渐进性创新是一系列持续、稳步前进的变化过程，使企业能够保持平稳、正常运转。而突破性创新是全面性的过程，使企业整个体系发生改变。

第二，创新的平台和产品家族。要想持续地创新以达到理想的效果，途径之一是借助"基础平台"或"产品家族"这一概念。这种方法的基本思路是，依托一个稳健的基础平台或可以扩展的产品家族，为创新提供一定范围的延展空间，平台或产品家族通过将技术应用于若干市场，能有效地补偿公司在研发上的高额初始投资。

第三，创新的层面。这指创新是在组件层面还是架构层面。因为有些创新改变了组件层面，有些创新则改变了整个系统架构。成功的创新要求管理者能够掌握和使用关于组件的知识，也要掌握如何将这些组件组合在一起的关于架构的知识。

第四，时机。创新的机会随着时间的推移而改变。在新的行业，围绕着新产品和服务的概念进行创新大有作为。而更为成熟的行业趋向于关注流程创新和商业模式创新，寻找成本更低、更快捷地销售产品和服务的方法，或者找到并占有新的细分市场。

章内阅读 10-4

索尼：梦想成真创市场

索尼创建于1946年，公司总部设在日本东京。1991年年销售额为265.81亿美元，利润为8.25亿美元，雇员有129万人，在世界500家最大的工业公司中排名第40位。

任何公司的成功都是依靠其产品被市场所接受，索尼也不例外。

索尼开发的袖珍式随身听是怎么问世的？原来源于一个梦。该公司的创始人之一井深大是个高尔夫球迷和音乐迷，他曾梦想边打高尔夫球边听音乐，要是能生产出一种两者结合的电器产品就好了。这样，那些出去散步或赶路的人，就可边听音乐边走路了。井深大产生这个梦想后，迅速到实验室把想法画在一张纸上，然后对科技人员说："我要这个东西。"这个梦想驱使索尼苦心研究，终于使梦想变成现实。

索尼的科研组根据老板的构想，立即组织力量进行研究和仿真，公司也立即拨资金给科研组。经过夜以继日的研制和全公司各电子部门的通力合作，终于攻克了这个难关，一种盒式单放机研制成功了。人们只要戴上耳机，就可以边走路边听音乐。

大众化盒式录像带市场的开发也是如此，市场的需求是由索尼开创的。井深大拿着一本袖珍书对科技人员说："请做成这样大小的录像带!"于是不久，盒式录放像系统问世了。这些产品问世之前，市场尚未有这种需求，由于索尼推出了这些既科学又方便好用的产品，市场很快就产生了极大的需求。

又如索尼发现西欧国家的大企业和工作人员的工作效率很高，于是，就梦想创造一种比西欧工作人员效率更高的秘书工具。经过一番研究后，很快在1988年推出电子记事本，它具有微机记事的功能。两年后，索尼又推出掌心微机，售价1250美元。该产品于1990年投入市场后，由于体积仍偏大且价格昂贵，销售不大理想。索尼立即对其进行了研究改进，一年后，掌心微机二型又问世了，它的体积变得更小了，成本又大大降低了，每件才卖800美元。一经上市，一下子就卖掉了十多万件。没多久，这种智能记事簿不但流行于日本，而且占领了欧美市场。

微型唱片机的创造是和数字录音带同时开始的，并且，索尼很快就发现，它的不足表现在这种密纹唱片不能即时通向这个或那个音域。于是公司再着力研究微型录音机和录音带。不久又攻破难关，将一种既可抹消又可重录的微型录音机推上了市场。这种录音机可把60分钟的歌曲录在一盘只有2.5英寸①的小磁带上。使用者可以带着这种微型录音机行走、跑步，音乐不会出现"跳动"现象。

在市场经济条件下竞争日趋激烈。企业要在如此激烈的竞争环境中谋求生存与发展，就必须依靠自己不断开发能满足市场需要、具有竞争力的产品。索尼之所以能成功，能在世界500强中排名第40位，是因为他们能够抓住每个梦想，迅速组织科技人员进行苦心研究，使梦想变成现实，不断用新产品去创造市场，占领和巩固市场。

资料来源：周延鲸，熊钟琪. 2006. 国外企业创新案例选. 长沙：国防科技大学出版社.

第四节　企业创新过程

一、企业创新的源泉

创新战略制定的前提是有创新点的产生，那么，我们应该怎样才能敏锐地发现创新

① 1英寸=2.54厘米。

机会并有意识地对其加以利用呢？本书根据彼得·德鲁克的研究成果，对创新的七大源泉加以简要分析。

（一）意外事件

德鲁克认为，没有哪一种来源能比意外事件提供更多创新机遇了。它所提供的创新机遇风险最小，整个过程也最不艰辛，但是意外事件却几乎完全受到忽视。更糟糕的是，管理者往往主动将它拒之门外。另外，企业不仅仅应该慎重对待每一次的意外事件，而且也应该重视那些经过周详计划并努力实践后还是失败了的意外事件。在仔细地分析意外事件失败原因的过程中，我们往往可以发现事实变化的过程，进而发现创新的机遇。

（二）不协调事件

“不协调”是指现状与事实“应该”的状态之间或客观现实与个人主观想象之间的差异，这是创新机遇的一个征兆。这些不协调包括产业的经济现状之间的不协调，产业的现实与假设之间存在的不协调，某个产业付出的努力与客户的价值和期望之间的不协调，程序的节奏或逻辑的内部不协调。

这些不协调可能是已经发生了某些变化而造成的结果，也可能是某种将要发生的变化的前兆。

（三）流程改进的需要

这方面的创新是寻找现有流程中薄弱或缺失的环节，代之以利用新知识、新工艺重新设计的新工艺、新方法，是以任务为中心，而不是以状况为中心。

（四）行业和市场结构的变化

能够带来创新机遇的产业和市场结构变化包括但不限于以下几点：①某一产业以异常的速度在增长；②产业的产量迅速翻倍；③产业与过去被视为大相径庭的科技整合在一起时；④产业内的业务运营方式正迅速发生变化。

（五）人口结构的变化

作为一种经营资源，人口结构的变化反映了劳动力市场的供给，从而影响到经营成本；作为市场上的最终消费者，人口数量决定着消费者的规模总量，人口结构的变化趋势影响着企业的生产经营结构。所以，我们认为人口结构的变化也可作为创新的来源之一。

（六）认知上的变化

认知的改变并不能改变现实，但是它能够改变事实的意义，而且非常迅速。消费者观念的变化就会引起消费行为的改变，进而会影响产品的销路，从而为企业创新提供源泉。

（七）新知识的产生

在德鲁克看来，在所有创新的来源中，新知识的利用所需要的时间最长。而且，新技术变成进入市场的产品也需要很长的时间，失败率高，可预测性也很差。但是，新知识的确可以为企业提供丰富的创新机会。

二、企业创新的阶段

创新过程是创新活动发生、发展和完成的过程，是创新主体发现问题、分析问题和解决问题的过程。创新过程主要分为两个阶段，即设想阶段和实施阶段，每一个阶段又有很多细分的环节，我们仅做简单介绍。

（一）设想阶段

设想阶段是创新过程的第一阶段，是任何创新活动都必须经历的阶段。这也是创新主体从事创新活动时，利用已有的知识，经过想象、分析等环节，构思出行动方案，推动创新活动进行的阶段。该阶段分为四个小阶段：发现问题、构建材料、明确问题、设计方案。

发现问题是创新的起始阶段，主要是通过问题发现潜在的创新机会。

构建材料就是在有了创新意图的基础上收集并整理材料的过程。

明确问题就是通过对问题的分析和界定，确定创新目标，形成解决问题的正确思路的过程。

设计方案就是对不同方案进行比较并从中选出最佳方案的过程。

（二）实施阶段

实施阶段是将设想变成现实的决定性环节，包括条件准备、实际执行、验证结果、推广扩散四个小阶段。

条件准备包括准备创新所需要的硬性条件和软性条件，硬性条件为物质方面的条件，如原料、能源、工具等，软性条件有知识、信息、技术等。

实际执行就是具体执行创新方案，是创新方案实现的关键环节。

验证结果即经过比较、分析，考察创新方案是不是符合预期的创新目标。

推广扩散是实施创新的最后阶段，也是创新目标的最终实现。

上述阶段只是一个基本模式，不同的企业需要根据自身情况选择不同的路径，而且不同的创新类型也可能遵循不同的发展道路。但从本质上来说，创新活动的内在规律是一致的。

章内阅读 10-5

长沙卷烟厂的创新历程

湖南中烟工业有限责任公司长沙卷烟厂（以下简称长沙卷烟厂）是一个有五十多年历史的老厂，前身是1947年私营的欧亚烟厂与新中烟厂。新中国成立以后其一直艰难地经营着，直到改革开放，才焕发了真正的青春。

1984年肖寿松上任为三年内的第五位厂长，接过亏损的企业，开始了大刀阔斧的改革。

技术整改，更新设备。

1984年，长沙卷烟厂用第一笔技术整改贷款购进了英国原装LEGG制丝线，用创纪录的高速度完成了94个集装箱设备的安装。投产后，新设备生产能力上升到4000公斤/小时，年产量猛增到30万大箱。特别是烟的色、香、味比原来有了很大的进步。

此后几年，工厂又陆续引进了COMAS、PROTOS、CD等具有国际先进水平的设备，从引入、安装到消化吸收，产品的质量得到了飞跃式的进步。十年内，长沙卷烟厂累计投资11亿元，完成技改项目43个，新增年生产能力50万大箱，相当于重建了一个长沙卷烟厂。它与英、美等国的烟草公司站在了技术设备的同一起跑线上，为工厂的硬件提供了有力的保障。

科技创新，创名牌香烟。

为了创名牌香烟，长沙卷烟厂召开产品质量跟踪评比会、消费者需求跟踪调查会等，广泛收集市场信息，开展了配方改进、包装改进、新产品研发等科技创新活动，创造出“长沙”“白沙”“精品白沙”“金沙”“环保金沙”等一系列名牌产品。长沙卷烟厂的产品质量得到了很大的提高，真正创出了自己的名牌。

调整结构，改善口味。

肖寿松厂长上任后，三顾茅庐，到农村去请来了已退休的黄老师傅，黄师傅有四大绝招：眼看、手摸、鼻闻、嘴咬。他一看、一摸、一闻、一咬，就能将烟的色度、尼古丁和焦油量的成分知道个十之八九。黄师傅出山不久，就研制成功了混合型登宝牌香烟，后该香烟又改造成为“白沙”“长沙”“湘烟”“岳麓山”等八个牌号的配方香烟，市场反应十分好。

产品升值，提高科技含量。

长沙卷烟厂经过第一个科技创新时期后，又走进了第二个科技创新战略时期。这时，有一批年轻人迅速地成长起来了。他们涉及的专业有精细化工、生物学、生物化学、分析化学等，有了这样一大批对现代生物生化有深刻理解的年轻人，又有具备50

年配方经验的老师傅，长沙卷烟厂如虎添翼，有了一支具有综合科技实力的集体，他们提出了“产品升值，引导消费口味”的口号，制定了科技新战略。

1995 年 3 月，长沙卷烟厂成功研制出“特制湘烟”，取得了湖南省制作高品位卷烟的突破性进展。长沙卷烟厂突出名牌战略，即“民”牌战略——定位于工薪阶层和农民。该香烟一上市，就一炮打响，受到了消费者的喜好。

1995 年 5 月，长沙卷烟厂又不失时机地推出了另一个生物生化综合技术的创新产品“精品白沙”，同样受到了消费者的欢迎，该产品口味纯正，生津返甜，外观华贵典雅，被称为精品中的精品。“精品白沙”给长沙卷烟厂带来了 8 亿元的利润增长。

1997 年，长沙卷烟厂技术人员经过顽强不断的努力，又成功地将薄荷与微胶囊技术结合应用到卷烟生产中，开发出新一代产品薄荷 NISE 香烟，满足了时尚女性的需求，又广销到国际市场，为长沙卷烟厂走向国际化打下了良好的基础。

建立营销网络，打响名牌战役。

企业运用市场营销组合技术，将产品、价格、渠道、公关、政治力等变量组合形成自己特有的市场营销策略，是满足消费者需求、获得更大市场、使企业获得强有力的竞争力的好方法。长沙卷烟厂通过实施名牌战略和进行营销网络建设，达到对市场要素的整合，形成自己特有的市场营销战略，从而驾驭市场，不断提高在市场上的竞争力。

建立营销网络，是现代管理思想的“双赢”战略，长沙卷烟厂与工商部门共拓市场，建立营销网络建设新格局。长沙卷烟厂要求努力提高消费者的满意度和企业的美誉度，达到企业与顾客的双赢。

建立学习型组织，提高队伍素质。

长沙卷烟厂提出 3A. HOT 的管理思想。3A 指的是学习能力（ability on learning）、凝聚能力（ability on unity）和创新能力（ability on creation）。HOT（humanization design，orderliness，team），指的是在人性化设计、有序、团队+四个轮子等三方面展示的精神面貌。学习能力，强调 70% 的继承，20% 的借鉴，10% 的感悟。这样学习，能全面、概括，海纳百川，厚积薄发，开拓创新。不断加强学习，高效学习，尽力提高学习效率，才能不断适应变化莫测的时代，不断提高企业的竞争能力。凝聚能力，就是强调内外环境的凝聚，使团队稳定，人心稳定，企业上下齐心，心手相连，同舟共济，思想统一，步调一致，形成一股强大的合力，才能抗击市场的动荡多变。

长沙卷烟厂上下共同制订出远景规划，设立公平、公正、公开的考评机制，搭建培养人、激励人、使用人、留住人的动力平台，逐步形成长沙卷烟厂的巨大凝聚力。长沙卷烟厂的创新能力，是一代更比一代强，不断加大对具有创新能力人才的培养，一如既往地加大对创新的投入，使企业的核心竞争力得到不断提升。

长沙卷烟厂的人性化设计，强调的是服务。人与人之间，是服务与被服务、利他与利己、分担与分享的关系，只有我为人人、人人为我，才能形成良好的社会风气、高尚的道德氛围。

长沙卷烟厂的有序，就是不打无准备之仗，建立有序的组织环境，组织有序、职责有序、工作有序、资源有序、管理有序，使各项工作秩序井然，人人自信从容。使资源得到优化组合，企业能高效地运转。

长沙卷烟厂的团队+四个轮子，指的是企业工作要充分运用团队力量，驾驭着科研、市场、质量、成本这四个轮子协调前进，高效运转。市场是导向，质量是关键，科技是动力，成本是效益。它们相互依存，相互渗透，相互制约。团队是四个轮子运转的基础和保证，团队与四个轮子运作于科研、采购、生产、销售等环节中，企业就能高度和谐地发展。

长沙卷烟厂"鹤舞白沙，我心飞翔""以和为贵"的和牌香烟，刘翔在奥运赛场上争夺金牌的振臂飞翔的英姿的广告宣传，都反映了长沙卷烟厂的企业文化和勇攀高峰的精神风貌，它将随着新时代的发展而展翅高飞，飞向美好的未来。

资料来源：熊钟琪. 2005. 中国企业创新案例. 长沙：国防科技大学出版社.

第五节　企业创新战略的路径选择

企业在实施创新战略的过程中，需要考虑企业处于哪个发展阶段，即新生期、成长期、成熟期、衰退期。在面对经济全球化的机遇和挑战中，企业想要生存与发展，就必须进行创新，这是企业自身发展的客观要求。因此，在不同的发展阶段中，企业选择的创新战略的侧重点是有所不同的。

一、企业处于新生期及成长初期的创新战略的选择

在新生期和成长初期，企业的规模较小，创新能力一般都比较弱，表现为资金缺乏、人力资源不足、生产能力欠缺，承受创新失败风险的能力也较弱，所以在这一阶段，企业一般可以选择以模仿创新战略为主。企业通过对市场已有产品或服务进行简单模仿或者创造性模仿，从而进行生产或服务。这在一定程度上加剧了市场竞争，丰富了产品的供应，也使得企业具有较强的适应性和灵活性。所以企业在新生期和成长初期可考虑模仿创新战略。但由于模仿市场已有产品或服务的原因，企业的市场知名度或占有率一般较低，这就要求企业要为后续扩大发展谋出路。

二、企业处于成长后期的创新战略的选择

在成长后期，企业开始步入相对稳定阶段，从求生存转向求发展。企业基本摆

脱了项目导向思维，在细分市场的市场占有率较高，组织化程度持续提高，产品研发和服务体系的建设成为核心关注点，品牌效应已经显现出来，组织结构较为清晰，企业的人员逐步增多，执行力有很大提升，组织不断壮大，决策量增多，同时在技术、资金及其他资源方面也积累了一定的实力。因此，在这一阶段企业可以选择以合作创新战略为主。合作创新可以使合作主体之间的资源共享、优势互补；也可以缩短企业创新时间，减少创新过程中的资源浪费；同时可以有效降低创新成本，分散创新风险。最终合作创新的成功能够为参与合作的企业赢得市场，提高企业在市场竞争中的地位。

三、企业处于成熟期的创新战略的选择

成熟期，对于一个企业而言是发展到了相对稳定、良性和持续的成长状态。此时，企业的产品或服务较为成熟，已形成较为强势的品牌，有一定的竞争实力，市场前景也比较明朗，管理制度完善，管理运行平稳，企业也具有较强的社会责任意识。企业基本实现规范化，需要保持持续稳定发展。在这一阶段，企业可以选择以自主创新战略为主，即企业独立自主地进行创新活动。企业自主创新所需的核心技术来源于内部的技术突破，摆脱技术引进、技术模仿，即对外部技术的依赖，依靠自身力量、通过独立的研究开发活动而取得的创新性活动，其本质就是牢牢把握创新核心环节的主动权，掌握核心技术的所有权。

思考题

1. 思考创新与发明的关系。
2. 企业创新战略有哪些具体分类方式？
3. 企业在创新过程中会遇到哪些阻碍？
4. 请说明企业在不同发展阶段应选择哪种创新战略。

案例分析

华为创新之路

第十一章　企业国际化经营战略

本章学习目标

1. 认识企业实施国际化战略的动因
2. 了解企业国际化战略的含义和特征
3. 掌握国际市场机会的识别
4. 理解国际化经营环境因素及评估方法
5. 了解国际市场进入方式及其选择
6. 掌握国际化战略类型及其选择

案例引导

中美贸易争端

第一节　国际化战略实施的动因和特征

一、企业国际化战略实施的动因

（一）企业实施国际化战略的背景

企业实施国际化战略主要是源于经济全球化的兴起。全球化这个概念最早是由美国经济学家提奥多尔·拉维特（Theodore Ravid）于 1985 年提出的，但究竟什么是经济全球化，还是众说纷纭。其实，对于经济全球化的发展趋势，马克思和恩格斯早在1848年发表的《共产党宣言》中就做出过论断："资产阶级，由于开拓了世界市场，使一切国家的生产和消费都成为世界性的了……过去那种地方的和民族的自给自足及闭关自守的状态，被各民族的各方面的互相往来和互相依赖所代替了。"一般认为，经济全球化是指世界各国和地区的经济相互融合、日益紧密，逐渐形成全球经济一体化的过程。其包括贸易全球化、生产全球化和金融全球化三个阶段，以及与此相适应的世界经济运行机制的建立与规范化过程。经济全球化是指社会发展呈现出这样一种趋势：生产力的高度发展使所有生产要素和经济关系跨越国家和地区的界限日益自由流动，使世界经济在全球融合为一个难以分割的整体。在经济全球化和国际分工深化的基础上，人类社会生活在全球范围内展现全方位的沟通、联系和相互影响。总的说来，经济全球化产生的原因如下。

（1）以信息、通信技术为核心的现代科学技术的进步和发展，为经济全球化提供了技术基础条件。交通运输技术的发展使国际货运成本大大降低，时间大大缩短，直接推动了国际贸易、生产、投资等经济因素在世界范围内进行优化配置；信息、通信技术的发展使信息交流的成本大大降低。如今，信息网络技术已跨越地区、国家、制度等障碍，触及世界的各个角落；新的沟通技术使空前规模的资金流动成为可能，也使跨国公司真正在全球范围内的生产销售成为可能。网络技术已经把世界经济联结成一体，推动了经济全球化的发展。

（2）跨国公司的迅速发展和能力的日益增强，为经济全球化提供了发展载体。跨国公司的规模不断扩大、数量不断增加。联合国贸易和发展会议提供的《2019年世界投资报告》显示，2018年，全世界有跨国公司大约8.2万多家，其在国外的子公司达到50多万家，这些企业控制着全球跨国直接投资的90%、全球贸易总量的65%、全球技术交易总量的80%、全球高新技术的95%以上和全球生产的40%。跨国公司已成为当今世界的经济主宰力量，它们在全球范围内对全球的资源、劳动力进行配置，在全球市场组织生产和销售，这种跨越时空的国际分工模式有力地推动了经济全球化的发展。

（3）世界银行（The World Bank）、世贸组织等国际经济组织制定的经济规则为全球化提供了制度保障。世界银行、国际货币基金组织（International Monetary Fund，IMF）、世贸组织等国际经济组织制定了国际经济秩序的基本规则，在全球经济运行中，这些组织的作用不断增强，它们使世界各国能在全球统一的市场内自由、公平地竞争，极大地促进和保障经济全球化的发展。

（4）市场经济在全球的深入发展，为经济全球化奠定了体制基础。当今世界，虽然局部地区的战争从未间断过，但从世界发展的大趋势来看，和平与发展依然是时代的主题。发展经济，提升自己的综合国力已成为世界各国的共识。市场经济的发展使各国的经济日益以市场为纽带而紧密地结合在一起，为经济全球化的发展创造了良好的条件。

（5）世界局势虽然由于局部冲突（如俄罗斯与乌克兰的冲突）有趋向紧张的趋势，但各国发展经济仍是主旋律。在出现冲突时，各国政府为了本国的利益仍然会利用一切机会发展经济，积极走向世界市场，不断加强相互间的协调与竞争，推动产业结构在全球范围内的大调整，并使世界经济从工业经济向知识经济过渡。

经济全球化要求在国际范围内实现资源的全球优化配置，强调国际合作与协调，它是经济国际化的进一步发展和更高级的表现。目前，经济全球化还处在不断深入发展的进程中，其本质是市场和资本的全球化。经济全球化推动企业为了自身的长期发展而从全球角度考虑和谋划经营战略。

（二）国际化战略实施的动因

从企业国际化经营的实际可以看出，企业国际化的动因主要有六个：扩大市场规模；延长产品的生命周期；获得更高的投资回报率；获得规模效应和学习效应；获得全球范围内的资源配置优势（如低成本劳动力、关键资源和顾客）；分散风险和创造战略协同。

1. 扩大市场规模

进入国际市场可以有效地扩大市场规模。对于那些本国市场增长有限的企业来说，国际化战略是一个更有吸引力的选择。随着经济全球化的发展，不同国家的消费者在需求偏好和消费习惯上有趋同的倾向，使企业有可能将产品和服务推向更广阔的海外市场。例如，美国的软饮料市场已经相对饱和，多数市场份额的增加都是以减少竞争对手的市场份额为代价的。在这种情况下，两个主要的饮料制造商可口可乐和百事可乐都进入了国际市场寻求发展机会，国际市场为它们提供了广阔的市场空间。

当然，某一国际市场的大小会在很大程度上影响公司在这个市场上的投资决策。容量较大的市场通常意味着更大的潜在投资回报，因此投资的风险更小。例如，中国就是一个巨大的市场，因此吸引了众多的跨国公司在中国进行大量投资。

2. 延长产品的生命周期

我们知道，产品和产业一般要经历导入期、成长期、成熟期和衰退期四个阶段的生命周期，但在本国市场上处于成熟期的产品却有可能在其他国家和地区有巨大的需求潜力，因此企业持续性的国际扩张过程可以帮助其延长产品生命周期。

3. 获得更高的投资回报率

实施国际化战略可提高投资回报率，主要原因有两点，一是企业可在海外市场寻找更优质和更低廉的原材料、劳动力和技术等资源，从而降低生产成本，提高投资回报率。二是随着市场规模的扩大，企业研发投入的积极性增加，进而形成更多的新产品和新工艺技术，有助于企业获得产品与服务的溢价，降低成本，进而提高投资回报率。

另外，企业用于一种产品的初期投资是相对固定的，因此企业就需要拥有一个巨大的市场，增大其市场规模，以获得更高的市场回报。根据国际产品生命周期理论，一个企业的国际化可被分为三个阶段：①新产品阶段；②成熟产品阶段；③标准产品阶段。当产品发展到一定阶段后，企业就会采取国际化的战略，以便获得更高的投资回报率。除此之外，技术的发展越来越快，结果是产品的生命周期不断缩短。为了尽快地收回投资，企业需求更大的市场规模。

4. 获得规模效应和学习效应

通过在国际市场进行制造运作的扩张，企业可以实现规模经济。通过跨国的标准化产品制造和使用相同或相似的生产设备以及关键资源的协调功能，企业能真正实现最优经济规模。对于那些具有规模效应的产业来说，企业的市场扩大以后，可能会为企业带来规模效应，特别是在制造业中。企业的规模扩大以后不但可以降低单位固定成本，而且可以降低单位可变成本，从而降低产品的单位平均成本。

国际市场也为企业构建核心竞争力提供了机会，因为它为跨国界的资源和知识的共享创造了条件。除了取得协同效应、帮助公司降低成本、提供高质量的服务之外，国际化也为企业提供了学习机会。不同的市场和不同的实践为跨国公司提供了无数的学习机会，即使是发达国家的企业也能从新兴市场的运营中学到很多知识。

5. 获得全球范围内的资源配置优势

由于世界经济发展的不平衡，每个地区都有自己的比较优势。例如，发达地区的科技水平比较发达，员工技能水平比较高；而不发达地区的员工技能水平就较低，但是劳动力的价格也会相对较低。企业把工厂和设备开设到海外就是为了利用不同地区的比较优势，从而降低产品和服务的成本。例如，企业可以获得廉价劳动力、能源和自然资源等，也可以获得关键的供应商和顾客等其他位置优势。

章内阅读 11-1

昆钢将在缅甸建全流程钢厂，年产 400 万吨！

2019 年南亚东南亚国家商品展暨投资贸易洽谈会经贸合作项目签约仪式在昆明滇池国际会展中心 7 号馆举行。签约仪式上，昆明钢铁控股有限公司（以下简称昆钢）的控股公司昆明焦化制气有限公司与深圳顺丰泰森控股（集团）有限公司签订合作协议；昆钢云南永乐海外投资有限公司与 MSA 大众公司签订合作协议。

昆钢海外业务总监、云南永乐海外投资有限公司董事长武云昆与 MSA 大众公司总经理斯特丹昂签订合作协议，双方共同打造缅中钢铁国际产能合作项目，项目拟建规模每年 400 万吨全流程钢厂（一期建设 200 万吨/年，二期建设 200 万吨/年），具体主导产业包括烧结、焦化、炼铁、炼钢、制氧、热轧板生产线。项目配套产业有专用码头、发电厂、装备制造、水泥建材、钢结构、物流仓储等。

缅中钢铁国际产能合作项目的有效开展，既是昆钢主动融入国家“一带一路”发展倡议，服务云南省面向东南亚南亚国家“辐射中心”建设的时代要求，也是昆钢转变发展方式、调整产业结构的内在需要。既能有效弥补缅甸钢铁市场的空缺，同时也能将富余的产能辐射至缅甸周边国家，提高昆钢国际化经营水平。

资料来源：签约！昆钢将在缅甸建全流程钢厂，年产 400 万吨！. https://www.sohu.com/a/322965181_313737[2019-06-25].

6. 分散风险和创造战略协同

国际企业以统一的全球战略为纽带，将散布在世界各地的分公司或合作伙伴连为一体，在平衡全球化与本土化的过程中，形成企业的战略协同优势。这种战略协同优势可以共享资源，分散风险，形成不同的战略层次，达到“东方不亮西方亮”的经营效果。

二、企业国际化战略的含义和特征

（一）企业国际化战略的含义

一般来说，如果一个组织的资源转化活动超越了一国国界，即进行商品、劳务、资本、技术等形式的经济资源的跨国传递和转化，那么，这个组织就是在开展国际化经营。

企业国际化战略就是企业在全球化背景下，从面对的错综复杂、竞争激烈的国际经营环境和自身经营条件出发而制定的关于企业生产、营销、采购、财务及其人才培训等活动的跨越国界的总体性谋划，包括国际经营总体目标的制定及其途径的选择；或指实力雄厚的大企业把生产经营方向指向国际市场，从而推动企业进一步发展的战略。

（二）企业国际化战略的特征

从对国际化战略含义的认识出发，企业国际化战略具有全局性、全球性、长远性、纲领性、抗争性、风险性等特征，其中全球性、抗争性、风险性特征是企业国际化战略的显著特征。

1. 全球性

企业国际化战略以全球规划为基本着眼点，具有全球一体化战略的明显特征。企业国际化战略的全球性是指企业战略不受国家和民族的限制，不是孤立地考虑一个特定国家的资源和市场，其战略布局的着眼点是面对整个世界，目的在于通过资源的合理配置，在全球范围内寻求最大的经济利益。企业国际化战略的组织实施以全球范围内的统一指挥和协调为目的，从而把企业全球经营活动统一为一个整体。企业国际化战略的这一特点要求企业领导者必须具备全球的竞争视野和思维方式，在科学分析国际经营环境和自身经营条件的基础上，为求得长期生存和发展而做出总体的谋划。

2. 抗争性

企业国际化战略是企业在国际市场竞争中与对手相抗衡的行动方略，即针对来自国际市场竞争对手的冲击、压力、威胁和困难，为争取顾客、争夺市场、提高市场占有率而进行运筹谋划，其目的是克敌制胜，赢得市场竞争的胜利。国际市场竞争对手更多、更为强大，因此企业国际化战略的抗争性较国内企业而言更为强烈。企业国际化战略的这一特征要求企业领导者必须具备敏锐的洞察能力和调控能力，要善于捕捉国际市场的瞬息变化，通过企业国际化战略的有效实施，战胜竞争对手，保证自己的生存和发展。

3. 风险性

企业战略是关于企业未来发展的规划，而战略实施的环境总是呈现出不确定、变化莫测的趋势，因此企业战略必然存在一定的风险。由于企业国际经营环境的复杂性和不确定性更强，企业国际化战略的风险更大。企业国际化战略的这一特点要求企业的领导者既要正确地对待风险，要善于从风险中寻求企业发展的机会，也要具备较强的应变能力，要善于提高对国际环境预测的准确性，不断提高企业自身的素质，提高企业抵御风险的能力。

第二节　国际化战略环境分析

一、国际市场机会识别

在国际市场上，企业能够获得比竞争对手有更多利益的经营机会。因此，发现国际市场机会进而对国际市场环境进行分析就是国际企业战略制定的前提。

在任何一种经济形态中，只要市场上存在着未被满足的需求，就有可以利用的客观环境机会。但是，这种机会并不等于企业可以利用的机会。在国际市场上，当一个企业具备的相对竞争优势比竞争对手更能适应客观环境机会的需要时，这个客观环境机会才有可能变成企业的市场机会。国际市场机会一般包括以下几种类型。

（一）现有市场机会

现有市场是指顾客的需求可由现有产品满足的市场，评价现有市场机会需要衡量整个市场的规模和竞争条件。市场规模可按照一国的人口、平均每人的国民收入和产品的消费率进行预测，也可用当地产品的产量加上进口产品减去出口产品的方法进行估计。竞争能力是从产品价格、经营渠道、广告和促销等几个方面与竞争者进行比较后得出的能力。只有综合考虑市场规模和竞争条件，才能决定企业的利润和销售机会。

（二）潜在市场机会

潜在市场是指具有潜在需求和潜在顾客的市场。开发潜在市场，主要在于能识别潜在的需求。企业要具备这种识别能力，并根据企业的生产技术特点和经营上的优势，决定企业的潜在市场机会，以及制订和实施能满足潜在需求的市场经营方案。

（三）早期市场机会

早期市场是指顾客对产品和劳务的需求和偏好将要出现的市场。这种市场对于企业在国际市场上进行产品开发非常重要。如果企业可以提供适当的产品和劳务，早期市场就会变成现有市场，企业独自经营可以取得更多的利润。

二、企业国际化经营环境因素分析

环境是企业生存和发展的重要条件，实施国际化战略必须对企业所处的环境进行深入细致的调查研究。国际环境由许多因素组成，每个因素都有其自身的运动方式和轨迹。因此，企业国际化经营环境十分复杂，呈现出不规则的动态变化。企业必须准确、细致地把握环境，监视环境的发展变化，从而达到在企业的战略制定和实施中利用机会、避开威胁的目的。

企业国际化经营环境是指居于国际企业外部的有关主体的既存关系、现实活动以及在现实活动中表现出来的规律与趋势。一般来说，企业国际化经营环境由企业所处的（或即将进入的）东道国环境、母国对企业的政策环境、国际经营环境三部分组成。

（一）东道国环境

对企业来讲，东道国环境一般包括该国的政治、经济、法律、文化等方面与本国的差异。只有熟悉东道国环境，才能为制定完善的国际化经营战略奠定基础。

1. 东道国的政治环境

东道国的政治环境是企业所面临的、必须慎重考虑的关键因素之一。其包括东道国的政治状况、政府对国外投资的政策以及由此可能产生的政治风险等因素。东道国政治状况包括国家安全性与政治稳定性、政治体制、政府机构的清廉与效率以及公众利益群体与社会舆论机构等。政府对国外投资的政策包括鼓励政策与限制政策两方面。鼓励政策是在降低关税、减少国内税收、提供设施与服务等方面的优惠待遇；而限制政策是在股权、国产化、收益分配、投资领域等方面的限制。

2. 东道国的经济环境

东道国的经济环境包括东道国的经济发展状况及企业在东道国面临的直接市场。由于企业面对的直接市场从研究对象来看（如消费者、供应商、竞争者等）与国内市场无大的区别，所以在经济环境中，主要分析东道国的经济发展状况。东道国的经济发展状况主要从东道国的经济增长状况、通货膨胀、国际收支与国际债务、贸易战略、自然条件、技术发展水平、产业结构特点、经济基础结构等方面来考虑。

3. 东道国的法律环境

影响国际企业（或跨国公司）生产经营活动最经常、最直接的因素是东道国的基本法律体系，包括适用于该国所有企业的一般法律规范和针对在该国的外国企业的特定法律规范。东道国的法律环境直接影响着国际企业的生产经营活动。在各国的法律条款或先例中，有很多法规是针对产品的，包括对产品的品种、质量、包装、标签、保单、品牌、商标以及售后服务的要求。在价格方面，各国法律有很多规定，有的国家的法律宗旨就是要控制和管理各行业的定价原则；有的国家的法律则对某些产品进行直接干预，控制并实行一个价格政策；有的国家限制企业产品在生产、销售各环节的利润率；有的国家禁止上门推销等。此外，东道国的法律制度还从生态环境、雇佣制度、工作保障、社会保障、分配制度等方面影响着企业的生产经营活动。

东道国针对外国企业制定的特别法规，构成国际企业特定的法律环境。东道国对外国企业投资的特别法规也包括鼓励性法规和限制性法规。

4. 东道国的文化环境

文化这一概念的内涵是十分丰富的，在这里它是指一定区域内人们所共同持有的思想、情感和行为的总和，包括语言、教育、价值取向、宗教信仰、审美观念、风俗习惯等基本因素。在特定的社会中总是包含着较小的群体，他们因其共有的生活经验和环境而具有相似的信仰与价值观念，他们的文化被称为次文化。次文化可分为四种类型：民族次文化、宗教次文化、种族次文化和地理次文化。了解文化环境的基本方面，对国际企业的生产经营活动具有重要的影响。国际企业在不同国家的活动应当与每个社会的文化特质保持一致，产品分销渠道也应根据当地条件进行不同的规划。在促销方面，尤其要注意广告内容与各国文化背景的协调，广告色彩与各国的偏好相一致。在价格策略方面，应注意各国消费者对品牌的不同偏好，选好产品所使用的品牌商标、厂商名称和产地名称。

（二）母国对企业的政策环境

随着国际企业规模和数量的不断扩大，绝大多数国际企业的母国也越来越关心国际企业对外投资的结果。基于对国际企业母国功能的认识，母国政府一般会采取鼓励和限制政策，以制约和规范国际企业的行为。对国际企业来说，母国对企业的政策环境研究也主要集中在母国对国际企业的鼓励与限制政策上。

1. 母国对国际企业的鼓励措施

母国对国际企业的鼓励措施主要有：政府对外直接投资的保证与保险制度——这是资本输出国保护和鼓励本国私人企业海外投资的重要措施之一，用于担保私人企业在海外经营时因被东道国政府征用、没收或战争无法转移利润而蒙受的政治风险损失；签订投资保护条约或双边征税协议——投资国政府为保护本国国民在国外投资的财产，防止他们的财产被东道国没收或征用，与东道国政府签订能有效保护私人国外投资者的双边协议；制定奖励性纳税制度——投资国政府对海外投资采取低税、免税及特别折扣税等措施以减少国外投资者的税负；提供资金贷款——有些国家为支持本国企业的国外投资，通过政府银行或其他金融机构为投资者提供贷款，或给予补贴，甚至直接参与股权投资。

2. 母国对国际企业的限制措施

国际企业在海外投资活动中，有时会产生与其本国政府利益相矛盾的行为，为减少国际企业可能带给本国的负面效应，母国一般会采取以下限制性的措施：审查其海外投资；保护本国就业机会及增加其税收；限制技术外流；等等。

章内阅读 11-2

海诚的“一带一路”大局观

云南海诚实业集团股份有限公司（以下简称海诚控股）于2000年创立，下设海诚集团、景兰集团、国际物流集团三大专业化集团，所辖各类分子公司近百家。集团业务涵盖文化影视、旅游运营、城市开发、规划设计、建筑施工、高端酒店、物业服务、物流贸易等多个领域，是一家追求卓越、积极创新的多元化企业。海诚集团作为海诚控股下属集团公司，以产业新城、文旅产业小镇、产城综合体、商业住宅等产品开发和运营为主要业务，目前已布局国内外数十个城市，是云南省文旅地产开发运营的领导者。

“一带一路”倡议，是在我国构建全方位开放新格局，深度融入世界经济体系背景下提出的重大倡议。不仅是我国国家的发展性战略，更是我国面向国际化经济合作的重要战略。自“一带一路”倡议提出以来，海诚集团一直以践行者的身份积极响应，沿袭着“一带一路”倡议，在多个枢纽城市进行深耕和布局……

深耕城市19载，积极践行“一带一路”倡议。

为积极响应国家“一带一路”倡议，实施走出国门、面向世界的战略布局。集团始终秉承着“以文化旅游为先导，商贸物流为通道，产城融合为依托，着力打造中国—中南半岛经济走廊，提升中、老、缅、泰、越五国经济圈区域产业价值，为区域人民创造美好生活”的理念，大力推进中西部、泛亚铁路、昆曼大通道沿线战略布局，用创新多元的企业智慧，助推“一带一路”倡议发展。

从云南到老挝，打造时代标杆的文旅地产作品。

深耕云南，放眼国际。海诚集团，在“一带一路”大背景下，精准定位、把握时势，先后成功开发和运营多个颇具影响力的文旅地产代表作品，不断带动各城市经济、旅游、产业、人居发展，为城市美好时代续写新的篇章。

1. 告庄西双景和抚仙湖·广龙小镇

告庄西双景地处西双版纳澜沧江新区核心区，占地面积约1200亩[①]，是2009年云南省九大重点旅游项目之一，已成为国际一流的热带雨林休闲中心、大金三角国际旅游集散中心以及湄公河国际水上游乐中心，在2018年被云南省旅游发展委员会评

① 1亩≈666.7平方米。

为国家4A级旅游景区，更在2019年春节期间接待游客量超63万人次，占西双版纳傣族自治州总接待人次的1/3，是万千游客游玩的热门景点之一。项目融合西双版纳及湄公河地区周边国家的文化精华，通过“最民族、最原生态、最自然、最和谐”的开发理念，体现最国际、最时尚、最现代的综合功能，以“九塔十二寨”的空间形式，传递“自由、独立、和平、开放”的人文精神，塑造集文化体验、休闲度假、综合集散、商业购物等功能于一体的城市名片。

抚仙湖·广龙小镇地处抚仙湖北岸，规划面积1748亩，是云南省、玉溪市确定的抚仙湖保护战略重点生态文明建设工程，将打造成抚仙湖生态旅游、云南特色旅游的始发站，全国首个高原湖泊生态旅游城，目前已入围国家一流特色小镇省级评审名单。

2. 老挝磨丁经济特区

磨丁经济特区是“一带一路”中国—中南半岛经济走廊新热土，是中老两国合作共赢共建辐射中老泰的枢纽新城。位于老挝北部琅南塔省，规划有东盟传统风貌区、老挝古城、澜沧古国奇幻乐园、银庙、两国一园五大特色旅游景点，是中国与毗邻国家建立的第二个跨国境的经济合作区。

磨丁经济特区可自主开发建设面积为16.4平方公里，总面积为34.3平方公里。依托国际免税购物、国际商品贸易、国际金融服务、国际会展会议等，建设老挝磨丁金融中央商务区，汇聚银行、汇兑、基金、证券、交易所等投资金融及中介机构，将其打造成跨国、离境企业的资金储备库和国际金融互助互利互惠平台。

3. 昆明空港新区

昆明空港项目地处空港商务区（李其片区）。云南滇中新区昆明空港经济区，作为云南省唯一一个临空特色产业园区，依托昆明长水国际机场及临空优势，将被打造成为产业聚集、交通便捷、配套完善、产城融合的航空商城。空港商务区将凭借滇中新区政策、产业、资源等优势，发展成为集会展、会议、商务、购物、休闲、旅游、酒店于一体的国门商务区。

资料来源：海城集团“一带一路”倡议践行者，国际化旅游建设再提速. https://yuxi.loupan.com/html/news/201908/4034477.html[2019-08-28].

（三）国际经营环境

每一个国际企业都可能是国际经济领域中的一个游离于各国之外的王国。因此，研究国际企业的环境，不能简单地仅限于一国（东道国或母国）的环境，而必须重点考虑比一国环境更大的国际经营环境，这样国际化经营的企业才可以制定和选择合适的国际化经营战略，建立起本企业的国际化竞争优势。国际企业面临的国际环境是多方面的，其中最主要的有国际经济法律环境和国际金融环境。

1. 国际经济法律环境

国际企业的生产经营活动是超越一国范围的活动，必须受到国际经济法律的制约。国际经济法庭是全世界各国、各组织公认的权威机构，在国际经济交往中形成的惯例基础上建立起来，管辖世界范围各类行为主体的行为，调整与规范其行为。目前的国际经济法包括国际私法、国际惯例和国际公约。而目前在国际上影响较大的国际公约又包括保护消费者的公约、保护生产制造者与销售者的公约、保护公平竞争公约和调整国际经济贸易行为的公约等。

2. 国际金融环境

国际企业的生产经营活动离不开国际资本流动，因而，国际企业的管理人员必须了解国际金融环境的特点，掌握国际金融的基本知识。国际金融环境包括国际外汇市场、国际货币市场、国际资本市场以及国际金融组织。国际外汇市场是外汇交易场所（有形的外汇市场）或交易网络（无形的外汇市场），由外汇需求者、外汇供应者以及外汇买卖的中介机构组成；国际货币市场（又称短期金融市场），是以商业银行为主体，经营一年以下短期资金借贷业务活动的市场；国际资本市场（又称长期金融市场），是指经营一年以上资金借贷业务活动的市场；国际金融组织，是指那些为稳定和发展世界经济或区域性经济而开展国际金融业务的跨国组织机构。目前，IMF、世界银行与世贸组织已成为管理国际金融、国际投资和国际贸易的三大支柱。

（四）国际化经营环境的评估方法

国际经营环境的复杂性迫使企业做出正确的分析和评估，以此作为制定国际化经营战略的基础。如果掌握的信息不够准确，有可能事倍功半甚至损失惨重。不同的行业、企业，所采用的国际经营环境的评估方法有所不同。常用的评估方法有经营环境等级评分法、机会-威胁分析法、国别冷热比较法、跨国经营评估矩阵法等。

1. 经营环境等级评分法

美国经济学家罗伯特·斯托鲍夫（Robot B. Stobauch）认为，在国际经营环境中有 8 个因素是最主要的，对环境的评价应集中在这 8 个要素上，评价时，设定不同的等级。对每个因素按其实际情况划分出等级并给予一定的分值，最后汇总得出某国环境的综合评价。这 8 个主要因素是：①资本回收限制；②外商股权比例；③对外商的管制和态度；④货币稳定性；⑤政治稳定性；⑥关税保护倾向；⑦当地优惠措施；⑧近 5 年的通货膨胀率。

2. 机会-威胁分析法

机会-威胁分析法通过对国际经营环境中的机会和威胁进行分析，对企业经营环境进行综合评价，具体做法参照前面相关章节内容。在评价中要注意国际经营活动中的风险远比国内大，主要有政治风险和外汇风险，尤其要注意对外汇风险的预测和回避。外汇风险有三种类型，即交易风险、换算风险和经营风险，对不同类型的风险应采取不同的办法来管理。

3. 国别冷热比较法

美国学者利特瓦克（Litwack）和彼得·拜廷（Peter Baiting）根据从美国、加拿大、埃及和南非等国家的大批工商界人士那里搜集到的大量有关影响海外经营活动因素的看法的资料，经归纳分析，从中选出了影响外资企业经营的7项主要因素，并据以判定一国的经营环境。他们认为，各国经营环境有“冷”“热”之分，而一国经营环境的“冷”“热”程度则取决于该国7项因素的“冷”“热”情况。他们还站在美国对外投资者的立场上，对10个国家经营环境的“冷”“热”情况进行了评价。这7项因素如下。

（1）政治稳定性。在政局稳定、政府得民心、鼓励私人经营时，此因素则为“热”因素。

（2）市场机会。在市场容量大、顾客购买力强并欢迎本公司产品或劳务时，此因素为“热”因素。

（3）经济发展水平与成就。当一国经济发达、效率高时，此因素为“热”因素。

（4）文化一元化程度。当国内文化差异小，各阶层所信奉的处世哲学、人生观与目标接近，消费习惯与产品偏好等方面接近时，此因素为“热”因素。

（5）法律阻碍。当国内法律繁杂，对外资有限制性条款时，此因素为“冷”因素。

（6）自然阻碍。国内地形复杂，交通不便时，此因素为“冷”因素。

（7）地理和文化与投资国的差异。两国距离远、文化迥异、社会观点和语言差异大时，此因素为“冷”因素。

表11-1是利特瓦克和拜廷当时根据10国7项因素的“冷”“热”情况，站在美国投资者的角度而对各国经营环境的优势排的次序，以加拿大为最佳，埃及为最次，日本居第4位。母国与东道国之间的地理与文化差异是影响经营环境优劣的因素之一，并且不同行业、不同企业投资者的眼光有或多或少的差异，因而对于同一东道国，不同国家的企业所评价的结果会有出入，同一母国不同行业、不同企业的评估结论也可能不一致。例如，就德国和新加坡而言，美国企业可能认为德国较佳，而日本企业可能认为新加坡的环境优于德国。

表11-1 美国企业对10国环境的“冷”“热”评价

国别	政治稳定性	市场机会	经济发展水平与成就	文化一元化程度	法律阻碍	自然阻碍	地理和文化与投资国的差异
加拿大	大	大	大	中	小	中	小
英国	大	中	中	大	小	小	小
德国	大	大	大	大	中	小	中
日本	大	大	大	大	大	中	大
希腊	小	中	中	中	小	大	大
西班牙	小	中	中	中	中	大	大
巴西	小	中	小	中	大	大	大
南非	小	中	中	小	中	大	大
印度	中	中	小	中	大	大	大
埃及	小	小	小	中	大	大	大

4. 跨国经营评估矩阵法

跨国经营评估矩阵法是由Y. 谢提（Y. Shetty）在1970年提出的，是一种借助“跨国经营评估矩阵”研究国家与国家经营机会，筛选经营投资机会的方法（表 11-2）。矩阵的建立包含以下步骤：①选择要予以评估的关键因素；②制定每一项因素的合格标准；③对每个经营机会较佳的国家进行环境分析；④运用矩阵对每一国家经营机会的各项要素进行逐一比较分析；⑤淘汰那些相对较差的经营机会。

表 11-2　跨国经营评估矩阵

评估要素	相应权数（A）	海外经营的合适性（B）				$A \times B$
		差	一般	好	很好	
		0/1/2/3	4/5/6	7/8/9	10	
销售量						
人工与材料成本						
市场整合						
与当地顾客的直接联系						
竞争地位						
利润水平						
所有权控制						
公司形象						
研究与开发和技术						
其他因素						
总计						

其中每项要素的相应权数是由经理人员根据这些要素对公司的重要程度给出的。重要性越高，给定的权数越大；反之亦然。每项要素的值按照该要素的合适程度加以确定，合适程度高则给定值高，合适程度低则给定值低。每项要素的给定值乘以相应的权数得出该要素的指数。每一个经营机会根据其与各项要素的和谐程度加以评估。最后，所有的要素指数相加则得出每一经营机会的单一指数。决策者可以对每一要素和整个项目分别给定一个最低合格指数，用以筛选经营机会。

从以上几种分析方法我们可知，企业在对环境的分析中需要收集大量的资料和信息，大的国际企业可以自己建立一套完善的信息网络并随时随地对环境进行监测；中小企业则可以通过一个公共的咨询机构获取有关信息，如美国 *Planning Review* 杂志每年公布各地区的政局稳定指数、商务风险指数、国际政治风险预测等数据。

三、国际化竞争优势与障碍

（一）国际化竞争优势

对于国际经营化的企业来说，企业的经营已从国内经营走向了跨国经营，从国内市场进入了国外市场，因此企业面临的竞争已不单纯是国内企业之间的竞争，而是整个国际环境中企业之间的竞争。所以在本章介绍国际化经营环境时，特别强调研究国际企业的环境，不能简单地仅限于一国（东道国或母国）的环境，而必须考虑比一国环境更大的国际经营环境。只有这样，国际经营企业才能制定和选择合适的国际化经营战略，建立起本企业的国际化竞争优势。

企业在国际市场中竞争，其竞争优势不只来源于企业本身的竞争优势，还来源于一个国家的竞争优势。因为一个国家的经济、社会、政治等环境因素势必影响各行业的竞争力，行业的竞争力势必影响企业的竞争力。例如，在美国，日本制造的汽车和家电产品有很强的国际竞争力，而美国的娱乐业、软饮料和个人卫生用品有很强的国际竞争力。日本的家电企业如松下、索尼能成功地进入美国市场，而个人卫生用品等行业少有企业成功进入美国市场。

关于国家的国际竞争优势来源有很多理论，如大卫·李嘉图（David Ricardo）的“比较优势论”、俄林（Ohlin）的“要素比例说”，还有对日本等国研究后得出的“产业政策论”“管理文化论”等，这些理论都从不同角度进行了一些解释。但比较综合的是波特所提出的“国家竞争优势四因素论”（图 11-1）。

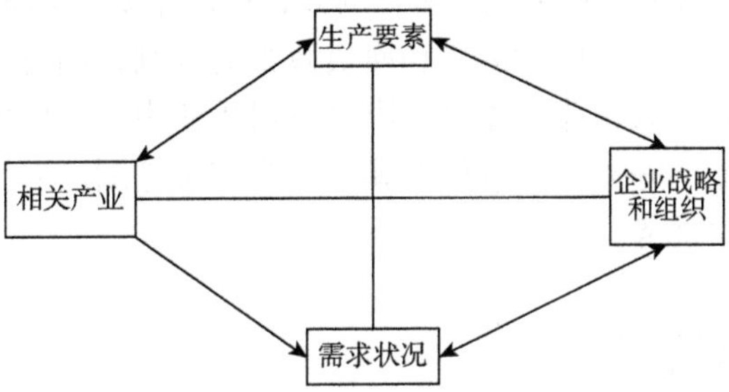

图 11-1 国家的竞争优势

1. 生产要素

一国的生产要素是企业发展的资源。生产要素可分为基本生产要素和高等生产要素，具体如下。

1）基本生产要素

基本生产要素主要包括自然资源、地理环境、气候条件、初级劳动力等。基本生产要素决定了某些国家一些行业的竞争优势，如南非的钻石业、中东国家的石油开采与冶炼业等。但是在国际竞争中基本生产要素的地位正在下降，取而代之的是高等生产要素。例如，日本的自然资源等基本生产要素差，其国际竞争优势来源于高等生产要素。

2）高等生产要素

高等生产要素主要包括受过高等教育的人才、发达的通信信息网络、科研与开发能力等。这些要素很难通过公开市场和国际贸易取得，更为稀缺，因而更为重要。一个国家或一个企业的基本生产要素是先天决定的，唯有发展高等生产要素才能提高其国际竞争力。

2. 需求状况

这是指国际企业母国的需求状况。例如，日本的家电消费者非常成熟，需要的是高质量的、先进的且价格合理的产品，日本家电生产商能满足这种需求。其他国家的家电生产商与之相比，没有经历这种需求，因此显然没有明显的国际竞争优势。需求产生国际竞争优势是因为各国的需求规模和结构不一致。一般来说，人均收入接近的国家其产品的需求相似，而发达国家和发展中国家则相差很大。

3. 相关产业

美国之所以在计算机和软件业中处于国际领先地位，原因之一是加利福尼亚州的“硅谷”集中了许多计算机公司及配件企业，这些公司拥有众多的专家和技术人员。相关产业既包括同类型的产业，也包括上游和下游产业。相关产业的竞争优势取决于以下因素：①紧密合作的可能性；②互补性和需求拉动作用；③相关企业密集度和信息环境质量。

4. 企业战略和组织

一个国家的体制、文化、历史等决定了一个企业如何创建、组织和发展，以及管理人员的思维方式、目标价值和行为准则等。例如，西方许多国家将国有企业进行私有化，因为这些国家认识到，由于政府对价格和雇员政策的限制，国有企业很难具有国际竞争力。在美国，由于崇尚个人奋斗，体育、影视等娱乐业中涌现出大批明星，获得巨额收入，吸引了很多人才流向好莱坞，希望有朝一日走红文艺圈。人才的供应使美国娱乐业保持着强大的国际竞争优势。

（二）国际化竞争障碍

1. 政治障碍

政治障碍是指国际企业在国际化过程中，东道国国内的政治事件给国际企业的利益带来不利影响的可能性。这些事件通常包括东道国政策、政权更替、东道国国内的社会动荡和暴力冲突、东道国与母国或者第三国的关系恶化等。政治障碍通常有多种表现形式，包括对外国投资的商业歧视、产业投资限制、融资范围限制、外资税法变动、外汇管制、利润返回限制以及征用和没收等。

按照采取措施的时间顺序，政治障碍的控制措施可以分为预防性措施、分散化措施和缓解措施。

1）预防性措施

预防性措施是指企业经过对特定国家、特定行业的宏微观层面的政治障碍识别和评估分析，在进入东道国以前采取的措施。

（1）回避或放弃。对政治障碍进行识别和评估后，政治障碍较大的投资项目，最直接的对策就是放弃投资。回避策略是建立在科学理性的基础之上，经过政治障碍和投资利润率的权衡做出的。

（2）投保策略。投保是一种比较积极的对策。对于政治障碍高的项目，国际企业可以进行投保，这样有利于安心经营，减少障碍带来的损失。目前，许多国家对本国企业设在外国的资产均提供保险业务，如中国人民保险集团股份有限公司、日本通商产业省的海外投资保险部、美国国际保险集团和海外私人投资公司等。

2）分散化措施

分散化措施是指通过各种途径，增加政治障碍的承担者，从而降低政治障碍。

（1）投资主体和客体多元化。投资主体多元化主要是融资多元化。在海外子公司的融资政策上，通过多元化融资，投资主体参与子公司的生存与发展，增加东道国征用或没收的难度，从而达到分散政治障碍的目的。实践中，国际企业在组建海外子公司时，常邀请国际银团、外国银行、大型财务公司入股，形成子公司多元融资主体的资本结构。由于这些融资主体代表了国家或集团的利益，东道国在实施相关政策时，不得不考虑多元利益主体的因素。

投资客体多元化包括生产地点的多元化和研发地点的多元化等。国际企业在海外公司的生产布局上，遵循不同地区子公司高度分工的原则，通过海外子公司之间的协作生产来完成整套工序，从而降低政治障碍。研究开发是决定国际企业发展后劲的主要因素，也是其保持长期竞争优势的战略环节。将研发机构放在多个地区，可以大幅度降低政治障碍。

（2）渗入策略。渗入策略是指积极地进入东道国政治经济社会体系，加强与东道国各界的经济联系，开展提高在东道国的政治社会地位和形象的公关活动，从而有效地减少与东道国政府和社会的矛盾，降低政治障碍。其主要方法是：使用东道国政府、银行、企业的资本，与东道国形成利益共同体；帮助东道国开拓国际市场，并提供技术、资金支持；资助东道国公益事业，同时避免民族冲突、宗教冲突等社会问题；等等。

3）缓解措施

政治障碍最终发生后，就应该采用缓解策略以减少政治障碍带来的损失。

（1）让步策略。东道国政府对外资企业实行征用，有时可能只是作为对国际企业讨价的一种策略。国际企业在搞清东道国的意图后，可以在让步与被征用之间进行权衡，可能的话也可做出一定的让步。

（2）管理合同。国际企业可以将股权交予东道国政府，换取与东道国政府签订管理合同。对于国际企业来说，与东道国签订管理合同，有时也是有利可图的。例如，委内瑞拉政府征用外国石油公司后，同征用对象签订管理合同，条约规定由公司在原地继续勘探、钻井、炼油和销售。经过实践，这些公司发现这样的处理方式也未尝不可，不一定要拥有资产、掌握股权才能谋利，交出股权同样能够获利。

（3）收割策略。如果让步策略和管理合同均失效，就应实行收割策略。即将争端诉诸东道国法庭以及国际法庭，以期获得赔偿，或者通过国际投资争端解决中心来解决投资争议。

2. 经济障碍

1）经济障碍的内容

经济障碍是指社会经济状况及国家经济政策可能给企业带来的经营障碍。企业经济环境是一个多元动态系统，对企业影响较大的有以下几个方面。

第一，市场经济体制的完善程度。其包括现代企业制度、统一开放大市场和健全的金融体制等。

第二，社会经济结构。社会经济结构一般包括产业结构、分配结构、交换结构、消费结构和技术结构等，其中最主要的是产业结构。为了促进国民经济增长，理顺各种不合理的关系，国家经常要调整产业结构、分配结构和消费结构等社会经济结构。

第三，社会经济发展水平与运行状况。其主要指 GDP、经济发展速度、人均国民收入、利率、通货膨胀率、税率、汇率和失业率等。在企业宏观外部障碍中，这些指标的变化与企业经营障碍的大小有着最为直接的关系。GDP、经济发展速度、人均国民收入、失业率等指标决定了企业的市场前景和规模，通货膨胀率、利率、汇率等指标直接影响着企业的收入和成本。

第四，国家宏观经济政策。为了适应生产力发展的需要，国家的宏观政策也是经常进行调整的。企业必须随时跟踪国家宏观经济政策的变动情况，及时采取措施以适应经济政策的变化，从而有效地规避障碍。

第五，国际商品市场和国际外汇市场的波动。对于那些以国际市场为主要市场的企业来说，国际商品市场和国际外汇市场的风云变幻往往可能会给企业带来巨大的障碍。2008 年美国次贷危机引发的金融危机使许多曾经颇具实力的企业陷入困境甚至破产，这已经给我们上了生动的一课。

2）对经济障碍的控制

国际企业在实施国际化战略时必须考虑、分析东道国的经济环境，采取应对措施，对经济障碍进行控制：①预防性措施，因为在经济动荡的国家或地区往往不利于企业的经营和发展，所以最直接的措施就是放弃进入。②缓解措施，如果企业已进入了东道国，而该地区出现了经济动荡或者是东道国颁布了一些不利于企业经营的经济政策，那么企业就要采取一些措施，尽量减少企业的损失。

3. 文化障碍

1）文化障碍的内容

文化障碍是指由国家和地区之间的文化差异构成的障碍。各国的发展历史、经济水平、教育程度、民族特性不同，文化环境也存在较大的差异。企业国际化的过程，就是投资国与东道国文化碰撞和交融的过程。国际企业在国际化过程中，不可避免地处于不同文化的摩擦与碰撞中，这是国际企业所必须面对与重视的现实。尊重东道国的文化，有助于国际化的顺利进行；忽视文化差异，则会遭受投资损失。文化障碍主要来自以下几方面。

第一，语言。语言和文化是不可分割的。一种语言代表着一种文化，语言是文化的一种主要载体，语言差异既是一种重要的文化差异根源，也是文化差异的重要外在表现。

第二，风俗习惯。不同的风俗习惯会形成不同的沟通方式、管理方式等。

第三，教育水平。有不同的教育水平，对事物就会有不同的认识。因此应该考虑在不同教育水平下，对事物认识的差别。

第四，宗教信仰。宗教信仰直接影响各国人民的生活习惯和行为偏好。例如，跨国企业在研究比利时和荷兰的广告媒体时，很容易发现当地的报刊媒体选择应区分罗马天主教和新教两类，在不同的报纸上刊登广告其效果是不一样的。

第五，态度和价值观。不同文化背景下，人们态度和价值观会有很大的差异。例如，关于人的本质的观念，关于人与世界的关系，关于人与他人之间的关系，关于时间观，关于财富的态度等。

第六，相关群体。即影响个人态度并与之相作用的团体。每个人都属于某一群体，它为个人的思想和行为提供了参考依据，是人们行为的重要决定因素。

2）对文化障碍的控制

国际企业在实施国际化战略时，要对东道国的发展历史、教育程度、民族特性等文化环境因素做充分的考察和分析，尤其是对东道国人们的宗教信仰，东道国的教育水平、人口素质等方面。

在国际企业的管理者决定进入东道国之后，国际企业便处于文化边际域中。为了减少文化摩擦，消除文化冲突，有效控制文化障碍，国际企业要实施跨文化管理战略，将国际企业的企业文化融入当地文化，化解东道国政府和人民对国际企业的排斥和限制。控制文化障碍的同时也会在一定程度上控制政治障碍。

第一，识别文化差异，发展文化认同。不同文化背景的人彼此相处，必须建立跨文化沟通的机制。国际企业的管理层需要有意识地建立各种正式的和非正式的、有形的和无形的跨文化沟通组织与渠道。在人事制度上，尽量选择对不同文化适应和协调能力强的人员，并保证一定的“本地化”；重视企业内的文化培训，即除了技术培训，还要进行文化培训；参与社区公益文化活动，活动的目标是传达企业对东道国文化的关心、尊重和支持，从而增进拥有不同文化背景的员工的相互沟通和了解。

第二，开展本土化经营。近年来，一个新的词汇 glocalization 正受到广泛的关注，它是 global（全球）与 localization（地方化）两个词融合在一起形成的，其含义为既是全球的又是地方的，可译作全球地方共存。国际企业推行本土化经营的管理模式，就是 glocalization 精神的最好体现。本土化策略的内容十分丰富，包括生产本土化、物资采购本土化、人力资源本土化、品牌运营本土化、研发本土化、企业文化本土化、经营管理本土化等诸多方面。

本土化经营与其他管理模式相比，在文化障碍控制方面具有明显的优势：第一，经营本土化有利于国际企业与当地社会的文化融合，降低海外派遣人员和跨国经营的高昂费用，减少当地社会对外来资本的抵触情绪；第二，推行本土化经营，可以缩小公司品牌和经营理念与当地语言文字、宗教信仰、风俗习惯间的差异，使企业在东道国更具亲和力；第三，在产品生产上，努力使产品成为文化的载体，有利于企业更好地满足当地消费者的价值认同与社会识别等人文需要，从情感上触动消费者；第四，通过人员本土化，选用当地优秀人才进行管理，有利于人才流动的良性循环，最大限度地利用和开发世界各国的人力资源。

章内阅读 11-3

在华日资企业文化差异

1. 跨语境交际下的语言文化差异

以日资企业中的“上班和下班时应相互打招呼”习惯为例，在日语语言环境下，同事之间上下班会有固定的语句进行交流，而这种用于上下班交流的语言格式和内容基本一成不变，并且是一种在日本已经司空见惯的集体性的习惯。但是在中文语言环境下，中国人同事之间见面的打招呼方式更为随意，没有定式，这种公司中上下班必须打招呼的规定反而令员工们面临“语言尴尬”，不知该说什么，只得用十分生硬的语气说“早上好”等话语。

2. 日企独特的企业文化

日本企业文化的特点主要体现在重视集体意识与责任程序明确两个方面。日本人类学家中根千枝在《纵向社会的人际关系》一书中提出“场”（人类生存活动的空间）与“资格”（出身、性别、职务等社会属性）这两个概念；并由此划分出“场所型集团”与“资格型集团”两种类型。与中国相比，日本国土和民族成分较为单一且国土面积较小，更偏向于“资源型集团”，故而相对重视“大集体”，即由小局部构成的大整体。

因此，在集体意识方面，经常会出现因为中日文化中对“集体”认识不同而产生摩擦和冲突的情况。为协调这一问题，某日资企业虽然并没有明确的类似“以公司为家”“集体利益至上”等的标语与宣传，但该企业会定期举行员工间的自由主题分享会，集体打扫卫生，定期的员工集体运动、集体就餐与集体下午茶，其潜移默化的集体决策与活动环境使集体意识不知不觉地进入每个员工的意识之中，让大家更多地将整个公司而非自己所在的单独的部门小圈子作为利益共同体。

资料来源：孙熙恒，窦硕华，吴思源. 2020. 在华日资企业跨文化管理调查研究与对策思考. 企业改革与管理，(14)：206-208.

第三节 国际市场进入方式

企业在国际化经营过程中，在确定了目标市场的条件下，以何种方式进入市场，是企业的重要战略选择。进入方式的选择是多种多样的，其常见的方式主要有出口进入方式、合同进入方式和投资进入方式。这几种方式一方面反映了企业在进入国际市场时对不同方式的选择，另一方面反映了企业国际化发展程度的不同。

一、出口进入方式

出口进入方式，是指企业将产品的生产过程立足于国内，而主要以产品出口的形式参与国际市场竞争的方式。

出口进入方式又可分为直接产品出口方式和间接产品出口方式，具体内容如下。

（一）直接产品出口方式

直接产品出口方式，是指企业凭借自己的营销力量，在国际市场上建立自己的营销网络，直接经营产品的方式。

直接产品出口方式由于企业要建立出口部门，建立国外营销渠道，要派出推销人员，故投资和风险都比间接出口产品大。但它有利于企业掌握国际市场的行情，有利于与国外的用户建立密切的联系，能掌握产品流通领域的主动权。这种方式比较适合产品出口量大或市场规模大、有充分力量足以支持出口业务活动的企业。

（二）间接产品出口方式

间接产品出口方式，是指通过本国或外国的进出口中间商代理本企业的产品出口业务，从而使产品进入国际市场的方式。

间接产品出口方式由于企业不需向国外派遣销售人员及开设分店，有着投资少、风险小的优点。但实施这种方式有中间商，因此不利于企业深入了解国际市场环境和与国外用户保持联系；另外，间接产品出口方式的营利性也不高。这种方式比较适合产品出口量不大而自身营销力量又较为薄弱的企业。

二、合同进入方式

合同进入方式，是指企业在从事国际化经营的过程中，对东道国的企业不采取股权占有的形式投资，而是以技术、管理等要素作为参与形式，并通过与对方签订合同从中获得利益的一种灵活进入方式。

合同进入方式的常见形式主要有许可证合同、租赁合同、生产合同、管理合同、建筑或交钥匙工程合同、战略联盟等形式。

（一）许可证合同

许可证合同也称技术授权，是指不同企业之间有偿转让技术的方式。即技术的所有者将使用、制造和销售该技术及其产品的权利有偿地授予他人，并获得相应的收益；技术受让者要以一定的形式向技术提供方支付技术使用费，并承担不扩散技术的义务。

技术授权涉及的内容一般有专利、专有技术、商标、特许专营权等。企业以输出技术为手段从事国际化经营有利于扩大企业声誉，分摊技术研究与开发费用，延长技术的经济寿命，并有着进入障碍少、风险小的特点。

（二）租赁合同

租赁合同，也称国际租赁，是指出租人根据承租人的要求向其提供设备等实物，并按双方商定的承租期限收取租金，出租人享有法律上的设备等实物的所有权，而承租人拥有规定期限内的使用权和受益权。

租赁合同涉及的内容一般有机器设备、场地、建筑物等，也可以是企业。以租赁的形式从事国际化经营不需大量投资即可形成生产经营规模，具有投资少、见效快的特点。

（三）生产合同

生产合同，是指企业在从事国际化经营中，同当地企业以合同方式建立生产合作关系，由当地企业为其生产所需的产品。

在国际上比较通行的方式有来料加工、来件装配、来样加工、补偿贸易等。以此种方式开展经营活动具有投资少、风险小、见效快的特点。

（四）管理合同

管理合同，是指企业在特定的领域向其他企业提供管理知识和经验，并从接受方获得一定收益的方式。

管理合同涉及的内容一般包括技术咨询、管理咨询、管理诊断、委托管理等。企业以输出管理为手段从事国际化经营有利于扩大企业声誉。

（五）建筑或交钥匙工程合同

建筑或交钥匙工程合同把标准的建筑工程合同向前推进了一步，它要求承包人在将国外项目交给其所有者之前，应使其达到能够运行的程度。甚至在建筑工程全部完成后，为了使所有者进行项目的准备，承包人有责任提供诸如管理和操作培训一类的服务。这种安排有时被称为“交钥匙附加承包”，即项目承包方对建设项目进行总承包。在签订和执行交钥匙承包合同中，承包人应该充分落实该合同，要明确规定工程项目计划和设备、各方的义务和责任、不可抗力的含义、合同违约后的法律后果以及解决争端的程序等事项。

（六）战略联盟

战略联盟，是指两个或两个以上的企业为了一定的目的通过一定的方式组成的网络式的联合体。战略联盟一般是由具有共同利益关系的企业之间组成的战略共同体，一般具有边界模糊、关系松散、机动灵活、运作高效的特点。

战略联盟可能是供应者、生产者、分销商之间形成的联盟，甚至可能是竞争者之间形成的联盟。参与战略联盟的企业之间通常以一定契约或资产联结起来，对资源进行优化配置。例如，竞争对手之间可能通过彼此的合作，加强各自实力，共同对付别的竞争者或潜在竞争者；企业之间通过建立战略联盟来扩大市场份额，双方可以利用彼此的网络进入新的地区市场；具备各种专长的企业之间相互配合，共同开发和共享新的技术；通过战略联盟的方式还可以起到分散企业经营风险的作用；等等。

战略联盟的形式有研究与开发协议、定牌生产、特许经营等协议合作方式，也有合资、相互持股等股权安排方式。

三、投资进入方式

（一）投资进入的基本形式

投资进入方式，是指国际企业以资本作为投资手段，在国外进行直接投资，直接控制和参与海外企业生产经营活动的方式。

按企业对其直接投资所形成的海外企业拥有股权份额的程度，投资进入方式主要表现为独资经营企业和合资经营企业两种基本形式。

1. 独资经营企业

独资经营企业，是指在从事海外直接投资时，依据东道国的法律，在东道国境内建立的全部资本为投资者所有的企业。独资经营企业的投资者拥有企业的全部股权，因而可以享有企业的全部所有权和经营权，并独立承担企业经营的全部责任和风险。

独资经营企业在所有权和经营权上有着独特优势：一是不存在与其他投资者的利益冲突和调整问题，可以享有完全的经营自主权；二是有利于在跨国经营中企业整体战略的制定、调整和实现，有利于企业在资源和生产配置、利益实现方面进行最佳的调整；三是有利于母公司对子公司的控制，使母子公司之间协调统一，保证子公司的经营活动符合母公司全球战略利益的要求；四是可以保证母公司转移给子公司的技术资产不易扩散，有利于保证竞争优势。

采用独资经营方式也有不利的一面。一是以独资方式投资进入的难度较大，当今世界上众多的发展中国家通常对独资经营企业与合资经营企业进行区别待遇，如有的国家不允许外资占有全部股权；有的国家对独资经营企业审批严格，要求其承担高技术投入或产品出口义务，给予的优惠措施少于合资经营企业等。二是投资者在投资所在地独立经营，对东道国的政治、经济、文化环境的适应能力差，经营活动的开展有较大难度。三是企业独立承担全部投资费用，资本投入大，风险也大。四是独资企业一般在东道国被视为外国企业，易遭排斥，面临的政治风险较大。

2. 合资经营企业

合资经营企业，是指企业在从事海外直接投资时，与东道国投资者共同投资，依东道国法律在其境内设立的企业。这类企业具有两个明显的特点。一是共同投资、合资经营企业的股权是由投资各方共同拥有的，股权拥有的比例可以不同。当代国际企业采用合资经营方式投资，其股权占有通常有三种情况，即多数股权占有、对等股权占有和少数股权占有。二是共同经营，共负盈亏，共担风险，参与投资的各方均拥有对企业的经营管理权，并依据各自的出资比例分取利益。

相对于独资经营的投资方式而言，合资经营的有利之处在于：一是当代世界正大力吸引外资的国家一般对合资经营方式采取鼓励政策，有利于投资者在投资的各个方面享受优惠待遇；二是与东道国投资者共同投资经营企业，可减小由东道国政治环境因素变化带来的政治风险；三是借助东道国投资者熟悉当地情况的优势，有利于提高企业对东道国政治、经济、文化环境的适应能力，使企业的生产经营活动易于开展；四是与独资经营企业相比，不需大量资本的投入，以较少的投资即可实现投资者的战略目标，并且有利于降低投资风险；五是以合资经营方式投资，有利于国际企业的产品进入和占领东道国市场。

相对于独资经营的投资方式，合资经营也有不利的一面，主要表现有：一是合资企业由投资各方共同管理，而投资者各方的投资动机不尽相同，因而会造成合资经营企业在经营目标、经营战略和策略各方面难以协调统一，从而影响合资经营企业的生产经营活动；二是由于不能独立地掌握对企业完全的经营自主权，故国际企业在整体经营战略的制定、调整和实现等方面会受到一定程度的制约；三是为防止国际企业技术资产的流失和扩散，国际企业对合资企业的技术投入水平会受到一定限制，从而影响企业的竞争优势。

章内阅读 11-4

伊利集团的对外直接投资

新西兰南岛，地处世界黄金奶源带，环境优美，水草丰茂，伊利大洋洲生产基地就坐落于此。工厂建设之初，就遵循了最严苛的设计建造标准。H14 级别的高效空气过滤器，相当于医院手术室的应用标准；先进的污水处理设备，让新西兰的环保专家竖起大拇指；当地民众在参观后连连称赞，“这真是艺术品一般的工厂”……

工厂建设执行世界顶尖标准，伊利对原料供应商更是优中选优。在新西兰如茵的牧场，当地奶农颇以他们优质的奶源为傲。而当伊利的质量标准摆到面前，他们不免摇头摆手，感叹“伊利的标准实在太严苛了”。什么样的标准让新西兰奶农感叹？仅检验项目就达 1000 多项，这是他们从没遇到过的。伊利在业内率先设置的“质量标准三条线”就以高标准著称，即在国家标准线的基础上，严格 50%制定了企业的标准线；在企业标准线的基础上再提升 20%，制定了企业的内控线，层层把关，确保卓越品质。

在伊利大洋洲生产基地，对合作牧场的选择，还有一个重要考量，即距工厂的距离，要保持在 50 公里的半径范围内。50 公里，意味着原奶从牧场到工厂的时间不会超过 1 小时，这就大大减少了运输环节对原奶品质的影响。

今天，中国企业迈向全球企业，实现市场的全球化，靠什么？“与过去靠价格优势走向海外不同，今天的中国产品要想赢得全球市场唯有依靠品质。”以世界一流品质赢得尊重，这是伊利基于大洋洲生产基地国际化实践的思考，也是其未来拓展海外市场、让全球 20 亿消费者享受伊利产品的底气。

资料来源：小鸥. 2018. 伊利国际化：中国企业到全球企业的探索样本. https://m.sohu.com/a/228104350_585920[2018-04-12].

（二）投资进入的实现方式

企业在国际化经营过程中以独资或合资等股权投资形式进入外国市场，其具体实现方式主要有创建与收购。创建与收购是对外直接投资的两种可相互替代的方式，两种形式的特点有明显的差别，各有其优缺点。国际企业对外进行直接投资时，需要在创建与收购这两种方式之间做出合理选择。

1. 创建

创建，是指国际企业在对外直接投资的过程中，通过建立一个新的企业，进入国外市场的行为。创建企业要求国际企业在投资所在国必须从选择厂址开始，进行企业的基本建设，购置安装设备，招聘与培训员工，直至企业正式投入生产。

企业通过创建从事对外直接投资的有利之处在于：一是有利于与国际企业整体战略更紧密地协调配合。创建形式可以不受已有企业的束缚，国际企业可以通过创建方式按照自己所希望的规模筹建新的企业，在企业的选址、生产布局、生产规模、适用技术等方面，完全按照国际企业自己的意愿做出安排。二是有利于母公司对子公司的控制和管理。与收购方式相比，创建企业没有固有管理模式的束缚，国际企业可以采用更适合自己的管理模式。

相对于收购方式而言，创建的不利之处在于：一是形成生产能力所需的投入大、周期长。创建新企业需要从事大量的筹建工作，要进行选择工厂地址，修建厂房，安装生产设备，培训管理人员、技术人员和工人等一系列复杂的工作，因而投入大、周期长，在国际市场情况变化很快的情况下，不利于企业迅速进入市场。二是进入行业市场的障碍较大，通过创建方式新增加的生产能力，将意味着对原有市场格局的重新整合，在市场竞争较激烈的行业，易导致竞争对手的剧烈反应，从而加大企业进入市场的难度。

2. 收购

收购，是指国际企业通过收购投资所在国的企业股份或购买企业产权，达到控制被收购企业，进入国外市场的行为。实施收购战略的基本点是获得被收购企业的控股权，从而达到对被收购企业的实际控制。在收购过程中，国际企业以占有被收购企业的股份份额为主要特征，以达到控股为基础，来实现对被收购企业的产权占有；被收购企业仍具有独立的法人地位，但其经营活动实际受控于国际企业。

实施跨国收购战略可采取的方式也有很多类型。按照被收购对象所在行业部门划分，收购的方式有横向收购、纵向收购和混合收购。横向收购，是指对同一产业部门，其产品属于同一产品市场的企业的收购；纵向收购，是指对与国际企业母子公司之间在产品生产经营中有着前后生产过程、销售与生产联系的企业的收购；混合收购，是指对与国际企业处于不同产业部门、不同市场，且相互之间没有特别的生产技术联系的企业的收购。

企业通过收购战略从事对外直接投资有其明显的优越性。一是有利于企业迅速进入目标市场，收购方式可以省掉建厂的时间，从而可以迅速建立国外的产销基地。二是有利于节省企业的资金投入，与新建方式相比，在同等的产出规模条件下，收购的投入要大大低于新建的投入。三是有利于充分利用被收购企业的现有资源，如可以迅速获得现成的管理人员、技术人员和生产设备，可以获得被收购企业的先进技术，可以利用被收购企业的分销渠道，使国际企业的产品顺利进入市场等。四是有利于降低行业进入障碍，通过收购形式，一方面，可以获得被收购企业在原行业内的市场份额，不至于使原有市场格局发生巨大变化，而导致竞争对手的剧烈反应；另一方面，收购也直接起到了减少竞争对手的作用。

相对于创建方式而言，收购的不利之处在于：一是价值评估有较大难度。收购实施的前提是对被收购企业资产价值的评估，不同的国家有不同的会计准则，国外市场信息收集的难度大，可靠性也比较差，一些资产特别是无形资产的价值不像物质资产的价值那样较易用数字表示，因而价值评估的难度大。二是国际企业与被收购企业的磨合期较长。被收购企业固有的管理模式与国际企业的管理模式一般会有较大差异，国际企业对被收购企业的有效控制和管理通常会是一个缓慢的过程。三是收购可能给企业带来负担。例如，对被收购企业原有债权人、客户、供应商，乃至员工的契约关系的处理，对企业整顿后产生的富余人员的安置等，都可能使企业遇到经济、法律或道义上的麻烦。

四、影响进入方式选择的因素

企业参与国际化经营，以何种方式进入市场，要求企业在投资前就要慎重地加以选择。影响进入方式选择的主要因素是国际企业的自身条件和东道国的投资环境。概括起来主要有下述内容。

（1）国际企业整体优势地位的强弱。其主要表现在国际企业在技术、资本、产品、管理和市场营销等方面的经营实力，如有先进的技术、充裕的资金、很强的管理能力、广大的营销网络等。经营实力越高、越具有优势，就越有选择的主动权，在东道国投资的股权上就越能占据主导地位。在这种情况下，国际企业的投资常选择独资方式或者采取拥有多数股权的合资方式；反之，则主要采取合资或合同进入方式。

（2）对实现全球战略的影响程度。国际企业对外投资的各个项目，均是其全球战略的组成部分。但是，每一投资项目对实现全球战略的影响角度和程度是不同的。例如，有的项目对完成公司的总体利润有着重要影响，有的项目在国际企业实现国际生产专业化分工网络中占据重要地位，在这些情况下母公司拥有对子公司的绝对控制权是至关重要的，因此，要选择独资或拥有多数股权的形式；有的项目若以接近和占领当地市场为目标，则适宜采取合资形式。

（3）对风险的意识程度和承受程度。不同的投资形式有着不同的风险，一般独资经营方式的风险程度最高，合资经营方式次之，非股权投资方式的风险程度最低。因此，对风险程度的认识也是选择投资形式的重要因素。若敢于冒风险，并有较强的承担风险的能力，则可选择独资经营方式，否则应选择其他方式。

（4）东道国对外资的政策及态度。东道国政府的外资政策及外资立法、政府对外资的态度、当地的民族意识和民族情绪等因素，均对国际企业投资方式的选择有着重要的影响，在这方面世界各国的差异也较大。一般发达国家之间经济技术发展较为平衡，各个国际企业之间相互投资较为普遍，因而对外资的政策和态度较为宽松，投资方式多以独资或拥有多数股权为主。发展中国家自身民族经济发展的需要，在不同程度上对外资都有一定限制，因此国际企业投资方式多以合资或非股权方式为主。

（5）东道国的经济发展水平及技术基础。东道国的经济发展水平及技术基础对国际企业对外投资方式的选择起着制约作用。若东道国的经济发展水平高，技术基础强，对国际企业的高水平投资有吸引力，则投资倾向于技术或资金密集型产业，投资形式选择独资为多。反之，东道国经济发展水平低，技术基础薄弱，则国际企业的投资水平也低，投资倾向于劳动密集型产业，投资形式以选择合资或非股权方式为多。除此之外，东道国的人员素质和管理能力对投资方式的选择也有很大影响，若当地有理想的合作伙伴，则可采取合资方式，反之则要采取其他方式。

第四节　国际化战略类型及选择

章内阅读 11-5

比亚迪国际化战略的调整——开放战略

一、战略历程

2003 年，做电池的王传福还不会开车，就看到了中国汽车行业的未来，毅然决然投入汽车制造行业，尤其是把新能源汽车定为最重要的战略。十几年过去了，比亚迪股份有限公司（以下简称比亚迪）成为全球新能源汽车的龙头，足见王传福的战略远见。如果把 2003 年的新能源汽车变革称为比亚迪 2.0，那么王传福 2018 年接受第一财经的访谈时，其战略转向堪称开启比亚迪 3.0 时代。此时，汽车早已不是人们印象中的“四个轮子+两排沙发”了，它将是一个智能终端，能够承载极其丰富的应用场景，背后的商业价值难以估计。

二、战略调整背景

2018 年，比亚迪又一次到了关键时刻，比亚迪虽然连续三年是全球新能源汽车的老大，但竞争的加剧，后来者的不断追赶，都是比亚迪前进道路上的隐忧。一方面，汽车行业传统巨头依托品牌优势不断建立技术、品牌“护城河”，大众、丰田、本田、日产等国际车企巨头陆续公布在中国的新能源汽车发展战略；另一方面，谷歌、苹果、BAT①等互联网巨头纷纷杀入汽车领域，汽车行业进入“冒险者”必争的阶段，对专注于汽车垂直技术的比亚迪来说，是机遇，但更是挑战。王传福的战略转变就是在这个背景下发生的。

三、战略调整方向

比亚迪2018年的战略调整方向为开放战略,即向全球汽车开发者开放智能开发平台。

正如其董事长兼总裁王传福认为：“我们看重汽车这整个大趋势都是开放的。汽车基本上就是集成的，各种零部件都是国际配套，大家都站在巨人的肩上，才能够成长起来。”

为了配合开放平台战略，比亚迪举行了一个全球汽车开发者大会，让全球各路精英参与到汽车的控制、汽车的软件、汽车的生态中来，也就是说比亚迪将为全球汽车开发者提供智能开放平台。这是很大的战略转变，从垂直封闭到平台开放，不仅是策略的转变，更是观念思想的革命。

从消费端来说，消费者买完车之后体验更多了，通过数字化控制汽车的刹车、转向和驱动等硬件系统，消费者在比亚迪汽车系统里就可以体验德系车、日系车不同的驾乘感受。从企业端来说，比亚迪通过这种方式，建立起了技术壁垒，毕竟相对于 BAT 等互联网公司，比亚迪在汽车尤其是新能源汽车、电子、电池等多方面的专利技术积累是巨大的优势，王传福用开放的战略，把互联网世界的金头脑汇聚起来，结合自身世界领先的硬件技术，快速建立起比亚迪的比较优势，化被动为主动。从行业趋势来说，开放是信息技术发展的潮流所向，比亚迪将汽车开发平台开放一方面是顺应信息技术发展的趋势，另一方面其实也将会引领整个汽车行业的开放趋势，有了比亚迪的先例，未来会有更多的厂商加入进来，共同推进车联网和汽车智能化的发展，进而影响到整个行业的发展进程。

资料来源：国际化大企业如何变革：比亚迪 2018 变革之路全解析. http://www.360doc.com/content/18/0319/11/18334519_738371855.shtml[2018-03-19].

按照战略实施的重点，企业国际化经营战略可以分为四种类型，即国际化战略、多

① BAT 指百度、阿里巴巴、腾讯。

国本土化战略、全球化战略与跨国战略（图 11-2）。

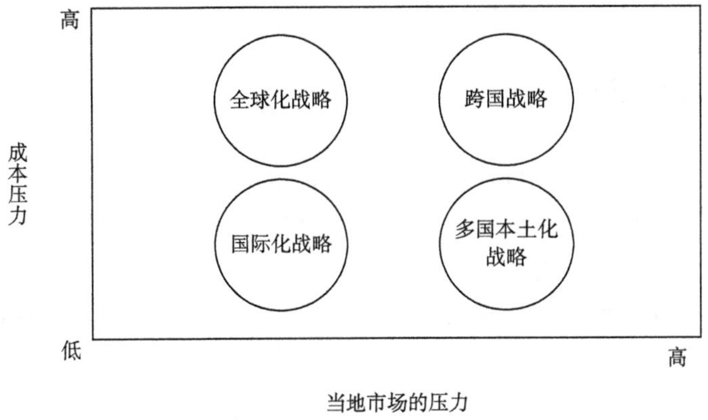

图 11-2　国际化战略的选择

（一）国际化战略

国际化战略是指企业将其具有价值的产品与技能转移到国外市场，从而创造价值的战略。大部分企业采用国际化战略时，是把在母国开发出的具有差别化的产品转移到海外市场来创造价值。在这种情况下，企业大多把产品开发的职能留在母国，而在东道国建立制造和营销机构。在大多数的国际化企业中，企业总部一般严格地控制产品与市场战略的决策权。例如，美国宝洁公司过去在美国以外的主要市场上都有工厂，这些工厂只生产由美国母公司开发出来的具有差别化的产品，并且根据总部发出来的信息从事市场营销。

如果企业的核心竞争力使企业在国外市场上拥有竞争优势，而且在该市场上降低成本的压力较小，企业采取国际化战略是非常有利的。但是，如果当地市场要求能够根据当地的情况提供产品与服务，企业采取这种战略就不太合适。同时，由于企业在国外各个生产基地都有厂房设备，会形成重复建设，加大了经营成本，这对企业也是不利的。

（二）多国本土化战略

为了满足所在国的市场要求，企业可以采用多国本土化战略。这种战略与国际化战略的不同之处在于，要根据不同国家的不同市场，提供更能满足当地市场需要的产品和服务；相同点是，这种战略也是将在自己国家开发出来的产品和技能转到国外市场，而且在重要的东道国市场上从事生产经营活动。因此，这种战略的成本结构较高，无法获得经验曲线效益和区位效益。

在当地市场强烈要求根据当地需求提供产品和服务并降低成本时，企业应采取多国本土化战略。但是，由于这种战略生产设施重复建设并且成本比较高，在成本压力大的行业中不太适用。同时，实行多国本土化，会使得在每一个东道国的子公司过于独立，企业最终有可能会失去对子公司的控制。

（三）全球化战略

全球化战略是向世界市场推广标准化的产品和服务，并在较有利的东道国集中进行生产经营活动，由此形成经验曲线和规模经济效益，获得高额利润。有些企业采用这种战略主要是为了实现成本领先。

在成本压力大而当地特殊要求较少的情况下，企业采用全球化战略是有利的。但是，在要求提供当地特色的产品的市场上，这种战略是不合适的。

（四）跨国战略

跨国战略是在全球激烈竞争的情况下，形成以经验为基础的成本效益和区位效益，转移企业的核心竞争力，同时注意当地市场的需要。为了避免外部市场的竞争压力，母公司与子公司、子公司与子公司的关系是双向的，不仅母公司向子公司提供产品与技术，子公司也可以向母公司提供产品与技术。企业通过这种战略，能够运用经验曲线效应，获得区位效益，也能够满足当地市场的需要，达到全球学习的效果，实现成本领先或产品差别化。

跨国战略的显著特点是业务经营的多样化和国家市场的多样性。多元化国际企业的管理者不仅要制定和执行大量的战略，还要根据各国市场条件的需求进行战略的调整变化。此外，他们还面临着另外的挑战，即要寻找好的方法来协调公司跨行业和跨国家的战略行动，从而获得更大的持续的竞争优势。这种优势要比仅仅将公司的资源和生产能力用以在每一个国家市场和每一项经营业务中建立强大的竞争地位要大得多。

1. 跨国多元化经营的出现

直到 20 世纪 60 年代，国际企业在每个东道国经营着各自相对独立的子公司，每个子公司要符合其所在国家市场的特殊需求。公司总部的管理任务只是执行财务职能、进行技术转移和出口协调。即使其产品和竞争战略与每个国家的市场条件都非常符合，一家国际企业仍然可以通过学会在国与国之间有效地转移技术和生产秘诀、品牌、营销和管理技术等实现其竞争优势。标准化的行政管理程序能够使一般的管理费用最小化，一旦公司成立了管理国外子公司的机构，就可以以很少的增加成本进入其他国家的市场。

到了 20 世纪 70 年代，在某些产品上，购买者偏好非常集中，国际企业可以在不同国家的市场销售同样的产品，不再需要根据某些国家市场内占优势的顾客偏好和竞争条件来设计特殊战略和产品。同时，越来越多行业中的相关竞争市场已从国内移到国外个别地区，进而又转移到全球。传统的国际企业为取得更高效率和降低生产成本，开始对它们的跨国业务进行整合。公司不再在每个国家中独自生产完整系列的产品，而是使工厂的生产运作更加专业化，生产流水线超越国界，同时使用更快的自动化设备，获得经验曲线效应和规模经济。

在 20 世纪 80 年代，国际企业开始用相关多元化战略来获得竞争优势，力图同时在几个相关的全球行业中建立更强的竞争地位。在全球性竞争的行业中存在战略匹配关系的情况下，成为一家多元化的国际企业比作为一家单一经营的国际企业更具竞争力。多元化的国际企业希望将一项核心技术中的专门技能应用于不同行业的生产经营中，并且在这些行业发展相关经营组合时产生重要的范围经济和品牌优势。

2. 多元化国际企业的竞争优势

以相关多元化战略进入以全球性竞争为主的行业可以获得的竞争优势主要有以下几个方面。

（1）多元化国际企业可以将其在某项核心技术中的专长转移到其他因技术秘诀和能力获利的业务中，以实现竞争优势。

（2）多元化国际企业可以协调使用核心技术专长的一组经营业务，使之通过战略合作式的研究开发，获取竞争优势。

（3）多元化国际企业如果拥有可在全世界使用相同的分销商和零售商的业务，那么，它就能够以相对较少的费用进入使用相同分销能力的新业务中，并且利用销售方面的范围经济，获取成本优势。同时，该公司还能增强与零售商讨价还价的力量，保证某些新产品和新业务处于货架上富有吸引力的位置。

（4）多元化国际企业可以利用其在其他国家的业务所拥有的财力和组织资源，来对抗某一国的竞争对手，以获得所需要的市场地位。

当然，多元化国际企业可以采用跨国、跨业务的方法开拓出有吸引力的新市场，或者超过某一个特别的对手，但它使用这种方法的能力要受到保持整体可观利润的限制。因此，多元化国际企业与其他类型的公司一样，要经常进行业务重组，保持持续的盈利与发展。

综上所述，我们应当看到，以上各种国际化战略都会受一定条件的限制。例如，在电子行业里，企业面临的区域性细分市场的压力小，主要是成本竞争，可以采取全球化战略；而在家电这样的消费品行业里，企业则需要采用跨国战略。因此，企业应根据自己的特点以及行业的环境，选择相应的国际化战略。

思考题

1. 国际化战略实施的动因是什么？
2. 什么是企业国际化战略？企业国际化战略有哪些显著特征？
3. 企业国际化经营环境应从哪些方面进行分析？其评估方法有哪些？
4. 国际化竞争优势和障碍各有哪些？
5. 企业国际市场进入方式有哪些？如何选择？
6. 国际化战略有哪几种类型？如何选择？

案例分析

阿里巴巴国际化战略分析

第十二章　企业并购与企业战略联盟

本章学习目标

1. 了解企业并购的动机和类型
2. 掌握企业并购战略的选择
3. 了解企业战略联盟的动机和类型
4. 掌握企业战略联盟的选择

案例引导

阿里巴巴收购饿了么

第一节　企业并购战略

一、企业并购的动机

（一）发展动机

产生并购行为最基本的动机之一是寻求企业的发展。如果企业希望将经营活动扩展到另一个地理领域，就可以通过并购来促进发展。企业的市场可能在国内某个区域，但希望发展到国内其他市场，也可能希望把市场扩张到其他国家。在许多情况下，通过并购进行地理扩张与内部扩张相比更为迅速，而且风险较小，对于国际扩张来说尤为如此。

要在一个新的地理市场上获得成功需要许多因素的支持，企业需要了解新市场上所有的细微差异，招募新的员工，跨越语言、风俗文化等许多其他障碍。内部扩张太过缓慢和困难，兼并、收购、合资和战略联盟是最快且风险最小的选择。

（二）协同效应

简单来说，协同效应即是指 1+1 > 2 的现象。在并购中，协同效应是指企业合并后的获利能力高于合并前各企业获利能力总和的情况。对这种协同效应的预期使得企业能够承担并购产生的费用，而且还能够再为目标企业的股东提供一定的股份溢价。协同效应可以使合并后的企业显示正的净收购价值（net acquisition value，NAV）。假定 A 企业为收购企业，B 企业为目标企业（被收购企业），则净收购价值表达成式（12-1）。

$$NAV = V_{AB} - (V_A + V_B) - P - E \tag{12-1}$$

其中，V_{AB}表示两个企业合并之后的价值；V_A表示 A 企业对自身价值的评估；V_B表示 B 企业股份的市场价值；P 表示为 B 企业支付的溢价；E 表示并购过程中发生的费用。

将式（12-1）重组排列我们可以得到：

$$NAV = [V_{AB} - (V_A + V_B)] - (P + E) \tag{12-2}$$

$[V_{AB} - (V_A + V_B)]$表示协同效应，这一效应必须大于（$P+E$）才能说明并购行为的合理性。如果这一效应不大于（$P+E$），收购企业就向目标企业支付了过高的价格。

（三）多元化

1. 企业部门的“证券化”管理

通过收购其他企业这一行为与将证券资产进行多样化处理以获取收益的行为有一定的相似性。在金融学中，经典的资产组合的理论认为，通过投资于那些与收益并不完全呈正相关关系的项目，可以实现一定程度的风险分散。不过，如果将这种思想应用到整个企业的全部资产管理上就不那么具有吸引力了，往往是在管理层对现有利润水平的波动情况不满意时，企业才会在现有产业以外寻求多元化发展。波动的收入使企业难以进行常规的股利支付活动，并且给长期计划制造了一种不稳定的环境。金融市场会对由于收入减少而降低或者取消季度股利的行为做出负面的反应。

2. 实现多元化以进入更有利润的其他领域

企业管理者选择多元化发展的原因之一，是希望企业进入比现有产业更有利润的其他领域。有可能现有产业已经进入成熟阶段，或者产业内部竞争压力太大，几乎已经不存在提高价格以获取超常规利润的可能性。

当一些企业寻求进入其他能够提供更好获利机会的产业时可能会碰到一个问题，那就是无法保证这些获利机会是否能够在未来延续足够的时间。现在利润高的产业不一定在未来仍然有利可图，竞争压力的存在将会使各产业的投资回报率达成一种长期均衡的状态。当然，这并不意味着任何时候任何产业的投资回报率都是相等的。促使各产业回报率达成均衡状态的竞争压力也会受到其他反向力量的冲击，如产业的发展，这会使该产业形成高于其他产业的回报率，这类回报率高于平均水平的产业如果没有设置进入壁垒，其回报率会逐渐降低，直至达到各产业的平均水平。

经济学理论认为，从长期来看只有那些难以进入的产业会产生高于平均水平的收益。这意味着从长期来说，计划通过多元化进入其他产业以实现更高收益的企业难以获得成功。由于存在进入壁垒，进行扩张的企业无法进入那些持续具有高于平均水平收益的产业，只能选择一些进入壁垒较低的产业。然而在企业进入壁垒较低的产业之后，很可能被迫与其他被该产业暂时性的高回报率和低进入壁垒吸引而来的企业相互竞争。竞争者的增加将使回报率降低，最终导致扩张战略的失败。

（四）经济动机

1. 增强企业市场势力的横向并购

横向并购是指相同或相似产品的生产者或销售者之间的并购，它一般发生在技术、生产工艺、产品及其销售渠道相同或者相似的行业。当企业需要并且有能力扩大自己的产能和销售量时，横向并购就是企业发展的一个很自然的选择方案。

横向并购通过实现规模经济来提高行业集中度，以保持企业在同行业市场中的控制力。根据经济学观点，在市场竞争中，当行业内存在较多数量的竞争者并且势均力敌时，各企业只能保持最低的利润水平。这样，优势企业通过行业内的并购，可以有效地减少竞争对手的数量，增强对企业经营环境的控制，增加剩余企业“合谋”创造垄断利润水平的可能性，从而使行业内的企业保持一定水平的利润率，并提高市场占有率。以增强企业市场势力为目的的并购活动多发生在以下几种情况：当行业生产能力过剩、供大于求时；当国际竞争激烈，国内市场遭受外商势力的强烈渗透和冲击时；当法律法规将企业间的各种合谋和垄断市场行为认定为非法时。企业可以通过并购达到继续控制市场的目的。

企业所拥有的市场占有率越高，就越有可能垄断该商品市场，从而获得超额垄断利润。这当然是企业梦寐以求的，垄断的产生就根源于此。企业扩大市场占有率的方式也是多种多样的，如采取价格竞争和非价格竞争等一系列手段以击败对手，但是此时对手也会采取相同的手段加以还击，最终有可能导致两败俱伤。相反，如果此时采用并购的方式将对方吞食，则对方产品的市场占有率就自然归并购企业所有。当然，并购方必须具备一定的实力才能并购成功。

同类产品进行横向并购时一般的确可以产生规模经济，但是在研究企业规模合理化时，还必须考虑企业的市场规模。如果某一企业生产的一项产品，其企业规模经济具有一定的合理性，而产品的市场规模不合理，就不能起到合理规模应有的经济效应。因此，必须把企业规模经济与市场规模两者结合起来考虑，才能使企业达到应有的效益。

2. 降低交易费用的纵向并购

科斯（Coase）在《社会成本问题》一文中，对交易费用的外延做了一般阐述。他指出："为了进行市场交易，有必要发现谁希望进行达成交易的谈判、缔结契约、督促履行契约条款。其中的工作常常是极费成本的。"产生纵向并购的一个很重要的原因就是降低高额的交易费用。纵向并购的实质是从事同一产品的不同生产阶段、具有投入产出关系的企业间的并购，主要集中在加工制造业和与此相联系的原材料、运输、销售等行业。

为了更好地解释纵向并购对降低交易费用的贡献，先来分析影响交易费用高低的因素。一般而言，影响交易费用高低的因素包括资产专用性、交易的不确定性和交易发生的频率。专用资产是指投资形成的很难再重新配置使用的资产，它是为特定交易或协议服务而投入的资产，包括资产本身的专用性、资产选址的专用性和人力资本的专用性。交易的不确定性是指由于人的有限理性，不可能把所有将要发生的变故预先在契约中加以限定而带来的损失。交易的频率是指交易的次数。其中，当资产的专业化程度与不确定性很高时，通过市场合约的交易方式可能不能防止机会主义行为的产生。在这种情况下，双方的风险都非常大，必须耗费更大的资源来对交易进行维护和监督。当这种费用大到某一点时，交易中的某一方就可能对另一方进行并购，从而全面负责交易双方的协调与控制。

3. 实现多元化经营的混合并购

混合并购是指两个或两个以上，相互之间没有直接投入产出关系的企业之间发生的并购。并购的企业来自完全不相同的市场，并购各方既不是竞争对手，也不存在买卖关系。这种并购方式在很大程度上是为了避免由于长期经营本行业而带来的风险，是出于战略上的考虑而采用的。

经营多种产品是为了分散经营风险，或减少投资风险，将企业在产业衰退时的损失减少到最低程度。多元化经营方式与股东证券组合多元化不同，股东可以在各个企业之间有效地分散投资以降低风险，而企业员工分散其劳动收入来源的机会就非常有限，他们的大部分与工作有关的知识都是在为企业工作中积累的，属于专用性知识。员工一般都会十分看重自身工作的稳定性以及更多地获取专业知识和高薪的机会，这就要求企业最大限度地分散本企业的经营风险以保障员工的利益。企业的组织资本和声誉资本等也都需要企业通过多元化经营来维护和保障。采用混合并购的方式可以迅速、平稳地达到企业多元化经营的目的。

（五）税务动机

由于股息收入、利息收入、营业收益与资本收益间的税率差别较大，企业在并购中采取恰当的财务处理方法可以达到合理避税的效果。在税法中规定了亏损递延的条款，实现较大盈利的企业往往考虑把那些拥有相当数量累积亏损的企业作为并购对象，纳税收益作为企业现金流入的增加可以增加企业的价值。企业现金流量盈余的使用方式有：增发股利、证券投资、回购股票、收购其他企业。

企业通过资产流动和转移使资产所有者实现追加投资和资产多样化的目的，并购方通过发行可转换债券换取目标企业的股票，这些债券在一段时间后再转换成股票。一方面，这样发行债券的利息可先从收入中扣除，再以扣除后的盈余计算所得税；另一方面，企业可以保留这些债券的资本收益直至其转换为股票为止，资本收益的延期偿付可使企业少付资本收益税。

（六）提高管理水平

某些并购交易的产生可能是因为收购企业的管理层相信自己能够更好地管理目标企业的资源。收购方可能认为，如果控制了目标企业，根据自己的管理技能，目标企业的价值将因此而提高。这导致收购企业支付超出目标企业现有市场价值的价格。

提高管理水平的动机常常适用于大型企业收购小型的处于发展中的企业。较大的企业通常由企业家领导，它们带来的独特的产品或服务一般在市场上销售良好，从而可以促进目标企业自身的迅速发展。

发展中的企业会发现自己需要更广阔的分销网络，还可能需要采用完全不同于以往的市场营销战略，大企业制定各种决策时使用的管理技能是那些迅速发展的小企业不可能具备的。缺乏专业管理可能成为企业发展的绊脚石，也会限制企业在广阔的市场上进行竞争的能力。这些管理资源是大企业能为目标企业提供的资产。

对于大型公众企业而言，通过并购实现管理层的转换是最经济有效的方式。代理权的竞争使那些对现有管理层不满的股东能够驱逐不称职的管理者。这一过程的问题之一是公司的民主并不平等，使用代理权竞争替换现有的管理队伍需要花费很大的成本。

（七）目标企业价值低估

目标企业价值低估是指由于某种原因目标企业股票的市场价格未能反映其真实的价值或潜在价值，其股票价格低于其资产的重置成本。目标企业价值低估的原因可能有以下几种情况：并购企业拥有外部市场未知的关于目标企业的一些重要信息；目标企业的经营管理能力有充分的潜力；通货膨胀使得目标企业资产的账面价值大大低于其实际价值，造成目标企业的股票市场价值小于其重置成本。这时并购方可以通过购买目标企业的股票来获得扩张所需的资产，因为这比购买或重新建造相关的资产更快也更便宜。例如，20 世纪 70 年代美国的通货膨胀率一直很高，许多企业的资产被市场低估，并购比投资建新厂要经济得多，因而发生了大量的并购现象。

根据价值低估理论，当目标企业的股票价格低于其重置成本时，发生并购的可能性很大，而且成功率也较高。托宾（Tobin）把这一原理概括为托宾比率（Tobin ratio），即企业股票市场价格与企业重置成本之比。当 Q（托宾比率）大于 1 时，发生并购的可能性小；反之，当 Q 小于 1 时，发生并购的可能性大。美国 20 世纪 80 年代的并购高潮期间的情形说明了这一点：这一时期美国企业的 Q 一般在 0.5～0.6，这个比率在美国并购高潮期间表现得十分明显。

当然，在市场经济条件下，促使企业并购行为发生的还包括许多外在因素，如产业结构变动、经济周期性变化、政府的行政干预等。但是，无论从哪种角度来分析并购的动因，激发企业并购行为发生的内在根本原因还是企业追逐利润最大化的动机，这也是企业并购的原始动力。

章内阅读 12-1

2007 年 4 月 11 日，对于浙江苏泊尔股份有限公司（以下简称苏泊尔）来说是非常特殊的一天，因为其在这天收到了中国商务部就法国赛博集团（以下简称 SEB）并购苏泊尔的原则性同意批复文件。这份官方的认定，表明了这个历时一年的“全流通下外资在中国实施部分要约收购第一单”，也同时是“反垄断审查听证第一案”在历经波折后终可破冰而行。可这封官方的认可，并没有给 SEB 并购苏泊尔带来柳暗花明的晴朗局面，几个月来公司不断上涨的股价，让苏泊尔和 SEB 骑虎难下。

因为势在必行，也因为无路可退，所以可以说 SEB 在设计此次并购方案的时候确立了两大原则：第一，SEB 要获得控股权；第二，苏泊尔要保持上市公司的上市地位，只有保持了上市地位，公司才可获得生产基地建设所需要的资金。正是为了达成上述两个目标，SEB 必须同时向苏泊尔、流通股东收购部分股权并定向增发。但是，向流通股东收购部分股权，这一目标的实现，必须有一个前提条件：要约收购价格必须高于流通股市场价格。可是现在，股价已经达到了 33.53 元/股，且这个价格还有可能攀升，机构投资者根本不可能再以原来的协议价格将股票卖给 SEB，除非提高要约收购价格。如果不提高，苏泊尔就必须卖掉 5356 万股，这样对苏泊尔而言，就完全丧失了对公司的控制权，公司成长带来价值增长的激励就没有了意义，不利于苏泊尔团队的稳定。而 SEB 也无法稳定一个强有力的本土管理班子，这使双方都将得不偿失，何况还与股改承诺相违背。

那么 SEB 会不会高溢价完成收购呢？如果高溢价收购，就意味着 SEB 可能需要按照 38.5 元/股的价格来实施收购，那样 SEB 原来所设计的较低成本的并购方案预算将大幅提高。而 SEB 也似乎没有更多的退路可以选择。据了解，SEB 已经将其在欧洲的两条生产线搬迁至中国，并解雇了当地的工人，开弓没有回头箭。SEB 不提高要约收购价格，只购买苏泊尔持有的 5356 万股，这种可能性很小。因为在 SEB 眼里，苏泊尔比我们眼里更值钱。

2007 年 11 月 20 日，由于中国证券市场的火爆和苏泊尔股价的持续走高，虽然 SEB 最终只能以高于协议价格 29 元/股的价格实施要约收购，完成此次并购方案。但我们也不得不承认，从此次并购方案的设计和成本分析以及行业选择来说这都无疑是成功的。

资料来源：王孟龙. 2007. 欲罢不能苏泊尔. 商界（中国商业评论），(6)：28-35.

二、企业并购的类型

（一）按照并购双方所处的行业划分

1. 横向并购（水平并购）

横向并购即指市场上竞争对手间的并购。并购企业的双方或多方原属同一产业，生产同类产品。横向并购的结果是资本在同一生产、销售领域或部门集中，优势企业吞并劣势企业组成横向托拉斯，扩大生产规模以达到新技术条件下的最佳经济规模。其优点是可以迅速扩大生产规模，节约共同费用，便于提高通用设备的使用效率，便于在合并企业内部更大范围地实现专业分工协作，采用先进技术设备和工艺，从而有助于统一技术标准，加强技术管理，进行技术改造。横向并购是在市场经济生产集中和生产社会化过程中最早的一种公司并购形式。

2. 纵向并购（垂直并购）

纵向并购即指生产过程或经营环节相互衔接、密切联系的公司之间，或者具有纵向协作关系的专业化公司之间的并购。并购企业的双方或多方之间有原料生产、供应和加工及销售的关系，分处于生产和流通过程的不同阶段。纵向并购中，由于并购双方往往不是直接的竞争关系，是供应商和需求商之间的关系，生产、销售及反馈的信息可以在企业内部流动，有利于改进生产、促进销售、提高经济效益。纵向并购是 20 世纪 20 年代全球企业第二次并购浪潮的主要形式。

3. 混合并购

混合并购是指从事不相关业务类型经营的企业间的并购，混合并购主要可以分成三种类型。

1）产品扩张型并购

产品扩张型并购是指在产品生产技术或工艺相似的企业间的并购，目的是利用本身的技术优势，扩大产品门类，拓宽企业的生产线。这种并购属于战略上以核心技术进行多元化的一种实现方式，又称为“同心圆式并购”。比如，轿车生产企业并购运输卡车或者客车生产企业，由于其生产工艺技术的近似性，便可认为是产品扩张型并购。

2）市场扩张型并购

市场扩张型并购是指在具有相同产品销售市场或市场相互关联的企业之间的并购，其目的是利用自身或目标企业的市场优势，扩大销售额。比如，白酒生产企业并购啤酒生产企业，因为它们面对的是同一个酒类消费市场，并购后可以利用自身或对方的销售网络销售产品，扩大了市场范围，增加了销售额。

3）纯粹混合并购

纯粹混合并购是指在产品、市场都没有关联的企业间的并购。比如，2002 年北大方正集团以 2.295 亿元的现金收购浙江证券 51%的股权，成为其合法的绝对控股股东。由于北大方正集团与浙江证券在产品、市场等方面均无关联，故可称之为纯粹混合并购。

（二）按照并购的支付方式分类

按照并购的支付方式，可以将并购分成现金并购、股票并购和综合并购三类。

1. 现金并购

现金并购是指以现金作为支付方式进行的并购。具体来讲，可以分成现金购买资产和现金购买股份两种。

现金购买资产是指并购方以现金购买目标企业的全部或者部分资产，进而将其并入并购方，或者对目标企业实施经营管理控制权。现金购买资产的并购交易清楚，等价交换，主要用于产权清晰、债务债权明确的目标企业。现金购买股份是指并购方以现金的形式购买目标企业的全部或部分股份，达到控制目标企业的目的。现金购买股份实施的并购简便易行，但要受到有关证券法规信息披露制度的制约，公开收购价格较高，增加了收购成本。

2. 股票并购

股票并购是指以股票作为支付方式进行的并购。具体来讲，可以分成股票购买资产和股票交换股票。

股票购买资产是指并购方以自身的股票或股权来交换目标公司的全部或者部分资产的并购方式。股票交换股票，或称为换股并购，是指并购方用自身的股票或者股权来交换目标公司的股票或者股权。在这一过程中，如何确定一个合理的换股比率是关键所在。

3. 综合并购

综合并购是指将现金、股票或者其他支付工具（如认股权证、可转换债券、优先股等）混合在一起作为支付手段进行的并购。在现代的并购中，一般都要支付一定数量的现金给目标公司的股东，再辅以其他各种支付手段。随着金融创新的发展，各种支付手段也层出不穷，不断创新。具体到某特定并购案例的支付方式，还是要具体问题具体分析。

（三）按是否征得目标企业同意为标准划分

按照是否征得目标企业的同意，并购可以分成善意收购和敌意收购，具体如下。

1. 善意收购

善意收购又称作友好收购，在西方又称为“白衣骑士”，指目标企业同意收购企业提出的收购条件并承诺给予协助，故双方高层通过协商来决定并购的具体安排。善意收购中，由于双方当事人均有合并的意愿，而且彼此之间情况较为熟悉，所以此类收购的成功率较高。

2. 敌意收购

敌意收购又称恶意收购、强制接管兼并，在西方又称为“黑衣骑士”，指收购企业在目标企业管理层对其收购意图尚不知晓或持反对态度的情况下，对目标企业强行进行收购的行为。此种收购中，收购企业常采取突然袭击的方式，提出苛刻的并购条件，因而目标企业在得知收购企业的收购意图后，常采取一系列反收购措施。比如，诉诸反垄断法的使用，发行新股以分散股权，回购本公司已发行在外的股份，指责收购行为违规等。收购企业面对目标企业的反收购行为，也会采取下列方式，以实现并购目标：发行垃圾债券筹资收购；发出公开收购股份要约；征集目标企业股东的投票委托书等。采取敌意收购，常会在收购企业与目标企业之间发生激烈的“收购战”。操作不当极易两败俱伤，让他人乘虚而入，因而必须筹划得当，有充足的资金和技术准备，方可放手一试。

章内阅读 12-2

在美国证券史上，恶意收购层出不穷，2004 年 12 月 13 日上午，甲骨文恶意收购仁科案就是一例。当天，两家公司同时发布公告称，仁科同意以每股 26.50 美元现金、合总额 103 亿美元的价格被甲骨文收购。从收购过程来看，从正式决定收购到完成，甲骨文先后对收购价格进行了 5 次调整，从最初的 63 亿美元调整至 73 亿美元，然后调至 94 亿美元，又到 77 亿美元，而最后以 103 亿美元成交，前后历时 18 个月。

2008 年 7 月 12 日早晨，澳大利亚中西部公司（以下简称 Midwest）挂出大股东中钢集团的声明，截至 7 月 10 日，中钢总计持有 Midwest 股份已达到 213 840 550 股，持股比例达到 50.97%，获得了 Midwest 的控股权。分析人士称，此项目是中国国有企业的第三次海外敌意收购尝试，也是中国国有企业第一宗成功的敌意收购案例，已无须澳官方再行审批。这一项目对中国企业开展海外并购产生积极影响。

一位熟悉中钢集团的分析人士向记者表示，此次中钢集团在澳大利亚对 Midwest 的成功收购，在中国企业海外并购史上是具有里程碑意义的。这是中国有史以来第一次在其他国家的资本市场上成功完成的“没有被邀请的要约收购”（unsolicited takeover），也就是大家所称的敌意收购。

（四）按照并购资金来源分类

按并购资金的来源划分，并购可以分为杠杆并购和非杠杆并购。

1. 杠杆并购

杠杆并购是指收购方只支付少量的自有资金，主要利用目标公司资产的未来经营收入进行融资，来支付并购资金的一种收购方式。收购方自有资金相对较少，绝大多数资金来源于债务融资，融资对象为金融机构、信托基金等，债务主体是目标企业，未来偿还融资债务的资金来源于目标企业的未来现金流。

杠杆并购于20世纪60年代首先出现在美国，其后风行于西方国家。由于杠杆并购形式被广为采用，一些规模较大的企业可能成为并购的目标。

2. 非杠杆并购

非杠杆并购是指收购方不以目标企业的资产及其未来收益为担保融资来完成并购，而主要以自有资金来完成并购的一种并购形式。早期的并购形式多属于此类，但非杠杆并购并不意味着并购企业不用举债即可承担并购价款。在实践中，几乎所有的并购都会利用贷款，区别只是借贷数额的多少而已。

三、企业并购战略选择

企业的发展战略最直接地决定着并购的方式和类型，不同的企业发展战略通常可以采用不同的并购方式来快速达到目的。企业发展战略的常见类型和常采用的并购类型如表12-1所示。

表12-1 企业发展战略与相应并购类型

企业战略类型		并购类型
专业化发展战略	市场渗透 市场开发 产品开发	横向并购 纵向并购 混合并购
一体化发展战略	后向一体化 前向一体化 水平一体化	纵向并购 纵向并购 横向并购
多元化发展战略	同心多元化 水平多元化 混合多元化	混合并购 混合并购 混合并购

1. 专业化发展战略

如果企业尚未完全开发潜伏在其现有产品和市场中的机会，则可采取市场渗透战略、市场开发战略及产品开发战略。

2. 一体化发展战略

一体化发展战略包括以下三种：后向一体化、前向一体化，水平一体化。

3. 多元化发展战略

多元化发展战略的主要方式：同心多元化，即企业利用原有的技术、特长、经验等发展新产品，增加产品种类，从同一圆心向外扩大业务经营范围；水平多元化，即企业利用原有市场，采取不同的技术来发展新产品，增加产品种类；混合多元化，即大企业收购、兼并其他行业的企业，或者在其他行业投资，把业务扩展到其他行业中去，新产品、新业务与企业的现有产品、技术、市场可以毫无关系。

第二节　战略联盟

一、战略联盟的动机

企业战略联盟主要有以下八种动机。

（一）促进技术创新

在高科技项目的开发活动中，各种尖端技术相互融合、相互交叉，高新技术产品朝着综合性方向发展。单个企业往往很难拥有足够的技术力量去开发每一项高科技项目，而在产品技术日益分散化的今天已经没有哪一个企业能够长期垄断某项技术，企业期望依靠自身力量掌握竞争主动权的难度正变得越来越大，需要通过跨国界的同行业合作来获得互补性技术。同时，战略联盟还有利于缩短产品创新的时间。在激烈的现代市场竞争中，随着同行业竞争对手的不断涌现，产品的不断创新已成为各个企业参与竞争的主要手段之一，产品的设计周期变得越来越短，谁能抢先推出新产品，谁就能占领市场。这种企业间结成战略联盟来促进技术创新已成为一种新模式。这些战略联盟常常是交叉、网络式的，技术创新的需要使一些企业从激烈竞争对手的关系转变为既是对手又是合作伙伴的关系。

（二）提升企业竞争力

企业建立战略联盟，目的是通过弥补自身的“战略缺口”提高其在行业中的竞争能力，而企业建立战略联盟的动机往往由于自身的行业地位和业务战略不同而不同，主要表现为追赶市场领先者、领先者防御、保持业务获得收益、寻找重组机会。

（三）分担成本和风险

企业在研究开发、新产品设计和销售过程中日益增加的成本和风险促使企业加入战略联盟。航空制造业的战略联盟是一个很好的例子，开发一个新型号客机大约需要耗资 40 亿美元，考虑到市场中的各种风险和不确定因素，单个企业很难有足够的财力开发新机型，必须寻求行业内的大公司合作开发。1991 年夏天，欧洲空中客车公司和美国麦克唐纳–道格拉斯公司（以下简称麦道）、中国台湾“民航局”结成战略联盟，通过出让旗下公司 40%的股份给中国台湾“民航局”，获得对方 20 亿美元的资金来开发 MD-12 型客机，这种客机是麦道与中国台湾地区的航空公司和空中客车公司竞争的主导产品。正如该公司董事长所说：“没有战略联盟的伙伴分担风险，我们无法在商用飞机市场上立足”。

（四）避免过度竞争

企业在市场竞争中很容易产生过度竞争行为，这不仅会降低各自的盈利水平，还会导致两败俱伤。通过建立战略联盟，可以在理顺了的市场层面上进行合作竞争，共同维护有效的竞争秩序，并减少应付激烈竞争的高昂费用。战略联盟有利于形成新的竞争模式。竞争与合作是一种新的辩证关系，竞争并不排斥合作；从某种程度上讲，合作有利于充分提高竞争效率。因为当企业准备开发某种新产品或打入某一市场时，竞争对手可能早已拥有了竞争优势，如果与竞争者直接交锋，其结果可能是趋于失败或两败俱伤，这必将浪费稀缺的社会资源。因此，与竞争对手携手建立战略联盟，共同促进社会经济的发展，不失为新市场环境中的理性选择。

（五）共享资源

战略联盟使企业可以共享资源，尤其是那些不易用许可方式转让的无形资产，如专有技术、营销方法、分销渠道等。生物制药行业的许多战略联盟就是为了共享伙伴间具有互补性的技术和资源。例如，1992 年 4 月，美国和欧洲的 15 家大型跨国制药公司建立战略联盟，共享专有技术，合作开发治疗艾滋病的药物。在电信产业也有许多共享资源的联盟。例如，1991 年，美国的 AT&T 和荷兰的菲利普公司合资开发生产新一代数字交换设备，AT&T 提供该领域先进的专有技术，菲利普公司提供先进的生产工艺、所属国家欧盟成员国的身份，以及其熟悉欧洲电信市场的优势——这对进入管制极严的欧洲电信市场极其重要。

（六）突破市场壁垒

目前，无论是发达国家还是发展中国家，一方面，积极引进外国直接投资；另一方面，出于保护国家经济安全和民族工业的目的，也在贸易政策、产业政策等方面对跨国公司经营设置正式和非正式壁垒。我国原对外贸易经济合作部颁布的外商投资产业中就分鼓励、限制和禁止三大类。对于跨国公司而言，以战略联盟形式突破进入壁垒更容易获取东道国的专有技术、当地的合法地位、政府的支持以及伙伴企业在当地已经建立的市场网络。

（七）规模经济和范围经济

许多行业的规模经济和范围经济效应要求企业较高的投资成本，单个企业无法独自在行业内有效运作。于是，企业只有选择建立战略联盟来突破规模经济和范围经济的限制，这一点在产品更新换代极快的信息产业尤其明显。1992 年 6 月，美国 AMD 公司和日本富士通公司建立联盟合作开发快闪芯片，按照当时的情形，要使自己的产品在价格上有竞争力，必须大批量生产，仅固定资产投资就需要 7 亿美元，但 AMD 公司当时年销售额只有 10 亿美元，与同行合作是唯一的出路。

（八）价值链协同效应

企业是一个综合设计、生产、销售、运送和管理等活动的集合体，其创造价值的过程可分解为一系列互不相同但又相互关联的增值活动，总和即构成价值系统。其中每一项经营管理活动就是这一价值系统中的价值链。价值链各环节所要求的生产要素各不相同。产品开发环节需要受过高等教育、具有专业技术和首创精神的科技人员，宽松自由的组织环境以及鼓励创新、提倡独立思考的企业文化。产品的装配环节则需要大批普通工人和严格的劳动纪律、全面的质量管理和成本控制。任何企业都只能在价值链的某些环节上拥有优势，而不可能拥有全部优势。在某些价值增值环节上本企业拥有优势，在其余的环节上其他企业可能拥有优势。为达到双赢的协同效应，彼此在各自的关键成功因素——价值链的优势环节上展开合作，可以求得整体收益的最大化，这是企业建立战略联盟的原动力。

二、战略联盟的类型

（一）根据联盟成员之间参与程度的不同划分

1. 股权式战略联盟

股权式战略联盟主要是指涉及股权参与的合伙形式，又分为对等占有型战略联盟和相互持股型战略联盟。对等占有型战略联盟是指对合资生产和经营的项目，双方母公司各拥有 50%的股权，以保持相对独立性。相互持股型战略联盟中，各成员为巩固良好的合作关系，长期地相互持有对方少量的股份。与合资、合作或兼并不同的是，这种方式不涉及设备和人员等要素的合并。这类联盟中有时也有采取单向的、少量投资于其他公司的情况，目的在于与这些公司建立良好的合作关系。

对于股权式战略联盟，不同经理人的评价是不同的。有的经理人认为股权对合作有着重要意义。首先，股权突出了联盟合伙人之间的长期义务；其次，股权向市场发出了强烈的信号，表明有关各方已经联合起来，以此来增强企业对敌意收购的防御能力。股权式战略联盟也有弱点。一些经理人觉得通过购买股权来了解一个公司的代价和风险极大。一位西门子公司的前任经理认为，大多数时候，股权投资及其他形式的联盟没有想象的那么理想。持有对方股权如同和自己的兄弟做生意，对股权投资关系的过分依赖或过高期望都要承担风险。从经营的角度来看，股权投资代替不了架构良好的契约式战略联盟。它有时人为地把两个公司捆在一起，强迫公司在一些毫无意义的领域合作。那些对这种联盟方式寄予厚望，希望它能弥补契约式战略联盟不足的公司恐怕会大失所望，股权关系会影响公司的独立性，合作各方本应该以一种独立自主的精神去进行经营，而互相持股权会削弱这种精神，从而造就虚弱的合作关系。

2. 契约式战略联盟

契约式战略联盟主要是指借助契约建立的、不涉及股权参与的合伙形式，以联合研究开发和联合市场行动最为普遍。最常见的形式包括以下四种。

（1）技术交流协议——联盟成员间相互交流技术资料，通过对知识的学习增强竞争实力。

（2）合作研究开发协议——分享现成的科研成果，共同使用科研设施和生产能力，在联盟内注入各种优势，共同开发新产品。

（3）生产营销协议——通过制定协议，共同生产和销售某一产品。这种协议并不使联盟内各成员的资产规模、组织结构和管理方式发生变化，而仅仅通过订立协议来对合作事项和完成时间等内容做出规定，成员之间仍然保持着各自的独立性，甚至在协议规定的领域之外相互竞争。

（4）产业协调协议——建立全面协作与分工的产业联盟体系，多见于高科技产业中。

相对于股权式战略联盟而言，契约式战略联盟由于更强调相关企业的协调与默契，更具有战略联盟的本质特征，其在经营的灵活性、自主权和经济效益等方面比股权式战略联盟具有更大的优越性。股权式战略联盟要求组成具有法人地位的经济实体，对资源配置、出资比例、管理结构和利益分配均有严格规定；而契约式战略联盟不必组成经济实体，也无须常设机构，结构比较松散，协议本身在某种意义上只是无限制性的“意向备忘录”。

股权式战略联盟依各方出资多少有主次之分，且对各方的资金、技术水平、市场规模、人员配备等有明确的规定，股权大小决定着发言权的大小；而在契约式战略联盟中，各方一般都处于平等和相互依赖的地位，并在经营中保持相对独立性。

在利益分配上，股权式战略联盟要求按出资比例分配利益，而契约式战略联盟中各方可根据各自的情况，在各自承担的工作环节上从事经营活动，获取各自的收益。股权式战略联盟的初始投入较大，转置成本较高，撤资难度大，灵活性差，风险大，政府的政策限制也严格；而契约式战略联盟则不存在这类问题。契约式战略联盟虽具有较好的灵活性，但也有一些不足，如企业对联盟的控制能力差，松散的组织缺乏稳定性和长远利益，联盟内成员之间的沟通不充分，组织效率低下等。

（二）根据联盟目标取向的不同划分

1. 产品联盟

联盟主要围绕产品进行，所以常称为产品联盟，其目的在于降低投资费用和投资风险。通常情况是，某个企业与一个较小的有产品或有生产设想，却没有足够资金投资的小公司一起，共同承担投资费用或组建一个较大的公司以筹措足够的资金开展投资。特别是在产品风险较大，收益不确定时，产品联盟就会出现。所以早期的联盟更多存在于石油勘探、天然气开采以及化工等领域。

随着市场竞争的激烈，出于减少未来竞争的威胁而通过结盟将潜在的对手纳入麾下或防止合作伙伴的资源被竞争对手利用，也推动了产品联盟的进一步发展。通过产品联盟不仅可以减少竞争对手，而且可以拓宽市场。

总体来说，产品联盟比较单纯，参与者都不太关注学习的能力或者产品的突破。相比较而言，得到产品或广泛销售现存产品是联盟各方所追求的重要目标。

2. 知识联盟

知识联盟是指企业与企业或其他组织机构，为共同创造新的知识和进行知识转移而建立的联盟。由于科学技术的迅猛发展，产品的技术化程度越来越高，复杂化倾向也愈加突出，同时全球性资源短缺现象也越来越明显，此时的联盟更多表现为以技术开发和成果共享为特征的知识联盟。知识联盟的成员多为风险型企业，这类联盟在微电子、生物工程、新材料等高科技行业较为常见。

与产品联盟相比，知识联盟具有以下特点。

第一，知识联盟的中心目标是学习和创造知识，以提高核心能力；产品联盟则以产品生产为中心，合作的目的在于填补产品空白、降低资金的投入风险和项目的开发风险，实现产品生产的技术经济要求。在产品联盟中，学习所扮演的角色微不足道。

第二，知识联盟比产品联盟更为紧密。跨国公司之间为学习、创造和加强专业能力，相关人员必须一起紧密工作；知识联盟追求的是互相学习交叉知识，有点类似于师父与徒弟的关系。

第三，知识联盟的参与者更为广泛。产品联盟通常是在竞争者或潜在的竞争者之间形成的；而知识联盟能够在任何组织之间形成，只要该组织有利于提高参与者的专业能力。

第四，知识联盟比产品联盟具有更大的战略潜能。产品联盟可以帮助跨国公司抓住商机、保存实力；而知识联盟能够帮助其扩展和改善基本能力，知识联盟的建立有助于从战略上提高或更新企业的核心能力。

（三）根据联盟成员主体地位的不同划分

1. 接受型战略联盟

接受型战略联盟又称互惠联盟，多产生于差异性显著的企业之间，处于联盟的低级阶段。其目的在于实现一方的市场进入而不是为了对付市场竞争，属于非对抗性的。发达国家企业通过转让技术和设备、发展中国家通过提供市场和劳动力或支付技术转让和人员培训费用等，所结成的联盟就属于此种类型。接受型战略联盟按经济体制和经济发展阶段，还可进一步细分为东西方联盟和南北方联盟。

2. 互补型战略联盟

互补型战略联盟形式处于联盟的高级阶段，多出现于同行业同等发展水平的企业之间，其特征为强强联合。联盟的出发点在于取得优势互补和相长，提高市场竞争力，以期在对抗性极强的市场竞争中立于不败之地，因而是一种对抗竞争导向型联盟。互补型战略联盟的成员多为发达国家企业。

（四）根据联盟范围、股权和合伙人数量的不同划分

1. 集中型战略联盟

集中型战略联盟是根据两个或多个企业之间的合作协议安排建立的，联盟中一般只有一项主要活动或功能，其目标是明确并受一定限制的，旨在以一种特定的方式面对某种环境。比如，一家美国公司的产品要进入欧洲市场，就有可能与一家欧洲的销售公司建立这种集中型战略联盟以作为进入欧洲市场的手段。美国公司提供产品及有关说明，欧洲公司提供销售人员和欧洲市场信息。

协议的具体形式可能有所不同，但联盟的性质是相同的，目标是集中的，双方对承担义务和回报都很清楚。1989 年美国的辛辛那提贝尔公司与英国的金斯顿通信公司结成联盟，后者在整个欧洲共同体中销售前者的自动电信设备，由后者提供销售人员。

2. 复杂型战略联盟

复杂型战略联盟成员之间的合作范围十分广泛，可以包括合作各方价值链上的全部环节。尽管各方自愿地进行广泛合作，但仍保持各自的实体地位和发展动力，在关键的市场和销售领域，公司是分开的，而且各自保持原有的企业形象。一般来说，当合作伙伴发现更广泛的合作领域时，成功的集中型战略联盟通常发展为复杂型战略联盟。

3. 合资型战略联盟

合资型战略联盟是由各成员作为股东共同创立的独立的法人企业，拥有独立的资产、人事和管理权限，合资型战略联盟中一般不包括各成员的核心业务。比如，美国企业与中国企业建立一家合资企业并在中国市场上销售产品，合伙各方需要提供必要的人力、

物力和财力直到合资企业自身有能力生存和发展为止。

合资的目的一般是使新建企业最终成为一个拥有自己的目标、人员和资源的独立实体。合资中常见一方收购另一方的情形，这并不意味着联盟失败了，联盟可能是很成功的，只是参与联盟各方的战略目标出现了差异。

4. 合作型战略联盟

合作型战略联盟不像合资型战略联盟，没有明显的边界，因而最富于弹性。公司之间可以先建立一个最低限度的合作型战略联盟，然后视情况发展通过加进新的项目而加深和拓宽合作的内容。由于这种合作开始并不要求承担很大的义务，所以也就没有什么限制。当开始无法准确预测到双方关系的发展趋势时，这种形式的联盟是比较恰当的。

5. 双伙伴型战略联盟

双伙伴型战略联盟，是指由两个企业组成的一种比较简单而普遍的战略联盟。这是一种旨在对付具体情况而形成的两个伙伴集中的合作，在经过一段成功的合作之后，就有可能发展成复杂型战略联盟。

6. 财团型战略联盟

财团型战略联盟是由多个合作伙伴围绕同一目标组成的一种特殊的战略联盟形式。当联盟需要从事大规模的业务活动、需要大量资金和范围很广的专门能力时，财团型战略联盟便是个好的选择。参与财团型战略联盟的各成员无权干预联盟的经营活动。这种形式的联盟在大规模的高科技、国防项目中很普遍，因为这些项目需要有巨额的资金和大批专家的支持才能成功。

当合作的规模和复杂程度变得很突出时，双伙伴型战略联盟自然会向多伙伴的财团型战略联盟转化。但这一转化的制约因素很多，进程一般不会太快。

（五）根据联盟发展战略的不同划分

1. 研究开发型短期联盟

研究开发型短期联盟是企业在研究开发某技术项目的过程中，为了获得某种短期所急需的研究开发资源而与其他企业建立的战略联盟的形态。

这种短期所急需的研究开发资源，在企业此项研究开发项目的所需资源中一般并非关键性的，所占的比例也不大，但企业为了在短期内快速获取此项资源，采取战略联盟的方法最为有效。因此，一旦通过联盟获取了此项资源，完成了研究开发任务，企业建立联盟的目的也就达到了，这时，联盟也会随之解体。这种联盟大多出现在发展方向完全不同的两个行业的企业之间，它们只是在特定的研究领域，为了临时性地交换双方的研究开发资源而组成临时性短期联盟。联盟结束后，两企业又分别在两个完全不同的行业或领域相互独立，继续发展。

2. 特定领域内短期联盟

特定领域内短期联盟在同一市场区域中的同行业企业中常常出现。企业为调整自身的生产结构，在特定的生产领域或技术领域，通过建立战略联盟达到交换研究开发以及生产资源的目的。在该目的达到之后，联盟便会解体，两企业又重新回到了围绕共同的市场开展激烈竞争的状态。

3. 国际化战略联盟

随着市场国际化程度的提高，采取国际化经营战略的企业也在不断增多。当生产同类产品的不同国家的企业，围绕着国际市场开展竞争时，为了避免过度激烈的相互竞争给双方带来的经济损失，企业之间常常通过战略联盟的方式将各企业的各种优势重新进行组合。这种国际化战略联盟一方面起到了给各国企业带来相对稳定收益的作用，另一方面又可以发挥联盟内各国企业的固有优势。而当联盟由于种种原因解体时，各企业又将恢复原有的激烈竞争状态。

这种国际化战略联盟的期限，大多要根据具体的联盟技术研究开发项目而确定，既有长期联盟，也有短期联盟或一般期限型联盟。国际化战略联盟代表着现代企业战略联盟的主流。

4. 全面合作型长期联盟

全面合作型长期联盟是竞争实力相当的企业，为降低主要研究开发和生产部门的成本，在从研究开发到生产整个过程中实现全面合作的一种长期战略联盟。由于这种战略联盟活动是在参加联盟企业的主要研究开发与生产领域开展的，联盟一旦建立，就具有很强的稳定性，且联盟解体后两企业也可以长期保持一种高协作、低竞争的友善关系。

企业通过这种战略联盟，可较大幅度地节约研究开发与生产成本，从而达到降低产品价格的目的，提高企业产品在市场上的竞争力。这种联盟内部的企业，还通过零部件共同使用的形式，提高联盟内企业生产设备的使用率，达到更合理的零部件生产规模，这样便降低了零部件的生产单价，从而减轻了开发新产品所造成的费用负担。这种共同使用零部件的现象在发达国家汽车行业内所建立的战略联盟中最为常见。

此外，由于这种战略联盟具有较高的稳定性，联盟内企业很容易对研究开发与生产领域进行大规模的调整。通过这种调整，联盟内的一些企业将终止本企业优势低的生产与开发项目，企业对这些项目产品的需求，可从联盟内在这些项目上具有优势的企业处获得满足。

5. 新兴领域内长期联盟

由于高技术产业领域的研究开发有投资大、风险大、市场回报率高的特点，一些具有很强竞争实力的国际大企业纷纷通过建立战略联盟，走共同研究开发、共同承担风险及分享成果的道路，以此来提高本企业在高技术、新产品领域的竞争力和影响力。

有些企业为了确保在某项新技术、新产品领域的研究开发优势，有可能会参加多个战略联盟组织。比如，IBM为了在多媒体技术开发上保持领先地位，在与日本的东芝等企业组成战略联盟的同时，又与德国的西门子等公司组成战略联盟。

（六）根据联盟所处市场营销环节的不同划分

1. 品牌联盟

品牌是现代企业最宝贵的无形资产，具有极高的共享价值。日益风靡中国的特许加盟制就是品牌联盟的典型。富士胶片公司在中国之所以取得惊人的扩张速度，在很大程度上是因为其特许加盟的经营方式。只要符合基本条件，任何店铺都可以申请加盟“富士彩扩冲印点”，由富士胶片公司负责统一配置设备、供应相纸和装修店面。而柯达公司前几年对冲印点的控制很严，许多都是自己投资开设，且对店铺面积、运作流程、工艺等要求高度统一，导致柯达在中国的开铺速度受阻，一度将中国市场领导者的桂冠让给富士胶片。

2. 分销渠道联盟

销售渠道是营销下游的重要环节，渠道竞争已逐渐成为企业竞争的焦点。世界经济一体化拓宽了企业的市场销售空间，单个企业要凭自身力量在全球范围内建立完整的分销体系是不经济也不可能的。为此，制药行业中的许多跨国公司，委托在国外关键市场拥有卓越经销系统的竞争对手销售产品。

3. 促销联盟

促销联盟包括广告、营业推广和推销等各方面，一般发生在不同类、无竞争性的产品之间。小天鹅与碧浪结成广告同盟，每一袋碧浪洗衣粉上都有“小天鹅指定推荐”标志。酒店也可以和航空公司联盟，凡在酒店消费达一定额度的顾客可获得一张该航空公司的免费机票；反之，在航空公司累计飞行达一定里程的顾客也可免费入住该酒店。目标顾客群重合度高的促销联盟最为有效。

4. 价格联盟

寡头垄断行业的价格联盟最有利可图。将定价统一规范在一定界限之内，既可避免无谓的恶性竞争，省却博弈的烦恼，又可提高行业进入壁垒，有效防止新竞争者的加入。虽然会对消费者的利益稍有损伤，但从行业前途来看，这也未必不是一种两全其美的良策。

5. 垂直联盟

垂直联盟指营销上下游环节不同的企业之间的联盟。制造商与代理商（或经销商）

的联盟、广告主与广告公司的联盟、企业与供应商或客户的联盟均在此列。这类联盟的特征是联盟主体处在价值链的不同环节上，代表垂直一体化的一种形式。零售业巨头西尔斯·罗巴克有众多供应商联盟，它委托许多中小厂家生产各种类别的产品，然后都采用西尔斯品牌进行销售。在这个联盟中，西尔斯以低廉的成本树立起自己的品牌，而供应商赢得了稳定而可观的销售额，在激烈的竞争中得以生存。

（七）根据联盟竞争与合作配置的不同划分

1. 先合作后竞争型联盟

先合作后竞争型联盟是指合作各方先在一定领域中合作，再在其他领域中竞争。当公司觉得自己参与某一领域竞争的机会和条件尚未成熟时，常常先选择合作战略，直到其具备了某种核心能力或达到了一定的标准之后再进行竞争。

索尼公司、松下公司和日立公司曾首先共同努力制定统一的、与高清晰度电视机相兼容的盒式录像机制式标准，然后各方又继续进行它们的市场份额大战。还有，松下公司决定支持荷兰飞利浦公司开发和生产由飞利浦设计的一种录音磁带，这种磁带能记录并放出高质量的声音。松下对飞利浦的数字磁带进行支持的目的在于今后其与索尼数字光盘的竞争，着眼于未来消费音像市场的形成。

另外，飞利浦公司有时也与日本公司分享其研究开发成果，旨在与日本公司一起推行某种技术标准。这种合作情况不仅限于电子行业，在钢铁行业中，美国钢铁公司与日本钢管（Nippon Kokan）公司通过技术转让建立联盟，美国康宁公司与西门子公司在光纤产品上进行合资，都属于这类合作。这种合作是跨国公司战略的一部分，一旦短期目标达到，必将重新制定联盟战略。

2. 边合作边竞争型联盟

公司之间完全有可能在合作的同时进行相互竞争。形成这种情况的主要原因就是要通过战略联盟来互相学习，取长补短，克服自己的弱点。通用汽车公司与沃尔沃汽车公司在美国建了一个合资厂，制造重型卡车，但双方在其他领域的竞争依然存在。通用汽车公司与丰田汽车公司的联盟、克莱斯勒公司与三菱公司的联盟都为“边合作、边竞争”的合作方式提供了鲜明的例证。

正是这种边合作、边竞争的合作方式，促进了全球汽车行业生产率的提高。这种做法不仅限于汽车行业，计算机行业的两大巨头——IBM 和苹果公司也达成协议，在分享个人电脑技术上进行广泛的合作，并共享资源和技术。尽管如此，也不会消除这两个巨头在其他领域内的激烈竞争。

3. 对内合作-对外竞争型联盟

对内合作-对外竞争型联盟是一种针对第三者的联盟，其目的就是与联盟之外的其他公司进行竞争抗衡。美国的霍尼威尔公司、法国的巴尔公司与日本的 NEC 公司就是按照这种方式建立了长期的协作关系。NEC 为霍尼威尔公司和巴尔公司的大型计算机生产中央处理器，并为霍尼威尔公司提供个人电脑；巴尔公司负责在美国之外的地区销售霍尼威尔公司的中型电脑；霍尼威尔公司在美国销售 NEC 的高级电脑，提供巴尔公司的计算机网络。三家公司通过这种合作方式都获得了好处，霍尼威尔公司成为计算机领域中规模较小的参与者，减少了亏损，集中资源和精力在航空、防卫等具有竞争优势的业务领域发展，而另外两家公司则把这种合作视为进入美国市场的一个十分经济的跳板。三家公司的这种合作方式明显地反映出联盟内部团结一致、共同对外的性质。

三、企业联盟的主要战略

（一）攻势战略

攻与守，本是兵家韬略之词。战国中期，齐将田忌曾向孙膑求教用兵之要，孙膑的回答是“必攻不守”。两千多年过去了，孙膑这一观点在军事上已被证明是正确的。事实上，它的正确性同样可以在现代企业经营中得到验证。国内一些企业成功的秘诀之一，就是坚决大胆地改革，创造了比较适合我国国情和适合企业情况的经营管理模式。在经营决策上，采取了敢于跟强手竞争的“进攻型”方针，树立起“掌握了市场，即掌握了自己命运”的经营思想。采取攻势经营使企业获得成功的例子，在东西方国家的企业经营史上屡见不鲜、不胜枚举。它说明，企业经营决策中的矛盾虽然表现于诸多方面，但攻与守是其主要矛盾。只有把握住这一矛盾的运动变化，才能棋高一着，进退自如。

中国有句老话，叫“人无远虑，必有近忧”。这句话既富哲理，又很实用。企业投入竞争有的早些，有的晚些，有的比较迫切，有的相对不太迫切，但不论早晚先后，“投入竞争”无一例外。以攻势为核心，努力夺取市场竞争中的主动权并保持这种主动权，从而以局部带动全体，以主观的努力来改变客观条件，这对于企业竞争获胜具有极重要的意义。

要采取攻势战略，还必须把握“先机之利”。市场变化急剧，企业在市场竞争中的“首战”能否成功至关重要。如果一个企业发现了市场的“缝隙”，又能在产品质量、品种、价格、交货期和服务等方面都做得很好，自然能稳操胜券。但是，在不能面面俱到的情况下，要做到不失先机之利，关键就在于充分利用时间差，先发制人，把“时间触角”伸向一年以后、几年以后，甚至几十年以后，不断采用新的科研成果和新的技术，不断生产出独特而新颖的产品，使企业在同行业中永远处于领先地位。

（二）目标市场战略

企业联盟必须以市场上的有效需求作为经营的核心，目标市场战略制定的好坏直接决定了企业联盟的未来。一般地说，目标市场的战略有三种：无差别销售战略、差别销售战略和集中销售战略。

1. 无差别销售战略

以生产观念或推销观念为经营指导思想的企业，往往把整个市场看成一个大的目标市场。因此，它只向市场投放单一的产品，有时在包装、品牌、价格等方面虽有些不同，但产品实体本身则没有什么不同，而且采用了最广泛的销售渠道和广告宣传方式。采取这种销售战略的企业联盟，一般具有大规模的单一生产线、广泛的销售渠道和统一的广告宣传内容。运用这种战略最成功的例子是早期的可口可乐公司。采取无差别销售战略的优点是成本低廉，缺点是过于僵化，忽视了对目标市场的细分。

2. 差别销售战略

企业把大市场划分为若干个细分市场，同时在两个或两个以上的细分市场上分别从事经营活动，即差别销售战略。也就是说，企业针对不同的细分市场设计不同的产品，并且根据每种产品的特点分别制定独立的销售战略。例如，现在西方不少汽车公司就是根据消费者的不同收入水平和爱好，同时生产不同种类和不同型号的汽车。采取差别销售战略的企业能够较好地满足不同消费者的需求，有利于扩大销售额。但采用这种战略势必增加企业的生产品种，因而要求具有多种销售渠道和销售方法，这就导致生产成本和销售费用的大幅度增加。

3. 集中销售战略

集中销售战略是指，企业不是把自己的力量分散在广阔的市场上，而是集中在某一个或某几个市场部分，并实行专业化生产和销售。采取这一战略的企业联盟，追求的不是在较大的市场上占有较小的份额，而是在较小的细分市场上或几个市场部分中有较大的市场占有率。实行集中销售战略比较容易在特定市场上取得有利地位，获得较高的投资收益率。但是它具有较大的风险性，因为这个目标市场比较狭窄，一旦市场情况突然发生变化，企业就会陷入困境。

（三）夹缝战略

在自然界，常常可以看到这样的奇观：一枝苍劲多姿的奇松，扎根于石缝之中，屹立于绝壁之上。大凡观赏者都会提出这样一个问题：这棵树是怎样在石缝中扎根、抽枝、拔叶的？答案也许就存在于松树的钻夹缝精神中。这种精神对于市场竞争也颇有借鉴意义。

当前的市场大都已属于买方市场，市场竞争中的“夹缝”是一个严峻的客观存在。置身其间的企业，唯有像松树那样善于钻“夹缝”，并从“夹缝”的“薄土”中汲取所需的养分，才能由扎根、抽枝而发展成为“亭亭华盖”。钻“夹缝”，在激烈的市场竞争中具有普遍的意义。

综观市场竞争中的种种“夹缝”，它们具有如下的共同点：都是时隐时现的，需要下功夫寻觅、发现；同时，也是时开、时合的，企业往往一哄而起，出现人满“缝”合的现象。为此，还要考虑众多跟随者的行动，选择既有发展前途、又有技术难度，大企业涉足不深、小企业力不从心的产品进行开拓，竞争者就会较少。

思考题

1. 简要阐述企业并购的动机和类型。
2. 简述企业并购的协同效应，你认为企业协同效应的实现有哪些方面？
3. 简要阐述战略联盟的动机和类型。
4. 契约式战略联盟与股权式战略联盟相比较，有哪几方面的优势？
5. 知识联盟与产品联盟相比较，知识联盟具有哪些特点？
6. 简述企业联盟的主要战略。

案例分析

锦江国际集团收购喜达屋

第十三章　企业战略评价方法

本章学习目标

1. 了解企业战略相关评价方法的内容
2. 理解企业战略相关评价方法的应用

案例引导

苏舜泰公司的战略选择

第一节　增长率-市场占有率矩阵法

增长率-市场占有率矩阵法，又称 BCG 矩阵法，是由美国著名的管理学家、波士顿咨询公司创始人布鲁斯·亨德森（Bruce Henderson）于 1970 年首创的一种用来分析和规划企业产品组合的方法。BCG 矩阵法假定，最小的和最简单的企业除外，所有的企业都是由两个以上的经营单位组成。换言之，一切经营单位都有若干在经济上有明显区别的产品—市场面。在一个公司范围内的这些经营单位合称为企业的经营组合。BCG 矩阵法提出，企业必须为经营组合中的每一独立单位分别制定战略。

波士顿咨询公司主张，一个经营单位的相对竞争地位（即相对市场占有率）和市场增长率是决定整个经营组合中每一经营单位应当奉行什么样的战略的两个基本参数。以这两个参数为坐标，波士顿咨询公司设计出一个具有四象限的网格图，如图 13-1 所示。

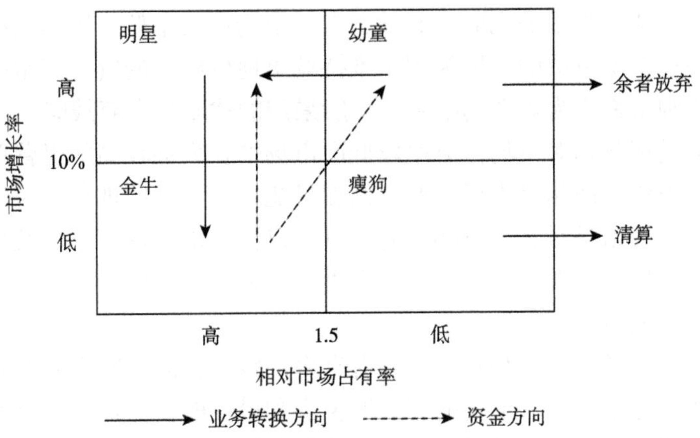

图 13-1　BCG 矩阵

在 BCG 矩阵图中，横轴代表经营单位的相对竞争地位，它以经营单位相对于其主要竞争对手的相对市场占有率来表示。相对竞争地位决定了该经营单位获取现金的速度。因为如果一个经营单位较之其竞争对手有较高的市场占有率，它就应该有较高的利润率，从而应得到较多的现金流量。在这里，以相对市场占有率而非绝对市场占有率来代表竞争地位，是由于前者更好地说明了经营单位与主要（或最大）竞争对手的关系。例如，如果企业的一个经营单位具有 10%的绝对市场占有率，那么在主要竞争对手分别有 12%的市场占有率和 45%的市场占有率的两种不同的情况下，具有 10%的绝对市场占有率企业就意味着有不同的竞争地位。显而易见，第一种情况表明企业较第二种情况更具有竞争性。因此，以相对市场占有率来表示竞争地位更具合理性。

在 BCG 矩阵图中，纵轴表示市场增长率。市场增长率代表着对一个经营单位来说市场的吸引力大小，也就是说它决定着投资机会的大小。如果市场增长迅速，就为迅速收回资金、支付投资收益提供了机会。当然，市场增长得越快，维持其增长所需的资金就越多，因而这样的机会也可能带来一些问题。

一般地说，高市场增长率被认为是高于 10%，而高与低相对市场占有率的分界线是 1.5。也就是说，如果某一经营单位的销售额是其主要竞争对手的 1.5 倍或更多，则它就被认为具有较高的相对市场占有率。然而，这种划分并非绝对。根据不同行业的需要，可以采用不同的划分界限。

波士顿咨询公司认为，一个企业的所有经营单位都可列入任一象限中，并依据它所处的地位（相对市场占有率以及市场增长率）采取不同的战略。

金牛区业务有较低的市场增长率和较高的相对市场占有率。较高的相对市场占有率带来高额利润和现金，而较低的市场增长率只需要少量的现金投入。因此，金牛通常产生出大量的现金余额。这样，金牛就可提供现金去满足整个企业的需要，从而支持其他需要现金的经营单位。对金牛类的经营单位，应采取维护现有市场占有率，保持经营单位地位的维护战略；或采取收割战略，获得更多的现金收入。

瘦狗区业务是指那些相对市场占有率和市场增长率都较低的经营单位。较低的相对市场占有率一般意味着少量的利润。此外，由于市场增长率低，用追加投资来扩大市场占有率的办法往往是不可取的，因为用于维持竞争地位所需的资金经常超过它们的现金收入。因此，瘦狗常常成为资金的陷阱，一般采用的战略是舍弃战略。

幼童区业务是那些相对市场占有率较低而市场增长率却较高的经营单位。高速的市场增长需要大量投资，而相对市场占有率低却只能产生少量的现金。对幼童而言，因市场增长率高，一个战略是对其进行必要的投资，以扩大市场占有率使其转变成明星。当市场增长率降低以后，这颗明星就转变为金牛。如果认为某些幼童不可能转变成明星，那就应当采取舍弃战略。

明星区业务的市场增长率和相对市场占有率都较高，因而所需要的和所产生的现金数量都很大。明星通常代表着最优的利润增长率和最佳的投资机会。显而易见，最佳战略是对明星进行必要的投资，从而维护或改进其有利的竞争地位。

对大多数企业来说，它们的经营单位分布于矩阵中的每一象限。企业应采取的经营组合战略可概况如下：首要目标是维护金牛的地位，但要避免常见的对其追加过多投资的做法。金牛所得的资金应优先用于维护或改进那些无法自给自足的明星的地位，剩余的资金可用于扶持一部分筛选的幼童，使之转变为明星。多数公司将会发现，若选择同时扩大全部幼童的市场占有率的战略，它们的现金收入是不够用的。因此，应放弃那些不值得投资的幼童。不同类经营单位的特点以及所应采取的战略列于表 13-1 中。

表 13-1　应用 BCG 矩阵的战略选择

<table>
<tr><th>象限</th><th>战略选择</th><th>经营单位营利性</th><th>所需投资</th><th>现金流量</th></tr>
<tr><td>明星</td><td>维护或扩大市场占有率</td><td>高</td><td>多</td><td>几乎为零或为负值</td></tr>
<tr><td>金牛</td><td>维护或收割战略</td><td>高</td><td>少</td><td>极大剩余</td></tr>
<tr><td rowspan="2">幼童</td><td rowspan="2">扩大市场占有率或放弃战略</td><td rowspan="2">没有或负值</td><td>非常多</td><td rowspan="2">负值</td></tr>
<tr><td>不投资</td></tr>
<tr><td>瘦狗</td><td>舍弃战略</td><td>低或负值</td><td>不投资</td><td>剩余</td></tr>
</table>

在利用 BCG 矩阵进行战略方案评价时，波士顿咨询公司建议采取以下步骤。

（1）将企业分成不同的经营单位。实际上企业建立战略经营单位（strategic business unit，SBU；又称战略业务单元）组织时，就已经做了这一步。在矩阵中，圆圈用来表示每一经营单位。

（2）确定经营单位在整个企业中的相对规模。相对规模的度量尺度是经营单位的资产在企业总资产中的份额或经营单位的销售额占企业总销售额的比重。在矩阵中，圆圈面积代表着经营单位的相对规模。

（3）确定每一经营单位的市场增长率。

（4）确定每一经营单位的相对市场占有率。

（5）绘制企业整体经营组合图，图 13-2 展示了一个企业平衡的经营组合图。

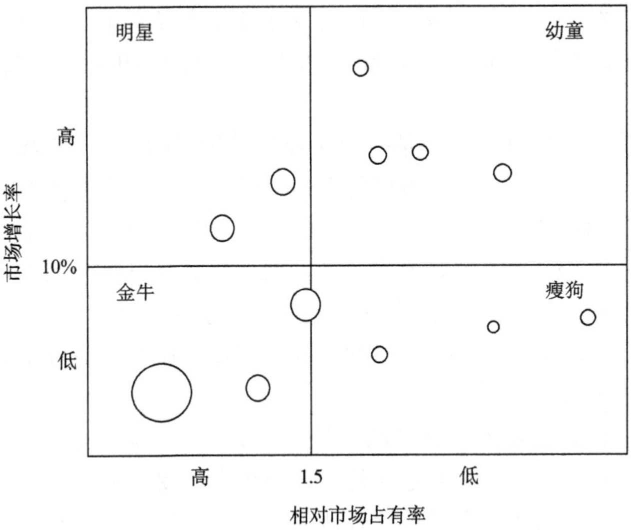

图 13-2 平衡的经营组合图

（6）依据每一经营单位在企业整个经营组合中的位置而选择适宜的战略。

图 13-2 是一个企业经营组合图，它所描述的经营组合是相当平衡的。该企业有两三个金牛作为其坚实的基础，两个明星提供了进一步发展的机会，可能有两个幼童能以合理的代价转变为明星。最后，还有几个应当受到严密监控的瘦狗，需要放弃或清算掉。而如图 13-3 所示的经营组合则是很不平衡的。可以看出企业明星和金牛太少，而瘦狗太多。这样，幼童的发展无资金来源，企业也没有具备发展前途的明星业务。因此，这种组合对公司未来的发展极为不利。

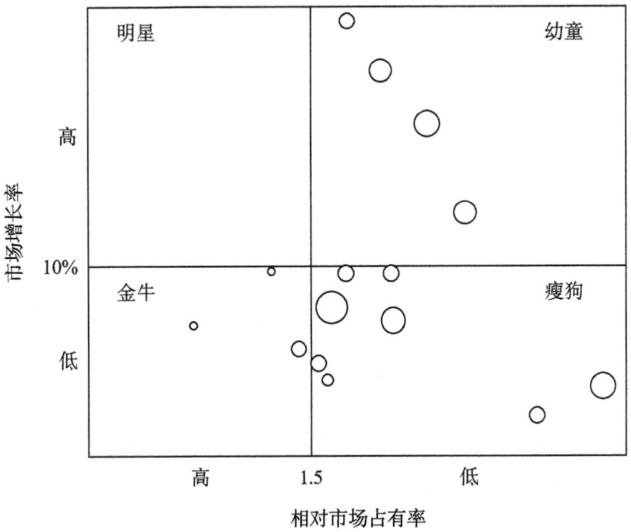

图 13-3 不平衡的经营组合图

从上面的讨论中可以看出，一个企业不仅要对每类经营单位采取不同的战略，以及对经营组合采取整体经营组合战略，而且还要注意每类经营单位在整个企业经营组合中的比重，即要关注企业的整体经营组合的平衡性。只有平衡的经营组合才是理想的经营组合。

BCG 矩阵根据两个客观标准评估一个企业活动领域的利益，市场的增长率和企业在该市场上的相对份额。其中，相对市场份额是该产品本企业市场占有率与该产品市场占有份额最大者之比。BCG 矩阵的优点是简单明了，可以使企业在资源有限的情况下，合理安排产品系列组合，收获或放弃萎缩产品，加大在更有发展前景的产品上的投资。但是，波士顿咨询公司的 BCG 矩阵法有其局限性。科尔尼咨询公司对 BCG 矩阵的局限性的评价是仅仅假设企业的业务发展依靠的是内部融资而没有考虑外部融资，举债等方式筹措资金并不在 BCG 矩阵的考虑之中。

BCG 矩阵还假设这些业务是独立的，但是许多企业的业务是紧密联系在一起的。比如，如果金牛类业务和瘦狗类业务是互补的业务组合，要是放弃瘦狗类业务，那么金牛类业务也会受到影响。此外，许多批评者认为，首先，以市场增长率和相对市场占有率来决定经营单位的地位及其战略未免过于简单化；其次，难以确定综合性产业的市场占有率。还有人指出位于低利润区域的经营单位（瘦狗）可获得有价值的经验，这些经验对有关的高盈利的经营单位（明星或金牛）降低成本是有帮助的。

考虑到 BCG 矩阵法的局限性，波士顿咨询公司于 1983 年设计出新的矩阵图，见图 13-4。在新设计的矩阵中，横轴表示经营单位所具备的竞争优势的大小，而纵轴以在行业中取得竞争优势的途径的数量多少来表示。在这个矩阵中，有四个象限，从而也就有四种不同的经营单位类型及战略。

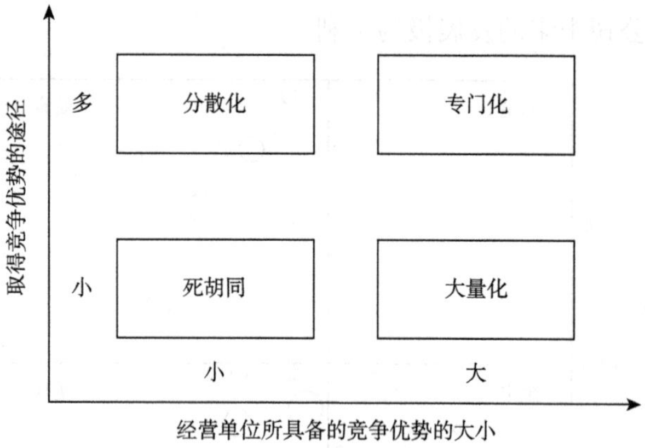

图 13-4 BCG 新矩阵

（1）大量化的经营单位具有较大的竞争优势，但这种行业中所具有的取得竞争优势的途径不是很多。企业所处的行业一般来说具有为数不多的竞争者；竞争者的生产活动大致相同或相似；在这些行业中存在着规模经济和经验效益。根据这些特点，最适宜的经营战略是成本领先战略，并以大量生产为基础。

（2）专门化的经营单位具有较大的竞争优势和较多的取得竞争优势的途径。企业所处行业具有可分开的各种活动；在每一专业化的活动中有许多竞争者，但存在着一个占主导地位的竞争者。处于这种地位的经营单位所采取的战略，是在每一活动中进行专门化生产，类似波特的差异化战略。

（3）死胡同的经营单位既没有较大的竞争优势，行业又缺乏取得竞争优势的途径。这些行业具有如下特征：规模不能影响成本；行业中有许多竞争者进行竞争；进入行业的壁垒很低但退出该行业的壁垒却很高；所有企业营利性都很低。处于这种地位的经营单位类似于波特战略中的“中庸”企业，因此必须进行战略上的转变才能摆脱困境。

（4）分散化的经营单位具有较多的取得竞争优势的途径，但企业本身具有较小的竞争优势。经营单位所处的行业具有如下特点：不存在规模经济；进入和退出行业具有较低的障碍；在产品或市场中存在较多的可区分开的活动。根据上述特点以及经营单位自身的弱点，最适应的经营战略是集中化战略。

章内阅读 13-1

BCG 矩阵法的应用法则

按照 BCG 矩阵法的原理，产品相对市场占有率越高，创造利润的能力越大；另外，市场增长率越高，为了维持其增长及扩大市场占有率所需的资金也越多。这样可以使企业的产品结构实现产品互相支持、资金良性循环的局面。按照产品在象限内的位置及移动趋势的划分，形成了 BCG 矩阵法的基本应用法则。

第一法则：成功的月牙环。在企业所从事的事业领域内各种产品的分布显示月牙环形是成功企业的象征，因为盈利大的产品不止一个，而且这些产品的销售收入都比较大，还有不少明星产品。幼童产品和瘦狗产品的销售量都很少。若产品结构显示出散乱分布，说明其事业内的产品结构未规划好，企业业绩必然较差。这时就应区别不同产品，采用不同策略。

第二法则：黑球失败法则。如果在现金牛区域一个产品都没有，或者即使有，其销售收入也几乎接近于零，可用一个大黑球表示。该种状况显示企业没有任何盈利大的产品，说明应当对现有产品结构进行撤退、缩小的战略调整，考虑向其他事业渗透，开发新的事业。

第三法则：西北方向大吉。一个企业的产品在四个象限中的分布越是集中于西北方向，则显示该企业的产品结构中明星产品越多，越有发展潜力；相反，产品的分布越是集中在东南角，说明瘦狗类产品数量越多，说明该企业产品结构衰退，经营不成功。

第四法则：踊跃移动速度法则。从每个产品的发展过程及趋势看，产品的市场增长率越高，为维持其持续增长所需的资金量也相对越高；而企业相对市场占有率越大，创造利润的能力也越大，持续时间也相对长一些。按正常趋势，幼童产品经明星产品最后进入金牛产品阶段，标志了该产品从纯资金耗费到给企业带来效益的发展过程，但是这一趋势移动速度的快慢也影响到其所能提供的收益的大小。

如果某一产品从幼童产品（包括从瘦狗产品）变成金牛产品的移动速度太快，说明其在高投资与高利润率的明星区域时间很短，因此为企业提供利润的可能性及持续时间都不会太长，总的贡献也不会大；但是相反，如果产品发展速度太慢，在某一象限内停留时间过长，则该产品也会很快被淘汰。

在本方法的应用中，企业经营者的任务，是通过四象限法的分析，掌握产品结构的现状及预测未来市场的变化，进而有效地、合理地分配企业经营资源。在产品结构调整中，企业的经营者不应在产品到了瘦狗阶段才考虑如何撤退，而应在产品在金牛阶段时就考虑如何使产品造成的损失最小而带来的收益最大。

资料来源：根据相关资料整理而成。

第二节　行业吸引力-竞争能力分析法

行业吸引力-竞争能力分析法是GE于20世纪70年代开发的新的投资组合分析方法，又称GE矩阵法，对企业进行业务选择和定位具有重要的价值和意义。GE矩阵可以用来根据经营单位在市场上的实力和所在市场的吸引力对这些经营单位进行评估，也可以表述一个公司的经营单位组合以判断其强项和弱点。在需要对产业吸引力和业务实力做广义而灵活的定义时，可以以GE矩阵为基础进行战略规划。GE在应用BCG矩阵分析公司的业务结构时就发现，除市场增长率和相对市场占有率以外，还有许多在分析中不容忽视的重要因素。

一、GE矩阵的基本结构

GE矩阵实质上就是把外部环境因素和企业内部实力归结在一个矩阵内，并以此进行经营战略的评价分析，如图13-5所示。

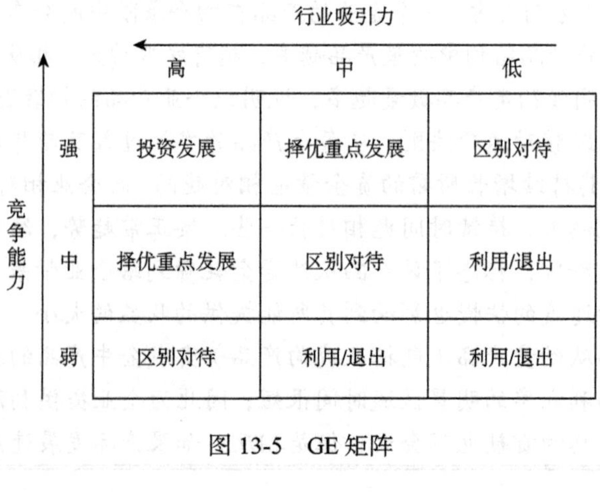
行业吸引力
高
中
低
竞争能力
强
投资发展
择优重点发展
区别对待
中
择优重点发展
区别对待
利用/退出
弱
区别对待
利用/退出
利用/退出

图13-5　GE矩阵

其中，行业吸引力取决于外部环境因素，也就是与各项业务有关的不可控的外部因素，如市场容量、市场增长率、行业竞争结构、进入壁垒、行业营利能力等。它通常分为高、中、低三个档次。由于外部环境因素众多，企业往往需要识别哪些是关键因素，并以此来评价行业吸引力。

竞争能力取决于企业内部的各项可控因素，如市场占有率、制造和营销力量、研究与开发力量、财力、质量和管理素质等。它通常分为强、中、弱三个档次。由于内部环境因素众多，企业同样需要识别哪些是关键因素，并以此与主要竞争对手相比较，以评价企业的实力。

行业吸引力的三个等级与竞争能力的三个等级构成一个具有九个象限的矩阵，企业中的每一经营单位都可放置于矩阵中的一个位置，但总体来说，企业内所有经营单位可归结为三类，对不同类型的经营单位应采取不同的战略。

1. 扩张类

扩张类经营单位具有较高的竞争地位，同时这类行业也很有发展前途，因此，对于这一类经营单位，企业应采取扩张战略，即通过多投资以促进其快速发展，从而巩固经营单位在行业中的地位。扩张类经营单位所在的象限也称为“绿灯区”。

2. 维持类

维持类经营单位的竞争地位和行业前景都处于中间状态，企业应采取维持战略，即通过市场细分、选择性投资、纵向一体化等努力维护现有市场地位。维持类经营单位所在的象限也称为“黄灯区”。

3. 回收类

回收类经营单位的行业吸引力和竞争能力都很低，应采取回收战略，即有计划地降低市场占有率，以回收资金，如提高产品价格、降低库存水平、减少营销费用、减少研究开发费用等。对一些目前还有利润的经营单位，采取逐步回收资金的抽资转向战略；对一些不盈利而又占用资金的经营单位则采取放弃战略。回收类经营单位所在的象限也称为“红灯区”。

二、GE 矩阵的应用步骤

1. 确定对每个因素的度量方法

一般说来，我们使用五等级的利克特（Likert）等级度量法，如表 13-2 所示。然后对每一等级赋予一定的分值。如果某一因素很不吸引人，可以赋值为 1；而很吸引人的因素赋值为 5。

表 13-2 利克特等级及赋值

等级	赋值
很不吸引人	1
有些不吸引人	2
一般	3
有些吸引人	4
很吸引人	5

2. 计算行业吸引力与竞争能力的等级值

首先，从影响行业吸引力与经营单位竞争能力的众多因素中找出一些关键环境因素；其次，根据每个关键因素的相对重要程度给出各自的权数，各个权数之和等于 1；再次，对每个因素按第一步确定的度量方法，即利克特等级度量法分别予以评分；最后，用权数乘以评分就得出每个因素的加权值，把所有关键因素的加权值加总，即得到各个因素的总加权值。各个因素的总加权值即代表了行业吸引力与经营单位竞争能力的等级值。表 13-3 和表 13-4 是两个具体的例子。

表 13-3 行业吸引力的等级值

评价因素	权数	评分	加权值
税收	0.05	4	0.20
汇率	0.08	2	0.16
零件供应	0.10	1	0.10
工资水平	0.10	5	0.50
技术	0.10	5	0.50
人员来源	0.10	4	0.40
市场容量	0.15	4	0.60
市场增长率	0.12	4	0.48
行业营利能力	0.20	3	0.60
合计	1.00		3.54

表 13-4 竞争能力的等级值

评价因素	权数	评价	加权值
研究与开发	0.10	1	0.10
生产	0.05	3	0.15
营销	0.30	3	0.90
财务	0.10	4	0.40
分配	0.05	2	0.10
管理能力	0.15	5	0.75

续表

评价因素	权数	评价	加权值
利润率	0.25	4	1.00
合计	1.00		3.40

3. 确定各个经营单位的位置

为了简便起见，我们这里假定行业吸引力或竞争能力的强、中、弱三个等级的分界点为 3.0 和 1.5，即分值在 1.5 以下者为弱，处于 1.5～3.0 者为中，高于 3.0 者为强。如用上述例子来说明，行业吸引力总分为 3.54、竞争能力总分为 3.40 的经营单位，则处于矩阵图的左上方，如图 13-6 所示。

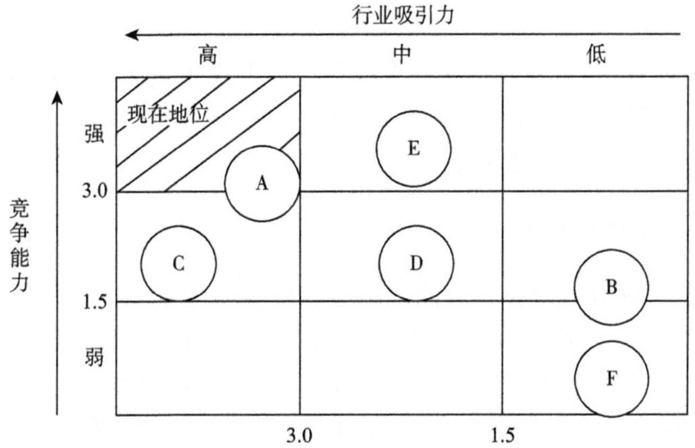

图 13-6 经营单位所处的位置

4. 确定各个经营单位的战略

根据不同经营单位在矩阵中所处的位置，应用 GE 矩阵的战略建议，对不同位置上的经营单位采取不同战略。

三、GE 矩阵与 BCG 矩阵的比较

针对 BCG 矩阵所存在的很多问题，美国通用电气公司 20 世纪 70 年代开发了新的投资组合方法——GE 矩阵。相比 BCG 矩阵，GE 矩阵也提供了产业吸引力和业务实力之间的类似比较，但不像 BCG 矩阵用市场增长率来衡量行业吸引力，用相对市场占有率来衡量竞争能力，只使用单一指标，GE 矩阵使用数量更多的因素来衡量这两个变量：横轴用多个指标反映行业吸引力，纵轴用多个指标反映企业竞争能力，同时增加了中间等级。此外，由于 GE 矩阵使用多个因素，可以通过增减某些因素或改变它们的权数，很容易地使 GE 矩阵适应经理的具体意向或某产业的特殊性要求。

GE 矩阵比 BCG 矩阵在以下 3 个方面表现得更为成熟。

（1）行业吸引力代替了市场增长率被吸纳进来作为一个评价维度。行业吸引力较之市场增长率显然包含了更多的考量因素。

（2）竞争能力代替了相对市场占有率作为另外一个维度，由此对每一个经营单位的竞争地位进行评估分析。同样，竞争实力较之市场份额也包含了更多的考量因素。

（3）此外，GE 矩阵有 9 个象限，而 BCG 矩阵只有 4 个象限，使得 GE 矩阵结构更复杂、分析更准确。

四、GE 矩阵的局限性

GE 矩阵相对 BCG 矩阵而言是一个改进，它考虑了更多的影响因素，而且这些因素在不同时期、不同产业中可以灵活应用，使之更适合具体的情况。但是，它也存在着一定的局限性，具体表现在以下几点。

1. 等级值计算的主观性

GE 矩阵中行业吸引力与竞争能力的等级值是采用加权记分法计算出来的，表面上看起来很客观、确切，但实际上在相当大的程度上存在着主观性。例如，权数的确定以及评分的大小，都是依据经理人员或战略研究人员的偏好做出的，这样，就使最终结论的科学性大打折扣。为了纠正这一点，企业经理人员或战略研究人员应通过深入实际调查、与竞争对手比较等方法予以多方面、多因素的考虑。

2. 行业吸引力评价的模糊性

一般来讲，对企业竞争能力的评价是比较明确的，因为有一个明确的比较对象，即行业中最强的竞争对手；而对行业吸引力的评价则存在着较大的模糊性，因为没有明确的比较对象。这种比较对象的模糊性，常常导致结果的模糊性。

3. 确定投资优先顺序的方法之间有冲突

人们在企业管理实践中做出投资决策时，往往习惯于用技术经济的方法，如净现值法进行论证和选择，所以导致行业吸引力–竞争能力提供的投资顺序并不一定为人们所接受。使用净现值法也有一定的缺陷，所以，最好的办法是将这两种方法结合起来使用，即先进行行业吸引力–竞争能力的分析，再进行技术经济的可行性分析。

4. 战略建议的笼统性

GE 矩阵把企业的所有经营单位划分为扩张类、维持类和回收类三种，这本身就有很大的笼统性，同时对处于 9 个象限的 3 种战略所提出的具体战略更是很笼统。这在一定程度上影响了这一方法的实际应用。

第三节　PIMS 分析法

一、PIMS 分析简介

PIMS 是（profit impact of market strategies，市场战略对利润的影响），PIMS 分析又称战略与绩效分析，也叫 PIMS 数据库分析方法。

PIMS 研究最早于 1960 年在 GE 公司内部开展，主要目的是找出市场占有率的高低对一个经营单位的业绩到底有何影响。以 GE 各个经营单位的一些情况作为数据来源，经过几年的研究和验证，研究人员建立了一个回归模型。该模型能够辨别出与投资收益率密切相关的一些因素，而且这些因素能够较强地解释投资收益率的变化。

到 1972 年，PIMS 研究的参与者已不再局限于 GE 公司内部的研究人员，而是包括哈佛商学院和市场科学研究所的学者。在这个阶段，该项研究所用的数据库不仅涉及 GE 公司的情况，还包括许多其他企业内经营单位的信息资料。

1975 年，参加 PIMS 研究的成员公司发起成立了一个非营利性的研究机构，名为战略规划研究所，由它来负责管理 PIMS 项目并继续进行研究。迄今为止，已有 200 多个公司参加了 PIMS 项目，其中多数在《财富》世界 500 强中榜上有名。

后期 PIMS 研究的主要目的是发现市场法则。PIMS 分析的主要目的是发现决定业务战略的某些市场法则，研究影响投资收益率现金及利润变动情况的战略因素以及特定业务可以采取的战略类型。具体来说，它要回答下面几个问题。

（1）对于一个给定的经营单位，考虑到它的特定市场、竞争地位、技术、成本结构等因素，什么样的利润水平算是正常的和可以接受的？

（2）哪些战略因素能够解释各经营单位之间经营业绩的差别？

（3）在给定的经营单位中，一些战略性变化如何影响投资收益率和现金流量？

（4）为了改进经营单位的绩效，应进行怎样的战略性的变化，以及在什么方向上做出这些变化？

二、PIMS 分析时所需的信息支持

PIMS 项目的研究对象是各企业中的战略经营单位。因此，PIMS 项目的数据库是关于这些战略经营单位情况的大汇总。目前，PIMS 数据库已采集了 2000 多个经营单位 4～8 年的信息资料，对每一经营单位收集的信息条目达 100 多项，它们可归为下列几大类。

（1）经营单位环境的特性：①长期市场增长率；②短期市场增长率；③产品售价的通货膨胀率；④顾客的数量及规模；⑤购买频率及数量。

（2）经营单位的竞争地位：①市场占有率；②相对市场占有率；③相对于竞争对手的产品质量；④相对于竞争对手的产品价格；⑤相对于竞争对手来说提供给职工的报酬水平；⑥相对于竞争对手的市场营销努力程度；⑦市场细分的模式；⑧新产品开发率。

（3）生产过程的结构：①投资强度；②纵向一体化程度；③生产能力利用程度；④设备的生产率；⑤劳动生产率；⑥库存水平。

（4）可支配的预算分配方式：①研究与开发费用；②广告及促销费用；③销售人员的开支。

（5）经营单位业绩：①投资收益率；②现金流量。

三、PIMS 研究的主要结论

经过多年的研究，PIMS 研究已得出了 9 条关键的结论。

1. 投资强度

投资强度以投资额对销售额的比值来度量，或更准确地说，以投资额对附加价值的比率来表示。总的来说，较高的投资强度会带来较低的投资收益率和现金流量，这样机械化、自动化和库存成本强度较高的经营单位通常显示出较低的投资收益率。然而，对于资本密集的经营单位来说，可以通过以下措施来降低投资强度对利润的影响：集中于特定的细分市场；扩大产品线宽度；提高设备生产能力的利用率；开发在能力和用途上有灵活性的设备；尽可能租赁设备而不购买。

2. 劳动生产率

劳动生产率以每个职工平均创造的附加价值来表示。它对经营业绩有较大的影响，劳动生产率高的经营单位较劳动生产率低的经营单位具有较好的经营业绩。

3. 市场竞争地位

相对市场占有率对经营业绩有较大的影响，较高的市场占有率会带来较高的收益，高市场占有率与低投资强度结合能产生较多的现金；反之，低市场占有率和高投资强度会带来现金的枯竭。

4. 市场增长率

一般来说，较高的市场增长率会带来较多的利润总额，但对投资收益率没有什么影响，对现金流量有不利的影响。也就是说，处于高市场增长率行业的经营单位需要耗费资金来维持或提高其所处的竞争地位，因而减少了现金回流。相对市场占有率高和市场增长率低的经营单位（金牛类）产生最多的现金，而瘦狗类和幼童类产生负的现金回流。

5. 产品或服务的质量

产品质量与经营业绩密切相关。出售高质量产品（服务）的单位较出售低质量产品（服务）的单位具有较好的经营业绩。此外，产品质量与市场占有率具有强正相关关系，二者起互相加强的作用。当一个经营单位具有较高的市场占有率并出售较高质量的产品时，其经营业绩也最好。

6. 革新或差异化

如果一个经营单位已经具有了较强的市场竞争地位，则采取开发出较多的新产品、增加研究与开发的费用以及加强市场营销努力等措施会提高经营业绩。反之，如果经营单位市场竞争地位较弱，采用上面的措施会对利润有不利的影响。

7. 纵向一体化

一般来说，对处于成熟期或稳定市场中的经营单位，提高纵向一体化程度会带来较好的经营业绩。而在迅速增长或处于衰退期的市场条件下，提高纵向一体化程度对经营业绩有不利的影响。

8. 成本因素

工资增加、原材料涨价等生产成本的上升对经营业绩的影响程度及方向是比较复杂的，这取决于经营单位如何在内部吸收成本上升部分或怎样将增加的成本转嫁给客户。

9. 现时的战略努力方向

改变上述任一因素，都会以这一因素对业绩影响的相反方向影响着经营单位的未来业绩。例如，较高的市场占有率会产生较多的现金流量。但是，如果经营单位试图提高市场占有率，则会消耗现金。

除此以外，PIMS 研究还发现，产品的特点与企业业绩没有关系，起决定作用的是如上所述的经营单位的特点。无论是生产钢铁产品的经营单位，还是机电产品或化工产品的经营单位，如果它们的特点基本相似，则它们会有相似的经营业绩。

四、PIMS 分析方法的缺点

我国学者对 PIMS 分析方法的缺点进行了研究，其缺点主要表现在以下两个方面。

（1）PIMS 分析方法主要是通过不断完善企业战略评价指标体系，不断扩充数据库资料来完成的。但是在数据资料的统计分析上，还存在较大的缺陷，那就是忽略了评价指标之间的相关性问题。在评价指标相关性很大的情况下，利用多元线性回归方程对绩效影响因素进行筛选与量化，其分析结果存在很大的偏差，结果的可信度受到影响。同时，对指标之间的相对重要程度也没有进行进一步的分析。

（2）在具体的评价指标体系上，PIMS 分析方法只局限于企业的战略经营单位的特征性指标。对于我国多数处于发展阶段、战略经营单位区分还不是很明显的企业，其实际应用价值打了折扣，这不利于其在我国的引用。

第四节　汤姆森和斯特克兰方法

一、鉴别战略簇

汤姆森和斯特克兰方法建立于波士顿咨询公司的 BCG 矩阵法的基础之上，经汤姆森（A. Thornson）和斯特克兰（A. J. Strickland）二人加以完善之后而提出。它用市场增长状况和竞争地位作为决定经营单位选择战略的两个参数。市场增长状况分为迅速和缓慢两级，竞争地位也分为强和弱两级。图 13-7 画出了市场增长状况与竞争地位的四种组合或四个象限，以及每种象限内的战略方案组合。

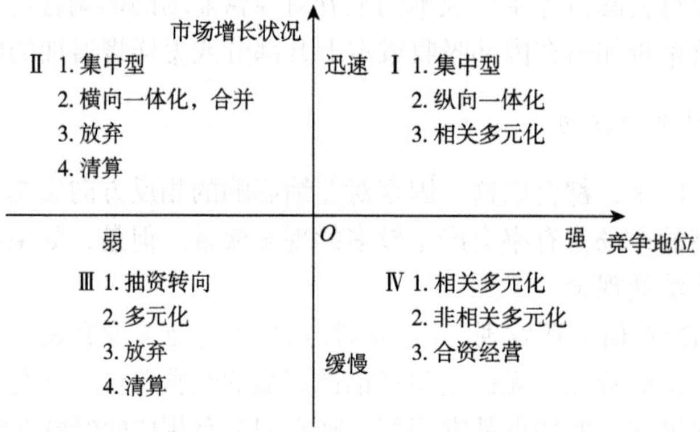

图 13-7　鉴别战略簇

二、各象限企业的战略选择

（一）象限Ⅰ中的企业

象限Ⅰ中的企业（快速的市场增长与强劲的竞争地位）处于优越的战略地位。因此，最合理的战略是集中经营现有的产品或服务，预期企业会做出努力以保持或提高市场占有率，进行必要的投资以继续处于领导地位。此外，处于象限Ⅰ的公司还可考虑实行纵向一体化，以作为巩固其市场地位和保持其利润收益的一种战略选择，在企业具有财力资源和企业具有工艺导向时更应如此。企业突出的优势还可为企业进行相关多元化发展提供机会，这可作为分散风险的一条措施。

（二）象限Ⅱ中的企业

象限Ⅱ中的企业市场增长迅速，但竞争地位弱。推荐的战略首先是集中经营现有产品或服务。然而，实施这一战略必须回答两个基本问题：为什么目前的措施导致了很弱的竞争地位？应采取什么措施来成为一个有效的竞争者？在市场迅速扩大的条件下，如果企业有资源并能够克服战略上或组织上的弱点，它总能寻找出一个有利的空隙市场。此外，如果企业缺少成功地实施集中生产现有产品或服务战略的条件，则可与具有此种条件的企业实现横向一体化或合并。假若以上战略方案都不可行，则最合逻辑的战略是跳出该行业。具有多种经营业务的企业可考虑放弃某一经营单位；生产单一产品的企业可采取清算战略。

（三）象限Ⅲ中的企业

（1）抽资转向。象限Ⅲ中的企业处于停滞的市场中且具有较弱的竞争地位，这样的企业前景不好，应主动选择抽资转向战略来释放无生产率的资源，将资源用于其他可能的发展项目上。

（2）多元化。在企业产品所面对的市场增长缓慢时，企业可集中有限资源开展相关多元化或非相关多元化经营，寻求新的市场商机和盈利空间。

（3）放弃。上述战略无法实施时，放弃这一业务，跳出该行业。

（4）清算。有时，清算战略不失为一种最好的选择。

（四）象限Ⅳ中的企业

（1）相关多元化。象限Ⅳ中的企业虽然市场增长缓慢，但竞争地位强劲。这种条件下，企业往往具有多余现金，可以利用这些多余的现金来开展多元化的项目。相关多元化战略是第一选择，它可利用公司显著的优势来取得主导地位。

（2）非相关多元化。有时，相关多元化战略的发展空间并不理想，此时，可考虑非相关多元化战略，去寻求新的发展机会。

（3）合资经营。合资经营也是一种合乎逻辑的选择方案。不论采用哪种方案，都是为了减少对现有经营项目的投资，从而释放出大量的资金用在新的发展方向上。

思考题

1. 描述 BCG 矩阵中的四个象限。

2. 举例说明 GE 矩阵等级值计算的主观性、行业吸引力评价的模糊性如何影响该方法的使用效果。

3. 简述 GE 矩阵的主要结论。

4. 什么是 PIMS 研究的主要结论？这些结论对一个经营单位的竞争有何启示？

5. 试比较汤姆森和斯特克兰方法与 BCG 矩阵法的优缺点。

6. 选择一个你熟悉的公司，描述它在战略评价时所使用的战略评价方法或工具。

案例分析

基于 BCG 矩阵构建合理的业务组合

第四篇

企业战略实施与控制

本篇对企业战略实施、战略性公司治理和企业战略控制进行介绍，企业战略实施对战略实施的阶段、原则、模式及与资源配置的关系进行阐述，并对企业战略与组织结构、领导与战略的匹配、企业文化与战略管理、战略人力资源管理等内容进行了介绍；战略性公司治理主要介绍了公司治理模式和战略性公司治理的一般框架；企业战略控制主要介绍了企业战略控制的原则、特征、类型及方法。

第十四章　企业战略实施

本章学习目标

1. 了解战略实施与资源配置的关系
2. 掌握组织结构的基本类型，组织结构与战略的相互关系
3. 掌握领导理论，理解领导与战略的匹配
4. 理解企业文化是战略实施的重要保证
5. 理解战略人力资源管理与企业战略的相互关系

案例引导

执行力让战略落地

第一节　战略实施与资源配置

战略实施，是将企业制定的战略落实为行动的过程。企业战略的实施是战略管理过程的行动阶段，直接关乎战略的成败，好的战略需要强有力的执行才能实现管理者的战略意图。

企业战略的实施是一个自上而下的动态管理过程。“自上而下”主要是指，在企业高层制定了战略目标后，在各层级梯次传达的过程。在这个梯次传达执行的过程中，各部门分工和执行各自的工作内容。“动态”是指在战略实施的过程中，一般通过“分析—决策—执行—反馈—再分析—再决策—再执行”的修正循环来达到战略的目的。

一、企业战略实施的阶段

企业战略实施根据时间周期可分为以下四个阶段。

（1）战略动员阶段。这个阶段，企业的领导人需要将企业战略愿景和使命植入员工的思想中，调动起员工实现新战略的积极性。培训是提高战略思想观念的重要方法，企业管理人员和员工要在培训中接受新的观念，树立新的战略视野。如果企业的战略思想不能够被广大员工理解和接受，就不能够获得员工的广泛支持，战略的实施也不能达到战略所设的目标。在发动员工的过程中要努力争取战略的关键执行人员的理解和支持，企业的领导人要考虑机构和人员的认识调整问题，扫清战略实施的障碍。

（2）战略计划阶段。将战略目标分为几个实质性阶段来实施，每个阶段制定相应的分目标，相应地有每个阶段的政策措施、部门策略和方针来保证每个目标的准确达成。对于各个小目标的实施要统筹规划，拟定时间表，做好目标的衔接，对各个目标都要有准确的描述。这些工作的目的就是使战略最大限度地具体化，变成企业各个部门可以具体操作的业务。

（3）战略运作阶段。企业战略的实施运作与下面六个因素有关，即领导人员的素质与价值观念、企业的组织结构、企业文化、资源结构与分配、信息交流、控制与激励。这六项因素使战略真正融入企业的生产经营活动中，成为企业经营管理的工作核心。

（4）战略的控制与评估阶段。战略是在变化的环境中进行的，企业需要加强对战略执行过程的有效控制与评价，适应环境的变化，才能完成战略任务。这一阶段主要是建立控制系统、评估绩效和偏差、纠正偏差三个方面。

二、企业战略实施的原则

1. 合理性的原则

由于信息的不对称性、资源的有限性、认知能力以及时间的限制，企业战略的决策方案不是采用最优的，而是采用最满意的。而且在战略实施的过程中，企业外部环境及内部条件的变化较大，情况比较复杂，因此只要在主要的战略目标上基本达到了战略预定的目标，就认为这一战略的制定及实施是成功的。战略的实施过程不是一个简单机械的执行过程，而是需要执行人员大胆创造、大量革新的过程。

另外，企业的经营目标总是要通过一定的组织机构分工实施的，把庞大而复杂的总体战略分解为具体的、较为简单的、易于管理和控制的问题，由企业内部各部门、各基层组织分工去贯彻和实施。组织结构是适应企业经营战略的需要而建立的，一个组织的建立不可避免地要形成自己所关注的利益，这种利益在各组织之间以及和企业整体利益之间时常会发生一些冲突，企业的高层管理者要做的工作是解决这些冲突，保证组织的协调运行。只要不损害总体目标和战略的实现，适度的妥协和忍让是可以接受的。即在战略实施中要遵循适度的合理性原则。

2. 统一领导、统一指挥的原则

企业的高层领导深刻了解企业的经营战略，他们掌握的信息全面，对战略资源的关系了解更多，因此，战略的实施应当由高层领导统一领导、统一指挥。这样，资源的分配和组织结构的调整以及信息的沟通控制等各方面才能相互协调，企业的战略目标才可以有效地实现。

统一指挥的原则，要求企业的每个部门只接受一个直线上司的命令。在战略执行中遇到的问题，若能在小范围、低层次解决，就不要放到更大范围、更高层次去解决。这样做所付出的代价最小，因为越高的层次涉及的需要调整的方面越多，关系也越复杂。

3. 权变原则

企业战略的制定都是基于对一定的宏观和微观环境条件的假设，战略实施过程中环境的变化与假定的情况不一致是很常见的，战略的权变原则就是应对这一问题而提出的。对于可控环境的变化，战略的调整要及时，对不可控的内外环境变化，需要重新考虑战略的方案。在可控范围内，企业战略的实施方案是可以随着环境的变化进行相应调整的。

权变原则应当贯穿于战略实施的全过程。从战略的制定到战略的实施，权变原则要求识别出战略实施中的关键变量，并对它做出灵敏度分析，根据关键变量的变化范围调整战略，并准备相应的替代方案。

三、企业战略实施的模式

1. 指挥型

指挥型是企业总经理考虑如何制定一个最佳战略。在实践中，计划人员要向总经理提交企业经营战略报告，总经理做出结论，向高层管理人员提交企业战略，然后强制下层管理人员执行。

指挥型战略的运用有以下约束条件。

（1）总经理有较高的权威，通过下达命令来推动战略实施。

（2）只能在战略比较容易实施的条件下运用。企业组织结构一般都是高度集权制的体制，企业环境稳定，能够集中大量的信息，多种经营程度较低，企业处于强有力的竞争地位，资源较为宽松。要求战略制定者与战略执行者的目标比较一致，战略对企业现行运作系统不构成威胁。

（3）要求企业能够准确有效地收集信息并能及时汇总到总经理的手中。它对信息条件要求较高，不适应高速变化的环境。

（4）要有较为客观的规划人员。在权力分散的企业中，各事业部常常因为强调自身的利益而影响企业总体战略的合理性。

这种模式的缺点是把战略制定者与执行者分开，即高层管理者制定战略，强制下层管理者执行战略。因此，下层管理者缺少了执行战略的动力和创造精神，甚至会拒绝执行战略。

2. 变革型

变革型是企业总经理考虑如何实施企业战略。在战略实施中，总经理需要对企业进行一系列的变革。例如，建立新的组织机构、新的信息系统；变更人事；兼并或合并经营范围；采用激励手段和控制系统以促进战略的实施等。为进一步增加战略成功的机会，企业战略领导者往往采用以下三种方法。

（1）建立新的组织机构向全体员工传递新战略的战略重点是什么，把企业的注意力集中于战略重点领域。

（2）建立战略规划系统、效益评价系统，采取各项激励政策支持战略的实施。

（3）充分调动企业内部人员的积极性，尽力争取对战略的支持。

这种模式在许多企业中比指挥型战略模式更加有效，但这种模式也未解决指挥型模式存在的如何获得准确信息的问题。同时也产生了新的问题，即新的组织机构及控制系统失去了灵活性，在外界环境变化时战略的变化更为困难。从长远观点来看，具有环境不确定性的企业，应该避免采用不利于战略灵活性的措施。

3. 合作型

合作型是企业总经理考虑如何让其他高层管理人员从战略实施开始就承担有关的战略责任。为发挥集体的智慧，企业总经理要和企业其他高层管理人员一起对企业战略问题进行充分论证，形成一致的意见，制定出战略；再进一步落实和贯彻战略，使每个高层管理者都能够在战略制定及实施的过程中做出各自的贡献。

合作型的模式克服了指挥型模式和变革型模式存在的两大局限性，使总经理接近其他层的管理人员，获得比较准确的信息。同时，战略的制定是建立在集体的基础上的，从而提高了战略实施成功的可能性。

该模式的缺点是，战略是不同观点参与者相互协商折中的产物，可能会使战略的经济合理性有所降低；同时仍然存在着谋略者与执行者的区别，仍未能充分调动全体管理人员的智慧和积极性。

4. 文化型

文化型是企业总经理考虑如何动员全体员工参与战略实施活动。即企业总经理运用企业文化的手段，不断向企业全体成员灌输战略思想，建立共同的价值观和行为准则，使所有成员在共同的文化基础上参与战略的实施活动。这种模式打破了战略制定者与执行者的界限，力图使每一位员工都参与制定和实施企业战略，使企业各部分人员都在共同的战略目标下工作，使企业战略实施迅速、风险小、实施效果好。

文化型模式也有局限性，表现为以下几个方面。

（1）必须建立在企业员工高素质的基础之上。

（2）极为强烈的企业文化，可能会掩饰企业中存在的某些问题，企业也要为此付出代价。

（3）采用这种模式要耗费较多的人力和时间，而且还可能因为企业的高层不愿意放弃控制权，从而使员工参与战略制定及实施流于形式。

5. 增长型

增长型是企业总经理考虑如何激励下层管理人员制定实施战略的积极性及主动性，为企业效益的增长而奋斗。总经理要认真对待下层管理人员提出的一切有利于企业发展的方案，只要方案基本可行，符合企业战略发展方向，在与管理人员探讨了解决方案中的具体问题的措施以后，应及时批准这些方案，以鼓励员工的首创精神。采用这种模式，企业战略不是自上而下的推行，而是自下而上的产生。

在20世纪60年代以前，企业界认为管理需要绝对的权威，这种情况下，指挥型模式是必要的。20世纪60年代，钱德勒的研究结果指出，为了有效地实施战略，需要调整企业组织结构，这样就出现了变革型模式。合作型、文化型及增长型三种模式出现较晚，但从这三种模式中可以看出，战略的实施充满了矛盾和问题，在战略实施过程中只有调动各种积极因素，才能使战略获得成功。上述五种战略实施模式在制定和实施战略上的侧重点不同，指挥型和合作型更侧重于战略的制定，而把战略实施作为事后行为，而文化型及增长型则更多地考虑战略实施问题。实际上，在企业中上述五种模式往往是交叉或交错使用的。

章内阅读 14-1

战略实施的7-S模型

二十世纪六七十年代，美国人饱受了经济不景气、失业的苦恼，同时听够了有关日本企业成功经营的艺术等各种说法，也在努力寻找着适合本国企业发展振兴的法宝。汤姆·J. 彼得斯（Thomas J. Peters）和罗伯特·H. 沃特曼（Robert H. Waterman）这两位斯坦福大学的管理学硕士，长期服务于美国著名的麦肯锡管理顾问公司的学者，访问了美国历史悠久、最优秀的62家大公司，又以获利能力和成长的速度为准则，挑出了43家杰出的模范公司，其中包括IBM、德州仪器、惠普、麦当劳、柯达、杜邦等各行业中的翘楚。他们对这些企业进行了深入调查，并与商学院的教授进行讨论，以麦肯锡管理顾问公司研究中心设计的企业组织七要素（简称7-S模型）为研究的框架，总结了这些成功企业的一些共同特点，写出了《追求卓越》一书，使众多的美国企业重新找回了失落的信心。

7-S模型指出企业在发展过程中必须全面地考虑各方面的情况，包括结构（structure）、制度（system）、风格（style）、员工（staff）、技能（skill）、战略（strategy）、共同价值观（shared value）。也就是说，企业仅具有明确的战略和深思熟虑的行动计划是远远不够的，因为企业还可能会在战略执行过程中失误。因此，战略只是其中的一个要素。

在模型中，战略、结构和制度被认为是企业成功的“硬件”，风格、员工、技能和共同价值观被认为是企业成功经营的“软件”。麦肯锡管理顾问公司的7-S模型提醒世界各国的经理们，“软件”和“硬件”同样重要，两位学者指出，各公司长期以来忽略的人性，如非理性、固执、直觉、喜欢非正式的组织等，其实都可以加以管理，这与各企业的成败息息相关，绝不能忽略。

资料来源：彼得斯 T J，沃特曼 R. 2012. 追求卓越. 胡玮珊，译. 北京：中信出版社.

四、企业战略资源及配置

1. 企业战略资源

企业战略资源是指企业用于战略行动及其计划推行的人力、财力、物力等资财的总和。其中也包括时间与信息，它们属于无形战略资源。而时间与信息在某种条件下可能会成为影响企业战略实施的关键性战略资源。企业这些战略资源是战略转化为行为的前提条件和物资保证。

战略资源学派认为，企业战略的主要内容是如何培育企业独特的战略资源，以及最大限度地优化配置这种战略资源的能力。在企业竞争实践中，每个企业的资源和能力是各不相同的，同一行业中的企业也不一定拥有相同的资源和能力。这样，企业战略资源和企业在运用这种战略资源的能力方面的差异，就成为企业竞争优势的源泉。因此，企业竞争战略的选择必须最大限度地有利于培植和发展企业的战略资源，而战略管理的主要工作就是培植和发展企业对自身拥有的战略资源的独特的运用能力，即核心能力；而核心能力的形成需要企业不断地积累战略制定所需的各种资源，需要企业不断学习、不断创新、不断超越。只有在核心能力达到一定水平后，企业才能通过一系列组合和整合形成自己独特的，不易被人模仿、替代和占有的战略资源，才能获得和保持持续的竞争优势。

2. 企业战略资源规划

企业战略资源规划就是对企业拥有的战略资源的分配，包括对有形战略资源和无形战略资源的分配，它是指按照企业战略目标和战略资源价值极大化的原则，对所属战略资源进行的具体分配。企业在推进战略的过程中的战略转换往往就是通过资源分配的变化来实现的。由于企业战略资源中，无形资源很难把握，而除人力资源之外的有形资源均可以用价值形态来衡量，企业对这些战略资源的整合能力形成了企业的竞争实力。战略资源规划应充分考虑战略资源本身的特点。

（1）战略资源的流动方向和流动速度取决于战略规划的决定。

（2）企业中可支配的资源总量和结构具有一定的不确定性，在战略实施的过程中，资源的稀缺程度、结构会发生各种变化。

（3）战略资源的可替代程度高。由于战略实施周期长，随着科学技术的进步，原来稀缺的资源可能会变得十分丰裕，也可能发生相反的变化。

（4）无形资源的影响程度难以准确地预测。例如，企业的信誉资源对企业获取公众的支援、政府的帮助会产生很大的影响。正因为如此，企业的战略管理者在实施战略时，必须充分了解这些战略资源的内在特质，并做出适当的预防措施。只有这样，方能保证战略的平稳运行。

章内阅读 14-2

《孙子兵法》中的管理之道：善用资源

善用兵者，役不再籍，粮不三载，取用于国，因粮于敌，故军食可足也。国之贫于师者远输，远输则百姓贫；近师者贵卖，贵卖则百姓财竭，财竭则急于丘役。

管理启示：在管理企业时，要会善用本企业的各种资源，要提高企业资金的利用率、机器设备的利用率、人力资源与客户资源的有效利用，以及本企业的知识与信息的利用率。如果资源闲置，而不能创造新的价值，那么，对企业来说就是一种被浪费的成本。

在运营中要做好充分的准备工作，有备无患。做事情、做业务要有预见性。特别是向银行贷款，要提早申请信用额度，企业需要钱时，就不会出现资金流短缺的现象，就不会影响企业正常的运作。

企业在进行财务管理时，要把税后利润分成“三三制”。30%用作企业再生产的经费。30%存入银行或者购买国债，还有能使资金升值的基金等。万一企业急需用钱，这些存起来的钱就能救企业。另外30%用作企业股东、员工、利益相关者的红利等。最后10%用作机动资金。

如果员工都不想在企业工作了，企业的资金用完了，企业还欠金融部门很多债，而且再也借不到钱了，或者产品销不出去，没有市场，或者没有生产订单，那么企业就危险了。这些问题都要进行危机管理，提前要有解决方案与策略，要有脚本计划，万一企业出现生存危机，就不会手忙脚乱，可以从容面对。

企业最重要的是解决销售的问题，如果生产的产品都积压在仓库里，企业还一直在生产，原材料、资金耗完了，工资发不出了，银行借不到贷款了，积压仓库的产品每天都要库存成本。这样的情况，就算是智谋高深的管理人员，也无法解救危局。

善于经营企业的人，企业的资金不是自己出的，而是通过银行等金融机构“借鸡生蛋”。

导致企业贫困有几个方面的原因是没考虑过的：一是企业选址的问题，没有考虑交通的远近，导致企业成本的增加。二是企业没有想过节俭的问题，不善于理财，导致成本的增加。三是企业的管理问题，不会管理的企业，往往是高成本、低产出，低效运营。

企业要把产品做成品牌，名牌产品可得到高附加值，能让企业得到更多的利润。

企业在管理时，要通过重奖来激励员工，重赏之下，必有勇夫，不可忽视金钱的激励作用；对暂时遇到困境的经营好的企业或者是比较有潜力的企业，可收购、兼并；把企业做大做强。不要把眼光总盯在国内，而应该以全球化的视角来经营企业。

企业在做决策时，如果时间紧急，就要迅速决策，不要拖，以免错失良机。对于时间不紧急的决策，最好是采取集体或者民主型决策，集思广益。

资料来源：李文武. 2010.《孙子兵法》中的管理之道：善用资源. https://www.docin.com/p-172602468.html[2010-01-18].

第二节　企业战略与组织结构

组织结构的概念有广义和狭义之分。狭义的组织结构，是指为了实现组织的目标，在组织理论的指导下，经过组织设计形成的组织内部各个部门、各个层次之间固定的排列方式，即组织内部的构成方式。广义的组织结构，除了包含狭义的组织结构内容外，还包括组织之间的相互关系类型，如专业化协作、经济联合体、企业集团等。

一、组织结构的基本类型

1. 直线制

直线制是一种最早也是最简单的组织结构形式。它是企业各级行政单位从上到下实行垂直领导，下属部门只接受一个上级的指令，各级主管负责人对所属单位的一切问题负责；厂部不另设职能机构（可设职能人员协助主管负责人工作），一切管理职能基本上都由行政主管自己执行。直线制组织结构的优点是结构比较简单，责任分明，命令统一。缺点是它要求行政负责人通晓多种知识和技能，亲自处理各种业务。在业务比较复杂、企业规模比较大的情况下，把所有管理职能都集中到最高主管一个人身上，这显然是难以胜任的。因此，直线制只适用于规模较小、生产技术比较简单的企业，对生产技术和经营管理比较复杂的企业并不适宜。

2. 职能制

职能制组织结构，是各级行政单位除主管负责人外，还相应地设立一些职能机构。例如，在厂长下面设立职能机构和人员，协助厂长从事职能管理工作。这种结构要求行政主管把相应的管理职责和权力交给相关的职能机构，各职能机构就有权在自己业务范围内向下级行政单位发号施令。因此，下级行政负责人除了接受上级行政主管人指挥外，还必须接受上级各职能机构的领导。

职能制的优点是能适应现代化工业企业生产技术比较复杂、管理工作比较精细的特点；能充分发挥职能机构的专业管理作用，减轻直线领导人员的工作负担。但缺点也很明显：它妨碍了必要的集中领导和统一指挥，形成了多头领导；不利于建立和健全各级行政负责人和职能科室的责任制，中间管理层往往出现有功大家抢、有过大家推的现象；另外，在上级行政领导和职能机构的指导和命令发生矛盾时，下级就无所适从，影响工作的正常进行，容易造成纪律松弛、管理秩序混乱。由于这种组织结构形式的明显缺陷，现代企业一般都不采用职能制。

3. 直线职能制

直线职能制，也叫生产区域制，或直线参谋制。它是在直线制和职能制的基础上，取长补短，吸取这两种形式的优点而建立起来的。目前，绝大多数企业都采用这种组织结构形式。这种组织结构是把企业管理机构和人员分为两类，一类是直线领导机构和人员，按命令统一原则对各级组织行使指挥权；另一类是职能机构和人员，按专业化原则，从事组织的各项职能管理工作。直线领导机构和人员在自己的职责范围内有一定的决定权和对所属下级的指挥权，并对自己部门的工作负全部责任。而职能机构和人员，则是直线指挥人员的参谋，不能对直接部门发号施令，只能进行业务指导。

直线职能制的优点是：既保证了企业管理体系的集中统一，又可以在各级行政负责人的领导下，充分发挥各专业管理机构的作用。其缺点是：职能部门之间的协作和配合性较差，职能部门的许多工作要直接向上层领导报告请示才能处理，这一方面加重了上层领导的工作负担，另一方面也导致办事效率低。为了克服这些缺点，可以设立各种综合委员会，或建立各种会议制度，以协调各方面的工作，起到沟通作用，帮助高层领导出谋划策。

4. 事业部制

事业部制最早是由美国通用汽车公司总裁斯隆于 1924 年提出的，故有“斯隆模型”之称，是一种高度集权下的分权管理体制。它适用于规模庞大、品种繁多、技术复杂的大型企业，是国外较大的联合公司所采用的一种组织结构形式，近几年我国一些大型企业集团或公司也引进了这种组织结构形式。事业部制是分级管理、分级核算、自负盈亏的一种组织结构。即一个企业按地区或按产品类别分成若干个事业部，从产品的设计、原料采购、成本核算、产品制造一直到产品销售，均由事业部及所属工厂负责，实行单独核算、独立经营，企业总部只保留人事决策、预算控制和监督大权，并通过利润等指标对事业部进行控制。也有的事业部只负责指挥和组织生产，不负责采购和销售，实行生产和供销分立，但这种事业部正在被产品事业部所取代。

5. 模拟分权制

模拟分权制是介于直线职能制和事业部制之间的组织结构形式。

许多大型企业，如连续生产的钢铁、化工企业，由于产品品种或生产工艺过程所限，难以分解成几个独立的事业部；又由于企业的规模庞大，高层管理者感到采用其他组织结构都不容易管理，这时就出现了模拟分权制。模拟，就是要模拟事业部制的独立经营、单独核算，而不是分成真正的事业部，实际上是一个个生产单位。这些生产单位有自己的职能机构，享有尽可能大的自主权，负有模拟性的盈亏责任。这种组织结构的目的是要调动它们的生产经营积极性，改善企业的生产经营管理。需要指出的是，各生产单位由于生产上的连续性，很难将它们截然分开，就以连续生产的石油化工为例，甲单位生产出来的产品直接就成为乙单位的原料，这当中无须停顿和中转。因此，它们之间的经济核算，只能依据企业内部的价格，而不是市场价格，也就是说这些生产单位没有自己独立的外部市场，这也是与事业部的差别所在。

模拟分权制的优点除了调动各生产单位的积极性外，还解决了企业规模过大、不易管理的问题。高层管理人员将部分权力分给生产单位，减少了自己的行政事务，从而把精力集中到战略问题上来。其缺点是不易为模拟的生产单位明确任务，造成考核上的困难；各生产单位领导人不易了解企业的全貌，在信息沟通和决策权方面也存在着明显的缺陷。

6. 矩阵制

在组织结构上，把既有按职能划分的垂直领导系统，又有按产品（项目）划分的横向领导关系的结构，称为矩阵制组织结构。

矩阵制是为了改进直线职能制横向联系差、缺乏弹性的缺点而形成的一种组织结构。它的特点表现在围绕某项专门任务成立跨职能部门的专门机构上。例如，组成一个专门的产品（项目）小组去从事新产品开发工作，在研究、设计、试验、制造各个不同阶段，由有关部门派人参加，力图做到条块结合，以协调有关部门的活动，保证任务的完成。这种组织结构形式是固定的，人员却是变动的，需要谁，谁就来，任务完成后就可以离开。项目小组和负责人也是临时组织和委任的，任务完成后就解散，有关人员回原单位工作。因此，这种组织结构非常适用于横向协作和攻关项目。

矩阵制组织结构的优点是机动、灵活，可随项目的开发与结束进行组织或解散。由于这种结构是根据项目组织的，任务清楚，目的明确，各方面有专长的人都是有备而来。因此，在新的工作小组里，成员能沟通融合，能把自己的工作同整体工作联系在一起，为攻克难关、解决问题而献计献策。此外，从各方面抽调来的人员都带有信任感、荣誉感，从而增加了他们的责任感，激发了他们的工作热情，有利于项目的实现。矩阵制组织结构加强了不同部门之间的配合和信息交流，克服了直线职能制中各部门互相脱节的现象。

矩阵制组织结构的缺点是项目负责人的责任大于权力。因为参加项目的人员都来自不同部门，隶属关系仍在原单位，只是为“会战”而来，所以项目负责人对他们管理困难，没有足够的激励手段与惩治手段。这种人员上的双重管理是矩阵制的先天缺陷。另外，项目组成人员来自各个职能部门，当任务完成以后，仍要回原单位，因而容易产生临时观念，对工作有一定的影响。

矩阵制组织结构适用于一些重大攻关项目。企业可用来完成涉及面广的、临时性的、复杂的重大工程项目或管理改革任务，特别适用于以开发与实验为主的单位，如科学研究，尤其是应用性研究单位等。

二、战略与组织结构的关系

任何一个企业的组织结构为组织中各种劳动分工与协调方式的总和。它规定着组织内部各个组成单位的任务、职责、权利和相互关系。

上述组织结构的定义有四项关键的成分。

（1）整个组织的任务与职责在个人间及部门间来划分。

（2）正式报告关系，包括等级层次和控制幅度。

（3）个人汇成部门、部门汇成整个组织的聚集情况。

（4）在纵向和横向上确保有效沟通、协调和一体化的体系。

美国学者钱德勒最早对战略与组织结构的关系进行研究。他在 1962 年出版的《战略与结构》一书中，研究了 70 家公司的发展历史，特别是杜邦公司、通用汽车公司、西尔斯・罗巴克公司和标准石油公司等美国四大公司的发展历史，从而描绘了美国工业企业不同的历史发展阶段所产生的战略，以及伴随这些战略而形成的组织结构。

（1）数量扩大战略阶段。在工业发展的初期，企业的外部环境比较稳定，此时，企业只要扩大生产数量，提高生产效率，便可获得高额利润。在这种情况下，企业采用的是数量扩大战略，即在一个地区内扩大企业产品或服务的数量。与此相适应，企业的组织结构比较简单，往往只需要设立一个单纯执行生产或销售职能的办公室。

（2）地区扩散战略阶段。随着工业化进一步发展，当一个地区的生产或销售已经不能满足企业发展的速度与需求时，企业则要求将产品或服务扩散到其他总部与部门的组织结构，它们共同管理的职能都是相同的。

（3）纵向一体化战略阶段。在工业增长阶段的后期，企业所承受的竞争压力增大。为了减少竞争的压力，企业希望自己拥有一部分原材料的生产能力，或者拥有自己的分销渠道，这就产生了纵向一体化战略。与此相适应，企业中出现了中心办公室机构和多部门的组织结构。企业各部门之间有很强的加工或销售上的依赖性，在生产经营过程中存在着内在联系。

（4）多种经营战略阶段。在工业发展进入成熟期时，企业为了避免投资或经营的风险，持续保持高额利润，往往开发出与企业原有产品毫无关系的新产品系列，甚至兼并生产这类新产品系列的企业，这采取的是多种经营战略。与此相适应，企业形成了总公司本部与事业部相结合的组织结构格局，各事业部之间基本上不存在工艺性等方面一体化的联系。

从钱德勒对美国工业企业历史发展的四个阶段分析可以看出：最先做出反应的是战略，而后组织结构才在战略的推动下对环境变化做出反应。这样就形成了战略的前导性和组织结构的滞后性。

（1）战略的前导性：企业战略的变化要快于组织结构的变化。

这是因为，企业一旦意识到外部环境和内部环境的变化提供了新的机会与需求，首先会在战略上做出反应，以此谋求经济效益的增长。

例如，经济的繁荣与萧条、技术革新的发展都会刺激企业增加或减少企业现有的产品或服务，而当企业自身积累了大量的资源时，企业也会据此提出新的发展战略。当然，一个新的战略需要一个新的组织结构，至少在一定程度上需要调整原有的组织结构。

（2）组织结构的滞后性：组织结构的变化常常要慢于战略的改变。

造成这种状况的原因有两个。

一是新旧结构的交替有一定的时间过程。当新的环境出现后，企业首先考虑的是战略。新的战略制定出来后，企业才能根据新战略的要求来改组企业的组织结构。

二是旧的组织结构已经熟悉、习惯，且运用自如。一方面，当新的战略制定出来后，管理人员常常沿用旧有的职权和沟通渠道去管理新的经营活动，总认为原来有效的组织结构不需要改变；另一方面，当管理人员感到组织结构的变化会威胁到他们个人的地位、权力和心理的安全感时，往往会以各种方式抵制必要的改革。

从战略的前导性和组织结构的滞后性可以看出：在环境变化、战略转变的过程中，总是有一个利用旧结构推行新战略的阶段，即交替时期。在战略与组织结构之间的关系中，谁决定谁、谁服从于谁是人们一直关注的焦点。

企业所处的环境是复杂多变的，复杂的企业环境意味着多种影响组织结构的因素并存。一般来说，影响组织结构设计的因素可归纳为两方面：技术和具体制度。组织的任何活动都需要利用一定的技术和反映一定技术水平的特殊手段来进行，技术以及技术设备的水平不仅影响组织活动的效果和效率，而且会对组织的职务设置与部门划分、组织间的关系，以及组织结构的形式和总体特征等产生相当程度的影响。

各企业应根据实际情况，选择适合自己的组织结构，使企业具有较强的适应能力、创新能力、学习能力，以在更为激烈的竞争中处于有利地位。各企业应根据自己的特点和条件，以往和将来国内外企业业务的相对比重，企业的历史背景、业务性质、经营战略以及所处的环境来决定采用何种组织形式。因此，组织结构的设计与管理实际上是一个动态过程。

第三节　领导与战略的匹配

一、领导理论

“领导”是我们在工作、学习及日常生活中出现频率较高的一词，古往今来，学者对“领导”所下的定义种类极多。概括起来，领导的本质是一种影响力，即管理者通过其影响力来影响追随者的行为以有效达到组织目标。因此，领导必须有以下三个要素：①领导者必须有下属或者追随者；②领导者必须拥有影响追随者的能力；③领导行为具有明确的目的，并能通过影响下属来实现组织目标。

有关领导的理论很多，随着管理理论的发展，领导理论大致形成了三种理论学派，即早期的领导特质理论、领导行为理论和后期的领导权变理论。

1. 领导特质理论

领导特质理论产生于20世纪40年代以前，强调领导者的特性或品质是先天的，天赋是一个人能否充当领导者的根本因素。该理论的研究集中于找出领导者实际具有的特性或个人品质，以预测具备什么样的人格特征或品质的人最适合充当领导者。

领导的特质理论以个人是否具有某种领导的特质来区分领导者与非领导者。事实上，尽管研究者付出了很大的努力，但结果表明很难找到一套大家普遍认可的标准特质将领导者与非领导者区分开。应该说，具备某种领导特质，只能使个体有可能成为一名有效的领导者，但不是必然的。要成为一名有效的领导者，还依赖于后天的教育和培养，以及在实践中不断地历练领导的艺术。因此，从20世纪40年代至20世纪60年代，对领导的研究主要集中于领导者在实践中表现出来的行为风格上，研究者关注的焦点在于找出领导者的行为与组织绩效的关系，即什么样的领导行为可以带来组织的高绩效。

2. 领导行为理论

领导行为理论研究萌芽于20世纪中期，那时，许多研究者在调查研究中发现了领导者在领导过程中的领导行为与他们的领导效率之间有密切的关系。因此，为了寻求最佳的领导行为，许多机构进行了大量的研究。其中较为有名、传播较广的是管理方格理论。该理论是继俄亥俄州立大学和密歇根大学的研究之后，在1964年，由美国得克萨斯大学的布莱克（Blake）与穆顿（Mouton）在以往领导行为研究的基础上提出的。在该领导理论中，首先将管理人员的绩效按照导向行为（称为对生产的关心）和维护导向行为（称为对人员的关心）进行评估，给出等级分值。然后以此为基础，把分值标注在两个维度坐标界面上，并在这两个维度坐标轴上分别划出 9 个等级，从而生成81种不同的领导类型。

3. 领导权变理论

领导特质理论研究和领导行为理论研究都是以领导者为出发点，但以领导者个人的内在素质或行为来探究领导现象，就在不同程度上忽略了与领导现象相关的领导环境的重要作用，忽略了被领导者在领导过程中的主动作用。领导权变理论研究把领导者个人特质、下属员工行为及领导环境相互联系起来，从而创造了一套比较完善的领导理论体系。领导权变理论否认有任何固定不变、普遍适用的领导方式的存在，认为任何领导方式在与环境的适当搭配下，均可能成为最有效的领导方式。因此，它没有提出有关最佳领导方式的主张，而是提出了领导方式应与情境搭配的模式。其中影响力较大的有菲德勒权变理论、情景领导理论和路径—目标理论等。

二、领导者能力与战略的匹配

领导者能力与战略的关系，要求领导者的能力必须与所选择的战略相匹配，只有这样，才能达到战略的既定目标。这种匹配包含两方面的内容：其一是要使总经理的能力与战略类型相匹配；其二是要使经理班子中每个人的能力互相匹配。

1. 经理类型

每一个企业战略，都要求总经理具有一套独特的才能。合并战略对总经理能力的要求与稳定发展战略所要求的能力是不会一样的，总经理的具体条件要适合特定的战略。

根据产品市场寿命周期、竞争强度、技术特征等因素，可将企业战略划分为以下六种。

（1）剧增战略。即在短时期内，大幅度地改变企业的竞争地位。在推出新产品的同时，企业的主要任务是开拓一切可以利用的市场。

（2）扩充战略。这一战略在扩张程度上较上一战略要弱。它的主要目的是要在改进竞争地位的同时，能够在较长的时期内更大程度地巩固企业的地位。

（3）连续增长战略。企业采取这种战略时，就要在一定时期内对自己正在发展的市场给以新的投资。在新增投资时，企业应注意不要超过自己的投资能力，即要把握住投资的机会和时间。

（4）巩固战略。即维持和巩固企业目前的竞争地位。这种战略要求在较短的时期内保持灵活性、适应性，以及具有一定的创造性。这一战略适用于饱和的市场，或正在缩小但还没有完全消亡的市场。

（5）抽资转向战略。即企业不再进一步投资，不再强化推销活动，有意放弃现有的竞争地位，即放弃保持目前市场占有率的努力。如果产品的收益还大于成本，企业就应该让产品存在下去；一旦该产品的收益小于成本，则终止它的存在。

（6）收缩战略。即企业在某项业务或市场处于衰退阶段时，在较大程度上相应地缩减有关的经营活动，甚至停止该项业务的经营。

同时，为了了解最高层经理人员所要求技能的意义，小野丰广构造出最高层经理人员的行为模式。这个行为模式将最高层经理分成四种类型。

（1）革新分析型。这是攻势型的革新者，同时又是良好的组织者。

（2）革新直觉型。他们是攻势型的，但也是独裁型的革新者。

（3）保守分析型。他们是一种理论家型。这种管理者趋向追求完美，不做冒险的事情。

（4）保守直觉型。这种类型的经理人员倾向于传统的一贯做法。

最高层经理人员各种类型的行为模式列于表 14-1 中。

表 14-1 最高层经理人员的行为模式

要素	模式			
	革新分析型	革新直觉型	保守分析型	保守直觉型
价值观和决策行为	专一	自我	理论上的一致性	自我
	攻势型和革新型	攻势型和革新型	理性主义和至善论者	保守，囿于传统
	对新信息和新思想敏感	凭直觉对新机会敏感	固执于原则、理论	固执于过去的经验
	思想灵活，能提出许多可供选择的办法	思想直观，提不出什么办法	乐观，办法多	不灵活
	能迅速做出决策和进行良好的综合	在没有充分考虑资源的情况下，往往很快做出决策	直到把握了充分的信息和资源情况才做出决策	要等到一系列的问题都看清楚后才做出决策
领导行为	表述目标和方针清楚	往往是自己去干而不是提出目标	目标混杂不清	缺少目标
	随时听取他人的意见	强迫他人服从自己的意见，使他人敬畏		需要忠顺或允许放任
	能忍耐失败（共同分担）	不能容忍失败（独裁）		处罚过失或不予制裁（要么独裁，要么放任不管）

资料来源：小野丰广（1990）

当一个公司具有多项不同的经营业务，而对每类经营单位采取不同的战略时，则意味着经营单位经理人员的能力必须与对该单位所采取的战略相匹配和相适应。例如，采取投资发展战略的经营单位应当由那些乐于冒险，并对不明确的状况采取较大容忍态度的人员来领导。而一个具有保守风格，有生产和工程技术背景，并对控制预算、资本支出、存货和标准化过程有丰富经验的经理，更适合于领导采取稳定发展战略的经营单位。

依据美国通用电气公司和麦肯锡咨询公司发展的 GE 矩阵法，霍福尔（Hofer）和达沃斯特（Davoust）建议，采取不同战略的经营单位应由不同类型的经理来领导，如图 14-1 所示。

2. 经理班子的组建

实施每一战略，都对总经理的能力提出多方面的要求。在现实世界中，一个总经理很难完全满足战略的要求。因为一个人的能力、知识、阅历和经验乃至精力都是有限的，无论多么优秀和杰出的经理人员，都不可能做到尽善尽美，总是在某些方面有所长，在某些方面有所短。因此，实施一项战略，单靠一个总经理的作用远远不够，还必须发挥经理班子的集体作用。而在组建一个经理班子时，应遵循班子成员中能力相互匹配的原则。即使经理班子中各成员之间的能力相互补充、相互匹配，形成班子集体能力的优势。对于一个经理班子需要什么样的能力组合，美国学者艾夏克·阿代兹提出了四种能力组合的模式。这四种能力分别是：P 即提供劳务或产品的生产技术能力；A 即计划、组织和控制集团活动的管理技能；E 即适应动荡环境，创造新劳务和承担风险的企业家资质；I 即调节、平衡、统一集团活动与目标的综合才能。

阿代兹的模式对于理解经理班子能力的组合具有很重要的意义。它说明：第一，一个人能够具备 P、A、E、I 四种能力组合的可能性甚微，所以应在管理班子中寻求这四

		竞争地位：强	竞争地位：中	竞争地位：弱
行业吸引力	强	投资快速增长 / 成熟的开拓者	有选择的投资增长 / 计划型的开拓者	主导地位暂缓或抽资 / 调整型的开拓者
行业吸引力	中	有选择的投资增长 / 老练的计划者	获利或保护 / 盈余型的计划者	收获或抽资 / 调整 / 专家型
行业吸引力	弱	获利或保护 / 职业型经理	收获或抽资 / 有经验的成本控制者	收获或放弃 / 职业清算者

图例：战略 / 经理类型

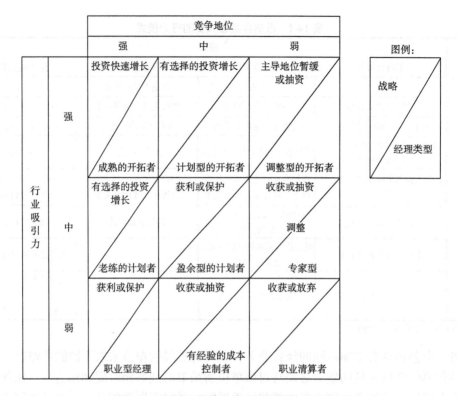

图 14-1 不同经营单位战略所需要的经理类型

资料来源：Hofer 和 Davoust（1977）

种能力的组合。第二，P、A、E、I 的最佳比例，即对 P、A、E、I 各自的重视程度，应因时而异，因公司而异。相应的比例取决于公司的战略，尤其取决于公司所处的生命周期阶段和它所面临的环境。一个新开业的企业，首先要偏重 E；而一旦企业步入正轨就必须重点注意 P；随着企业的发展，A 的重要性与日俱增；当企业壮大到金牛时，对 E 需要很低，而对 P、A 和 I 则应全部给予重视。企业寿命周期不同阶段管理能力组合的变化如图 14-2 所示。

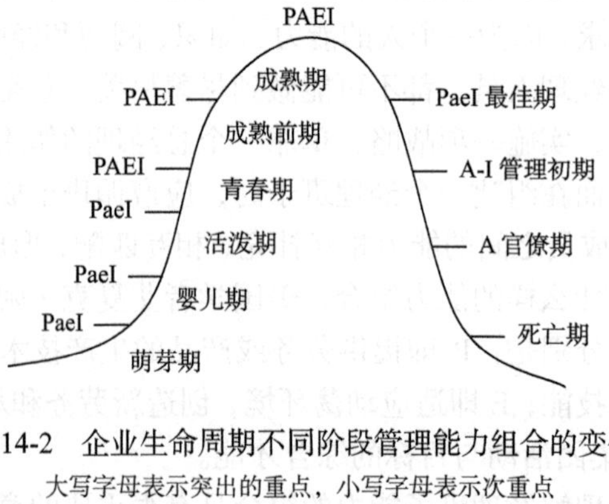

图 14-2 企业生命周期不同阶段管理能力组合的变化

大写字母表示突出的重点，小写字母表示次重点

采用阿代兹模式来组建经理班子时，应首先根据企业生命周期和企业面临的环境来

确定所需要的各种管理能力组合及侧重点；然后据此考虑总经理的能力，考虑经理班子中其他成员的能力互补情况，实现能力的匹配。当然，一个公司实际上可以选择与阿代兹的 P、A、E、I 不同的模式来考虑管理能力的组合匹配。但共同点是要根据新战略的要求，来对管理能力的组合进行调整和组建，并应当尽最大可能来缩小最新战略所需管理人员能力与现有在册管理人员能力的差距。

章内阅读 14-3

从优秀到卓越，你需要的是战略领导力

领导力大师约翰·H. 曾格（John H. Zenger）提出了一个著名的因果律：领导者→员工→顾客→公司利润，这个因果律提醒我们：糟糕的领导者会让员工士气低落和技能低下，从而无法为顾客提供好的服务或富有竞争力的产品，进而导致公司利润滑落，甚至陷入亏损的边缘。也即企业要提升公司利润和竞争力，最为源头和最为长效的方略就是持续提升管理者的领导力水准。

提升领导力水准，最难以跨越的是“从优秀到卓越”。“从优秀到卓越”之间仅仅是一小步，完成跨越升级的难度却非常大。令人欣慰的是，约翰·H. 曾格的研究表明，一旦完成跨越升级，卓越领导者为公司创造的营利能力是优秀领导者的近 3 倍。

要成为一名卓越领导者，需要遵循如下方程式开展持续修炼：卓越领导力=（交易领导力+魅力领导力）×战略领导力。

1. 从交易领导力升级为魅力领导力

把领导和管理区分开来，是从交易领导力（transactional leadership）概念的提出开始的。交易领导力不仅仅关注任务，更关注达成任务的员工，以及员工在达成任务过程中的心理感受，要有艺术地、运用多种措施驱动员工达成任务。整个领导过程就是领导者和被领导者相互满足的交易过程。

交易领导力的前提是你手中有权力，然后如何有艺术、有策略地让员工更好地服从你。交易领导力十分强调短期绩效是否达成，若不能够赋予员工工作上的意义，就无法持续调动员工内在的积极性和创造性。

仅仅有“交易领导力”还不行，卓越领导者还需要拥有“魅力领导力（charismatic leadership）”。正如李嘉诚所言：“做老板简单得多，你的权力主要来自你的地位。做领袖就比较复杂，你的力量源自人性的魅力和号召……领袖领导众人，让大家主动工作；老板只懂支配众人，让别人感到渺小。”

研究表明，魅力领导力主要需要具备三项关键的能力：有远大愿景和理想；能让下级认同愿景，并为该理想奋斗前行；本人对愿景和理想一以贯之，并执着追求。可见，对魅力领导者的首要要求是：站得高、看得远，成为企业愿景的描绘者，成为企业方向的指引者，如此才能让下属有方向感。

只有让整个组织具有方向感的领导才是真正的魅力型领导，下属才愿意从简单地服从到死心塌地地追随，这就是内在动机（intrinsic motivation）。他们追随的可能不是领导者个人，而是他所指明的方向。在一定程度上，有魅力的不是你，而是你所提出的未来方向。

2. 卓越领导力=（交易领导力+魅力领导力）×战略领导力

仅仅有魅力领导力，还是无法跨越升级为“卓越领导者”。因为魅力往往是短暂的。高管层在修炼交易领导力、魅力领导力之外，更需要修炼战略领导力。

这三种类型领导力之间的关系是：卓越领导力=（交易领导力+魅力领导力）×战略领导力。在诸多领导者中，战略领导者的领导力尤为重要。战略领导力的根本特征是对全局整体负责、对方向路径负责、对事业的成败负责、对持续的未来负责。

如果你仅有一个好战略，却没有充分展示魅力领导力的行为，就无法打动员工的内心，让员工奋力执行战略；如果你没有战略领导力作为引导，魅力领导力的相关能力就不会用到恰当的地方，无法结出绚烂的胜利果实。

很多领导者，口才一流、和蔼可亲，演讲时滔滔不绝，非常富有魅力，但是如果没有创造出战略硕果，没有让组织持续拥有精彩的未来，魅力将很快变成凋谢的玫瑰。很多管理者热衷于修炼交易领导力和魅力领导力，从而陷入小聪明、拉团伙、虚伪和好大喜功的境地，让组织远离了绩效文化和坦诚文化。

3. 战略是起点，领导力是过程

战略领导力如此重要，以至于在《六韬》中姜太公告诉周文王，要警惕“七种坏人”，其中第一种“坏人”就是“无智略权谋的人，强勇轻战，轻视战略战术的运用，侥幸取胜而立功，君王千万不要用这种人做将领”。

很多CEO和创业者经常向我抱怨人手不够、人才水平不高、手下的执行力太差。这些问题肯定存在，但是我经常提醒他们的是“公司的战略是不是出了问题”——公司有战略吗？战略清晰并充分取得共识了吗？公司的战略是一个好战略还是一个坏战略？

《孙子兵法》讲得很好，“善战者，求之于势，不责于人，故能择人而任势”。“将帅无能，累死三军”讲的也是这个道理。

你是战略家吗？这是我在战略咨询中总问企业家或事业部总经理的一个问题，这也是每一位CEO、创业者和事业部总经理必须回答的问题：有哪些行为证明你是一位深度的战略思考者，你的战略思维有哪些，你又遵循哪些战略逻辑？

让人遗憾的是，一些人即使担任了领导职务，仍然是业务员思维；有些高级经理升为事业部总经理，仍保持“蝉”一样的远见极限。蝉从脱壳出土到上树鸣唱，只能看到3个月的时光，3个月，刚好是一个季度，这也是很多“蝉型经理人”的远见极限。也许有些经理人在一家企业已经工作17年了，但是他的视线长度还只有3个月。这种短视往往是企业经营的最大挑战和最强羁绊。

4. 修炼战略领导力的四大转身

在修炼战略领导力的过程中，管理者需要不断提醒自己，去完成以下四大转身。

转身一：从局部专才到全局通才。要想具备领导某项业务的能力或者开启一项创业之旅，需要从专才变成通才，要对各个职能部门都有足够的了解。

这需要你在一定程度上忽略那些细枝末节的运营事项，把思想和时间都解放出来。战略的意义是必须把各个局部综合起来进行分析，形成整体观念，并且弄清一个个局部在全局中所处的位置以及彼此间的联系，并有效地将组织内部和外部的各种意见、资源调动整合起来，形成合力，为一定的全局服务。你需要谨记，战略的精髓不在于分解，而在于综合。

转身二：从总结者到预见者。战略领导者需要有站在高山之巅极目远眺的远见能力，见人之所未见。一旦你提升为公司领导者，既要关注“绩效差距”，更要关注“机会差距”，你需要突破3个月的远见极限转而变成思考至少3年的未来。

公司领导者应该努力做到深谋远虑，想得深，看得远，面向未来预见并开展战略准备，而不只是针对过去总结经验。

转身三：从分析者到决断者。一旦晋升为公司级领导，你就需要自己做取舍、做决策，对自己的决定给出富有逻辑的解释。

事实上，在任何组织中，每天都会涌现出许多好想法，但是这些想法中几乎90%和组织战略不一致，战略领导力要求你具有取舍的勇气和智慧：将那些与战略不一致的想法过滤掉，你需要富有“人际勇气”，同时你还不能打击大家群策群力的积极性。

坏战略的一个标志就是CEO想要的太多，没有智慧和勇气去做取舍。

转身四：从观察者到洞察者。在产业格局及产业运营稳定的阶段，也许仅仅需要“观察”就可以做到不错的经营业绩。“战略观察”是基于竞争环境的稳定性、连续性和可预测性，但是，一旦置身于变革大潮中，你就无法做到精确的战略观察。

此刻，你需要从“战略观察”上升到“战略洞察”。战略洞察，就是在灰度中决策，在边缘处创新，在混沌里探索前行的方向。在一定程度上，战略就是当我们不知道未来会发生什么，但又必须采取行动时的决策。

在一定程度上，战略领导力是一个人带领一群人抵达从来没有去过的地方。在诸多不确定的场景下，如何共启愿景、使众人行、持续探索、获取胜利，都是战略领导力要彰显的行为。

这一切正如一句格言所述：优秀的领导者能够把人们带到他们想去的地方；卓越的领导者能够把人们带到他们没想到要去但是应该去的地方。

资料来源：王成. 2018. 从优秀到卓越，你需要的是战略领导力. https://www.hbrchina.org/2018-06-12/6117.html[2018-06-12].

第四节　企业文化与战略管理

一、企业文化的作用

企业文化是企业为适应和指导其经济活动而形成的独特的经济文化，是以共有的价值观念为核心的思维方式和行为方式的总和，它渗透在企业的一切活动之中，能够增强企业员工的凝聚力、向心力和持久力，是企业的灵魂所在。企业文化是一种以人为中心的企业管理方式，它强调要把企业建成一种人人都具有社会使命感和责任感的命运共同体。企业文化的作用有以下五点。

1. 导向作用

导向作用就是通过企业文化对企业的领导者和员工起引导作用。企业文化的导向作用主要体现在以下两个方面。

1）经营哲学和价值观念的指导

经营哲学决定了企业经营的思维方式和处理问题的法则，这些方式和法则指导经营者进行正确的决策，指导员工采用科学的方法从事生产经营活动。企业共同的价值观念规定了企业的价值取向，使员工对事物的评判形成共识，从而促使企业的领导和员工为着他们所认定的共同价值目标去行动。

2）企业目标的指引

企业目标代表着企业发展的方向，没有正确的目标就等于迷失了方向。完美的企业文化会从实际出发，以科学的态度去制定企业的发展目标，这种目标一定具有可行性和科学性。企业员工就是在这一目标的指导下从事生产经营活动。

2. 约束作用

企业文化的约束作用主要是通过完善管理制度和道德规范来实现。企业文化的约束作用主要体现在以下两个方面。

1）有效规章制度的约束

企业制度是企业文化的内容之一，是企业内部的法规。企业的领导者和企业员工必须遵守和执行企业制度，从而形成约束力。

2）道德规范的约束

道德规范是从伦理关系的角度来约束企业领导者和员工的行为。如果人们违背了道德规范的要求，就会受到舆论的谴责，心理上会感到内疚。

3. 凝聚作用

企业文化以人为本，尊重人的感情，从而在企业中营造了一种团结友爱、相互信任的和睦气氛，强化了团体意识，使企业员工之间形成了强大的凝聚力和向心力。共同的价值观念形成了共同的目标和理想，员工把企业看成一个命运共同体，把工作看成实现共同目标的重要组成部分，整个企业步调一致，形成统一的整体。这时，“企兴我荣，企衰我耻”成为员工发自内心的真挚感情，“爱企如家”就会变成他们的实际行动。

4. 激励作用

共同的价值观念使每个员工都感到自己存在和行为的价值，自我价值的实现是人的最高精神需求的一种满足，这种满足必将形成强大的激励。在以人为本的企业文化氛围中，领导与员工、员工与员工之间互相关心、互相支持。特别是领导对员工的关心，员工会感到受人尊重，自然会振奋精神，努力工作。另外，企业精神和企业形象对企业员工有着极大的鼓舞作用，特别是企业文化建设取得成功，在社会上产生影响时，企业员工会产生强烈的荣誉感和自豪感，他们会加倍努力，用自己的实际行动去维护企业的荣誉和形象。

5. 调适作用

调适就是调整和适应。企业各部门之间、员工之间，由于各种原因难免会产生一些矛盾，解决这些矛盾需要各自进行自我调节；企业与环境、顾客、企业、国家、社会之间都会存在不协调、不适应之处，这也需要进行调整和适应。企业哲学和企业道德规范使经营者和普通员工能科学地处理这些矛盾，自觉地约束自己。完美的企业形象就是进行这些调节的结果。调适功能实际上也是企业能动作用的一种表现。

二、企业文化与战略的匹配

（一）企业文化：促进战略执行还是阻碍战略执行

企业现有的文化和工作氛围可能促进或者阻碍战略的有效执行。当企业现有的工作氛围使员工的工作态度和行为很好地与高层战略执行相匹配时，文化就能促进战略执行。当企业的文化与其战略方向、业绩目标和战略冲突时，文化将成为战略执行的绊脚石。

1. 文化促进战略执行

如果企业文化以支持战略的价值观、习惯、行为模式为基础，那么文化就可以提高战略执行的效率并增强企业实力。例如，如果组织成员认可勤俭的企业文化，就会主动降低成本，这是实施低成本战略所必需的；如果企业文化以取悦顾客、平等、业绩优秀、充分授权、激励员工的文化为基础，那么就会促进质量的提高和为客户提供更好的服务方面的战略执行；积极主动、挑战职位、创新、变化、团队合作的文化会促进员工和组织的合作并引导市场变化，这十分有利于革新产品、技术领先战略的执行。因此，在管理战略执行过程中，企业高层管理者要重点关注的是文化与战略执行之间的匹配，管理的目标是建立和培育能激发组织进行战略执行的文化。

2. 文化阻碍战略执行

一旦企业文化所鼓励的行为和战略执行所需要的行为之间产生了冲突，那么就可能给组织成员传递混乱的信息，引发一些不能预料的事情，从而使文化成为战略执行的绊脚石。在这种冲突中，文化不适应的方面越难改变，执行战略的难度就越大。若不及时解决战略与文化的冲突，就会削弱甚至完全否定执行战略所付出的管理努力。因此，当企业文化不能与战略执行需要的文化保持一致时，就必须尽快改变文化。但这并不意味着企业文化完全为战略让路，有时为了解决战略与文化之间的冲突，也需要修正战略来适应文化，不过更多的时候是改变文化来适应战略。

（二）如何让企业文化促进战略执行

选择能与企业现行文化中的“不可侵犯”或“不可改变”的部分相匹配的战略是战略制定者的责任。然而战略一旦选定，变革阻碍战略执行的文化也是战略执行者的责任。

1. 改变有问题的文化

改变企业的文化且使之与战略相匹配是最困难的管理任务之一，因为人们长期持有的价值观、习惯和对旧事物的眷恋会对改变造成很大的障碍。用健康的文化代替不良的文化，或者剔除一些没有价值的行为，灌输支持战略的行为方式需要很长的时间。高层管理者的能力是决定文化变革是否成功的主要因素。重大的文化变革需要有很大的影响力才能完成，而高层管理者往往拥有很大的影响力。

企业文化改变的启动应该采用以下几个步骤：①确定有问题的文化，并解释为什么其阻碍新战略的执行和目标的完成；②管理者们必须明确界定战略执行所需要的新的行为模式，并详细说明他们想建立的文化的关键特征；③管理者们必须直接公开地对相关人员说明为什么新行为可以提高企业绩效，以及如何提高绩效；④要使每个人都理解修正文化的行动是在培育更适合战略的新文化。

2. 象征性的文化变革行动

使文化与战略相匹配既需要象征性的管理行动，也需要实际性的管理行动。象征性行动的价值在于可以向人们传播战略实施者希望的各种行为模式和业绩。最重要的象征性行动是高层管理者采取的并视为榜样的行动，例如，企业想成为行业中的低成本制造商，高层管理者就必须在行动和决策中勤俭节约：领导者办公室内没有奢华的装饰，节俭的费用支出和娱乐开支，精简办公室职员，详加审查预算以及降低领导者津贴等。如果文化的变革是为了更快地响应顾客需求和取悦顾客，那么首席执行官就可以要求所有员工每个星期必须花一定时间与顾客交谈以了解顾客的需求，从而强调对顾客需要的及时响应的重要性。

此外，象征性的活动包括晋升和奖赏按照新文化的要求办事的人员。许多大学通过每年奖励优秀教师的做法来表示对杰出教育工作者的尊敬，许多公司每月都设有员工奖，军队对榜样性的人员颁发奖章和奖状等。还有一个广为人知的例子是玫琳凯化妆品公司为实现销售目标而为美容顾问设立了一系列奖品，奖品包括奖章和汽车等。

最好的企业和最好的领导者能熟练运用标志、榜样、仪式性场合和机会来加强战略和文化的匹配。比如，追求低成本战略的沃尔玛公司因其设施简单、领导者节俭、杜绝浪费和成本控制而名扬四海；纽柯钢铁公司的领导者去机场进行飞行训练时，宁愿选择乘出租车而非豪华轿车。在促进战略与文化相匹配时，领导者对此非常敏感，他们经常习惯性地出现在仪式性场合，并表扬遵守计划的个人和群体；他们给遵守文化规范的个人以荣誉，并对取得重大战略业绩的人进行奖励；在进行员工训练时，强调战略的优先性、价值观、道德原则和文化规范；把每次集会都视为宣传价值观、表扬好人好事、强化文化规范和促进有助于战略执行的变革的机会。敏锐的领导者要保证组织成员对当前决策和政策变化的理解与企业新的战略方向一致，并且支持战略执行。

3. 实际的文化变革行动

高层管理者支持新文化的最显著的标志还包括：以新培养的经理代替旧文化中的经理；改变那些长期失调或阻碍新措施实施的政策和实践活动；通过重组使结构与战略更加匹配；把激励制度直接与衡量战略业绩的新标准相联系；把物质资源从最初战略的项目和计划中转移到新战略的项目和计划中。所以，领导者只有坚持用言行强化文化，并且依靠忠诚和承诺，才能树立有助于培育文化的价值观和行为模式。

对于战略的具体实施者（也即企业的中层管理者）来说，除了引领、推动新的行为模式及解释采取新方式的原因之外，他们还必须说服所有利益相关者，使他们认识到在组织的最基层实施和强化文化规范的重要性。注意，这些努力绝不仅限于表面，言语和计划必须有实际行动作为补充，并且采取的行动必须是可信的、高度透明的、能够显示管理层对新战略和文化变革的承诺。比如，可以通过下面的方法达到上述效果：策划一些文化变革活动，通过这种变革为利益相关者带来利益，并且这些活动迅速取得成功，这样可以激发利益相关者对变革的热情。但是，迅速的成功往往还是不如形成一个能积极推行战略的目标，以及创建一个稳定的、有能力的团队重要。

创建和维持支持战略的文化是整个管理团队的工作，变革需要很多人的大力支持。高层管理者、中层管理者必须反复重申其价值观，并将所希望的核心价值观和业务准则运用到日常的实践中。即使在大部分员工参与到新文化活动中并认同新文化的基本价值观和规范以后，在灌输新文化和加强战略与文化的匹配方面仍然有大量的工作要做。

总之，使文化与战略匹配并不是一项短期工作，新文化出现并占据优势是需要一段时间的。组织规模越大，使文化与战略匹配而进行文化转换的难度就越大，需要的时间就越长。在大型公司中，对企业文化进行重大变革至少需要 2～5 年时间。实际上，重新改造深入人心的、但与战略不匹配的文化通常比在全新的组织中从零开始培育支持战略的文化更困难。有时高层管理者成功地改变了一部分管理者甚至整个部门或分公司人员的价值观和行为，但随着时间的推移，这些变化会逐渐被组织中其他人员的行为同化。那些固守旧文化的大多数人交流、赞扬、支持和反对的思想和行为方式削弱了新文化并且阻止了其进一步发展。因此，虽然高层管理者准备了一系列行动来改变有问题的文化，但是如果很多员工对企业的新方向和文化变革成果持怀疑态度，高层管理者所提倡的行为和经营方式往往会失败。这就是为什么管理者必须抓住每个机会来说明进行文化变革的必要性，以及告诉他们新的态度、行为以及经营方式如何能够使公司的利益相关者获益。

章内阅读 14-4

大杨集团：企业文化支撑战略执行

大杨集团有限责任公司（以下简称：大杨集团）创建于1979年9月，经过多年的不断发展与创新，现已成为中国最具竞争实力的国际化服装企业之一。

一部四十年的大杨集团创业发展史，也是一部大杨企业文化发展史。可以说，大杨集团在四十年的发展实践中，逐步培育出独具魅力和特色的大杨文化。而随着大杨文化的成长、成熟，反过来又全方位、多层次、立体化地促进了大杨集团在战略转型、经营管理、改革创新等方面实现不断的自我超越和凤凰涅槃，成为当今世界上最大的单量单裁服装定制公司。

企业文化是指在企业中长期形成的共同思想、作风、价值观念和行为准则，它表现为一种具有企业个性的信念和行为方式。从不同时期、不同视角，我们可以看到大杨集团企业文化的不同层次、不同色彩、不同温度和不同内涵，大杨文化主要包括以下内容。

一是通过起步创业、千辛万苦的创业文化，重温“创业艰难百战多”的艰苦历程，感受创业元勋当年那种豪情壮志、义薄云天！

二是以尊权、守信为核心的商道文化，尊权文化是当今社会最稀缺的商业资源，大杨集团从创立之日起，就把尊重和保障人的权利作为经营管理的核心理念。“以为客户创造最高价值为创新目标”，这是李桂莲董事长的名言。此外，“善于挣钱，学会让利”“坚守信誉，恪守契约”的企业风格成为大杨在国际国内市场纵横捭阖、无往不利的商道文化的重要内涵。

三是一以贯之、敢为天下先的创新文化，大杨集团在做大做强的同时树立做长做优、打造百年现代企业的宏图壮志，靠的就是一种持之以恒的创新精神，并把创新创造贯穿于大杨集团的产权结构改革、产品结构改革、分配结构改革、企业结构改革、人员结构改革等一系列结构性改革和技术创新创造，为大杨集团做优做长提供了强大的动力源泉。

四是稳如泰山的战略定力文化。制定好企业发展战略难，执行好企业发展战略更难，以战略家的眼光、胸怀、智慧和韬略制定好战略并能以“咬定青山不放松”的韧劲和“任凭风吹浪打、我自岿然不动”的定力坚决、坚定地执行好战略，更是难上加难。但是如此高难度的战略挑战，大杨集团做到了。也就是李桂莲董事长高度概括的“一群人、一辈子、一件事”，有了这样的战略定力，大杨集团才能够心无旁骛做服装，不忘初心创辉煌。

五是求贤若渴、能人兴企的人才文化。以李桂莲董事长为首的大杨集团创始团队乃至前期员工队伍，基本上都是面朝黄土背朝天的农民，她（他）们都是农民中的精英，她（他）们都有一种宝贵的品格，即追求先进文化和新兴知识，尊重知识，敬重知识分子。当大杨集团刚刚开始在国内外有点小名气的时候，李桂莲董事长说，“这还是不够的，我们还是要多吸收一些知识分子，特别是专业拔尖的知识人才”，她还说，“我们这些农民本身不行，但是我们要找高手、找能人”“我们这些农民只有脱胎换骨，不断培养新型人才，才能使我们大杨集团有巨大生命力”。大杨集团不仅在国内找人才，还面向全球找能人，意大利著名品牌阿玛尼首席设计师伊万诺·凯瑟琳 2005 年签约大杨集团就是大杨人才文化的生动案例，而且这样的事例还有很多。

六是大杨集团的家文化和家国情怀。李桂莲董事长说，“大杨拥有深厚的家文化，体现的是朴实、友好、善良、包容的价值观”“我们要与默默奉献的一线员工共同分享这块巨大的蛋糕，让大家在大杨集团安居乐业，感受大杨的家文化，感受大杨大家庭的温暖”。

当然，大杨文化绝不仅仅局限于以上的总结和概括，大杨文化是包罗万象、丰富多彩的，也是取之不尽、用之不竭的精神宝库和文化宝藏。正如国内著名企业家远东控股集团董事长所言：企业的成功，一年靠机会，十年靠经营，百年靠文化。

资料来源：吴江. 2020. 大杨集团四十一年成功发展 DNA 大解密. https://ishare.ifeng.com/c/s/7x4v4U5IwZg[2020-06-06].

第五节　战略人力资源管理与企业战略

在外部环境不断变化的今天，人力资源是组织中最有能动性的资源。如何吸引到优秀人才，以及如何使组织中现有的人力资源发挥更大的效用，支持组织战略目标的实现，是每一个领导者都必须认真考虑的问题。这就促进了人力资源管理的战略性定位研究。

一、战略人力资源管理的内涵

战略人力资源管理（strategic human resource management，SHRM）是指企业为能够实现目标所进行和采取的一系列有计划、具有战略性意义的人力资源部署和管理行为。

战略人力资源管理把人力提升到资本的高度，认为人力资本是一切资本中最宝贵的资本。它主张企业：一方面，通过投资人力资本形成企业的核心竞争力；另一方面，将人力作为资本要素参与企业价值的分配。因此，战略人力资源管理的核心理念就是：企业的发展与员工职业能力的发展是相互依赖的，应该鼓励员工不断地提高职业能力以增强企业的发展动力，形成“开发人力资本可以为企业创造价值”的良性循环。

二、战略人力资源管理的特征

1. 人力资源的战略性

企业拥有的人力资源是企业获得竞争优势的源泉。战略人力资源是指在企业的人力资源系统中，具有某些或某种特别知识（能力和技能），拥有某些核心知识或关键知识，处于企业经营管理系统的重要或关键岗位上的那些人力资源。相对于一般性人力资源而言，这些被称为战略性的人力资源具有某种程度的专用性和不可替代性。

2. 人力资源管理的系统性

企业为了获得可持续竞争优势而部署的人力资源管理政策、实践以及方法、手段等构成了一种战略系统。

3. 人力资源管理的战略性

人力资源管理的战略性也即契合性，包括纵向契合和横向契合。纵向契合即人力资源管理必须与企业的发展战略契合；横向契合即整个人力资源管理系统各组成部分或要素相互之间的契合。

4. 人力资源管理的目标导向性

战略人力资源管理通过组织建构，将人力资源管理置于组织经营系统，促进组织绩效最大化。

三、战略人力资源管理的核心职能

战略人力资源管理的核心职能包括人力资源配置、人力资源开发、人力资源评价和人力资源激励四大职能。这四大核心职能通过构建科学有效的“招人、育人、用人和留人”的人力资源管理机制，打造企业战略所需的人力资源队伍，如图 14-3 所示。

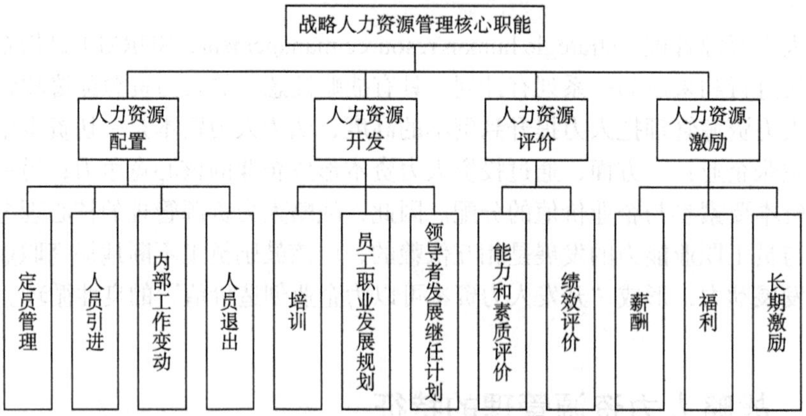

图 14-3 战略人力资源管理的核心职能

战略人力资源配置的核心任务就是要基于企业的战略目标来配置所需的人力资源，根据定员标准来对人力资源进行动态调整，引进满足战略要求的人力资源，对现有人员进行职位调整和职位优化，建立有效的人员退出机制以输出不满足公司需要的人员，通过人力资源配置实现人力资源的合理流动。

战略人力资源开发的核心任务是对企业现有人力资源进行系统的开发和培养，从素质和质量上保证其满足企业战略的需要。根据企业战略需要组织相应的培训，并通过制定领导者发展继任计划和员工职业发展规划来保证员工和企业保持同步成长。

战略人力资源评价的核心任务是对企业员工的素质能力和绩效表现进行客观的评价，一方面保证企业的战略目标与员工个人绩效得到有效结合，另一方面为企业对员工激励和职业发展提供可靠的决策依据。

战略人力资源激励的核心任务是依据企业战略需要和员工的绩效表现对员工进行激励，通过制定科学的薪酬福利和长期激励措施来激发员工充分发挥潜能，在为企业创造价值的基础上实现自己的价值。

四、战略人力资源管理与企业战略的关系

战略人力资源管理认为人力资源是企业战略不可或缺的有机组成部分，包括了企业通过人来达到组织目标的各个方面，如图 14-4 所示。

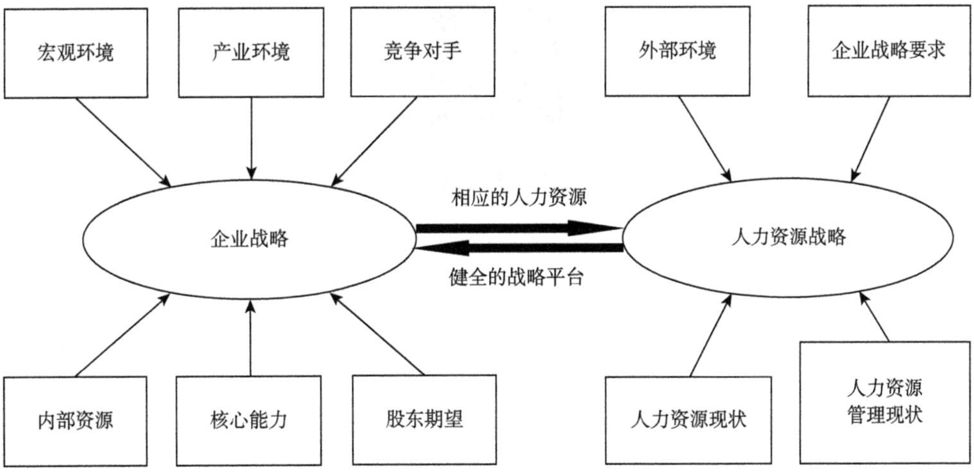

图 14-4 战略人力资源管理与企业战略的关系

一方面，企业战略的关键在于确定自己的顾客，并经营好自己的顾客，实现顾客满意和顾客忠诚，从而实现企业的可持续发展。那么如何让顾客满意呢？这就需要企业有优良的产品和服务，能够给客户创造价值。而高质量的产品和服务的提供，需要企业全体员工的共同努力。所以，人力资源是企业获取竞争优势的首要资源，而竞争优势正是企业战略得以实现的保证。

另一方面，企业要获取战略上成功的各种要素，如研发能力、营销能力、生产能力、财务管理能力等，最终都要落实到人力资源上，因此，在整个战略的实现过程中，人力

资源的位置是最重要的。

总之，战略人力资源管理强调人力资源与组织战略的匹配，强调通过人力资源管理活动实现组织战略的灵活性，强调人力资源管理活动的目的是实现组织目标。战略人力资源管理就是把人力资源管理提升到战略的地位，从而系统地将人与组织联系起来，建立统一性和适应性相结合的人力资源管理。

思考题

1. 企业战略实施包括哪些阶段？
2. 简述企业战略实施的模式。
3. 什么是企业战略资源？如何进行企业战略资源规划？
4. 如何认识战略和企业组织结构的关系？
5. 以你熟悉的某一企业为例，分析组织结构如何做到与企业战略相匹配。
6. 试述领导者能力如何做到与企业战略相匹配。
7. 试述企业文化如何做到与企业战略相匹配。
8. 什么是战略人力资源管理？简述战略人力资源管理与企业战略之间的关系。

案例分析

华为是如何做组织变革的？

第十五章 战略性公司治理

本章学习目标

1. 了解公司治理的概念和两个核心理论
2. 掌握公司治理问题的类型及机制的选择
3. 掌握四种典型的公司治理模式
4. 掌握战略性公司治理的一般框架

案例引导

万科与宝能系的控制权之争

第一节 公司治理概述

一、公司治理的概念

公司治理在国内也常常被翻译成公司治理结构，通常指的是在一定的法律、文化和规范环境中，公司不同相关利益主体之间形成的相互约束制衡的机制，以及在此基础上出现的关系结构和制度安排。从本质上讲，公司治理的核心是寻找各种各样的方法来协调处理各相关利益方之间的关系，以确保公司的战略决策能被有效制定和执行，促使公司形成战略竞争力并产生良好的绩效。后面会提到，这些方法有的是成文的和正式的，有的是不成文的和非正式的。

我们从狭义和广义两方面去解读公司治理的概念。狭义的公司治理是指公司所有权的拥有者（股东）为了防范公司实际经营管理者做出不利于自身的行为而制定的一套监督与制衡机制。这种视角下的公司治理，一般以股东利益至上的原则为出发点，强调公司经营的最终目标是为作为公司所有者的股东的利益服务的。为了保证股东利益的最大化，公司会通过设置由股东会、董事会、监事会以及管理层等组成的结构化机制尽量合理地配置权力与责任关系，并确定相关规则和规范，从而开展内部化的治理。

广义的公司治理则不单单限于股东对经营管理者的制衡，而是关注更广范围内公司利益相关者之间的协调问题。这种对公司治理的界定方式来自一个基本观点：公司不单单只代表着股东的利益，而是承载着许多利益相关者合理利益诉求的共同体。根据这个观点，公司治理的任务是通过设置各种正式与非正式的，内部与外部的，事前、事中与事后的机制来协调包括公司股东、债权人、管理者、员工、供应商、政府、社区乃至顾客等主体之间的关系，通过实施多元化的共同治理来确保公司战略目标的顺利实现，使利益得以优化分配。

二、公司治理的核心理论

目前有两个关于公司治理的核心理论：一个是委托-代理理论，另一个是利益相关者理论。委托-代理理论一直是解释和指导解决公司治理问题的主流理论。自 20 世纪 30 年代左右开始，随着规模扩大和分工细化，企业普遍出现所有权和控制权（经营权）分离的情况，公司所有者会委托具有专业管理能力的管理者对企业进行专业化管理，从而产生委托和代理的关系。迈克尔·詹森和威廉·梅克在 1976 年明确提出了委托-代理理论，认为委托人与代理人的利益与目标并不是一致的，委托人追求的是个人福利最大化，而代理人追求高收入、奢侈的消费和闲暇时间最大化，这会导致两者的利益冲突。由于信息不对称，委托人通常无法全部获知代理人在经营方面的实际情况，代理人的行为很可能会最终损害委托人的利益，在缺乏约束的情形下，委托人甚至会采用欺诈等机会主义行为来谋求个人利益（道德风险）。

在现实中，与委托-代理问题类似的利益冲突并不仅仅存在于股东和管理者之间。弗里曼等提出的利益相关者理论，认为除了作为公司所有者的股东之外，还存在着许多在公司经营过程中付出了有形或无形投入的个体和群体，他们对公司的发展和战略目标的实现都具有重要影响，因此，公司追求的应该是这些利益相关者的整体利益，而不仅仅是特定主体的利益。利益相关者对于公司的经营成果具有剩余索取权，而公司的战略选择、实施以及经营管理方式会影响最终的利益分配，这就导致不同类型的利益相关者之间不可避免地出现各种分歧和冲突。为了使公司有效制定战略，顺利完成既定的战略目标，实现良好的长期发展，就必须对此进行治理。

作为公司治理领域中两种最常见的理论模型，委托-代理理论与利益相关者理论实际上并不矛盾，相反在某种程度上具有互补性。借鉴信息经济学的观点，把许多利益相关者之间的潜在利益冲突看成拓展后的委托-代理关系。这样，就可以在比较一致的框架下分析公司治理的核心问题，解决公司经营管理中涉及的复杂和多样化的代理问题。这里面除了股东和管理者之间的代理关系之外，还包括更广义的利益相关者之间的诸多关系，如债权人与股东之间、债权人与管理者之间甚至管理者与下级员工之间的关系等。此外，在公司特定利益相关者群体内部，也存在因为利益冲突而产生的代理问题。例如，在许多股权比较集中的公司里，大股东会凭借自己对公司经营权的控制能力而使公司决策更有利于自身，从而可能损害其他股东的利益。

这些复杂的代理问题在公司中的普遍存在，解释了公司治理的起源和必要性。在对代理问题的处理方面，经典委托–代理框架下的公司治理的核心思路是进行事先的机制与合同设计，力求详细、准确地说明管理者在面临未来变化时所必须做的事，以及利益如何分配。然而，现实经验表明，公司治理领域中的很多问题往往无法简单地依靠事前签订合同的办法来解决，因为未来是难以精确描述和预测的，尤其是在环境变化越来越快的情形中，不管拟定者事先做了多少周密的调查和详尽的考虑，也没有办法达到毫无疏漏的“完备性”，这就给相关利益群体在事情发生之后的讨价还价和机会主义行为留下了很大空间。因此，现代的公司治理实际上更加重视事中和事后各利益相关方决策权和利益分配权的制衡机制，如所有者参与管理决策、有效设计董事会结构、引入外部监管等。

章内阅读 15-1

华为公司具有独特的经营管理模式，即形成了既设有公司总裁，又下设公司董事会董事长的管理模式。按照华为的管理架构设置，任正非担任公司总裁，主管公司内部事务；口才和风度俱佳的孙亚芳则担任华为公司的董事长、法人代表和高级副总裁，主管华为的外部工作，从此形成了“左非右芳”，一个主内，一个主外的经营管理架构体系。在这个独特的经营管理架构体系中，任正非是委托人的身份，而孙亚芳则是一个代理人的身份，以这样一个委托代理的关系构建起了华为高层。

这种打破常规的管理架构，虽然在一些人看来有悖于“一山不能容二虎”的思维常规，但是正是这种任人唯贤、“引狼入室”的管理思维才使得华为在如此大规模的运行模式下还井井有条。

华为近两年在营销人员流失较严重的情况下，依然保持了较强的战斗力，不完全是技术优势，其根本原因是早已成型的严密的市场组织体系。根据美国《福布斯》杂志 2010 年 10 月 6 日公布的“最有权势女性”年度榜单，美国“第一夫人”米歇尔·奥巴马荣居榜首，唯一上榜的中国女性正是华为董事长孙亚芳。《福布斯》评价说：世界的电信领域正在从西方向东方倾斜，而孙亚芳将同华为一起引领这一潮流。

资料来源：华为经营模式分析. https://wenku.baidu.com/view/5cc95df90640be1e650e52ea551810a6f424c892.html[2021-11-03].

三、公司治理问题的类型

公司治理的核心问题就是解决各种复杂的代理问题。结合公司所面临的最常见的、影响最大的问题，根据不同利益主体之间关系性质的不同，公司治理问题可以分为三大类：第一类是经典代理问题，也就是股东和管理者之间的委托-代理问题；第二类是侵占（expropriate）型问题，关系到大股东和小股东之间的利益冲突；第三类是广义代理问题，主要涉及股东和其他利益相关者之间的关系与冲突。

（一）经典代理问题

经典代理问题主要指的就是股东与管理者之间的委托-代理问题。大多数公司都存在所有权和控制权分离的情况，当作为公司出资人和所有者的股东把大部分企业经营管理权委托给没有股权或只有少部分股权的职业经理人时，就会出现经典代理问题。这种情况在股权较为分散的公司中尤为显著。因为较之有集中掌控权的大股东而言，分散的众多小股东在监督和约束公司管理者行为方面难度更高，更容易发生因信息不对称而带来的机会主义行为。此时，公司治理要着力解决的主要问题就是股东和管理层之间的潜在利益冲突问题。常见的利益冲突表现为：管理者以权谋私的职位特权消费；管理者追求自身业绩和经营扩张而非股东价值最大化的管理决策偏误；管理者出于保护自身职位和地位而抵制收购与内部审计的管理防御；管理者直接侵占投资者资金等。

（二）侵占型问题

内部股权较为集中的公司，存在控股股东或大股东（包括其他公司、家族或政府等）。这些公司的高层管理者通常是由占据主导地位的大股东直接指派，甚至很多时候就是大股东本身。因此，大股东对于公司经营管理具有很强的主导权，管理层的利益是一致的，但这些公司同样也存在分化的股东群体之间的所有权和控制权分离的现象。掌握了控制权的大股东主导着公司经营管理的主要决策权，而小股东被分化为缺乏决策干预能力的“外部人”。此时，公司治理的主要问题就是要防大股东利用自身控制权对小股东进行利益侵占。侵占问题在企业中是很常见的，迈克尔·杨等在 2008 年提出委托-委托问题，认为它是发展中国家公司治理的主要问题，而非经典委托-代理问题。侵占型问题背后的大小股东利益冲突，具体表现形式较为多样，包括大股东利用关联交易侵占小股东资产或利润，大股东指派家族内部成员担任高管，大股东内部斗争损害公司整体利益等。

（三）广义代理问题

从战略视角看，公司治理如果只以股东利益为绝对中心，忽视其他利益相关者的诉求和决策参与权，确实会影响战略的制定与有效执行。如果重要利益相关者之间的利益冲突无法得到协调，会给公司的战略和运营带来很大的风险。例如，作为公司资源投入的利益相关者，其投入的资源对公司越是重要和不可替代，这种利益冲突就越不可忽视。这些利益冲突与经典代理问题在表现形式上可能并不完全一样，但其本质，仍可以解读为特定利益相关者群体将自身拥有的资源托付给公司经营控制者，双方因信息不对称而产生的冲突和风险。因此，需要从利益相关者视角来看广义代理问题。

广义代理问题至少包括以下三类：①股东与债权人之间因投资风险分歧而存在的潜在利益冲突；②股东（及其所控制的高层管理者）与核心员工（主要指与企业存在长期依托关系的员工）之间的利益冲突；③创业股东与投资者之间的利益冲突。在现实中，企业很可能会同时面临其中两类或三类问题，并以多边利益冲突的形式表现出来。例如，在某些公司中虽然存在大股东，但高层管理者并不受其控制，此时公司治理问题就变成要解决大股东、管理层和小股东三者之间的利益冲突。又如，公司创始人与被视为“门口的野蛮人”的外部投资者进行控制权的争夺时，可能还会面临与管理层和公司员工之间的冲突。

四、公司治理机制的选择

面对上述不同类型的治理问题（或问题组合），公司会选择或设计适合的机制来寻求问题的解决。公司治理机制的具体表现形式种类有很多，当前一种常见的观点是把它们归纳为内部机制和外部机制两大类。图 15-1 列举了一些常见的内外部公司治理机制，当然，现实中具体的公司治理机制比这里列举的更为丰富。

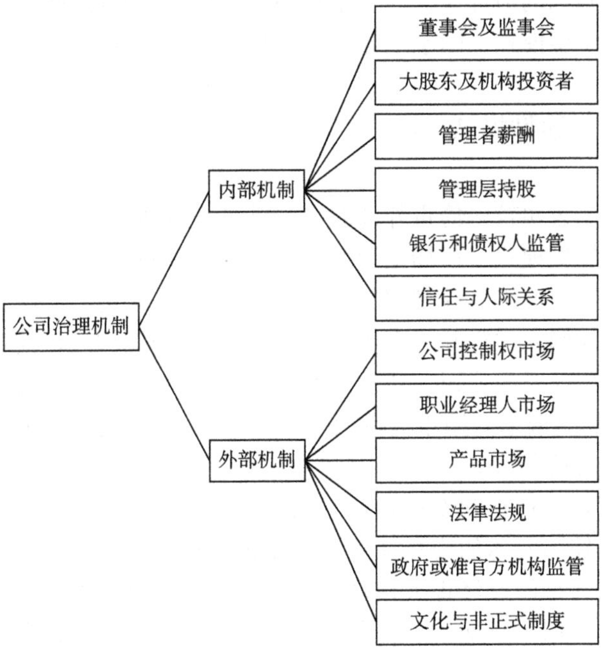

图 15-1　常见的公司治理机制

资料来源：魏江等（2021）

根据自身实际情况，公司会着重选择其中的几类治理机制进行组合、发展和细化，从而形成特有的治理结构。这个过程有可能包含有意识的制度设计，也可能包含无意识的制度涌现，但无论如何，公司治理结构都是在利益相关者出于确立剩余分配规则、保护自己权益而进行的讨价还价过程中逐渐演化形成的。

五、公司治理模式分类

在现实中，由于不同公司的相关利益主体在本身性质、权力分布和行为方式等方面存在很大的差异，公司所面临的关键利益冲突也就是核心治理问题也往往各不相同。这些公司为了解决自身治理问题所选择或创造的具体治理机制类型、机制的应用方式以及机制的组合安排等更是千变万化，甚至可以说，世界上有多少家公司，就有多少种具体的治理结构。对公司治理独特性和多样性的理解，有助于公司的战略决策者开展以实际效果为导向的公司治理实践，根据公司自身特征及其所处法律、政治、文化环境来设计最为有效的治理结构，避免盲目地追随所谓放之四海而皆准的“最佳实践”或是过于抽象的“规范公司治理结构”。

尽管公司治理存在多样性，但它们之间也具有趋同性。虽然公司需要根据自身情况来自觉地选择和设计治理机制，它们必然也会学习、借鉴其他公司的有用经验。不同企业面对内外部环境的类似性，使得很多公司的治理机制和治理结构具有共通之处，在现实中形成了一些可归纳的治理模式。本章将列举四种重要的治理模式类型，包括市场主导型模式、内部控制型模式、国家主导型模式和关系主导型模式。

（一）市场主导型模式

在现实中，有些公司较多倚重外部的市场机制来达到公司治理的目的，这种模式通常就被称为市场主导型模式。市场主导型模式最为明显的特征是股东较为分散且具有较高的流动性，不存在掌握绝对控制权的大股东或集权性的力量。该模式在治理活动方面侧重于市场运作，强调通过资源的市场化流转来合理配置权力和利益。

采用市场主导型模式的公司，通常面临的最主要的治理问题是前面说过的经典代理问题，核心治理逻辑是股东利用市场机制“自动地”对公司管理者（一般是职业经理人）进行管控、监督、激励和约束。

市场主导型模式的存在和发挥作用，需要满足以下几个基本条件。第一，公司所处的环境必须具备较为发达的市场体系，包括成熟的股票市场和公司控制权市场，优质的劳动力市场尤其是职业经理人市场和能够反映公司经营绩效的产品市场。第二，公司自身股权资本占据主导地位，借贷资本和资产负债率比例较低，且代表多样化股权的机构投资者具有重要地位。第三，存在发达、完善的能够为各种市场提供有效监管和支持的外部法律法规体系。在这样的条件下，公司所有者（分散的股东）才能够有效凭借市场力量实现治理的目的。例如，公司管理层必须通过努力经营而在产品市场上体现出较好的经营绩效，从而使公司股价在股票市场上有良好的表现，否则就会面临被解雇的风险，因为代表股东权利的公司董事会很容易从发达的职业经理人市场上找到更加优秀的继任者。如果因经理人经营不善而导致股价大幅下降，就存在外部收购者通过公司控制权市场对公司进行收购的情况，这种威胁和压力会有效地促使经理人全心全意地为股东利益服务。

典型的市场主导型公司治理模式主要存在于自由市场体系较为发达的国家中，如英国和美国的公司就较多地采用这种模式。在具备特定要求的条件下，这种模式能够比较有效地处理股东和经理人之间的经典委托–代理问题。但它也存在固有的缺陷，如大量分散和流动的小股东利益得不到保障，经营者容易产生“短视”而偏离公司战略等。此外，依赖于公司控制权市场的治理方式，往往会带来较高的成本。

一般认为，中国公司由于身处转型的情境之中，整体的市场体系及相关的法律环境仍处于起步发展阶段，资本市场、职业经理人市场、公司控制权市场以及机构投资者等外部治理机制方面还不太完善，所以很难与市场主导型模式挂钩，但新近的一些研究发现，对许多中国公司而言，产品市场竞争是十分有效的外部治理机制。因此，“标杆竞争”等产品市场竞争工具成为有效激励和制约经理人行为的机制。此外，中国公司的海外上市和交叉上市行为，在客观上使得这些公司能够进入更为规范和成熟的市场机制监管体系之中，因此很可能也能够发挥较好的治理作用。

章内阅读 15-2

美国市场主导型治理模式股权较为分散，银行股东和债权人难以有效监控经营管理者，因而必须发挥资本市场对经营管理者的监督与约束作用。在这种模式下，外部市场是公司治理的主要角色，其肩负着监督、约束董事会和高级管理层的重担。概况而言，美国市场主导型治理模式主要包括五方面的基本内容。

第一，内部治理结构实行单层董事会制。美国公司治理结构中，由于未设有专门的监事会，董事会兼有监督与经营两种职能。其中，监督职能主要由独立董事承担，经营职能则由独立董事之外的其他董事承担。因此，美国公司治理结构通常被称为单层董事会制或单一委员会制。

第二，股权高度分散且流动较强。一方面，美国上市公司股权高度分散，广大小股东在公司治理中的作用极其有限。从股权结构看，机构投资者和个人投资者持有上市公司的大部分股份。另一方面，美国上市公司股权流动性较高，公司治理主要依靠外部控制机制来完成。美国的机构投资者和个人投资者一般不长期持有某一股票，因而缺少监督公司经营管理层的积极性。

第三，以薪酬制度为核心的激励机制。美国商业银行高管薪酬主要包括四部分内容：一是基本工资，该部分报酬与工作岗位挂钩，为固定薪酬，不受工作业绩影响；二是短期激励（年度奖金），该部分报酬与工作业绩相挂钩；三是中期、长期激励，主要包括股权激励（限制性股票奖励、股票期权）和延期支付的奖金；四是津贴、福利，主要包括交通补助、定期体检、补充退休金、补充人寿保险、养老金、医疗、伤残保险等。

第四，信息披露制度完善。美国信息披露制度的最重要特征就是充分发挥市场中介机构和自律监管机构的作用，并辅之以高效的政府监管，通过制定并执行证券法规对资本市场进行统一监管。

第五，外部市场竞争机制作用明显。美国资本市场发达，广大小股东对经营管理层的控制力和影响力很弱，因而美国公司治理模式主要依靠外部市场竞争机制来激励和约束经营管理层。以职业经理人市场为例，美国职业经理人市场发育程度高，上市公司的大部分经营管理人员都来自职业经理人市场。经公司董事会选聘后，如果经营管理者工作懈怠或者做出损害公司利益的行为，都会遭到董事会的解聘。

资料来源：邢华彬，庞志. 2016. 浅析美国市场主导型公司治理模式及其借鉴意义. 环渤海经济瞭望，(10)：22-25.

（二）内部控制型模式

内部控制型模式是公司股东（主要是法人股东）以及债权人（银行）发挥主导力量，通过董事会、监事会等开展公司治理的模式。这种模式最显著的特点是公司股权较为集中，资本流通性相对较弱，法人股东和银行协同公司管理层形成较为稳定的“内部人集团”，对公司经营实施监控和制约。具体而言，内部控制型模式具有以下三个特征。

1. 债权人参与公司治理

体现出内部控制型模式特征的公司，其资产负债率通常较高，公司债权融资大多来自银行，一般还会与特定银行形成较为长期和稳定的往来关系。在很多情况下，银行还会对企业进行股权投资或是交叉持股，从而扮演债权人和股东双重角色。这样，银行作为公司重要的资金提供者，就能够在具备较高剩余索取权和控制权的前提下，合理合法地参与公司治理。具体来说，银行可以通过各种正式或非正式的途径获取公司战略和经营的相关信息，通过信贷调控的方式对公司经营实施有效监控，或是以直接干预的方式对经营者的管理决策进行控制。

2. 企业法人交叉持股

在内部控制型模式中，持有公司较高份额股权的法人股东扮演着重要角色。出于自身利益和权力对等性的考量，公司常常也会持有法人股东企业的股权，从而形成交叉持股的情况。相互持股的公司之间事实上形成了网络式的合作关系，由于双方（或多方）都具有对方公司的股东表决权，相互之间就会存在一种微妙的制衡，谁也不会轻易采取可能给另一方带来负面影响的举动。此外一般而言，作为公司的法人大股东其持股的目的不在于获取短期投资收益，而在于强化企业间的业务联系和战略合作，结成长期的利益共同体。因此，法人股东有动机和意愿对公司经营管理者进行监控，以更好地实现公司的长期稳定发展。

3. 分设董事会和监事会

为避免大股东占据绝对控制权而带来侵占小股东和其他利益相关者利益的问题，采用内部控制型模式的公司，通常会分设董事会和监事会，力图发挥监事会的监督功能，防止执行董事成为大股东“代言人”的现象出现。此外，许多公司会制定相关措施使管理者和员工代表加入董事会。这样做一方面会降低所有权和经营权分离所带来的代理成本，另一方面会缓解利益相关者之间的冲突。

与市场主导型治理模式一样，内部控制型模式也具有环境匹配性，它往往盛行于证券市场不太发达，控制权市场不够活跃，同时对银行等金融机构管制较为宽松的环境中。典型的公司存在于日本、德国、法国以及其他一些欧洲大陆国家。内部控制型模式的固有缺陷主要在于：①很多时候交叉持股公司的法人股东为维护自己的利益而无条件地相互支持，导致股东大会“空壳化”和形式化；②银行参与治理虽然具有较低的监督成本，但其固有的低风险偏好，可能会使得公司经营偏向于保守，背离战略目标。

在中国，尽管绝大多数企业的债务融资主要来自银行，但现实状况是银行很少会参与公司治理，即便是对于贷款企业经营状况的监控也很难真正称得上到位。姜付秀等（2016）对此的解释是：中国占主导地位的银行本质上都是国有性质的，而优先贷款企业通常也是有国有背景的，所以“为什么一个国有机构会去监督另一个国有机构呢”？在交叉持股方面，中国公司也已经有了10多年的实践，然而，由于股东大会、董事会、监事会等公司内部治理机制发展的滞后，以及外部包括信息披露制度等机制的不完善，交叉持股并没有发挥应有的治理效应等问题，其缺陷反而被放大，对公司治理产生负面影响。

（三）国家主导型模式

以中国国有企业为例，其公司治理的主导力量通常是政府委派的核心管理层，其代表国有出资方的利益，这种治理模式可以称为国家主导型模式。在这种模式下，权力高度集中，内部治理机制基本上以“一把手负责”制下的层级化命令体系为主，而政府作为国有资本的代理人对包括“一把手”在内的管理层行使最终的任命和监督权。国家主导型治理模式的优势在于：存在一个高度集权的、代表公有经济体利益的治理中心，有利于减少或缓解各方面利益相关者之间的冲突。例如，国有企业的债权人、员工等往往会认为全民或集体所有的公司利益具有一致性。有许多研究证明，中国公司中很少有大股东侵占其他中小股东利益的问题。在以“一把手负责”制为特征的层级制治理结构中，权力责任和报告关系非常明确，指挥体系相对有效，具有较高的决策效率。同时，较为稳定的股权结构可以避免追求短期投资收益的短视行为，有利于长期战略的制定和有效执行。

事物常常具有两面性，上述国家主导型治理模式赖以发挥优势的机制，很多时候恰恰因为限制了其他机制的效用而形成了缺陷。这里以中国国有企业的情况为例进行说明。

第一，无论是国有独资企业还是国有控股企业，都按照《中华人民共和国公司法》的要求设立了董事会，很多还设置了监事会。但事实上在很多国有企业中，董事会几乎都是内部人，而且与公司管理层（领导班子）高度重合。换句话说，公司所有重大问题的决策仍然是在“一把手”的直接控制和指挥下进行的，董事会和监事会并没有发挥其应有的权力制衡作用。

第二，对于规模普遍较大、经营环境复杂的国有企业，层级化的集中决策体制具有较高风险。面对越来越复杂多变的环境，再敏锐能干的“一把手”也难以充分了解决策所需的全面信息，即便有强大“智囊团”的辅助，个人“拍板”的决策方式也难免时常出现问题。

第三，目前多数国有企业通常实行党委书记和董事长，或者党委书记和总经理的“两职合一”，有时甚至身兼三职。由政府委任的“一把手”及其经营班子掌握着公司的控制权，从而形成了“经营者控制”的状态。在这样的情况下，难以避免地会出现职权消费、政绩工程、盲目扩张和转移国有资产等代理问题。

为了解决国家主导型模式下的代理问题，一些内外部机制也不断地在被引入或创造出来，以图对国有企业管理层进行有效的制衡。前面已经说过，传统国企的董事会和监事会制度已经被证明没能起到太大的作用，员工参与董事会等措施也因公司控制权高度集中而未能发挥预想中的效应。近年来，国家所推出的一系列举措，如强化对国有企业管理者的纪检监察，实行国资委派出人员占多数的国企董事会制度，国务院派出人员组成国有重点大型企业监事会等，均是出自上述目的。此外，2014 年以来开始大力推进的国有企业混合所有制改革以及国有企业交叉持股试点，也被认为是以股权多元化为突破口优化国有企业治理结构的尝试。当然，这些举措能否促使新的有效治理机制出现，从而对国家主导的公司治理模式进行改进，仍有待时间验证。

（四）关系主导型模式

在某些公司中，治理的主导力量并非来自外部市场、法人大股东或银行。国家和政府的外部力量有时会起到一定的作用，但也不占据主要地位，此时主要承载监督和协调作用的，是一些被经济和管理学家界定为“关系”的非正式机制。这些关系型的治理机制包括情感和义务关系、信任和互惠规范、家长制下的权威和服从关系等，其背后是基于血缘、亲缘、地缘和友缘等的人际社会关系。对于这些以关系为基础的非正式治理方式，传统的西方公司治理理论是不太关注的，但在中国和亚洲其他一些国家的很多公司中，其发挥的效应远远超过那些正式治理机制，从而形成了一种特有的模式。我们把所有这些以非正式关系机制发挥主要作用的公司治理模式，统称为关系主导型模式。

呈现关系主导型模式特征的公司，往往具有家族化或泛家族化的特征，其中最为典型的就是中国、韩国和一些东南亚国家的家族企业。这些企业所处的外部市场不像英、美等国那么发达，同时深受儒家伦理和传统的“家文化”影响。因此，在其他治理机制缺位的情况下，“三纲五常”和“血浓于水”等根植性的行为规范和价值导向就在一定程度上成为处理利益关系和监控公司的有效机制。

关系主导型模式的主要特征是：①公司所有权集中于一个家族或泛家族，资本流动性相对较弱，或是家族成员拥有全部股权，抑或是与“外人”合资但家族成员具有控股地位。另外，很多上市公司虽然在名义上是公众公司，但实质上大股东是家族成员，因此所有权仍然掌握在家族手中。②所有权和经营权分离程度不高。家族成员在掌控所有权的基础上也掌握主要的经营权，并且企业决策权集中于“家长”一人，秉承“父为子纲”或“长兄若父”式的权力结构安排并且代代传承。③“家文化”式的员工管理方式。此方式倾向于采用情感、信任和非正式规范等来协调劳资双方关系。

联系上述特征，首先，关系主导型模式的主要优势在于能够较好地应对经典代理问题。在传统的家族企业中，所有者和公司经营的控制者常常是同一个人，这时候就不存在委托-代理的问题。很多时候所有权和经营权虽然不集中在一个人身上，但主要的股东和管理层都是（泛）家族成员关系，这时候亲情和友情等关系就是很好的消除代理成本的机制。其次，秉承关系主导型模式的企业，权力较为集中，因此决策效率相对较高。最后，一些公司会将家族内部的关系型治理思路扩展延伸到对员工的管理方式上，形成一种大家庭式的和谐文化，这时候就能够较好地处理员工关系。

关系主导型模式的缺陷主要有以下几个方面。第一，在很多家族控股但股权相对多元化的公司中，家族利益集团多少会利用自身的控制地位为自身谋利，从而产生我们前面所说的大股东损害小股东利益的侵占问题。第二，泛家族企业在选择公司管理者时不可避免地存在“任人唯亲”的问题，家族成员掌控管理大权，有能力的“外人”得不到重用，影响公司经营管理效率。这种冲突在企业规模逐渐扩大，需要引入职业经理人时，尤为明显。第三，公司公开化程度较低，信息披露不充分。家族内部人与其他利益相关者之间存在明显的信息不对称，有时会引发较为严重的广义代理问题。第四，关系主导型模式存在一个内在的机制有效性问题。在面临强大的利益冲击时，亲情和友情等较多依靠“自觉性”的关系机制常常会失效。家族内部的利益分化和暗中角力，泛家族成员联合外部力量“夺权”，家族企业“换代”时的内斗甚至解体，都是常见的现象。

如上所述，我们分析了四种常见的公司治理模式。需要指出的是，这四种模式远无法覆盖现实中千变万化的公司治理结构。尤其像在中国等处于转型期的新兴经济体环境中，不同类型的企业面临着纷繁复杂的具体治理问题，为了解决这些问题，它们会尝试甚至创造各种各样的机制和机制的组合，因此，有些公司的治理形态可能很难被归类于上述的任何一种模式。如何在观察公司治理结构多样性的同时，在现有模式分类的基础上归纳辨识出情境化、有启发性和“接地气”的治理模式，从而帮助企业有效制定战略并实现战略目标，是战略管理研究者的又一挑战。

此外，上述四种治理模式都是一种或两种治理主体发挥主要作用的主导性模式，在解决特定的治理问题方面具有自己的优势，同时也存在固有的缺陷。这些缺陷实际上隐含了现有模式下难以解决的一些问题，如国有企业的内部人控制问题，民营企业中的职业经理人关系问题、外部投资者与公司创始人利益分歧的问题，家族企业的传承问题、内部派系斗争与创业“元老”关系处理问题，上市公司小股东缺位问题、大股东侵占问题等。随着时间的推移，更多治理机制和“招数”将会在利益相关者的博弈和摸索中产生出来，更多能发挥能动作用的主体将介入公司治理。未来的公司治理，是否会走向多元化的共同治理有待进一步观察。

第二节 战略性公司治理框架

一、战略性公司治理结构

公司治理与公司战略密切相关。大量的研究结果和现实经验都可以证明，公司治理质量的好坏对组织竞争优势以及战略绩效至关重要。所以，公司治理在战略管理整体过程中的地位和作用毋庸置疑。比如，公司的高层管理者通常由代表股东权益的董事会选举决定，如果在这一过程中因为判断失误而任用了不恰当的人选，或者是股东和董事会对他们任职后的行为监控出了问题，那么公司高管就有可能在开展战略活动和进行各种决策时做出不利于股东和公司的行为。又比如，CEO 在制定战略方向和推行战略时，必须考虑各方面利益相关者的诉求，尽量协调他们之间的矛盾冲突，否则就有可能遭到抵制或不配合，从而使得战略难以顺利执行，达不到最终的目标。

目前对于公司治理、治理结构和治理模式这几个概念的使用比较混乱。为了避免在后面内容的阐述中产生歧义，我们把公司治理界定在治理活动或是治理制度本身，公司治理结构则专门指围绕一个公司的各种治理机制的整体组合，而公司治理样式则是现实中许多公司采用的、可以明确归纳出一些共同特征的典型治理结构样式。

不同的公司通常具有不同的治理结构。影响一家公司治理结构的因素有很多个方面，如公司人员的来源和组成、所处行业特征、资本结构、公司规模、历史路径等。如果把它们概括性地归纳起来，主要可以聚焦于两个方面：一是公司所面临的重要治理问题的特征；二是公司为了解决这些治理问题所选择的具体治理机制组合的特征。当然，后者也受到公司所处环境的影响和制约，关于这点可以参见本章治理模式部分的相关阐述。

二、战略性公司治理的一般框架

从战略管理的角度出发，公司治理可以理解为公司股东和其他利益相关者采用特定的治理机制来处理公司中所存在的各种治理问题，从而保证管理层能够做出有利于公司整体利益和长远发展的战略决策，以及战略的顺利推进实施的过程，而公司治理结构就是公司各治理主体和所使用的治理机制组合的整体结构形态。正如世界上没有两片完全相同的树叶，本质上任何一家公司都有其自身特有的治理结构，但在不考虑每家公司个体性差异的情况下，可以抽象出一个公司治理结构的一般化框架。

图 15-2 中的双向实箭头线代表各利益主体之间的冲突关系，也就是公司的治理问题，包括经典代理问题、侵占型问题和广义代理问题。虚箭头线代表特定利益主体对于公司的战略规划或战略实施过程的影响。公司治理结构就是用于解决这些治理问题的机制的组合，旨在顺利开展战略规划并有效实施，最终实现最大化的价值创造。下面对公司治理结构中常用的治理机制进行介绍。

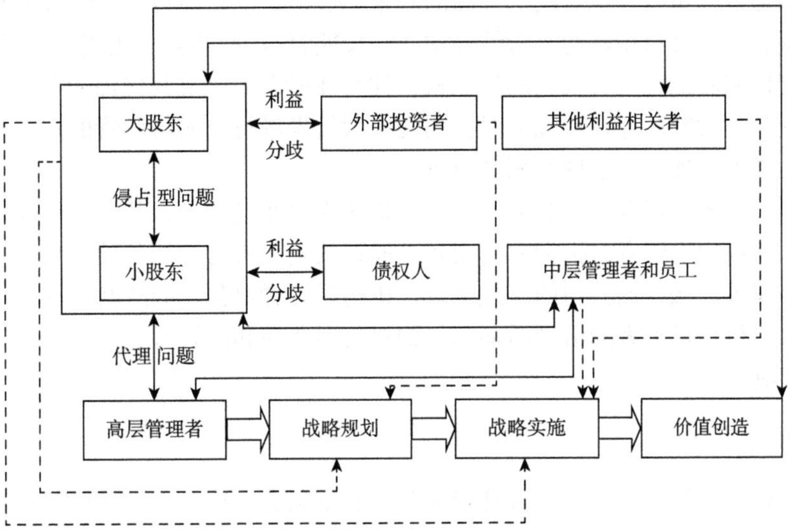

图 15-2　战略性公司治理的一般化框架

资料来源：魏江等（2021）

1. 董事会及监事会

董事会是股东选举出来的一定数量的人员所组成的集体。董事会的主要职责是受股东委托对公司高层管理者进行监督和控制，以实现利益相关者的利益最大化。

董事会的成员被称为董事，按照其与公司的关系可以分为执行董事和非执行董事两类。执行董事一般由公司内部的高层管理者担任，如 CEO 和其他高层管理者等，负责具体执行业务，从事公司内部经营管理，因此有时也被称为内部董事。非执行董事是不在公司管理层担任任何职务的董事人员，需要具备丰富的专业知识、业务经验和判断力，发挥监督经营活动和管理者的作用。传统上，执行董事一般都在董事会中占据主导力量，而非执行董事一般也与公司存在合约性的关系，这就有可能由于缺乏独立性而削弱董事会应有的对管理者监督和控制的功能，因此，现在很多公司都会在董事会中增加与公司没有任何关系的独立董事，作为外部人为公司提供独立意见。从关系上看，独立董事也属于非执行董事。

董事会的职能主要包括：①负责对高层管理人员的遴选、任免、评估和奖惩；②掌控公司战略及发展规划，审查公司财务目标；③为公司高层管理人员的经营管理活动提供建议和咨询；④负责召集股东大会，向股东会报告工作，包括拟定董事人员增减名单；

⑤制定、修改和评估公司基本制度及其合法性。

目前通行的董事会制度主要包括单层制和双层制两种，前者在公司中只设一个包括执行董事和非执行董事在内的董事会；后者将传统的董事会拆分为监事会和董事会两层，监事会必须由非执行董事组成，负责对董事会实施监督管理，具有任免董事会成员的权力。

2. 大股东及机构投资者

大股东是占公司股权相对比例较高的股东。大股东代表相对比较集中的公司所有权，一般也希望能够从公司良好的经营绩效中获取长期收益，而非获取短期的市场投资收益。集中的所有权同时也代表着较高的控制权，拥有在股东大会及其代理者董事会中较多的话语权。据此，大股东存在较强的对公司的经营管理进行介入与监管的意愿和能力，所以其本身就成为一种公司治理的积极力量。

对规模较大的公司来说，其大股东更多是法人而非自然人，其中机构投资者的比例在日益增加。机构投资者是指拥有公司较多股权的金融机构，如各种基金公司、证券公司和保险公司等。从各国公司的实践来看，机构投资者对公司的战略选择和决策的影响在日益扩大。机构投资者的治理活动从最初对公司业绩和高管行为的监控，扩展到了对董事会的影响。

3. 管理者薪酬

管理者薪酬也是常用于使得管理者利益与股东利益一致化的一种机制。具体而言，管理者薪酬主要是通过设计一种与公司绩效挂钩的管理者薪酬组合方式，激励管理者以公司利益为导向开展经营。管理者薪酬的基本组成内容主要包括基本薪酬（工资）、长期激励（如股票和期权）和绩效奖金等。

基本薪酬是基于管理者职位等级的相对固定收入。就特定职位上的管理者而言，这部分薪酬属于保健性因素，为其提供基本保障。管理者的基本薪酬一般高于普通员工，是对其管理才能及为公司付出的努力的认可，同时随职位升迁带来的基本薪酬增加，也能对管理者起到激励作用。奖金是对管理者超额绩效的奖赏，是为了激励管理者为实现公司利益而付出额外的努力。

股票和期权等长期激励手段目前被看成通过管理者薪酬来协调代理问题的最为重要的一种手段。这种方式将管理者的利益与公司（股东）的长期利益直接挂钩，管理者在获得股份或股票期权后，自己也就成为公司的股东或潜在股东，在努力经营使公司绩效长期稳定提高的情况下，管理者就能够通过上涨的股价获取更多收益。

因此，股票和期权计划在原理上是最能够激发管理者以股东利益最大化为目标开展经营的薪酬工具。

4. 公司控制权市场

公司控制权市场有时也被称为外部接管机制，指的是在公司业绩不佳从而股价下跌的情况下，外部人通过购入股票收集股权的方式取得对公司的控制权，从而达到接管公司和更换原先管理层的目的的一种机制。

公司控制权市场是外部资本市场公司充当公司治理机制的一种重要表现形式，这种机制对于低效率的或者具有机会主义倾向的管理层具有很大的约束力。高层管理者对于公司控制权市场上发出的收购信号通常比较在意，因为公司成为收购标的就意味着公司在他们手中经营不善，无论最终收购是否成功，这都会影响管理层的“饭碗”。当然，这个机制要真正发挥作用，前提是需要有发达的市场体系，市场上的股价要能正确反映公司的经营绩效情况，并有完善的法律法规来保证收购活动的规范性和公平性。

5. 信任与人际关系

一些不成文的、依托于社会关系的机制在以往很少得到公司治理研究者的关注，但近年来越来越多的人发现，非正式机制对很多企业而言是非常重要的治理机制。

信任、互惠规范、情感和义务、非正式权威等“关系型”机制，对公司包括股东、管理者、员工以及其他内外部的利益相关者具有相当值得关注的参照和约束作用。尤其是在一些自由市场体制不占据主导地位，同时“关系文化”比较明显的社会中，这些非正式的机制甚至是很多公司赖以配置权力关系和协调利益冲突的最主要的手段。有关关系机制治理的逻辑、特征和利弊，本章的“关系主导型模式”部分将对此进行较为详细的阐述。

6. 其他治理机制

除了上述最为常用的治理机制之外，现实中还存在其他很多能够发挥公司治理功能的机制，如银行和债权人监管、产品市场竞争、外部法律法规、政府的行政干预等。在特定环境中，这些机制都能够发挥一定的治理作用。它们具有自身的优势，但也存在固有的缺陷。对于这些机制，留待本章后面的治理模式分类中联系情境进行探讨。

思考题

1. 你认为经典委托–代理理论和利益相关者理论中的哪个更适用于当今环境下公司治理问题的解决。

2. 分析一下经典代理问题、侵占型问题和广义代理问题各自会以怎样的方式对企业战略的制定和执行产生影响。

案例分析

阿里巴巴公司治理结构

第十六章　企业战略控制

本章学习目标

1. 理解战略评价
2. 了解企业战略控制的原则、特征
3. 掌握企业战略控制的过程
4. 了解企业战略控制类型
5. 掌握企业战略控制方法

案例引导

瑞幸咖啡财务造假的案例分析

第一节　战 略 评 价

一、战略失效

战略进入实施阶段时，如果战略实施效果与预定目标不一致，就会造成战略失效。

（一）战略失效的分类

按照战略失效在实施过程中出现的时间段不同，可分为早期失效、偶然失效、晚期失效三种。在战略实施初期，如果战略没有被员工理解接受，或实施者对新的环境还不适应，就可能导致较高的早期失效。战略平稳发展阶段也可能存在不可预测的因素，使战略出现偶然失效。当战略推进一段时间后，由于战略制定时对环境的预测与现实情况之间的差距越来越大，战略的晚期失效率一般会比较高。战略失效率与时间推移之间的关系如图 16-1 所示，由于曲线形似浴盆，故称浴盆曲线。

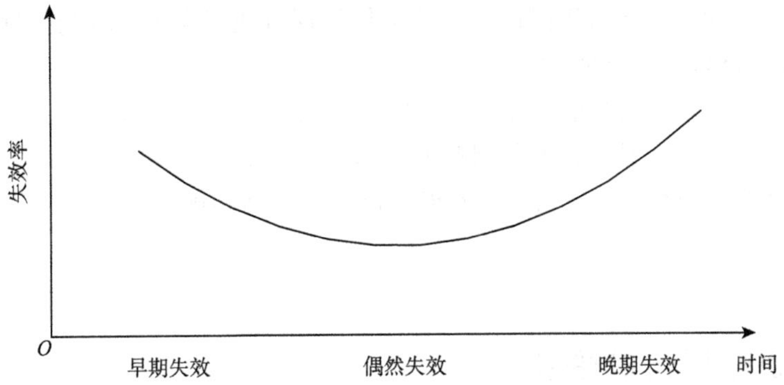

图 16-1　战略失效的浴盆曲线

资料来源：魏江等（2021）

（二）战略失效的原因

（1）最高领导层对真实情况缺乏了解，落后的情报系统不能为管理者提供准确判断组织现状所需的消息。

（2）高层管理者自我欺骗，对组织现状不了解还自认为是一个团结紧密的集体，对竞争者、顾客和员工的看法墨守成规。

（3）既得利益的管理者热衷于维持现状，不愿去鼓励人们提出挑战性问题。

（4）高层管理者被日常具体工作束缚，没有时间去考虑长远问题。

（5）组织昔日的成功蒙蔽了高层管理者，使其无法看清未来趋势，抱着过时的旧战略不放。

（6）出现组织惰性，高层管理者对企业为什么取得成功缺乏清晰认识，只要企业不至于走到失败的边缘，仍将维持现状。

（7）内部缺乏沟通，战略未能为全体员工所接受，成员间缺乏协作愿望。

（8）战略实施所需要的资源条件与现实条件存在较大缺口，难以保障资源配置等。

企业要尽量避免战略失效，必须积极主动地根据内外部环境变化及时对未来做出预判，检测预期与实际情况之间的偏离程度，采取切实有效的措施应对。

（三）战略失效的信号

以下是战略实施过程中，可能会导致战略失效的一些信号表征，当企业遇到这样的信号时，往往需要进行战略评价，对战略实施过程和可能的绩效进行诊断。

（1）业绩突然出现严重滑坡，需要重新评估现行战略的可行性。

（2）主要竞争对手发起突然袭击，而且出乎常规，需要做出分析判断，并决定是否采取反应行动。

（3）企业出现重大丑闻，如中层管理队伍的强烈抵触、客户的大规模“逃离”、财务上的严重危机等，迫切需要重新评估现状。

（4）新成员加入高层管理团队，可能会导致现有战略实施过程与管理风格的改变，需要战略领导者做好沟通与协调工作。

（5）重要投资方突然要求企业拿出一份令投资者满意的经营计划，否则，有可能会出现资本抽离，这需要高层管理者尽快做好衔接和协调。

（6）企业被另一家企业接管，需要提交正式的计划和预算，促使企业必须做出快速有效的反应。

二、战略评价的性质

战略管理决策具有重要而持久的影响。错误的战略决策会导致严重后果，而且很难甚至不可挽回。大多数战略制定者认为，战略评价与企业的正常运转利益攸关，及时的评价能够让管理层在情况变得糟糕之前觉察到问题或潜在问题。

（一）战略评价的三个方面

战略评价包括三个基本方面。

（1）检查企业战略的内在基础。

（2）比较预期结果和实际结果。

（3）采取纠偏行动确保绩效符合预期计划。

（二）战略评价的四个准则

我们不可能证明某一战略是最优的，或者保证它一定有效，但却能够评价它是否存在严重缺点。理查德·鲁梅尔特（Richard Rumelt）提出了战略评价的四个准则：主要基于企业外部分析的协调性（consonance）和优越性（advantage），基于内部评估的一致性（consistency）和可行性（feasibility）。

1. 协调性

协调性是指战略制定者在评价战略时，既要考察个体趋势，又要探究组合趋势。一个战略必须代表一种自适应性地对外部环境和内部变化的响应。制定战略时，将企业关键内部因素和外部因素匹配的一个难点在于，大多数趋势是其他趋势交互作用的结果。

2. 优越性

企业的战略必须创造和保持其某一方面的竞争优势。通常，竞争优势来自以下三方面：①资源；②技能；③地位。关于资源能够增强其综合竞争力的观点，已经被大家熟知。地位在企业战略中也十分重要，好的地位具有防御性，这意味着竞争对手要付出很大代价才能获取，以至于它们不得不放弃全面进攻。只要关键的内部和外部因素保持稳定，地位优势就具有自维持性。这就是为什么地位牢固的企业最不可能被扳倒，即使它们技能平平，虽然不是所有的地位优势都与规模有关，但大型企业往往能在多个市场运营，并使用一些流程体现它们的规模优势。中小企业则寻找产品或市场定位，以发挥其他类型的优势。好地位的特征是允许企业从政策中获利，而那些没有相同地位的企业则不能。因此，评价战略时，企业应该评价给定战略提供的地位优势的性质。

3. 一致性

战略不应该包含不一致的目标和政策。通常，组织冲突和部门间争吵是管理无序的表征，但这些问题也可能是战略不一致的信号。

4. 可行性

战略既不能过度利用可用的资源，也不能造成无法解决的派生问题。战略最终检验的是其可行性，即该战略能否在企业的人力、物力和财力许可的范围内实施。企业的财务资源最容易定量考察，但它通常也是确定采用何种战略的第一制约条件。不过，有时人们容易忘记，融资方法的创新往往是可能的。内部筹资、售后回租条款、结合长期合同和房产抵押贷款等，这些方法都能有效地使企业在突然扩张的产业中获得重要地位，在战略选择中相对难以量化且更难以克服的制约因素是个人和企业的能力。评价战略时，应该检验企业是否有过去的经历能够证明它有相应的能力、胜任力、技能和人才来执行给定的战略。

三、战略评价的框架

企业需要不断进行战略评价、修正和调试，除非以下情况：①内外部因素变化不大；②企业在令人满意地朝着既定目标进步。战略评价行动之间的关系如图 16-2 所示。

（一）审查战略基础

各种内外部因素会妨碍企业实现长期和短期目标。外部方面，竞争对手行动、需求变化、技术变化、经济变化、人口迁移和政府行为等会妨碍企业目标的实现；内部方面，企业选择的战略可能不奏效，或者战略实施不到位或目标太过乐观。因此，没有实现战

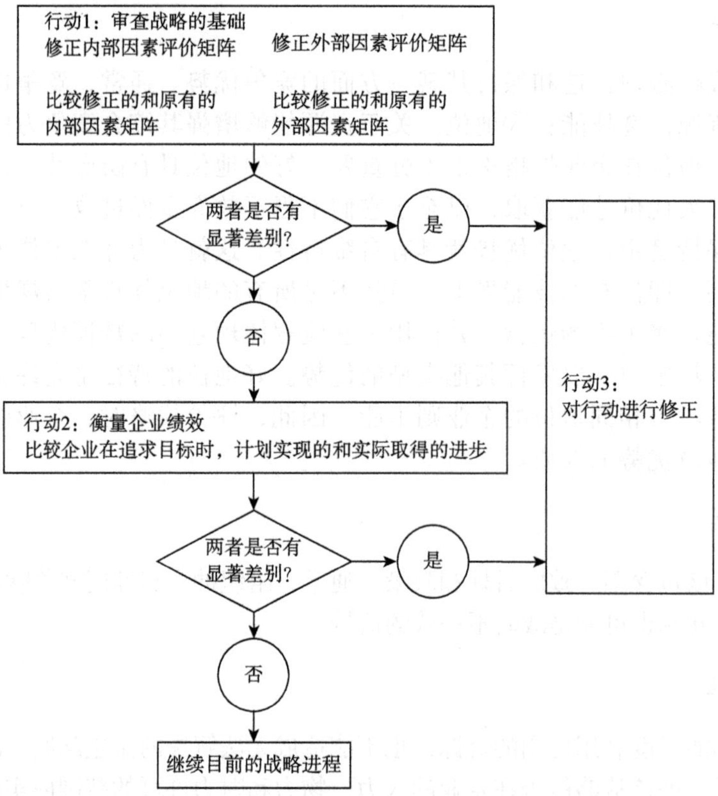

图 16-2　战略评价框架

资料来源：戴维（2012）

略目标，未必是管理者和员工的工作没做好。所有企业成员都需要知晓这点，从而支持战略评价。企业特别需要知道，什么时候其战略无效。有时，管理者和一线员工会比战略制定者更早发现问题。对于现有战略的外部机会和威胁以及内部优势和劣势，企业需要实时做出战略评价。问题不是这些因素是否会改变，而是它们何时以何种方式改变。

（二）衡量企业的绩效

衡量企业的绩效包括：比较预期目标和实际结果，调查偏离计划的原因，评价个人绩效，检验目标实现的程度等。这一过程中，中长期目标和短期目标普遍都会被用到。战略评价的准则应该是可度量并易于调整。对未来业务指标的预测远比显示以往业务的完成情况更为重要。例如，战略决策者应该知道，需要采取一些补救措施，否则下一季度的销售量将低于计划的 20%，而不是到了下一季度才告知其销售量低于预期的 20%。真正有效的控制需要准确的预测。企业追求的长期和短期目标都未能取得满意成绩，这表明需要进行改进。许多因素都会导致目标实现不佳，如不合理的政策、未预料到的经济变化、不可靠的供应商和分销商或者无效的战略等。还有诸多问题可能来自无效益（没做正确的事）或者无效率（没正确地做事或正确的事做得不到位）。

战略评价基于定性和定量标准。战略评价标准的选择取决于企业规模、产业、战略和管理理念。比如，采取收缩战略的企业与追求市场开发战略的企业，其评价标准完全不同。战略评价中经常使用的定量标准是投资收益率、利润率、市场份额、销售增长率等财务指标，战略制定者通常要做三种重要比较：①比较不同时期企业的绩效；②比较自身和竞争对手的绩效；③比较企业绩效与产业平均水平。但是，采用定量标准进行战略评价也有一些潜在问题。首先，大多数定量标准是针对年度目标而非长期目标的。其次，不同的会计方法在定量标准下的结果有不同。最后，定量标准中几乎总是包含直觉判断。鉴于这些及其他各种原因，定性标准对于战略评价也非常重要。例如，公司长期和短期投资项目之间的平衡如何？公司可选的战略在多大程度上体现社会责任？主要竞争对手对公司的各种战略如何反应？

（三）采取修正行动

修正行动即需要做出一些变革使企业在未来获得竞争地位。需要采取的变革包括调整组织结构、替换一个或多个关键人员、出售某项业务、重新修正企业愿景、设定或修改目标、出台新的政策、发行股票融资、增加销售人员、以不同的方式分配资源或者给予新的绩效激励等。采取修正行动并不一定意味着放弃现有战略，或者必须制定新的战略。

错误或者不当行为发生的可能性随着人员算术级数的增加而呈几何级数增长。任何对某项业务全面负责的人必须同时检查参与者的行为和他们实现的成果。如果行动或者结果与预期或者计划的结果不一致，就要采取纠正措施和修正行动。

修正行动应该将企业置于更好的地位：能够更好地利用内部优势和外部关键机会，更有力地避免、减少或者转移外部威胁，更坚决地对内部劣势进行弥补。修正行动应该有明确的时间表和恰当的风险度，应该保持其内部一致性并对社会负责。最重要的是，修正行动要增强企业在业界的竞争地位。持续的战略评价可以使战略制定者随时把握组织脉动，并为战略管理系统提供有效信息。

四、战略评价系统有效的特征

战略评价必须达到以下几个基本要求才算有效。首先，战略评价活动必须经济，信息太多和信息太少一样糟糕，控制太多也不好。其次，战略评价还应该有意义，必须贴近企业目标，为管理者需要控制和影响的任务提供有用信息。最后，战略评价应该提供即时信息，管理者有时在某些领域每天都必须掌握最新信息。例如，企业通过收购另一家企业实现多元化，就不断需要各种评价信息。但是，研发部门中，每日或每周进行信息评价反而不利于部门正常运转。作为战略评价的基础，概略、及时的信息比精确、延迟的信息更为重要。频繁考核和快速汇报可能会妨碍而不是促进控制效果。采取控制措施的时间必须与被考核事件的开展时间同步。

第二节 战略控制的原则和特征

一、控制的层次

企业的控制层次包括组织控制、内部控制和战略控制三种形式。每种形式都需要完成企业的使命，实现企业的目的和目标。

（一）组织控制

大型的企业里，战略管理可以通过组织系统层层加以控制。企业董事会的成员应定期审核企业正在执行的战略，测试它的可行性，考虑或修正重大的战略问题。企业的总经理和其高层管理人员则要设计战略控制的标准，也可以指定计划人员组成战略小组来执行一定的控制任务。

（二）内部控制

内部控制是指在具体的职能领域里和生产作业层次上的控制。生产作业的管理人员根据企业高层管理人员制定的标准，采取具体的内部行动。内部控制多是战术性控制，一般需要从五个方面加以考虑。

1. 企业整体效益

企业的高层管理人员需要收集生产作业、财务和资源的数据，用以衡量企业和具体生产经营部门所取得的效益。

2. 企业方针

企业高层管理人员制定企业的方针政策，而企业在日常的生产作业活动中则应该遵守这些方针政策，将其作为内部控制的一项内容。

3. 财务活动

财务活动是企业需要重点考虑的活动。例如，企业要考虑资产管理、税收计划、投资收益、获利水平和诊断等问题。

4. 预算控制

预算控制活动涉及企业的部门预算以及与企业总体生产作业活动有关的总预算。预算控制的好坏一般可以从产品的成本上反映出来。

5. 作业控制

企业一线管理人员可以通过作业控制来控制部门的生产经营活动。例如，企业可以运用作业控制来控制生产活动、人事管理等。

（三）战略控制

战略控制是指企业对发生或即将发生战略问题的部门，以及重要战略项目和活动所进行的控制。这种控制比内部控制更为直接和具体。例如，在研究开发新产品和新市场，兼并和合并等领域里，战略控制发挥着重要的作用。

二、战略控制的必要性与原则

（一）战略控制的必要性

战略控制是指监督战略实施进程，及时纠正偏差，确保战略有效实施，使战略实施结果基本上符合预期计划的必要手段。就是说，企业根据战略决策的目标标准对战略实施的过程进行的控制。广义的战略控制要求企业能够保证战略系统方向正确，并且保证这个正确的方向能够得到有效的贯彻实施。因此，战略控制是战略管理中的一项重要工作。

企业战略控制之所以必要，是因为在企业战略执行的过程中难以避免出现这样或那样的问题。

（1）从行为科学的角度来看，控制系统所要注意的最重要的问题就是企业中个人认识上的局限性。在企业里，每个人会由于缺乏必要的能力、训练和信息，对他所要做的工作不甚了解，或不知道如何做得好，从而降低企业的效能与效益。此外，个人或部门的目标与企业的目标总会有不尽相同之处，这会使企业出现预期之外的行为，或者忽视企业的预期行为，给生产经营带来严重的失误。

（2）从整体来看，有些个人的局限性和动机是可以纠正、可以避免的，但大多数局限与动机是需要进行控制的。在培训职工与充分地提供信息的同时，企业应经常采取必要的措施，使个人目标与企业目标相吻合。如果企业不能对关键性行为加以控制，就会失败。

（3）从客观角度来看，企业战略计划的局部或整体，可能由于客观因素的变化而与企业的内外部环境不符。

总之，战略控制更多的是行为问题。各种控制能够按企业预定的方向影响行为时，它们才真正有效用。

（二）战略控制的基本原则

（1）领导与战略相适应。企业的主要领导人必须负责研究、执行战略。

（2）组织与战略相适应。战略要有合适的组织结构相配。

（3）执行计划与战略相适应。战略必须有起作用的行动计划支持。

（4）资源分配与战略相适应。资源分配必须支持战略目标的实现。

（5）企业文化与战略相适应。企业文化，特别是企业高层管理人员的心理必须与执行战略相适应。

（6）战略控制与战略规划相适应。战略控制是一个复合的控制过程，需要在战略规划的指导下进行。

（7）战略具有可行性。

（8）企业要有战略控制的预警系统。

（9）严格执行完美的奖惩制度。企业对成功的执行者必须给予奖励和报酬。

（10）把握好适应性纠偏和稳定性纠偏的关系。适应性纠偏是企业根据外部环境的变化，对战略规划中的内部资源配置进行不同程度的调整；而稳定性纠偏通常是企业根据内部环境的变化，侧重对战略规划中的外部环境因素施加不同程度的影响。

三、战略控制的特征

（1）企业战略活动必须考虑企业的外部环境，因而控制具有开放性。

（2）战略控制是企业高层管理对战略实施过程进行的总体控制。

（3）战略控制所依据的标准是企业的总体目标，而不是战略计划本身的目标。

（4）战略控制既要使战略计划保持稳定性，又要使其具有灵活性。

（5）战略控制根据企业的效益，客观地评价与衡量战略行为的正确性。但很难用一个短期见效的定量形式评价、衡量战略行为。

第三节　战略控制的过程

战略控制过程有三项基本要素：确定评价标准、评价工作成绩、反馈和纠偏，如图 16-3

所示。这三项要素对保证有效的控制是必不可少的。

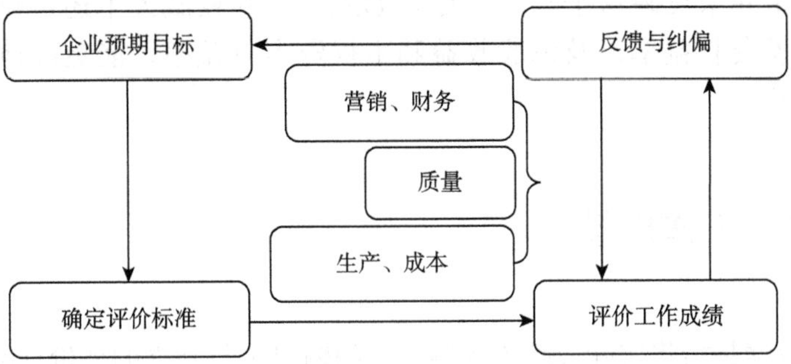

图 16-3　战略控制的过程

一、确定评价标准

评价标准是企业工作成绩的规范，用于确定战略措施或计划是否达到战略目标。一般来说，企业的战略目标是整个企业的评价标准；此外，在较低的组织层次上，个人制定的目标或生产作业计划都应是评价标准。评价标准同战略目标一样，也应当是可定量的，这样易于衡量。选择哪种评价体系主要取决于企业所确定的战略目标及其战略。例如，奉行发展战略的企业的标准体系与采取防范战略的企业的标准体系有可能完全不同。然而，大多数企业通常根据下列因素确定定量的评价标准：股息支付；每股平均收益；雇员的跳槽、旷工、迟到和不满；销售增长率；市场占有率；净利润额或增长率；销售利润率；投资收益率；股票价格。

在上述 9 个定量标准中，最常用的工作评价标准是投资收益率，即以税前净收益除以投资总额。因为投资收益率是一个全面衡量企业绩效的单一指标，可以反映公司或事业部对企业永久性资产的运用情况，并可以被用在不同企业之间做横向比较。但是，这个指标也有一定的局限性，它通常用来度量短期绩效；另外，对采用的折旧政策很敏感。例如，具有较多折旧资产的老企业相比新企业有较低的投资基数，这样前者计算出的投资收益率可能会高于后者。因此，使用这一指标时也需考虑多种因素。

通常企业所采用的其他评价标准有每股收益和股东权益收益率，但它们都存在这样或那样的局限性。霍福尔提出过一种测定企业绩效的指标，即附加价值收益率。这一标准建立于附加价值的基础之上，它试图直接度量一个企业对社会的贡献，其计算公式为

$$附加价值收益率=税前净收益/附加价值\times100\%$$

而附加价值是销售收入与原料及所购部件的成本之差，即

$$附加价值=销售收入-原料及所购部件的成本$$

霍福尔的研究表明，对多数行业在市场进化中的成熟或饱和阶段，附加价值收益率倾向于稳定在 12%～18%。因此他认为，附加价值收益率与其他标准相比，是一种较好的企业绩效评价尺度和标准，可以用此指标对不同行业中的企业进行比较。

然而，应用附加价值收益率作为评价标准的难点是难以计算出准确的附加价值，传统的财务报告中并未反映这个数字。尽管如此，一些权威人士还是建议，使用附加价值收益率和投资收益率以及每股收益和主权资本收益率，能更好地反映企业全面的实际工作绩效。

二、评价工作成绩

评价工作成绩是指将实际成绩（控制系统的输出）与确立的评价标准进行比较，找出实际活动成绩与评价标准的差距及其产生的原因。这是发现战略实施过程中是否存在问题和存在什么问题以及为什么存在这些问题的重要阶段。

在评价工作成绩时，企业不仅应当将实际成效与评价标准或目标相比较，而且应当将自己的实际工作成绩与竞争对手相对照。这样的比较更能发现自身的长处或弱点，以便采取适当的纠正措施。竞争对手以及同行业平均的绩效水平，可以从统计年鉴或行业协会发表的季度或年度报告中获取。

评价工作成绩中的主要问题，是要决定将在何时何地以及间隔多长时间进行一次评价。为了提供充分而及时的信息，对工作成绩应当经常评价。但是，如果做得过度，人们感到对他们的工作评价过于频繁，可能会产生负面影响；如果评价过于频繁，也会使评价过程的费用过高，消耗大量的资源。因此要根据所评价问题的性质及其对战略实施的重要程度，确定合理的评价频度。此外，紧迫性是工作成绩评价中要考虑的另一个重要问题，必须及时识别问题，并采取纠正措施。

三、反馈和纠偏

对通过评价工作成绩所发现的问题，必须针对其所产生的原因采取纠正措施，这是战略控制的目的。如果制定了评价标准，并对工作成绩进行了评价，但接下来并未采取恰当的行动，则最初的两步将收效甚微。当然，如果工作成绩恰好令人满意，则完全有可能不采取必要的纠正行动。但如果评价标准没有被满足，管理人员就必须找出偏差的原因并加以纠正。这时需要考虑以下问题：①偏差是否只是临时性波动？②战略执行是否有误？③是否因外部环境的重大变化引致目标偏离？

实际工作成绩与评价标准发生偏差的原因很多，下面列出发生偏差的某些原因。

（1）战略目标不现实。

（2）为实现战略目标而选择的战略错误。

（3）用以实施战略的组织结构错误。

（4）主管人员或作业人员不称职或玩忽职守。

（5）缺乏激励。

（6）企业内部缺乏信息沟通。

（7）环境压力。

这些原因表明，战略控制过程的输出结果影响着战略管理过程的其他阶段。例如，如果某一战略经营单位或事业部的利润低于预期水平，就需要重新检查该单位的战略目标及战略；如果工作成绩欠佳，有可能是经理人员的不称职或玩忽职守造成的，在这种情况下就必须撤换这些经理人员。这样，整个企业的战略管理过程实际上就是一个反馈系统，它依据控制系统和组织环境的信息而必须经常加以调整。若将战略管理过程视为一个反馈系统，则可以大大提高战略管理的有效性。

第四节 战略控制的类型

为了更好地理解战略控制的内涵与重要性，战略控制可根据控制对象、控制等级、控制时机进行进一步的细分。战略控制类型的细分将更加有利于企业根据具体活动事项有效地实施战略控制，从而避免问题的发生。

一、按照控制对象分类

完善的控制可以通过避免一些行为问题，或者通过运用其他的控制类型来实现。下面重点介绍四种主要的控制类型。

（一）回避控制问题

在许多情况下，管理人员可以采取适当的手段，避免不合适的行为发生，从而达到避免控制的目的。具体的做法如下。

1. 自动化

企业运用计算机或其他自动化手段减少控制的问题。这是因为，计算机等自动化手段可以按照企业预期的目标恰当地工作，保持工作的稳定性，使控制得到改善。

2. 集中化

集中化把各个管理层次的权力集中在少数高层管理人员手里，避免分层控制造成的矛盾。不过，高层管理人员如果在做出所有的决策时，都采取集中化的形式，其他人员不能介入，就不存在管理意义上的控制问题。

3. 与外部组织共担风险

企业将内部的一些风险问题与企业外的一些组织共同分担。例如，企业与保险公司签订合同，分担某种风险。这样，企业即使将职工放在风险较大的岗位上，也无须担心他们的行为严重地损害该企业的利益。

4. 转移或放弃某种经营活动

企业的管理人员可能会由于没有很好地理解某些生产经营活动的过程，感到难以控制企业中的某些活动。在这种情况下，管理人员可以采取发包或完全放弃该项生产经营活动的形式，将潜在的利益与相应的风险转移出去，消除有关的控制问题。

（二）具体活动的控制

具体活动的控制，是保证企业职工个人能够按照企业的期望进行活动的一种控制手段。具体做法有三种形式。

1. 行为限制

行为限制有两种方式：一是利用物质性的器械或装置来限制员工的行为；二是行政管理上的限制。员工必须按照各自的职责进行工作，避免出现不符合企业预期的行为。

2. 工作责任制

工作责任制是一种具有反馈性质的控制系统。实行工作责任制的要求如下。

（1）确定企业允许的行为界限，让职工按照一定规章制度工作。

（2）检查职工在实际工作中的行为。

（3）根据所定标准奖励或惩罚职工的行为。

值得注意的是，这种系统不仅仅是为了检查与考核职工的行为，更主要的是要激励职工的行为，发挥他们的积极性。确定工作责任制是为了使职工明确对他们的要求，使他们了解每个人的活动会被高层管理人员注意到，能够在某种程度上得到奖励或惩罚。

3. 事前审查

事前审查是指职工工作完成前所做的审查，如直接监督、计划的审查、审批费用预算等。这种审查可以纠正潜在的有害行为，达到有效的控制。

（三）成果控制

成果控制是以企业的成果为中心的控制形式。这种控制方式只有一种基本形式，即成果责任制。就是说，职工要对自己的工作成果负责。

成果责任制控制系统要求如下。

（1）确定期望成果的范围。例如，企业需要控制效率、质量或服务等。

（2）根据成果范围衡量效益。

（3）根据效益对那些实现成果的行为给予奖励，对不能实现成果的行为给予惩罚。

成果责任制系统与工作责任制系统一样，都是面向企业的未来，使职工的行为符合企业的期望。当然，只有职工意识到他们个人的努力得到了注意，而且会得到某种形式的奖励时，成果责任制才会有效。

（四）人员控制

人员控制是依靠所涉及的人员为企业做出最大的贡献。在必要的时候，人员控制系统还可以为这些人员提供帮助。在控制出现问题时，该系统可以采取以下措施加以解决。

（1）实施职工训练计划，改善工作分配，提高关键岗位上人员的能力。

（2）改进上下级的沟通，使企业职工更清楚地知道与理解自己的作用，将自己的工作与企业中其他群体的工作很好地加以协调。

（3）成立具有内在凝聚力的目标共享的工作小组，促成同事间的互相控制。

二、按照控制等级分类

（一）控制类型

劳瑞格（Lorange）等认为，在企业中有三种类型的控制：战略控制、战术控制和作业控制。战略控制涉及在与环境的关系方面的企业基本的战略方向或态势。与此相对照的是，战术控制涉及战略的实施和执行，作业控制涉及短期的企业活动。

（二）控制结构

如同战略结构中有公司战略、经营战略和职能战略一样，企业也存在着控制的结构，如图 16-4 所示。在公司级，控制的重点是使企业内各种各样的活动保持整体的平衡。在这个层次，战略控制和战术控制是最重要的控制。在经营单位或事业部级，控制主要是维持和改进经营单位的竞争地位。在此，战术控制占主导地位。在各职能级，控制的作用是开发和提高以职能为基础的显著优势和能力。由于其时限较短，在这一层次上，作业控制和战术控制是最重要的控制。依据控制的这种层次结构，战略管理人员应确保控制的这三个层次能够融合在一起，并正确地运作，依据不同的管理角度或范围，侧重于不同的控制方式。

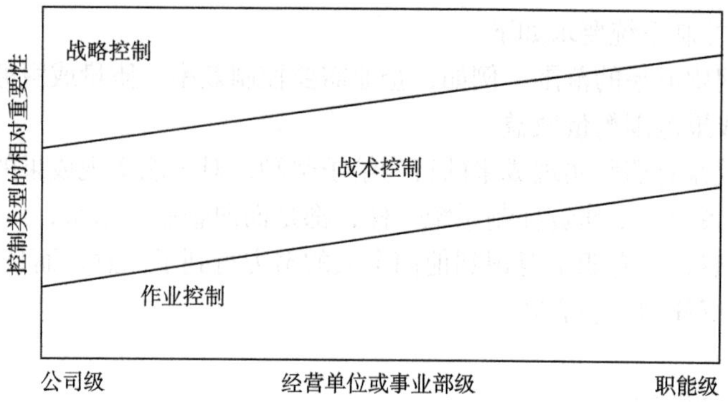

图 16-4 控制结构

三、按照控制时机分类

根据战略实施起始时机的不同，战略控制可分为事前控制、事中控制和事后控制。

1. 事前控制

事前控制是指在战略实施过程中，对战略行动的结果趋势进行预测，并将预测结果与既定的标准进行比较和评价，发现可能出现的偏差，从而提前采取纠偏措施，使战略实施的结果始终不偏离正确的轨道，保证企业战略目标的实现。事前控制的一个重要特点是克服了时滞所带来的缺陷，采取预防式控制措施。事前控制往往是对问题产生的原因而非结果进行控制，因此，它相当复杂、难度很大，不仅要输入各种影响战略实施的变量，还要输入影响这些变量的各种因素，以及那些无法预料的或意外的因素。事前控制要求管理者对三类预测因素进行分析与研究：①投入因素，即战略实施投入因素的种类、数量和质量；②早期成果因素，即依据早期的成本，可预见未来的结果；③外部环境和内部条件的变化对战略实施的制约因素。

2. 事中控制

事中控制又称开关型控制，是指在战略实施控制过程中，按照既定的标准检查战略行动，确定其正确与否，类似于开关的通与止。事中控制一般适用于实施过程标准化的战略控制，以及此过程标准化的战略项目的实施控制。

3. 事后控制

事后控制又称后馈控制，是指在战略管理过程中对行动的结果与预期的标准进行衡量，然后根据偏差大小及其发生的原因，对行动过程采取校正措施，以使最终结果符合既定的标准。事后控制在战略控制推进中控制监测的结果，纠正的是资源分配和人们的战略行动；根据行动的结果，总结经验教训来指导未来的行动，将战略实施保持在正确的轨道上。但是，事后控制往往由于纠偏不及时，给战略带来一定的损失。它的运用一般都局限在企业经营环境比较稳定的条件下的战略实施。

第五节 战略控制的方法

一、平衡计分卡

在控制方面，近年来的另一个创新是把控制工作的不同方面进行系统集成，将组织内部的财务考评和统计报表与对市场、顾客及员工的关注整合起来。以前，许多管理者主要是关心财务绩效的考核和控制，但是，他们现在越来越意识到，有必要评估组织绩效的其他方面，以评价当前组织的价值创造活动。

平衡计分卡是 20 世纪 90 年代由美国学者罗伯特 · S. 卡普兰（Robert S. Kaplan）和戴维 · P. 诺顿（David P. Norton）提出的一种新方法。平衡计分卡是一种综合性的管理控制系统，该系统的基本原理是公司根据具体事项而非财务指标来建立指标和评价策略。财务指标和比率固然重要，然而，还有一些因素或事项同样重要，如员工士气、客户服务、商业道德和社会责任等。财务指标和这些“软”因素是目标确立和战略评价过程中不可或缺的一部分。这些因素因组织而异，但是它们与财务指标共同构成了平衡计分卡的要素。平衡计分卡从四个主要角度来分析：财务绩效、客户服务、内部业务流程、学习与成长，如图 16-5 所示。

在这四个方面中，管理者要确定核心的绩效指标，这些指标都是需要组织高度重视的绩效内容。财务绩效指标反映组织活动对于改进组织的短期财务绩效和长期财务绩效的贡献，它包括净收入和投资回报率等传统指标。客户服务指标考评顾客对于组织的看法以及顾客的留住率和客户满意度。内部业务流程强调生产和运营统计，如订单执行情况或者每份订单的成本。最后一个因素（学习与成长）分析组织的学习与发展潜能，侧重于如何为了企业的未来管理好组织的资源与人力资本。有关指标包括员工留住率、业务流程再造以及新产品开发等。平衡计分卡的各组成要素是集成在一起的，如图 16-5 所示。平衡计分卡有助于管理者聚焦于关键的财务指标，并在整个组织里清楚而明确地传达这些指标。今天，对许多组织来说，平衡计分卡已成为核心的管理控制系统。

二、其他控制方法

为了实施有效的控制，人们在战略控制系统中使用了许多种控制方法。下面介绍几种常用的控制方法。

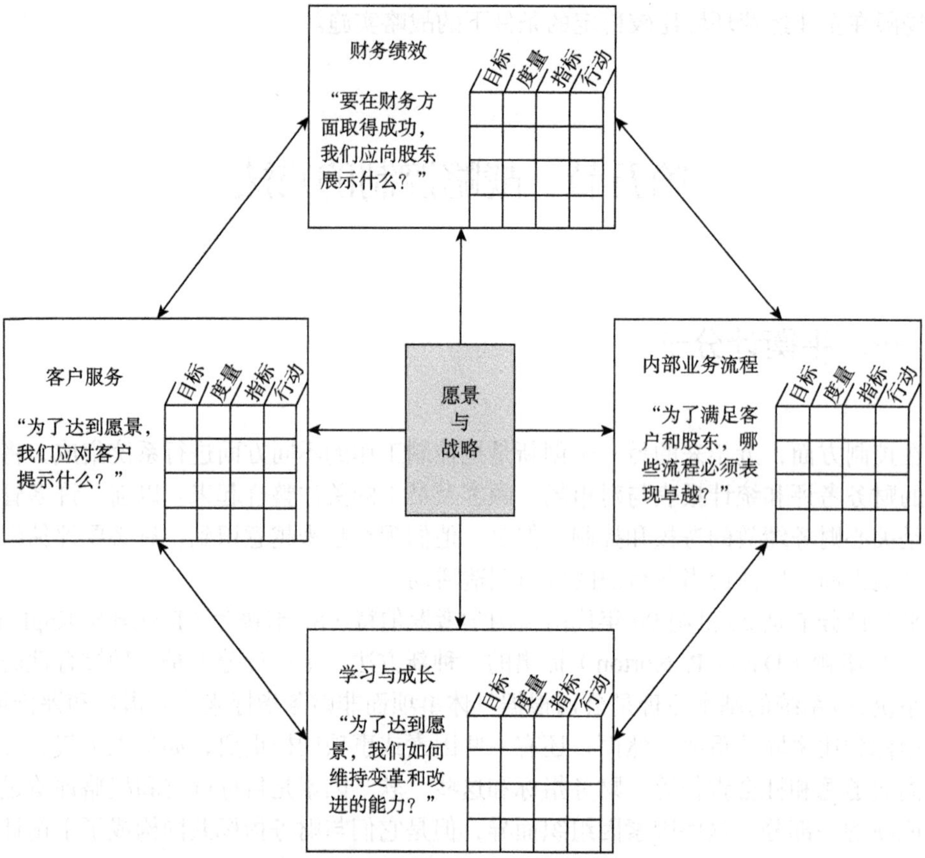

图 16-5　化战略为行动的平衡计分卡框架

资料来源：卡普兰和诺顿（2004）

（一）预算

“凡事预则立，不预则废。”预算是企业为实现目标而对各种资源和企业活动的详细安排。预算有可能是使用最广泛的控制方法或工具，它是一种以财务指标或数量指标表示的有关预期成果或要求的文件。预算一方面起着企业内各单位之间分配资源的作用，另一方面也是企业战略控制的一种方法。预算准备完毕之后，企业内部的会计部门就要保存各项开支记录，定期做出报表，表明预算、实际支出以及二者之间的差额。做好报表之后，通常要送到该项预算所涉及的不同层次的负责人手中，由他们分析偏差产生的原因，并采取必要的纠正措施。

预算具有两个特征：首先，编制预算的目的是促成企业以最经济有效的方式实现预定目标，因此，预算必须与企业战略或目标保持一致；其次，预算作为一种数量化的详细计划，它是对未来活动的细致、周密安排，是未来活动的依据，因此，数量化和可行性化是预算最主要的特征。

预算的作用主要体现在以下三个方面：①预算通过引导和控制经济活动，使企业经营达到预期目标；②预算可以实现企业内部各个部门之间的协调；③预算可以作为业绩考核的标准。

同样，预算也存在不足之处，主要有：预算是一个复杂而又消耗时间的过程；由于环境的变化，已定的预算可能过时，不再适用于企业的发展；制定预算后，企业可能没有降低成本的动力。

（二）审计

审计是指客观地获取有关经济活动和事项的论断和论据，通过评价弄清所得论断与标准之间的符合程度，并将结果报知有关方面的过程。审计过程基本上着重于考察一个企业做出的财务论断以及这些论断是否符合实际。在我国执行审计的人员有两类：一类是独立的审计人员或注册会计师，他们的主要职责是检查委托人的财务报表。不过，他们也执行其他工作，如会计服务、税务会计、管理咨询以及为委托人编制财务报表等。另一类是企业内部的审计人员，他们的主要职责是确定企业的方针和程序是否被正确地执行，并保护企业的资产。此外，他们还经常评估企业各单位的效率以及控制系统的效率。

（三）个人现场观察

个人现场观察是指企业的各阶层管理人员（尤其是高层管理人员）深入到各种生产经营现场，进行直接观察，从中发现问题，并采取相应的解决措施。

（四）企业资源计划

在物料需求计划（material requirement planning，MRP）的基础上集成生产能力预估、财务和会计的功能，面向供应链来对组织的所有资源进行管理，就产生企业资源计划（enterprise resource planning，ERP）。这一庞大的综合性系统为企业提供了一个技术平台，此组织可以整合与协调主要的内部企业流程，解决了由信息孤岛、不同企业流程与技术带来的组织效率低落的问题。

ERP 是由美国加特纳咨询公司在 20 世纪 90 年代初提出的，它的发展经历了 MRP 和制造资源计划阶段，最终发展成为集成化的管理软件——ERP。它的基本思想是将企业的业务流程看作一个紧密连接的供应链，将供应商和企业内部的采购、生产、销售以及客户紧密联系起来，便于对供应链上的所有环节进行有效管理，实现对企业的动态控制和各种资源的集成与优化，提升基础管理水平，为企业提供全方位的解决方案。

ERP 中企业软件对许多企业流程实现模式化和自动化，如订单的填写、出货日程安排，在跨公司整合信息的目标下，消除连接各个不同单位的复杂且昂贵的计算机系统，使之前分裂在不同系统间的信息能顺畅地流通于公司，使得信息能在制造、会计、人力资源及公司各部门间的企业流程中分享。在销售、生产、财务及物流间离散的流程应能整合于整体公司的企业流程下，使得其能跨越组织阶层及功能。企业整体的技术平台支持所有的流程与阶层。图 16-6 展现了 ERP 是如何运作的。

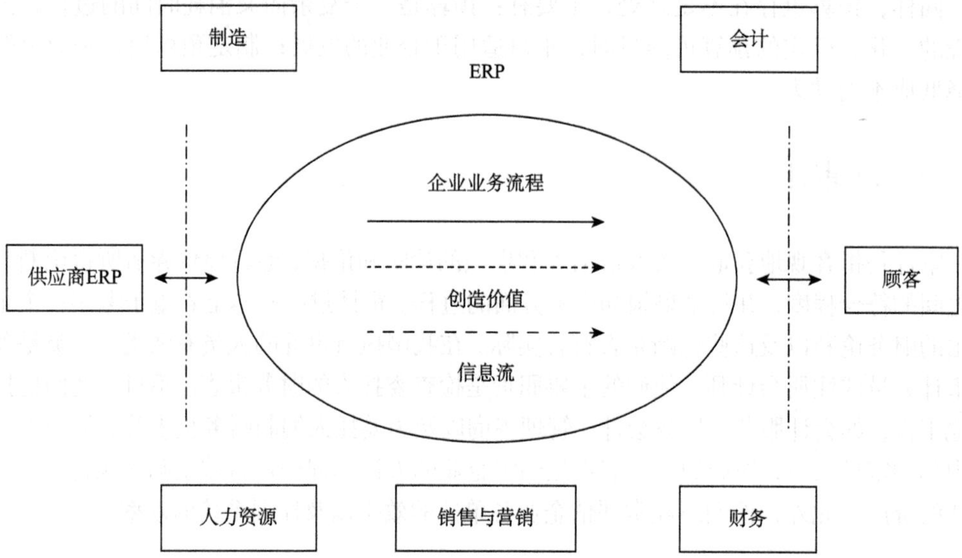

图 16-6 ERP

ERP 系统在各个不同的主要企业流程间收集数据，并将数据储存于单一广泛的数据库中，让公司各部门均可使用。管理者可获得更正确、更及时的信息来协调企业每天的运作，并以整体观考察企业流程及信息流。

举例来说，当一个在香港的业务代表输入一张客户订单，此数据即可自动传送给公司其他需要此数据的人。在东莞的工厂收到订单后即可开始生产。仓库可在线查询它的进度及安排出货的行程，仓库还可检查它的零件库存及按工厂需求进行补货。而 ERP 储存生产信息，并能由客户代表追踪订单生产的每一步。当更新销售及生产数据时，也可以自动传到会计部门，并能将数据传到人事薪资部门来计算业务代表的佣金。此系统也会自动重新计算公司的资产负债表、应收账款和应付账款的分类账、成本中心账户及可用现金。而在伦敦的总公司也能立即看到销售、库存及生产步骤中的最新数据，并能立即更新销售和生产预测及计算生产成本和产能。

（五）准时生产管理控制方法

准时生产（just-in-time，JIT），本意上理解，是一种生产控制方法，通过“及时”运输原材料和零部件来获得最小的库存。但是我们也应该看到，JIT 也是一种制造理念，其目的是通过不断地改进质量和减少浪费来优化生产过程。JIT 使生产得到简化并更有效率，在装配的各个阶段将根据需求及时地送来零部件，而且是仅在用到的时候才运送它们。JIT 致力于简化生产过程并通过最小规模的运作来减少原材料的负担，没有等待队列（等待被使用的产品队列），库存水平也降至最低。JIT 的应用意味着每天只生产所需的数目。在质量控制中，JIT 要求通过消除废品来达到零缺陷和其他的全面质量管理，它的应用要求承担更多的个人的责任和拥有更多的授权，追求不断改进生产过程，以期更好、更快、更经济地生产产品。

大野耐一在他的《丰田生产方式》一书中把“杜绝一切浪费”看成丰田生产方式后被称为精益生产（lean production）的核心思想，而丰田生产方式的核心内容正是 JIT。一般认为，JIT 的核心就是尽一切可能减少以下七种主要浪费：过度的生产和等待、不需要的运输、不需要的加工、不需要的库存、不需要的操作以及缺陷产品及其所造成的一切浪费。这意味着，如果提供给客户的产品没有增值，那这种制造过程本身就是一种浪费。

（六）柔性制造系统

今天，柔性制造系统（flexible manufacturing system，FMS）是很多公司制造过程中的控制核心。柔性制造系统是“将机器设备组与自动的物料处理和传输设备集成起来，并整合成一套计算机系统”。计算机向相应的机器分发零部件，选择和安排适当的机器工具，随后引导机器进行所需的操作；然后物品通过自动引导车在机器之间移动。这构成了一个计算机引导的运载系统，它在多个工作站之间获取运输工具和零部件。把几个方面联合起来就组成了一个柔性制造系统：通过计算机发出指令减少机器的设置时间；机器可以很快重组来生产各种不同的零部件；设置时间的减少降低了所需的交货时间；自动引导车快速而高效地运送零部件；而企业则通过计算机辅助设计（computer-aided design，CAD）和计算机辅助制造（computer-aided manufacture，CAM）重新设计产品以及对机器进行改编，从而更快地对竞争者的产品和消费者的偏好变化做出反应。

（七）计算机集成制造系统

很多公司需要把自动化、JIT、柔性制造系统和 CAD/CAM 集成到一个自动调节的生产系统中。计算机集成制造系统（computer-integrated manufacturing system，CIMS）是指通过计算系统集成所有与生产相关的活动，从而给企业带来基于速度、灵活性、质量和低成本的竞争优势。

CIMS 带来的优势通常超过其组成部分的总和。换言之，CIMS 能够产生增效。例如，CAD 通过直接向机床提供设计参数改变来使 CAM 变得更加容易；自动引导车可以消除系统中人的不稳定性，从而更容易做到 JIT。

需要指出的是，计划与控制永远是连在一起的。一些重要的计划制订方法，同时也是非常实用的运营管理控制工具，如甘特图、网络计划、目标管理和项目管理等，在此就不再赘述。

思考题

1. 试阐述战略控制的战略意义。

2. 战略控制过程包括哪些基本步骤？
3. 讨论每种战略控制方法的适用条件。
4. 试以具体企业为例讨论平衡计分卡的实施过程。

案例分析

华润集团战略管理控制系统的应用

参 考 文 献

安德森 C. 2015. 长尾理论. 乔江涛，石晓燕，译. 北京：中信出版社.
波特 M. 1997. 竞争战略. 陈小悦，译. 北京：华夏出版社.
陈威如，余桌轩. 2013. 平台战略. 北京：中信出版社.
戴维 F R. 2012. 战略管理：概念与案例. 13 版. 徐飞，译. 北京：中国人民大学出版社.
德鲁克 P F. 2007. 创新与企业家精神. 蔡文燕，译. 北京：机械工业出版社.
方志远. 2014. 商业模式创新战略. 北京：清华大学出版社.
哈默 G，普拉哈拉德 C K. 2020. 竞争大未来. 李明，罗伟，译. 北京：机械工业出版社
黄朴民. 2017. 孙子兵法. 北京：国家图书馆出版社.
姜付秀，金 K A，王运通. 2016. 公司治理：西方理论与中国实践. 北京：北京大学出版社.
揭筱纹，张黎明. 2006. 创业战略管理. 北京：清华大学出版社.
金 W C，莫博涅 R. 2005. 蓝海战略：超越产业竞争，开创全新市场. 吉宓，译. 北京：商务印书馆.
金润圭. 2009. 国际企业管理. 北京：中国人民大学出版社.
卡普兰 R，诺顿 D. 2004. 平衡计分卡：化战略为行动. 刘俊勇，孙薇，王化成，译. 广州：广东经济出版社.
梁东. 2004. 企业战略管理. 北京：机械工业出版社.
梁巧转，赵文红. 2007. 创业管理. 北京：北京大学出版社.
马述中，廖红. 2019. 国际企业管理. 4 版. 北京：北京大学出版社.
麦加恩 A M. 2007. 产业演变与企业战略. 孙选中，等译. 北京：商务印书馆.
明茨伯格 H，阿尔斯特兰德 B，兰佩尔 J. 2020. 战略历程. 2 版. 魏江，译. 北京：机械工业出版社.
孙武. 2016. 孙子兵法. 黄善卓，译注. 南昌：江西人民出版社.
孙武. 2020. 孙子兵法. 刘庆，译注. 西安：三秦出版社.
汤普森 A A，彼得拉夫 M A，甘布尔 J E，等. 2020. 战略管理：概念与案例. 21 版. 于晓宇，王家宝，等译. 北京：机械工业出版社.
魏江，等. 2021. 战略管理. 2 版. 北京：机械工业出版社.
希尔 C W L，席林 M A，琼斯 G R. 2021. 战略管理：概念与案例. 12 版. 薛有志，李国栋，等译. 北京：机械工业出版社.
希尔 C W L. 2009. 国际商务. 7 版. 周健临，译. 北京：中国人民大学出版社.
希特 M A，爱尔兰 R D，霍斯基森 R E. 2017. 战略管理：概念与案例. 12 版. 刘刚，梁晗，耿天成，等译. 北京：中国人民大学出版社.
小野丰广. 1990. 日本企业战略和结构. 吕梦仙，等译. 北京：冶金工业出版社.
张映红. 2005. 公司创业战略：基于中国转型经济环境的研究. 北京：清华大学出版社.
张玉利，薛红志，陈寒松，等. 2020. 创业管理. 5 版. 北京：机械工业出版社.

Haley G T，Jain S. 2009. Marketing: Planning. Mason：South-Western Cengage Learning.
Hofer C W，Davoust M J. 1977. Successful Strategic Management. Chicago：A. T. Kearney，Inc，45，82.
Porter M E. 1985. Competitive Advantage：Creating and Sustaining Superior Performance. New York：Free Press.
Prahalad C K，Hamel G. 1990. The core competence of the corporation. Harvard Business Review，68（3）68：79-91.